中國學術思想 研究輯刊

二六編

林慶彰 主編

第8冊

儒家內聖之學的極致
——「宋明理學殿軍」的蕺山思想

劉清泉 著

花木蘭文化事業有限公司

國家圖書館出版品預行編目資料

儒家內聖之學的極致——「宋明理學殿軍」的蕺山思想／劉清泉
著 — 初版 — 新北市：花木蘭文化事業有限公司，2017〔民
106〕
目 2+294 面；19×26 公分
（中國學術思想研究輯刊 二六編；第 8 冊）
ISBN 978-986-485-178-2（精裝）
1.（明）劉宗周 2.學術思想 3.宋明理學
030.8   106014205

中國學術思想研究輯刊
二六編 第 八 冊   ISBN：978-986-485-178-2

儒家內聖之學的極致
——「宋明理學殿軍」的蕺山思想

作　　　者　劉清泉
主　　　編　林慶彰
總　編　輯　杜潔祥
副總編輯　楊嘉樂
編　　　輯　許郁翎、王　筑　美術編輯　陳逸婷
出　　　版　花木蘭文化事業有限公司
社　　　長　高小娟
聯絡地址　235 新北市中和區中安街七二號十三樓
　　　　　　電話：02-2923-1455／傳真：02-2923-1452
網　　　址　http://www.huamulan.tw 信箱 hml 810518@gmail.com
印　　　刷　普羅文化出版廣告事業
封面設計　劉開工作室
初　　　版　2017 年 9 月
全書字數　273002 字
定　　　價　二六編 12 冊（精裝）新台幣 22,000 元

儒家內聖之學的極致
——「宋明理學殿軍」的蕺山思想

劉清泉 著

作者簡介

劉清泉，清華大學中文系博士，現任教於三峽明德高中，並在中原大學兼授大一國文課程。清泉老師教學年資迄今已超過 30 年，曾在各公私立學校任教，可謂樹人多矣！但「教不倦」的他，最難得的是其「學不厭」的勤勉不懈精神，成大中文系畢業教學幾年後即毅然辭職，考入清大中文系碩士班就讀，師事林聰舜教授門下，四年後獲得碩士學位，並隨即考入公立高中。但他又不以此爲足，在年近不惑之時，憑著一股衝勁再接再厲，又考進博士班進修。本書就是其博士畢業之論文，經指導教授推薦有幸在花木蘭文化事業有限公司出版，不但可做爲其學思歷程的紀念，並藉機就教於各同好方家，希望能得到更多的指教與斧正。

提　要

　　本論文以「儒家內聖之學的極致——『宋明理學殿軍』的蕺山思想」爲題，主要目的是在釐清前人所謂「宋明理學殿軍」的眞正意涵，再透過此意涵去深入解析劉蕺山的「內聖」思想，以求兩兩相互印證，透顯出蕺山思想的時代價值與「理學殿軍」名號在思想流變過程中的正確定位。

　　全篇共分八章，前兩章爲基礎論述，第一章爲「緒論」，分從研究動機及研究取向來著手。劉蕺山被稱爲「宋明理學殿軍」，自牟宗三先生以來，陳陳相因，習以爲常，筆者對此倒不表示懷疑或否定，只是好奇這一稱名背後的意義到底何在？至於在研究方法上，採用的是「傳統文獻研究法」與「話語分析法」，希望從文本上直接去透析蕺山思想的哲學內涵。第二章爲「蕺山的思想背景與定位」，一方面探討明末學風的弊端所在，因爲基本上筆者還是以爲蕺山思想是乘王學末流而起的一種思想改造；再一方面對蕺山的思想歸屬做一個大略的釐清，畢竟是「理學殿軍」，思想格局就不能拘泥於一家一派之中，或程朱或陸王或超越二者之上，都是考量的諸多面向之一。再來的關鍵，就是從幾位前賢的相關論述中，歸納出「宋明理學殿軍」幾個可能的解讀方向，以求做出較合乎事實眞相的結論。

　　第三、四章則進入實際思想內涵，以蕺山的最爲人所注目的論點「愼獨」與「誠意」爲主要考察內容。第三章爲「內聖之學的建立—愼獨論」，論述的重點聚焦在蕺山較早期所提出的「愼獨」學說上，從本體到工夫，再到獨體與心、性的辨析，甚至「心宗」和「性宗」這兩個蕺山所特別強調的主、客兩位格，深入探討這位心學繼承人的本體思維。在工夫的面向上，對「主靜立人極」的老調重彈，十足展現蕺山刻意傳承「理學始祖」濂溪以來思想脈絡的別具用心，「理學殿軍」前後相輝映的圖像又豈止是巧合而已？再者，第四章題爲「內聖之學的鞏固—誠意說」承續上一章而來，爲了避免「愼獨」之「主靜」走向偏鋒，蕺山又在晚年提出了「誠意」來作爲思想主軸。倒不是意在與「愼獨」打對臺，因爲基本上二者只是名詞上的不同，無論是本體或是工夫，都表現了十足的相似性，所以會有「意根獨體」這樣的說詞出現。只是在《大學》八條目的既定基礎上，又呈現了「心、意、知、物」間的一原無間之妙，而這種「合一觀」的思維架構明顯是從陽明而來的。

在本文的五、六章，再一舉將蕺山的「內聖之學」盪開或落實。第五章名為「內聖之學的拓展－理氣觀」，針對王學末流「玄虛而蕩」、「情識而肆」的弊端，蕺山借用「理氣」的客觀性，來矯正一般過分強調良知或甚至任心而行所產生的偏差。所以基本上，筆者認為「理氣」、「道器」或「太極陰陽」等有關天道觀的論述，是蕺山在心性之學基礎上所建構出的調整性籌碼，藉以修正陽明後學越來越向主觀面偏移以致產生的種種疏漏。更因為蕺山有重「氣」、重「現實層面」、重「實踐工夫」的精神導向，會讓人誤以為其根本是一位「唯物氣本論」者。事實上這只是一種見樹不見林的誤解，從主從之間的價值還原，我們應該可以釐清蕺山一直以來所秉持的心學立場與本色。至於第六章則為「內聖之學工夫的具體呈現——《人譜》論」，以上談到的所有理論，在《人譜》中的證人之學都可以得到進一步的落實及印證。一方來自於佛學「善書」的理論刺激，再來則是本身儒門淡薄，甚至陣前倒戈，對此所做出的回應與調整，蕺山藉《人譜》來凸顯他的儒、釋之辨立場，看重的程度可見一斑。因此會談到「無善無惡」的議題，尤其以一正一反的方式來層層推進成聖工夫，既「嚴辨善惡」又「洞察過惡」，充分說明了所謂「歸顯於密」的真實意涵所在。

第七章為「學術風氣的轉向——蕺山和他的兩位弟子」，藉著蕺山與其兩位學生黃宗羲、陳確之間思想傳承與嬗變所產生的差異，來說明學術風氣的重心，已悄然由心性的「理學」轉移到經世致用的「實學」了，以作為蕺山之所以成為「理學殿軍」的旁襯說明。最後的第八章為「結論」，倒不只是針對整篇論文做出總結，而是進一步將某些力有未逮卻又曾經思考過的議題拋出，希望成為後續研究的觸媒或起點，當然最核心主題，還是依舊環繞在「宋明理學殿軍」這個稱號背後所蘊涵的時代意義上的。

目

次

第一章　緒　論

一、研究動機

　　學術界對劉蕺山（劉宗周，原名憲章，字起東，號念臺，人稱蕺山先生，1578～1645）思想的研究汗牛充棟，[註1] 但不見得能獲取一致的共識。只要談到宋明理學，或明清之際思想的轉變，大多不會獨漏掉這位被稱爲「宋明理學殿軍」的思想大家。一方面，理學五、六百年以來的發展，到了蕺山這個階段已經達到一個極其精深的巔峰，他的學生黃梨洲（名宗義，字太沖，號梨洲，1610～1695）有所謂「牛毛繭絲，無不辨析」[註2] 的說法，這形容詞若放在蕺山身上，似乎還頗能相稱。再一方面是，蕺山學說的系統龐雜，心性論、工夫論、天道觀等熔於一爐，相互支援，彼此印證，但如果不能掌握其中心思想，提綱挈領地解讀文本，恐怕就不免有「自相矛盾」的結論出現。[註3] 但是否眞的「自相矛盾」？的確值得深入推敲。同樣，如果我們把

〔註1〕　根據胡元玲先生的統計，總計有五部專書，二十餘篇學位論文，相關的期刊論文則多達一百三、四十篇，還不包含在某些思想史、哲學史中特立專章討論者，或是其他專書、論文集中談及蕺山思想的，數量之多，內容之豐富，絕對不容小覷！詳見氏著：《劉宗周慎獨之學闡微》，第一章〈緒論〉，尤其是頁2～6。（臺北：臺灣學生書局，2009）

〔註2〕　《明儒學案》上冊，〈發凡〉：「嘗謂有明文章事功，皆不及前代，獨於理學，前代之所不及也，牛毛繭絲，無不辨晰，眞能發先儒之所未發。」，頁14。（北京：中華書局，2008）

〔註3〕　如侯外廬先生就曾經說過：「綜觀劉宗周的理學思想是一個充滿自相矛盾的體系。」詳見侯外廬、邱漢生、張豈之主編之《宋明理學史》下冊，第二十三章〈劉宗周的思想特徵及其「慎獨」、「敬誠」理論〉，頁609。（北京：人民出版社，1987）稍後的于化民先生也說道：「劉宗周的本體論思想是令人眩惑的。

視焦放在「理學殿軍」這一稱號如何能成立上，相對問題就能夠迎刃而解了。也就是說，當我們釐清了蕺山為何被稱為「宋明理學殿軍」的內在意涵時，前後思想「自相矛盾」的判斷便不攻自破了，而這也正是筆者在寫作本文時最初的研究動機所在。

　　誠如我們所知，首先推尊蕺山為「宋明理學殿軍」的是唐君毅先生（1909～1978），後再由牟宗三先生（1909～1995）大力提倡之，〔註4〕也因著牟氏在近代知識界的影響力深廣，「宋明理學殿軍」竟也成了蕺山的另一個代名詞，甚至接下來的相關論述幾乎眾口一詞，讓大家習焉而不察。然而所謂的「理學殿軍」到底所指為何？是時代潮流的強弩之末？還是學術格局的堂廡特大？是思想基調的一以貫之？抑或是流變轉向前的關鍵中繼？種種的這些可能，或許是單獨成立，也或許可能是複選共構，長久以來，一直成為筆者在研讀、思索蕺山學，甚至是整個宋明理學發展的一個重要尋索主題。一般相關的著述，也鮮少以此為專門探討對象，甚至多數的學位論文亦復如此，好像是以為這稱謂已成定論，理所當然，沒有多大的討論空間和必要。至於筆者就不做如此觀了，雖然不像劉述先先生般將「理學殿軍」另外易主，也不致認為沒有進一步的考量空間，甚而認為一旦釐清了「理學殿軍」的真正意涵，對蕺山學的內容跟它在思想史上的價值定位，就能更清楚而不致做出誤判了。

二、研究取向

　　基於對「宋明理學殿軍」此一稱謂的好奇，所以本論文的寫作，就完全環繞在這一主題的衍伸發展上。先敘述蕺山所處時代環境的思潮背景跟其本身思想的歸屬定位，尤其是各大思想史家對所謂「理學殿軍」所作的論述和定義，試圖找出這一名號的真正意涵。當然，這只是初步的整理與探索而已，唯有詳解文本，才有可能做出更實際更能貼合現實面的具體結論。接下來便

　　　因為他的著作中常有一些互相矛盾的觀點並出。」說見氏著：《明中晚期理學的對峙與合流》，第五章〈晚明理學與心學的合流趨勢〉，頁169。（臺北：文津出版社，1993）而黃宣民先生也曾說過：「蕺山上承千聖，思想博大，然又多有矛盾和含混之處。」說見氏著：〈蕺山心學與晚明思潮〉，收錄於鍾彩鈞主編之《劉蕺山學術思想論集》，頁218。（臺北：中央研究院中國文哲研究所籌備處，1998）

〔註4〕　詳見牟宗三：《心體與性體》第三冊，頁511～512。（臺北：正中書局，1968～1999）

是針對蕺山思想主題的個別探討，從「慎獨」到「誠意」這些招牌主張，再從建立價值「本體」一直到道德「工夫」的逐步開展，試圖藉此深入到蕺山所建構出的「內聖」世界規模。再來，便又進入到蕺山的天道觀了，這也是從來最具爭議性的一部分。理與氣、道和器、太極跟陰陽………諸如此類的形上與形下的相互對立，雖然一直以來就是宋明理學家們極力探討釐清且嘗試弭平彼此鴻溝的一個舊有議題，但到蕺山這個階段，挺立客觀本體以救治主觀「任心而行」所造成的時代弊端，已經是當務之急的一種必要發展。所以在他的文本中可以看出「理爲氣之理」如此協調理、氣的折衷觀點，如果因此就要特別強調蕺山的氣論而以爲他就是「氣本論」的先鋒，那就是倒果爲因，不明瞭蕺山的初衷和他的學術取向。而這也正是爲何筆者要再三致意，並刻意將蕺山的「理氣觀」放在文章中段以提出討論的最主要原因所在了。

緊接著我們討論到蕺山相當重要的一本文獻——《人譜》，因爲以上講的都是內聖之學的思想理論層，到了《人譜》才又進一步落實到具體生活上的各個面向，尤其對過惡的分析幾乎到了極其精密的程度，是一般儒者所難以望其項背的，而亦唯有理論和實際相互參照，我們才能看出蕺山道德修養工夫的嚴密性與側重實踐的糾偏考量。容或被認爲明顯受到佛教功過格的影響，〔註5〕但在捍衛儒道的立場上的確功不可沒，並且不是所有的理學大師都能注意到這個區塊的。在理論推演和實際操作同時並陳，彼此參酌之後，我們對蕺山所建構起的「內聖」道德世界應該已經具備相當的認知，然後再進行所謂「橫攝」的歷史考察。我們嘗試著以蕺山的兩大弟子梨洲和陳乾初（陳確，字乾初，1604～1677）做爲同時代學術發展的代表，兩相比較之下，理當可以看出時代思潮正在轉變的大勢所趨。而這也正是蕺山的「宋明理學」

〔註5〕 如王汎森先生即採此說，他在〈明末清初儒學的宗教化〉一文中就曾說道：「通俗宗教應許人的，宋明理學不能。以功過格和人譜的競爭爲例，功過格提供了一種由改過而得福報之依據，在明季迅速俘獲許多人的心。禪學化的王學也有流入因果的傾向，大量採行功過格。明季各種對功過格修改再創造的修身冊也相當多，如陶望齡的門生秦宏祐便根據功過格而作有《遷改格》。較爲嚴格遵守理學原旨的這一邊，像劉宗周的《人譜》、陸世儀的《志學錄》、陳瑚的《聖學入門書》等，用今日的眼光看來，其實都在功過格典範的籠罩之下，只不過是把其中涉及果報及現實功利的因素加以廓除而已。」刊載於氏著：《晚明清初思想十論》，頁63～64。（上海：復旦大學出版社，2004）這種說法是從影響上宏觀地來看，而筆者則是從修正、衛道的立場來討論此一問題，二者雖然切入點不同，但並不意味著看法相左。

為何只及其身而止,且又做出一個學脈上終止切割的最明顯表現。

至此,從思想背景到學術架構再到旁襯佐證,我們理當已對蕺山所謂的「理學殿軍」有相應的瞭解並提出結論,而貫穿在其中的,是筆者習慣採用的「傳統文獻研究法」和「話語分析法」。所謂「傳統文獻研究法」是現代學者在詮釋古典文獻時經常採用的方式,由於研究的對象不僅有時代差異更有語言隔閡,即便如蕺山所處的明末距今未遠,所用的依然是古文,因此如何將其文本用現代語彙去解讀,而不僅只做一般的翻譯工作而已,甚至可能的話,還要進一步利用文字學、訓詁學或聲韻學的素養來溝通古今,這是一般處理古典文獻時必然會面臨到的首要課題,也是筆者所使用的第一種研究方法。其次,除了古今之異,蕺山文獻的最大特色乃在思想義理上,如何透過文字的歸納與解析,以抉發文本底下所蘊含的思想精義,自然更是研究者必須去面對的第二項課題,所以藉由「話語分析法」來凸顯文字重點,並挑起文獻中獨特的哲學意涵,則又成了筆者在從事此文寫作時的第二大方法主軸。當然,或許有人會問,只要是從事古典文獻的研究,尤其是有關「義理」方面,有哪一個不需要借重前述的兩種方式,甚至已經有那麼多的蕺山專著與論文了,為什麼還要多此一篇呢?

筆者要說的是,容或研究的方式殊途同歸,但只要能達到預設的研究目標,那就是「有效」的。再回應第二個問題,「宋明理學殿軍」是我們習焉而不察的蕺山稱號,如果能夠釐清這個議題,不僅可以附帶檢視出蕺山的思想特色,並可為蕺山的思想做出更符合實情的歷史定位。而在運思的方式上,一方面藉助於勞思光先生所提出的「合一觀」,再方面又取資於牟宗三先生所謂的「形著原則」、「乘王學流弊而起」,三方面也不忘參考時賢諸如李振綱、東方朔先生對樹立「性天之尊」的強調,來一一對蕺山的原始文本或主要觀點加以檢證,並期望能作出更合乎邏輯發展的思想安頓,解釋為什麼唐君毅和牟宗三先生要稱蕺山是「宋明理學殿軍」。進一步更要以此為定調來倒回去詮釋蕺山思想,藉由地毯式地梳理文本,以提煉出蕺山前有所承的思想脈絡,再重點式歸納其與時代潮流不謀而合的價值取向。最重要的,是所謂「理學殿軍」之所以成為「殿軍」,而與接下來的「實學」思潮發展歸趨分道揚鑣的最重要的區隔點,是蕺山仍緊抓著理學傳統以來的「內聖」路數,「外王」不能說完全沒有,但頂多只是旁支;然而,往後的發展重點便越來越偏向「外王」走去,純粹的「內聖」反成為被批判的聚焦之處。也就是說,「宋明理學

「殿軍」的最大意義，就是處在「內聖」與「外王」這兩者間過渡的中繼點上。

至於「內聖」和「外王」這一組概念，雖然相對，但卻不致水火不相容。長期以來，尤其在宋明理學領域中，就有所謂偏內的「心性」取向與偏外的「事功」導向的不同，心性之學是主流，事功發展則被視爲水到渠成的附加價值。如果一味強調事功，主、客易位，反而會被唾棄爲居心不良，如朱熹（1130～1200）和陳亮（1143～1194）互論三代、漢唐之短長就是一個明顯的例子，因爲基本上道德主義跟英雄主義是不能一概而論的。〔註6〕其實更早期的儒家並沒有將「內聖」、「外王」這兩個範疇做切割分先後、輕重，孟子就曾說過：「古之人，得志，澤加於民；不得志，脩身見於世。窮則獨善其身，達則兼善天下。」（《孟子・盡心上》）視外在條件如何，才做出相對的反應，並沒有孰先孰後或孰輕孰重的既定成見。就算更具備政治色彩的《大學》，其八條目：「格物」、「致知」、「誠意」、「正心」、「修身」、「齊家」、「治國」、「平天下」，一脈而下，順序發展，中間也沒有任何的停頓或評隲，幾乎是一體的多面向發展，容有先後，卻不能斷爲兩橛。

如果我們再回去追溯「內聖」、「外王」的源頭，會發現這名詞最早不是出現在儒家，反而是道家的莊子。在《莊子》〈天下篇〉上這麼說道：

> 天下大亂，聖賢不明，道德不一，天下多得一察焉以自好。譬如耳目鼻口，皆有所明，不能相通。猶百家眾技也，皆有所長，時有所用。雖然，不該不偏，一曲之士也。判天地之美，析萬物之理，察古人之全，寡能備於天地之美，稱神明之容。是故內聖外王之道，闇而不明，鬱而不發，天下之人各爲其所欲焉以自爲方。悲夫，百家往而不反，必不合矣！後世之學者，不幸不見天地之純，古人之大體，道術將爲天下裂。

這是相當膾炙人口的一段文字，表現的是莊子憂心世道每況愈下的一種歷史觀和使命感。人類社會由早期的道德全備到天下大亂後的「道術裂」、「多得一察焉以自好」，這一整個「失樂園」的過程，不但道家有此認知，儒家對三代「大同之治」的嚮往，也未嘗不是古人這種意識型態的一再重現。姑不論其是否合理，在莊子的理想世界中，總是存在著一個「內聖外王之道」的既有價值體系，他彰顯出「天地之全」與「古人之大體」，而既然是天地之「全」，

〔註6〕　詳細論述，讀者可參閱韋政通：《中國思想史》下冊，第三十八章〈陳亮與葉適〉，尤其是頁 1217 至頁 1220。（臺北：水牛圖書出版事業有限公司，2000）

所謂「內聖外王」就不可能有先後或輕重的劃分，絕對是一體並進的。到了後來，儒家沿用此語，卻產生了認定上的變異，「內聖外王」從境界的描寫「質變」成工夫的分途，追求內在心性修為的是謂「內聖」，強調外在具體事功的則稱為「外王」，已然成為一套涇渭分明的彼此對立觀念。

因此，筆者在寫作本文時也不免套用這樣的既定模式：以「內聖」為內部基礎，「外王」則為外推的後續發展。蕺山之所以被稱為「宋明理學殿軍」，是將「內聖」的心性之學推闡到極致、巔峰，而其後的學風轉向，則是在時代需求的強烈呼聲之下，「外王」事功之實學逐漸起步，漸次被引發到歷史的檯面上來。其中關鍵，「內聖」與「外王」之分，是絕對不容忽略的重點。以上針對本論文的研究方法和取向做了一番大致的介紹，最後要附帶一提的是文獻版本的選擇。筆者撰文前期，就有中央研究院中國文哲研究所所集結、整理的《劉宗周全集》〔註7〕一套六冊可供參考；到了後期，又有大陸版的《劉宗周全集》〔註8〕付梓成書，在臺流通。兩相參考，發現無論在文字或句讀上的差別不大，不過在引用時，仍是以大陸版的《劉宗周全集》為最主要文本依據，原因在於，相較於原本的「臺灣版」，它又做出了某些的調整跟增補，相信這應該是目前所能見到最新，也是最詳盡的蕺山集版本。

三、文獻回顧

有關蕺山學的研究，可以說是成果豐碩的，截至目前為止，起碼有七部專書〔註9〕、二十幾部學位論文、期刊論文更在一百三十篇以上，〔註10〕若全

〔註7〕 由中央研究院中國文哲研究所籌備處的戴璉璋先生，與大陸學者也就是浙江省社會科學院哲學研究所的吳光先生共同主編，鍾彩鈞、蔣秋華兩位所編審，並由吳光、何俊、黃宣民諸位大陸學者共同點校。該所於 1997 年 6 月出版，列其為「古籍整理叢刊」的第二種，這是臺灣和大陸學者首次攜手合作，開發蕺山文獻資料的一項新創舉。

〔註8〕 杭州：浙江古籍出版社，2007。

〔註9〕 這七部專書依出版時間先後排列為袁爾鉅：《蕺山學派哲學思想》（濟南：山東教育出版社，1993）、東方朔：《劉蕺山哲學研究》（上海：人民出版社，1997）、東方朔：《劉宗周評傳》（南京：南京大學出版社，1998）、李振綱：《證人之境──劉宗周哲學的宗旨》（北京：人民出版社，2000）、黃敏浩：《劉宗周及其慎獨哲學》（臺北：臺灣學生書局，2001）、胡元玲：《劉宗周慎獨之學闡微》及何俊、尹曉寧：《劉宗周與蕺山學派》（北京：中國人民大學出版社，2009）。

〔註10〕 其中最著者是鍾彩鈞主編：《劉蕺山學術思想論集》（臺北：中央研究院中國文哲研究所籌備處，1998），為四次「劉蕺山學術思想討論會」的會議論文集，收錄了十九篇論文，涵蓋層面相當廣，極富參考價值。

要做出「文獻回顧」來，也並非易事，我們只能擇要而取，尤其是跟本文所討論議題有關者。首先，追本溯源，先從影響學界深遠的唐君毅、牟宗三和勞思光等三位大師講起。有關唐先生的蕺山論述，集中呈現在其《中國哲學原論・原性篇》〔註11〕第十五章、《中國哲學原論・原教篇》第十八章及其《哲學論集》〔註12〕的〈晚明理學論稿・略述劉蕺山誠意之學〉中。基本上，唐先生認爲：蕺山是屬於陸王心學一脈，主要是以其稍晚所提出的「誠意」爲思想主旨，而正因爲其歸屬在「心學」的系統之中，「心」無限地被擴張，以至於即使是蕺山所屢屢涉及的「理」、「氣」、「性」、「情」等，都要一體收攝到「心」的範圍來講才能夠成立。甚至，蕺山所謂的「心宗」與「性宗」之分，因著這樣的理解，唐先生也是比較看重「心宗」，反而較不肯認「性宗」的獨立價值，因爲他始終認爲，「性」只是「心」的一種自然而然的表現罷了。

而相對於唐君毅，牟宗三卻是比較側重蕺山的「性宗」意義的。牟先生對宋明理學的研究相當深入，曾耗費了二十多年的時間著成《心體與性體》三大冊，其後又有《從陸象山到劉蕺山》〔註13〕，二者一脈相承，幾乎可視爲《心體與性體》的第四冊，而牟先生有關蕺山學的論述，大致集中在《心體與性體》的第二冊〔註14〕和《從陸象山到劉蕺山》的第六章。牟先生以爲，蕺山思想之所以產生，最主要是用來對治王學末流「虛玄而蕩」及「情識而肆」的兩大弊端，因而有所謂「歸顯於密」的教法，也就是要攝「良知」之顯教於「愼獨」之密教。另外在「心宗」、「性宗」的命題上，牟先生認爲即便是蕺山稍後所提出的「誠意」，仍不足成爲其最後定調，因爲「意」還在「心」中，不免會受到形氣的限制。唯有進一步再向內收再往上提，直到天命所在的「性體」，才是眞正的根深柢固，也才是終極的超越與絕對的。此外，他又分言「心、性」，把「心」當作主觀的形著原則，「性」則是客觀的存有原則，如此一來，即便就生成的角度來說，「性」誠然先於「心」；然而就價值的開發而言，若沒有「心」的朗現與彰顯，「性」的全幅意義就無法具體落實，而這就是所謂的「以心著性」。

至於勞思光先生的蕺山學研究成果，最主要收錄在其《新編中國哲學史》

〔註11〕臺北：臺灣學生書局，1984。
〔註12〕臺北：臺灣學生書局，1990。
〔註13〕臺北：臺灣學生書局，1979。
〔註14〕尤其是512頁至535頁。

〔註15〕三下，特別是在第六章〈劉宗周之學說〉的部分。相對比較起來，如果要依「心、性」之別來做判準，勞先生毋寧是較依向「心宗」，觀念較近於唐君毅先生，而跟牟宗三先生的「性宗」說法有所差別。他認為蕺山思想順承陽明一路而來，是陽明心性論的極度擴張，也是陸王心學最後出也是最徹底的系統。除此，勞先生更認為蕺山之學始於「工夫論」而終於「合一觀」，基於糾偏的考量，「工夫論」的提倡自不在話下，而其所謂的「合一觀」，屏除一切理論上的種種對立區分，收攝萬有（客觀世界）於一「心」，筆者對此一端之提出即極為推崇，並認為這就是蕺山所以被稱為「宋明理學殿軍」的最佳理論佐證，無怪乎勞思光先生要稱其為陽明之後宋明儒學中最能「自立系統」者，要從「哲學史」的角度呼應前二者之說，亦要以蕺山為宋明儒學之「殿軍」。

也由於唐君毅、牟宗三、勞思光等三人在臺、港學術界的影響力，早先在此地對蕺山學的研究大多採取「哲學」或「學術史」的角度，以其心性之學的「慎獨」、「誠意」為主要考察重點，而較早期有關專書尚付之闕如，主要成果是學位論文的產出，尤其是碩士學位，如：詹海雲先生的《劉蕺山的生平及其學術思想》〔註16〕、曾錦坤先生的《劉蕺山思想研究》〔註17〕，就是在這種時空背景下的「典型」產物。到了後來，發展比較多元化，有從「歷史學」的研究方式，如：孫中曾先生的《劉宗周的道德世界——從經世、道德命題到道德內省的實踐歷程》〔註18〕，就是依循蕺山的生命歷程，用「經世」、「道德命題」再到「道德內省」的三個主線來架構出蕺山的道德世界。也有以當時通行的「善書」為考察主軸的，如：袁光儀先生的《晚明之儒家道德哲學與世俗道德範例研究——劉蕺山〈人譜〉與〈了凡四訓〉、〈菜根譚〉之比較》〔註19〕，即是以蕺山的《人譜》作為晚明道德哲學的典型，來跟《了凡四訓》、《菜根譚》的世俗性道德規範做比較，用以凸顯主流價值和非主流之間的差別，相當別出心裁，令人一新耳目。

不同於前幾篇出自中文或歷史研究所，還有一篇則是產自「哲學」研究

〔註15〕臺北：三民書局，2001。
〔註16〕臺北：國立臺灣大學中國文學研究所碩士論文，1979 年通過。
〔註17〕臺北：國立臺灣師範大學國文研究所碩士論文，1983 年通過。
〔註18〕新竹：國立清華大學歷史研究所碩士論文，1991 年通過。
〔註19〕臺北：國立臺灣師範大學國文研究所碩士論文，1997 年通過。

所的，就是王涵青先生的《劉蕺山對王學的反思與批判之研究》〔註20〕，該文主要在釐清蕺山、陽明與陽明後學三者間的關係，無非是要藉此回應學界的一個普遍認知，也就是蕺山學是否真為救治陽明後學之流弊而興者？答案自然是肯定的。另外在博士論文方面，有四本是相當具有特殊性及代表性的：一是吳幸姬先生的《劉蕺山的氣論思想——從本體宇宙論之進路談起》〔註21〕，藉「心本論」的進路來詮釋蕺山的氣論思想；二是廖俊裕先生的《道德實踐與歷史性——關於蕺山學的討論》〔註22〕，則試圖採用「契機說」、「階段論」和「辯證觀」來終結前賢對蕺山學的負面評價；三是陳立驤先生的《劉蕺山哲學思想研究》〔註23〕，用所謂「辯證的思路」來解讀蕺山哲學，並與「分解的思路」做出區隔；四是陳美玲先生的《劉蕺山道德抉擇論研究》〔註24〕，則使用哲學的術語「道德困境」和「道德抉擇」來向蕺山提問，以探究其在道德實踐過程中所可能發生的種種困境。

　　已出版的專書方面，在臺灣目前看得到的主要有兩本：一是黃敏浩先生的《劉宗周及其慎獨哲學》〔註25〕，以討論蕺山的「慎獨」思想為核心論點，並指出其慎獨宗旨的背後，實可以「盡心即性」一語來概括，相較於牟宗三先生的「以心著性」，更加凸顯出蕺山屢屢強調的實踐精神；二是胡元玲先生的《劉宗周慎獨之學闡微》，採用「文本考據」及「義理分析」雙管齊下的進路，對蕺山的慎獨之學做出相當細緻的考察，尤其可貴的是，作者對文本的時間定位相當重視，藉此往往能夠引發出一些新的詮釋可能。以上大致是臺灣學界對蕺山學的研究現況，〔註26〕由於唐、牟、勞諸先生的披荊斬棘之功，臺灣甚至香港學界在研究蕺山學方面可說是方興未艾、成果斐然，但也因著他們幾位的先導，使後學大致沿著既有的「哲學」進路，集中心力在蕺山的「心」、「性」、「慎獨」、「誠意」等理論範疇的討論，像孫中曾先生的「歷史」

〔註20〕　臺北：輔仁大學哲學研究所碩士論文，2003年通過。
〔註21〕　嘉義：國立中正大學中國文學研究所博士論文，2001年通過。
〔註22〕　嘉義：國立中正大學中國文學研究所博士論文，2003年通過。
〔註23〕　臺南：國立成功大學中國文學研究所博士論文，2003年通過。
〔註24〕　臺北：輔仁大學哲學研究所博士論文，2004年通過。
〔註25〕　臺北：臺灣學生書局，2001。
〔註26〕　若想更進一步了解，讀者可以參看鍾彩鈞先生的〈臺灣學者對劉蕺山學術思想的研究——哲學理論及其他〉與古清美先生的〈臺灣學者對劉蕺山學術思想的研究——工夫論及學術史〉二文，皆收錄於鍾彩鈞先生所主編之《劉蕺山學術思想論集》一書中，頁581～594。

向度已經可以說是絕無僅有的了。但相對於臺、港，大陸方面的蕺山學研究起步較晚，焦點也比較偏向於其「氣論」與「歷史背景」的方面，「歷史背景」這在兩岸都有，至於「氣論」則因為意識型態的主導，使蕺山竟成為一位「唯物主義的氣本論哲學家」，關於這方面的討論，我們將在第四章論述蕺山的理氣論時會有詳細的介紹，此處不贅。

　　當然也不是說臺灣學界就會對蕺山的「氣論」視而不見，如前述的吳幸姬先生就是一個很好的研究取向，再如胡森永、莊耀郎、楊師儒賓等諸位先生也產出了許多質量俱佳的相關論文。至於彼岸，也不見得會一直對蕺山的「心性之學」諱莫如深，近期許多青壯派的學者就在這方面有非常傑出的表現，如：楊國榮、東方朔、李振綱等人即是。東方朔（本名林宏星）的博士論文是個里程碑，由此衍生出《劉蕺山哲學研究》〔註27〕與《劉宗周評傳》〔註28〕二書，前者學術性強，後者通俗平易，雖則探討的內容大同小異，只因設定的讀者群不同而造成了差異。另外有一部小書《杜維明學術專題訪問錄──宗周哲學之精神與儒家文化之未來》〔註29〕也是出自東方朔先生的手筆，不是嚴謹的學術論著，而是藉著親切的訪談來展現杜維明先生自己的一套蕺山學。就中尤其特別突出了《人譜》和《聖學宗要》這兩個文本在蕺山哲學裡的重要性，杜先生認為《人譜》是蕺山思想的自我表述，呈現「人學」中的種種問題性；《聖學宗要》則是蕺山的一整套「譜系學」，是他與前賢「高峰對話」的結果，透過這本訪談錄，我們大致可以瞭解身處海外的杜維明先生研究蕺山學的態度、切入點以及某些研究成果。

　　同樣的，李振綱先生的《證人之境──劉宗周哲學的宗旨》〔註30〕也是他博士論文的改寫，該書有兩個重點：一是強調「道德理性本體」的重建；二是「證人」工夫的提倡，甚至作者還把《人譜》中的「證人」一詞作為蕺山哲學的註腳，而所謂的「證人」就是證「人之所以為人」，頗能掌握住蕺山思想的整體脈絡。特別是，李先生又把蕺山歸為「王學批判的修正派」，並認為蕺山此種「歸顯於密」的修正雖有他相當的價值性在，但也相對失去了某種程度的豁達，以致他最後的殉死雖也徹底實現了自己的學問，卻也不免自

〔註27〕上海：人民出版社，1997。
〔註28〕南京：南京大學出版社，1998。
〔註29〕上海：復旦大學出版社，2001。
〔註30〕北京：人民出版社，2000。

絕於時代之外。相當深入的觀察，讓筆者在論文最後的結論中，也不得不引用其論點來加以說明。至於最後一本筆者想要提到的新書，則是何俊、尹曉寧先生的《劉宗周與蕺山學派》〔註31〕，與前述諸書不同的是，它不僅著眼於蕺山學術本身，更進一步梳理其後學的內在變化，探討蕺山學派後來難以為繼，分裂和沒落的最主要原因。該書所強調的是對哲學體系做出「內在邏輯分析」，希望呈現出特定的環境、文化傳統對主體的人格結構與哲學思想所能產生的學大影響，尤其是，作者嘗試用人格結構的「內部機制」來探討蕺山的心性哲學，也就是用「心理學」的解析方式來處理哲學思想，算是滿新奇的一種研究角度，不僅大陸，連在臺、港甚至歐美都算是一種創舉，這是研究蕺山學的一個新方向，很值得鼓勵。

〔註31〕北京：中國人民大學出版社，2009。

第二章　蕺山的思想背景與定位

　　在宋明理學將近六百年的發展歷史中，蕺山無疑是相當具有代表性的一位。人稱「宋明理學殿軍」的他，不僅將理學中的各種討論範疇幾乎開發殆盡，而且他的壯烈殉國，更爲明朝在歷史舞台上的謝幕，做了一個最悲壯的理論和實際相結合的生命見證。然而在學術界公認的蕺山學是乘王學流弊而起的共識之中，所謂的「理學殿軍」到底所指爲何？卻是大多數學者認爲理所當然，但又不眞知其所以然的一個學術「公案」。一般以蕺山學爲研究主題的相關論著雖多，但從這個角度切入的卻不多見。筆者即嘗試由這個思考線索出發，再配以文本的實際探索，一則爲蕺山思想找出歷史定位和時代特色，更重要的是解析出「理學殿軍」的具體圖像與核心價值所在。在此章中，先述時代背景，再探思想歸屬，最後則試圖爲所謂的「宋明理學殿軍」，推尋出種種可能的答案和最理想的統合解釋。

　　當然，任何學術思想的產生皆不可能憑空而起，學風背景和當事人所遭遇的時代難題，絕對是不容忽視的客觀形塑條件所在。當我們說蕺山學是爲對治晚明王學流弊而起時，令我們好奇的是，到底當時的學術界出現了什麼問題，是蕺山所亟欲解決的呢？

一、明末學風的扭曲與困境

　　明末在政治、社會上不但腐敗混亂，在學術界也因著王學流弊所及，造成了種種令人詬病的怪現象，最顯著的就是蕺山所指實的「玄虛而蕩」和「情識而肆」這兩種：

　　　　肆後辨説日繁，支離轉甚，浸流而爲詞章訓詁，於是陽明子起而救

之以「良知」。一時喚醒沉迷，如長夜之旦，則吾道又一覺也。今天
下爭言良知矣，及其弊也，猖狂者參之以情識，而一是皆良；超潔
者蕩之以玄虛，而夷良於賊，亦用知者之過也。〔註1〕

這一段相當具有代表性的文字，起先指出了陽明良知教純粹是爲救程朱的辯說
支離之弊而興，到了後來卻因「顯教」的流弊所及，遂導致了或雜以情識或蕩
以玄虛的始料未及後果。在文字的敘述中雖未曾明言到底何者「玄虛而蕩」，何
者「情識而肆」，但從和《明儒學案》一段相關文字的比對參看中，我們可以推
斷出它明顯是將矛頭指向陽明後學，特別是浙中王龍溪（名畿，字汝中，別號
龍溪，1498～1583）及泰州學派二者。誠如〈泰州學案〉中所說的：

陽明先生之學，有泰州、龍溪而風行天下，亦因泰州、龍溪而漸失
其傳。泰州、龍溪時時不滿其師說，益啓瞿曇之祕而歸之師，蓋躋
陽明而爲禪矣。然龍溪之後，力量無過於龍溪者，又得江右爲之救
正，故不致十分決裂。泰州之後，其人多能以赤手搏龍蛇，傳至顏
山農、何心隱一派，遂復非名教之所能羈絡矣。〔註2〕

陽明之學因泰州、龍溪而風動天下，亦因泰州、龍溪而漸失其傳。如果我們
採用對號入座的方式來分析與對應，就可以發現：浙中王龍溪所強調的「四
無教」極易造成「玄虛而蕩」的流弊；而泰州學派的「百姓日用是道」，也因
爲過度看重當下的現實層面，而容易滑向「情識而肆」的可能偏差。

（一）玄虛而蕩

關於龍溪的「四無教」，它是針對陽明「四句教」所引發的一場學術論辯。
相關的記載資料並不少，〔註3〕但其中主要以成書於嘉靖四十二年癸亥（1563）
的《王陽明年譜》中「嘉靖六年九月壬午，發越中」條這一段最具有權威性：
〔註4〕

是月初八日，德洪與畿訪張元沖〔註5〕舟中，因論爲學宗旨。畿曰：

〔註1〕 《劉宗周全集》第二冊，語類八，〈證學雜解・解二十五〉，頁278。
〔註2〕 《明儒學案》卷三十二，〈泰州學案〉一，頁703。
〔註3〕 主要紀錄有：《王陽明年譜》、《傳習錄》下和《王龍溪語錄》卷一〈天泉證道
記〉這三者。
〔註4〕 因爲《年譜》係陽明弟子錢德洪參考諸同門的意見寫成，並在大家看過之後
所認可的。相較於王龍溪的〈天泉證道記〉有意爲遷就己見而作出翻案文章，
是時代較早而持論公允的。
〔註5〕 張元沖，字淑謙，號浮峰，1502～1563。

「先生説『知善知惡是良知，爲善去惡是格物』，此恐未是究竟話頭。」
德洪曰：「如何？」畿曰：「心體既是無善無惡，意亦是無善無惡，
知亦是無善無惡，物亦是無善無惡。若説意有善有惡，畢竟心亦未
是無善無惡。」德洪曰：「心體原是無善無惡，今習染既久，覺心體
上見有善惡在。爲善去惡，正是復那本體功夫。若見得本體如此，
只説無功夫可用，恐只是見耳。」畿曰：「明日先生啓行，晚可同進
請問。」是日夜分，客始散，先生將入內，聞德洪與畿候立庭下，
先生復出，使移宴天泉橋上。德洪舉與畿論辯請問。先生喜曰：「正
要二君有此一問。我今將行，朋友中更無有論證及此者。二君之見，
正好相取，不可相病。汝中須用德洪功夫，德洪須透汝中本體。二
君相取爲益，吾學更無遺念矣。」德洪請問。先生曰：「有只是你自
有，良知本體原來無有，本體只是太虛。太虛之中，日月星辰、風
雨露雷、陰霾曀氣，何物不有？而又何一物得爲太虛之障？人心本
體亦復如此。太虛無形，一過即化，亦何費纖毫氣力？德洪功夫須
要如此，便是合得本體功夫。」畿請問。先生曰：「汝中見得此意，
只好默默自修，不可執以接人。上根之人，世亦難遇，一悟本體，
即見功夫，物我內外，一齊俱透，此顏子、明道不敢承當，豈可輕
易望人？二君以後與學者言，務要依我四句宗旨：無善無惡是心之
體，有善有惡是意之動，知善知惡是良知，爲善去惡是格物。以此
自修，直躋聖位；以此接人，更無差失。」畿曰：「本體透後，於此
四句宗旨如何？」先生曰：「此是徹上徹下語，自初學以至聖人，只
此功夫。初學用此，循循有入，雖至聖人，窮究無盡。堯舜精一功
夫，亦只如此。」先生又重囑咐曰：「二君以後，再不可更此四句宗
旨。此四句中人上下無不接著，我年來立教，亦更幾番，今始立此
四句。人心自有知識以來，已爲習俗所染，今不教他在良知上實用
爲善去惡功夫，只去懸空想個本體，一切事爲，俱不著實，此病痛
不是小小，不可不早説破。」是日洪、畿俱有省。〔註6〕

這段文獻剛好表明了從龍溪「四無教」到陽明「四句教」拍案定奪的一個思
辨與論述的過程。由錢德洪（人稱緒山先生，1496～1574）的強調工夫，正

〔註6〕　《王陽明全集》卷三十五，〈年譜〉三，頁1306～1307。（上海：上海古籍出
　　　　版社，2006）

好凸顯出王龍溪專注本體的偏執失當，因為在傳統儒學內部甚或是對陸王側重心學的這一脈來說，本體、工夫二者的相輔相成、相取為用，是儒者修德以達成「內聖外王」最高境地的兩條平行軌道。形上本體提供道德修養的理想性、超越原則和理論架構，形下工夫則鋪陳出一條條具體可行的層層步驟，一重理想，一趨現實，相互搭配資用，才有可能達到成聖成賢的最高目標。可以這麼說，本體和工夫之間的密切關係是：若沒有本體的理想指導，工夫極易偏離甚或墮落；而若是沒有工夫的具體落實，強調本體也只不過一味的理論掛空或境界之白描而已。

明顯地，在以上的前提之下，陽明的四句宗旨「無善無惡心之體，有善有惡意之動，知善知惡是良知，為善去惡是格物」，既重超越的心體，又重為善去惡的具體工夫，才是徹上徹下的修德過程所該憑依，也才能籠括所有上根、中根、下根之人而無遺漏。至於龍溪的「四無教」，則是過度提高了心體的形上、超越價值，一則誤將陽明不落於相對善惡相的「至善」意，解讀為心體在存在意義上是「無」；另外又順勢將陽明所提出心、意、知、物一體平鋪的圓融統觀〔註7〕，同理類推為四者皆無的極度強調本體說法。這樣一來，一切「道中庸」的工夫將在「極高明」的本體價值突出甚至轉渡之下變為無謂，境界說取代了工夫論，形上本體遂一面倒地被過度強調著。

關於這一點，王龍溪除了在與錢德洪的互辯、請益過程中，凸顯自己特重本體的立場外，他還在〈天泉證道記〉中又再進一步作了說明：

> 體用顯微只是一機，心意知物只是一事。若悟得心是無善無惡之心，意即是無善無惡之意，知即是無善無惡之知，物即是無善無惡之物。蓋無心之心則藏密，無意之意則應圓，無知之知則體寂，無物之物則用神。天命之性粹然至善，神感神應，其機自不容已。無善可名，惡固本無，善亦不可得而有也。是謂無善無惡，若有善有惡，則意動於物，非自然之流行，著於有矣。〔註8〕

在心、意、知、物只是一事的原則下，「無善無惡」的心體即立刻被複製成四者皆無的一貫系統，原本為善去惡的格物工夫也一併被取消，這就是龍溪過度強調本體所造成的一種偏向。當然我們也知道，龍溪的「四無說」，完全是

〔註7〕 有關陽明思想的圓融統觀，詳細論述可參看談遠平：《論陽明哲學之圓融統觀》一書。（臺北：文史哲出版社，1993）

〔註8〕 王畿：《王龍溪語錄》卷一，〈天泉證道記〉。

站在一個天理流行的超高境界來講的，適合上根之人，但它是否能成為一種貫通上下的客觀教法就另當別論了。尤其陽明也早已看出這種過度側重本體的頭重腳輕作法，極容易引發忽略現實工夫的蕩越之風，也曾試圖加以阻止。從前引文句中：「今不教他在良知上實用為善去惡工夫，只是懸空想個本體，一切事為俱不著實，此病痛不是小小，不可不早說破。」等等可見，所謂「只是懸空想個本體」、「一切事為俱不著實」，就是過分推高形上境界的本體價值，而造成對形下具體工夫的視而不見或剝離落空，這種形上本體和形下工夫的斷裂，不能不說是浙中龍溪空描形上境界所造成的「玄虛而蕩」學風偏向，更代表了王學末流將形上與形下逐漸區隔、拉扯，所形成本體、工夫漸行漸遠的理論緊張實況之一。

　　而針對龍溪的「四無」說，蕺山一直是無法苟同的，因為陽明本無病，病就在後學的過度衍伸或誤用上。就像他所說的：「象山不差，差於慈湖；陽明不差，差於龍谿。」〔註9〕龍溪發展了王學的某個部分，卻又造成了一種偏執上的誤差。一方面，「無善無惡」的境界說「有無不立，善惡雙泯」，極容易流於禪，「把良知作佛性看」；再方面，這種連陽明都不敢打包票的「未定之見」，強調一切皆無，終將使得致良知工夫毫無著力處。甚至，在「心、意、知、物」一併皆無之後，整個《大學》的實踐工夫終將成為泡影。所以蕺山會批評它說：「並無格致誠正，無修齊治平，無先後，無本末，無終始，畢竟如何是大學的義？」〔註 10〕所以就龍溪來說，即便「四無」是一種特殊體悟的「教外別傳」，但對講究切實踐履的蕺山而言，當遠離人事去「懸空期個悟」，既對「本體」的理解流於虛無，又缺乏具體的「工夫」落實，只淪為一種「玩弄光景」的話頭而已，並「適為濟惡之津梁耳」。〔註11〕我們可以理解的是，蕺山稱龍溪所謂「操戈入室」，所破壞的不僅是《大學》一貫的文本架構，更是儒家傳統以來強調人倫日用、重視實踐甚於理論言說的現實精神。

（二）情識而肆

　　形上本體境界的空描引發了「玄虛而蕩」的學術流弊，有將儒家拉近禪釋的傾向；而泰州學派過度強調「百姓日用是道」，甚至有所謂「穿衣吃飯，

〔註 9〕　《劉宗周全集》第二冊，語類十四，《會錄》，頁 518。
〔註 10〕　《劉宗周全集》第二冊，語類十二，《學言上》，頁 363。
〔註 11〕　詳細論述可見於《劉宗周全集》第五冊，補遺五，《明儒學案師說》，頁 523
　　　　～524。

即是人倫物理」〔註12〕的說法，如此極端強調形下具體價值的導向，無疑是受到道家或道教的影響所致。各執一偏都不是好事，這也難怪蕺山要將之視爲「情識而肆」的偏執，並大肆鳴鼓撻伐之了。

基本上而言，泰州學派的共同精神，如果我們對照那些主要人物的生平事略和語錄論述來看，他們最大的特徵是將儒家思想具體生活化，甚而推到極致，幾乎使它染上了一種俠義之風。相對於龍溪的高談本體理論，泰州學派從事的主要是一種實踐與應用的工作。換句話說，也就是如何將儒家思想從形上本體的高度，拉下來與百姓的日常生活相貼近，這是使儒家通俗化的一種取向，其中最明顯的例子，莫過於王心齋（王艮，號心齋，1483～1541）的思想與作爲了。心齋出身灶丁，來自社會的最底層，所以當他一接觸到陽明學，即有意將它通俗化，以便於向下層階級傳播和推廣。如他所提出的「百姓日用是道」、「明哲保身」、「不樂不是學」等等，都是在利用生活化、通俗化的語言來表達儒家思想的精蘊，以利大多數沒受過教育或識字不多的廣大民眾去瞭解與把握，甚至深有感觸。無論樵夫（如：朱恕，1501～1583）或是陶匠（如：韓貞，1516～1585），都能聽而樂之，甚至繼述成爲傳道的中堅，「以化俗爲任」，這種種充分說明了泰州學派生活化、通俗化的傳統，是與當時的下層社會緊密相連的。所以才能打成一片，前呼後應，終致蔚爲大國，發展出他們的集體影響力。

泰州學派的另一位代表人物羅近溪（名汝芳，號近溪，1515～1588），則善於用具體的生活事例開導民眾。例如，他即多次利用童子捧茶或吏胥進茶爲例，說明道在自身不在遠，人人都具備先天良知的道理。即便近溪在良知化境（道體流行）的描繪上與王龍溪有些近似，而使二人有「二溪」的並稱，但這種偏重本體的歧出，似乎並非他的最擅場也不是泰州學派的主流思想。平民化、生活化與強調形而下的現實價值，其實才是他們一再致思與一以貫之的行動主軸所在。牟宗三先生在論述羅近溪時就曾經注意到這一點，他稱近溪思想中有一種特別的「勝場」就在於「破光景」。〔註13〕而所謂的「破光景」，就是如何使良知能具體而眞實地呈現在日用之間，這自然是王學發展上的另一個進程，也是他對龍溪因過度強調「本體」所造成「玩弄光景」的一

〔註12〕李贄：《焚書》卷一，〈答鄧石陽〉。
〔註13〕詳見牟宗三：《從陸象山到劉蕺山》，第三章〈王學之分化與發展〉，頁290～291。

種反動。也因此，近溪特別主張「本體」就要切實呈顯在平常的人倫日用之中，就如同「良知」並非只是一個抽象的定體，它須要藉由天地人物流行變化的具體層去切入、去理解是一樣的。

有一段文字，正足以說明這種「道體平常，不在物外」的道理：

> 子按騰越，州衛及諸鄉大夫士，請大舉鄉約。迨講聖諭畢，父老各率子弟以萬計，咸依戀環聽，不能捨去。子呼晉講林生，問曰：「適繞汝爲眾人講演鄉約，善矣！不知汝所自受用者，復是何如？」林生曰：「自領教來，常持此心，不敢放下。」子顧諸士夫嘆曰：「只恐林生所持者，未必是心也。」林生竦然曰：「不知心是何物耶？」子乃徧指面前所有示曰：「汝看此時環侍老小，林林總總，個個反著足而立，傾著耳而聽，睜著目而視，一段精神，果待他去持否？豈惟人哉！兩邊車馬之旁列，上下禽鳥之交飛，遠近園花之芳馥，亦共此段精神，果待他去持否？豈惟物哉？方今高如天日之明熙，和如風氣之暄煦，藹如雲煙之霏密，亦共此段精神，果待他去持否？」林生未及對，諸老幼咸躍然前曰：「我百姓們此時懽忻的意思，真覺得同鳥兒一般活動，花兒一般開發，風兒日兒一般和暢，也不曉得要怎麼去持，也不曉得怎麼是不持。但只恨不早來聽得，又只怕上司去後，無由再聽得也。」子曰：「汝諸人所言者，就是汝諸人的本心，汝諸人的心果是就同著萬物的心，諸人與萬物的心，亦果是同著天地的心。蓋天地以生物爲心，今日風暄氣暖，鳥鳴花發，宇宙之間，渾然是團和氣。」〔註14〕

用眼前所見的「風暄氣暖，鳥鳴花發」來指實天地之心，天地之心同於萬物之心就等於人的本心，近溪就是以當下的情境來指點道體之所在，極自然極平常，「高如天日之明熙，和如風氣之暄煦，藹如雲煙之霏密」，無思慮亦無計較，天人之間渾然一體，臻入化境。如此一來，不但對本體不執著，對工夫也不堅持了，生命的「實然」幾乎成了「應然」，這種由下而上的貫通強調的是「本體流行」的高超境界，卻在「工夫」的這一段缺乏具體的指點，雖然所擅場的是破除道體抽象與玄虛的「光景」，但由於過度側重現實面及其「形著」效果，甚至會走向「存在即是價值」的偏鋒。

誠如黃梨洲所言的：「泰州、龍溪時時不滿其師說，益啓瞿曇之祕而歸之

〔註14〕羅汝芳：《盱壇直詮》，頁 157～158。（臺北：廣文書局，1996）

師，蓋躋陽明而爲禪矣。」王龍溪的問題出在過度空描形上本體，而產生將具體的下學工夫掛空的傾向。至於泰州則是一味強調「百姓日用是道」、「穿衣吃飯即是人倫物理」，漠視本體的理想性與超越性，而將工夫過度通俗化，直接就落實在一般的生活細節當中，根本不加揀擇，甚至有謂「滿街都是聖人」、「酒色財氣不礙菩提路」的極端說法。一個講「無」有如佛家的「空」，一個凸顯「日用常行」又像是禪宗的「作用見性」〔註15〕，同時都是將陽明心學推向禪釋的兩大動力。一重形而上，一強調形而下，一味單線發展的結果是將晚明學風導向或「玄虛而蕩」或「情識而肆」的困境之中。這是蕺山所深以爲憂的，也是蕺山學補偏救弊的最大側重點所在。

二、對王學態度的前後變化與最終歸屬

身爲心學陣營中的一員，蕺山被劃歸王學是無庸置疑的。但是誠如前述，蕺山學在某種程度上是針對陽明末流弊端而起的一帖良劑，如果它不稍朝朱學靠攏以作適度的調整，「因病立方」的角色就無法凸顯出來。所以蕺山學到底屬於王學、朱學還是兩者兼而有之的綜合統一，歷來學者針對這個議題便有不同的判斷，有的甚至針鋒相對，但是基本上大致還是多數贊同將蕺山納入王學系統中。即使像牟宗三先生將蕺山、胡五峰（1102～1161）另外獨立成系，也不致將他們納歸於朱學一派。比較特別的是錢穆先生（1895～1990）的看法，他主張蕺山學並非紹承陽明而是近於宋學的。當然，像唐君毅先生認爲蕺山思想會合晦庵與陽明的折衷說法似乎較不會引起爭議，但卻又無法突出蕺山學的特色及其基本立場。〔註16〕

職此之故，追本溯源，針對這個問題我們有必要作一個歷史的考索以還原事實眞相。首先我們看看官方的看法如何，四庫館臣是如何描述蕺山學之譜系的：

> 宗周生於山陰，守其鄉先生之傳，故講學大旨多溯源於王守仁，蓋耳濡目染，其來有漸。然明以來講姚江之學者，如王畿、周汝登、陶望齡、陶奭齡諸人，大抵高明之過，純涉玄機。奭齡講學白馬山，

〔註15〕其實泰州的「百姓日用是道」與禪宗的「作用見性」看似相同，實則有異。詳細論述可參看季芳桐：《泰州學派新論》，附錄二〈泰州學派的歸屬——兼評黃宗羲的儒佛觀〉。（成都：巴蜀書社，2005）

〔註16〕有關以上諸大家的詳細論點，筆者將在下一節討論到「宋明理學殿軍」問題時，再詳細徵引及評述，於此不贅。

> 至全以佛學因果爲説，去守仁本旨益遠。宗周獨深鑒狂禪之弊，築
> 證人書院，集同志講肄，務以誠意爲主，而歸功於愼獨。其臨沒時，
> 猶語門人曰：「爲學之要，一誠盡之，而主敬其功也」云云，蓋爲良
> 知末流深砭痼疾。故其平生造詣，能盡得王學所長，而去其短，卒
> 大節之炳然，始終無玷，爲一代人倫之表。雖祖紫陽而攻金溪者，
> 亦斷不能以門户之殊并詆宗周也。知儒者立身本末，惟其人不惟其
> 言矣！〔註17〕

所謂「能盡得王學所長，而去其短，卒大節之炳然，始終無玷」云云，四庫
館臣在此充分肯定了蕺山學淵源於陽明，並爲解決其後學流弊而起的傳承與
改革雙重意義，而這也是此後一般研究者對蕺山學的共識，大致上不差。只
不過當我們跳開了整體印象，來對蕺山學形成發展的歷史過程作進一步深入
考察時，我們會發現：蕺山並非一開頭就認定了陽明王學的。

黃宗羲在他所著的〈子劉子行狀〉一文中，就曾經對其師治學的過程與
內容作過一番交代：

> 先生宗旨爲「愼獨」。始從主敬入門，中年專用愼獨工夫，愼則敬，
> 敬則誠。晚年愈精微，愈平實。本體只是些子，工夫只是些子，仍
> 不分此爲本體，彼爲工夫，亦并無這些子可指，合於無聲無臭之本
> 然。從嚴毅清苦之中，發爲光風霽月。消息動靜，步步實歷而見。
>
> 〔註18〕

並且又說：

> 蓋先生於新建之學凡三變：始而疑，中而信，終而辨難不遺餘力，
> 而新建之旨復顯。〔註19〕

按照梨洲的說法，是認爲蕺山一生的思想歷程，有「始於主敬」、「中用
愼獨」以及「晚歸誠意」的三大階段，這是專從各時期所標櫫出來的思想主
軸或標誌旗幟來說的，其實敬與愼和誠，三位一體，未嘗不是一以貫之的。
在另一方面，如果從其與陽明王學（即所謂的「新建之學」）間的微妙關係來
看，則又是經歷了「始疑」、「中信」和「最終辨難」的三個波折過程，二者
之間若即若離、錯綜複雜，並非純然畫上等號即可。

〔註17〕《四庫全書總目提要》卷九十三。
〔註18〕《劉宗周全集》第六冊，附錄一，〈子劉子行狀〉，頁39。
〔註19〕《劉宗周全集》第六冊，附錄一，〈子劉子行狀〉，頁43。

（一）始而疑

早年的蕺山對於陽明學並沒有多大好感，甚至作出了負面的評價。誠如其子劉汋（1613～1664）在《年譜》中所言者：

> 先生蚤年不喜象山、陽明之學，曰：「象山、陽明直信本心以證聖，不喜言克治邊事，則更不用學問思辨之功矣。其旨痛險絕人。苟即其說而一再傳，終必弊矣。觀於慈湖、龍溪可見，況後之人乎！」
>
> 〔註20〕

在當時蕺山的認知當中，象山（陸九淵，字子靜，號象山，1139～1192）、陽明之學由於只直信本心，而不採行學問思辨之功，所以才會流弊叢生，這當然不為極度強調篤行踐履的蕺山所取。更何況此時王學末流的弊端已昭然若揭，「玄虛而蕩」與「情識而肆」間的自行其是，正是他深不以為然的。如果我們再拿萬曆四十一年（1613）蕺山致其年友陸以建（陸典）一封書信的具體內容來對照參看，更能夠凸顯出早年蕺山對陸王一派的不屑一顧：

> 然象山、陽明之學皆直信本心以證聖，不喜談克己工夫，則更不用學、問、思、辨之事矣。其所言博學等語，乃為經傳解釋，非陽明本旨。要之，象山、陽明授受終是有上截無下截，其旨險痛絕人，與龍溪四無之說相似。苟即其說而一再傳，終必弊矣。觀於慈湖、龍溪可見，何況後之人乎？〔註21〕

兩段文字大同小異，可見伯繩（劉汋，字伯繩）之說言之有據，重點是它提供了兩則訊息，讓我們瞭解到當時的蕺山為何對王學如此深惡痛絕：一是他用末流的弊端來反溯源頭的偏差，這從他不忘提到慈湖（楊簡，號慈湖，1141～1226）、龍溪可見；二是他幾乎是用主觀的成見來臆測陽明之學的，否則他也不致意氣用事地將陽明每言的博學之道詆為門面語。種種表現，顯現出早年的蕺山不僅不喜王學，甚至連基本的瞭解及尊重都還做不到。

然而之所以讓此時的蕺山對王學產生這麼深的成見，師友關係的推波助瀾在這當中無疑具有相當的影響力。從師承背景來看，蕺山二十六歲時師事許孚遠（號敬庵，1535～1604），敬庵之學出於唐樞（號一庵，1497～1574），一庵則是湛若水（號甘泉，1466～1560）的門下。若再就學術脈絡的分梳來

〔註20〕《劉宗周全集》第六冊，附錄二，《蕺山劉子年譜》上卷，「萬曆三十一年癸卯，先生二十六歲」條，頁62。

〔註21〕《劉宗周全集》第三冊，文編三，〈與陸以建〉二（萬曆癸丑），頁301。

看，唐樞折衷於甘泉「隨處體認天理」與陽明「致良知」之間，獨標其「討真心」宗旨，無形中即溢出甘泉一派而與王學合流。誠如梨洲所指出的，在明末陽明心學大行其道的情況下，湛若水既與陽明交情匪淺，其後，「學者遂以良知之學（或作「王、湛之學」），各立門戶」〔註 22〕的參雜現象也就不足為奇了。

可以這麼說，湛甘泉之後，唐樞、許孚遠這一脈相承的系統，是有逐漸向王學靠攏的跡象，但又不完全成為陽明的後裔，只是出入在朱、王之間，而這種綜合特色在許孚遠的身上尤其明顯。即如我們所知，敬庵雖然篤信良知，卻又特別強調下學工夫，極端反對懸空期悟和援良知以入佛、老的玄虛作法，甚而以「性無不善，知無不良」的性善傳統，來與陽明後學的「性無善無惡」說針鋒相對。凡此種種皆可看出：除了推重良知的共法外，許敬庵在為學的精神旨趣上，毋寧是更趨向於朱學的。這從萬曆三十一年（1603）蕺山二十六歲初拜師時，當其問起為學之要，敬庵即告以「存天理，遏人欲」之六字箴言這一事實，就宛然可見了。

並且，次年（萬曆三十二年，1604）蕺山要北行大會宗黨，預行稱觴禮而路過德清，拜別許孚遠時，《年譜》上記載著說：「許先生論為學不在虛知，要歸實踐。因追遡平生酒色財氣分散消長，以自考功力之進退。先生得之猛省。」〔註 23〕這種「為學不在虛知，要歸實踐」的格言式訓誨，雖沒有明說，但無疑是衝著陽明尤其是其後學而來的。如此在精神旨趣上偏向程朱的路數（即《年譜》上所謂的「學宗紫陽」），對當時尚未親閱陽明著作，對王學還停留在一知半解階段的蕺山而言，的確是如雷貫耳的。更何況重實踐擯虛知本來就是儒學的通義，無怪乎他要「得之猛省」，並終身堅守不敢失了。

除了師事許孚遠有將早年蕺山導向程朱之學的絕大助力外，學友之間的切磋問道亦是不可忽略的一環，這當中，劉永澄（字靜之，萬曆二十九年進士）和高攀龍（號景逸，1562～1626）二人則扮演了不容忽視的重要角色。根據《年譜》記載，萬曆三十九年（1611），蕺山三十四歲，有「淮南夫子」之稱的劉永澄訪道至武林，貽書蕺山，邀其相會於西湖。方其時，黨論初興，身為東林一份子的永澄談論到國家大事時，竟是慷慨激昂，刺刺不休，令人

〔註 22〕　《明儒學案》卷三十七，〈甘泉學案〉一，頁 876。
〔註 23〕　《劉宗周全集》第六冊，附錄二，《蕺山劉子年譜》上卷，「萬曆三十二年甲辰，先生二十七歲」條，頁 62～63。

嘆為觀止,可見東林批判時局的現實主義精神在其身上的展現。然而,這對當時剛步上仕途的蕺山而言,似乎是太激切了,興趣缺缺的他,反倒不如談學論道來得實際些。所以他說道:「此進而有位之事也,吾輩身在山林,請退言其藏者。」談學比起論世來,雖然現實性沒那麼強,畢竟對象只是自己,不致得罪他人,可以明哲保身。因此之故,兩人才又「相與究求仁之旨,析主靜之說,辨修悟之異同」〔註24〕,而無論是「求仁」、「主靜」或是辨別「修悟」,討論重點都是比較偏向於道德修養的具體工夫,這跟陽明後學的「良知現成」說比較起來,無疑是程朱的成分居多。

次年,也就是萬曆四十年(1612),是年蕺山三十五歲,《年譜》上記道:「春正月發自家,過梁溪,謁高景逸先生(名攀龍)。」〔註25〕而高景逸和同鄉顧涇陽(名憲成,號涇陽,1550~1612)兩位先生,是在陽明後學高談玄虛,偏天下皆為禪而不事實地工夫的情況之下,才轉而獨宗程朱的,既倡道於東南,竟能一舉而風動士林。再依《年譜》的說法,蕺山之所以會去拜謁高景逸,完全是因為好友劉永澄嘗稱其賢,丁長孺又加以附和,所謂百聞不如一見,蕺山在友好們的一再推薦之下,乃欲一睹顧涇陽之廬山真面目。然而不幸的是,此時顧憲成已死,於是他乃轉而造訪高攀龍,並相與論學講正。

在蕺山與高攀龍交往互動的過程中,有產生了所謂的問學三書:第一書論居方寸,第二書論窮理,第三書論儒、釋異同與主敬之功。雖然這三封論學問道的書信到後來都散佚不見,但若從題目推想其內容,則無論是「窮理」或是「主敬」,大致上是不脫程朱矩矱的。如果我們再從次年,萬曆四十一年(1613),蕺山寫給年友陸以建的一些書信中,即可明顯得到佐證:在這些書信中,〔註26〕蕺山一方面痛批象山、陽明之學「授受終是有上截無下截,其旨險痛絕人,與龍溪四無之說相似」;另一方面則大談工夫邊事以思對治,用克己、慎獨、窮理、盡性的下學工夫來高舉古聖相傳心法。甚而,我們可以很容易地看出,蕺山對於陽明心學的批評,與其說是針對理論架構的缺失,倒不如說是由王門後學所衍生的流弊來反推陽明的,所還原的陽明不見得就是其原貌,因此結論是否公正,便有待商榷了。唯一可以確定的是,此時的

〔註24〕《劉宗周全集》第六冊,附錄二,《蕺山劉子年譜》上卷,「萬曆三十九年辛亥,先生三十四歲」條,頁65~66。

〔註25〕《劉宗周全集》第六冊,附錄二,《蕺山劉子年譜》上卷,「萬曆四十年壬子,先生三十五歲」條,頁66。

〔註26〕見於《劉宗周全集》第三冊,文編三,書一,頁298~302。

蕺山根本沒有對陽明著作作出進一步的深入研究，他印象中的陽明已經被弊端叢生的王門後學所切換了，這當然會令極度重視踐履工夫的他感到深惡痛絕的。

（二）中而信

然而，這種隔空放炮式的批判、否定階段，到萬曆四十二年（歲次甲寅，1614）便又發生了一個重大的轉折。這一年，蕺山三十七歲，根據《年譜》的記載：春正月，蕺山因群小在位，逆料黨禍將起，便向吏部申文，請求告假還鄉。夏五月，蕺山返抵家門，隨即閉門專心苦讀。當時，他親眼目睹朝廷上下混亂、綱紀廢弛不振的怪現象，而身為社會中堅的士大夫卻袖手旁觀，終日不務進德修業，將儒家「為天地立心，為生民立命」的傳統大使命完全拋諸腦後，這怎不令人憂心忡忡？

既讀久之，蕺山終於從書中徹悟了「天下無心外之理，無心外之學」的道理，因著〈心論〉一篇：

> 只此一心，自然能方能圓，能平能直，圓者中規，方者中矩，平者
> 中衡，直者中繩，四者立而天下之道冒是矣。際而為天，蟠而為地，
> 運而不已，是為四氣；處而不壞，是為四方；生而不窮，是為萬類；
> 建而有常，是為五常；革而不悖，是為三統；治而有憲，是為五禮、
> 六樂、八征、九伐。………只此一心，散為萬化，萬化復歸一心。
> 元運無紀，六經無文，五禮、六樂、八征、九伐無法，三統無時，
> 五常無跡，萬類無情，兩儀一物，方遊於漠，氣合於虛，無方無圓，
> 無平無直，其要歸於自然，而不知所以然。大哉，心乎！原始要終，
> 是故知死生之說。〔註27〕

所謂「只此一心，散為萬化，萬化復歸一心」、「大哉，心乎！原始要終，是故知死生之說」，在在表現出蕺山對「心」的推尊，已經到了無以復加的地步。可見此次的「甲寅悟心」，在蕺山思想發展的過程中極具重要意義。這是他首次正面論述心學，也相對確立了自己的心學立場，使其思想型態從程朱漸趨轉向陸王，尤其是陽明心學的部分。雖然沒有證據正面顯示，此時的蕺山已經深入研讀過陽明或是象山的著作，所以或許我們可以推論說：蕺山的「悟

〔註27〕《劉宗周全集》第六冊，附錄二，《蕺山劉子年譜》上卷，「萬曆四十二年甲寅，先生三十七歲」條，頁69～70。

心」，應該只是他閉門苦讀所自悟，與王學的傳承無關。但，畢竟這是一個重要的開展契機，讓先前一度徘徊於程朱的蕺山，幡然改悟地投向心學陣營，而且他的這一心學立場一以貫之地持續到最後，其重要性不可謂之不大。

直到天啓五年（1625）二月，時年四十八歲的蕺山奉旨被革職爲民，追奪誥命。夏五月戊申，會講於蕺山之解吟軒，終於揭示出他的「愼獨」宗旨。對此，《年譜》上也有一段敘述：

> 逆閹大興鉤黨之獄，緹騎四出，削籍徧天下。先生曰：「天地晦冥，人心滅息，吾輩惟有講學明倫，庶幾留民彝於一線乎！」會諸生相繼請，遂於五月朔會講於解吟軒。先生痛言：世道之禍，釀於人心，而人心之惡以不學而進。今日理會此事，正欲明人心本然之善。………每會，令學者收斂身心，使根柢凝定，爲入道之基。嘗曰：「此心絕無湊泊處，從前是過去，向後是未來，逐外是人分，搜裏是鬼窟，四路把截，就其中間不容髮處，恰是此心眞湊泊處。此處理會得分明，則大本達道皆從此出。」於是有愼獨之說焉。〔註28〕

除了延續「甲寅悟心」以「心」爲一切價值本源的觀點外，蕺山更強調講學明倫來挽救「天地晦冥，人心滅息」的社會亂象。他尤其推出「愼獨」之說，藉著收斂身心，使根柢凝定的作法，來做爲明善進德的入門工夫。我們可以看到：從三十七歲的「悟心」到四十八歲的「愼獨」，這超過十年的時間幾乎是蕺山生命中相當重要的關鍵時刻。就現實層面來講，政治上逆閹跋扈橫行，鉤黨之禍蔓延天下；社會上則是人心滅息，人倫蕩然，士大夫競相奔逐聲色貨利。這不得不讓堅持理想主義的蕺山，要以明學術、正人心的方法來力挽狂瀾於既倒。

再就學術思想的發展邏輯來看，一種學說的提出必然有它相對立的反面，誠如筆者前面所言，「玄虛而蕩」與「情識而肆」這兩個陽明後學所引發的狂恣學風，正是蕺山所深不以爲然的對治焦點。因此，相對應的抗衡作法便是他所一貫採取的側重實地工夫，如「愼獨」所用的「收心」、「愼心」等等步驟。甚至我們可以這麼理解：從「甲寅悟心」到「乙丑愼獨」〔註29〕，

〔註28〕 《劉宗周全集》第六冊，附錄二，《蕺山劉子年譜》上卷，「天啓五年乙丑，先生四十八歲」條，頁80～81。

〔註29〕 天啓五年，歲次乙丑。當然，學界並沒有所謂「乙丑愼獨」的說法，只是筆者爲圖行文方便，以使其與「甲寅悟心」相對應所採取的一種「權說」罷了。

這一路走來，蕺山的心學立場愈來愈清楚，也愈來愈精進。其實，四十八歲之前的他並非從未談到「慎獨」，只是一些諸如「正心」、「克己」的個別或零星主張，尚不足以匯成一個提綱挈領的理論系統。到這一年，方才正式地醞釀成熟、奪胎而出，成為他這時期的最主要為學宗旨。正因為要扭轉當代的狂肆學風，蕺山除了祭出側重下學工夫的「慎獨」以求對治外，另一方面，正本清源唯有從釐清陽明學說的真相來對症下藥，如果不廢修養工夫亦是陽明本身原有的一項堅持，那麼其後學流於「玄虛」、「情肆」豈非不善繼述的一種偏頗與誤謬。更何況，假如「慎獨」理論能進一步內在貼合於王學本義，那麼攻擊起異端邪說來豈不更義正辭嚴、得心應手，甚至不費吹灰之力。於是乎，此時最佳的施力點，便是王學精神所寄的灘頭堡──陽明原典。

天啓六年（1626），這是關鍵的一年，這一年，蕺山讀書於韓山草堂之中。他「半日靜坐，半日讀書」，一方面專用其慎獨之功，強調「獨只在靜存，靜時不得力，動時如何用工夫？」終於，他達到了神奇的效果，「久之，勿忘勿助，漸見浩然天地氣象，平生嚴毅之氣，一旦消融。」另一方面，為了接觸原典，針對理論內容作出批判或繼承，他又大量閱讀明代儒者的作品，所謂「每日晨取有明諸儒文集、傳記考訂之，蓋有意於道統錄也。」次年（天啓七年，1627），讀書有得的成果《皇明道統錄》於焉誕生。

在大量閱讀陽明著作之後，蕺山終於不用藉助王門後學來瞭解陽明，至此，他對陽明學的態度終於產生了一個一百八十度的大轉變。從早年的「不喜象山、陽明之學」，到此時的自覺性契會，甚至到了推崇備至的地步，這是直接地入乎其中所達到一種相較客觀的標準認知。關於此，《年譜》上記云：

> 先生讀陽明文集，始信之不疑。為論次曰：「先生（按：指陽明）承絕學於辭章訓詁之後，一反求諸心，而得其所性之覺，曰良知。因示人以求端用力之要，曰致良知。良知為知，見知不囿於聞見；致良知為行，見行不滯於方隅。即知即行，即心即物，即靜即動，即體即用，即工夫即本體，即上即下，無之不一。以求（按：應為「救」字）學者支離眩騖之病，可謂震霆啓寐，烈耀破迷，自孔、孟以來，未有若此之深切著明者也。」〔註30〕

時年五十的蕺山，藉由輯著《皇明道統錄》的過程，終於深入接觸到陽明著

〔註30〕 《劉宗周全集》第六冊，附錄二，《蕺山劉子年譜》上卷，「天啓七年丁卯，先生五十歲」條，頁85。

作。進一步閱讀之後，也終能真切體悟到王學中「良知」與「致良知」的內涵深意，及其即知即行，即體即用，即工夫即本體，即上即下，無之不一的辯證一統觀。在心有戚戚之餘，脫口道出了「震霆啓寐，烈耀破迷，自孔、孟以來，未有若此之深切著明也」的服貼推崇語。相較於他對一般世推大儒，如薛瑄（號敬軒，1389～1464）、陳獻章（人稱白沙先生，1428～1500）、羅欽順（號整庵，1465～1547）、王畿等人的頗有貶辭，明顯看出：蕺山的確是「去取一準孔孟」、「褒貶俱出獨見」，不以一般世俗的毀譽為毀譽，有他獨特的一套評判價值標準在。而正因如此，蕺山對陽明的推崇也不是完全毫無保留的，誠如在上引《年譜》的下段所載，所謂：「特其（按：指陽明）急於明道，往往將向上一機輕於指點，啓後學躐等之弊有之。天假之年，盡融其高明踔絕之見而底於實地，則範圍朱、陸而進退之，有不待言矣！」〔註31〕字裏行間我們看到，蕺山認為陽明的良知學，雖然在整體義理架構上周延無缺，但在教法和工夫指點上卻因躁進而不能無病。這種相較客觀公允的學術觀點，自然是當代學界慣見的偏見和意氣之爭所難望項背的。

　　如此一來，更讓後代的研究者，對此類諸如「橋歸橋，路歸路」的清楚而客觀的研究態度，報以極高的評價。如在海外研究蕺山學多年且卓然有成的杜維明先生即曾評道：

> 宗周有他自己的深刻的體驗，而且他的體驗又非常豐富和多源多樣。他要從他自己的問題意識出發，與每一位他心儀的大師大德進行對話，並通過這種對話將他們的合理的東西加以吸收，因此宗周所表現的同情的理解和批判的認識是非常清楚的。比如宗周對陽明的態度，即便在宗周50歲對陽明的學說推崇備至的時候，他仍然保持著他自己的基本立場，沒有喪失他自己的問題意識。所以，一方面他說陽明的良知說「震霆啓寐，烈耀破迷」，另一方面又說他有「啓後學躐等之弊」，這是一種理解和批判相結合的態度，在這中間宗周始終有自己的獨見，有自己的宗旨，而不是人云亦云或是一種老好人哲學。宗周對宋明時的所有思想家都採取這種態度。〔註32〕

〔註31〕《劉宗周全集》第六冊，附錄二，《蕺山劉子年譜》上卷，「天啓七年丁卯，
　　　　先生五十歲」條，頁85。

〔註32〕東方朔、杜維明：《杜維明學術專題訪談錄──宗周哲學之精神與儒家文化之
　　　　未來》，頁41～42。（上海：復旦大學出版社，2001）

既有同情的理解，又有批判的認識，蕺山對陽明，絕對會超越一般人云亦云的膚淺附和，而達到從容中道的高度契合。尤其難能可貴的是，不僅陽明，他對所有的宋明思想家，也都同樣抱持此一批判性繼承的客觀態度，這無疑為他「宋明理學殿軍」的角色鋪上了理論的墊腳石。而這年，他五十歲，是黃梨洲所言其師對王學態度第二階段「中而信」的關鍵代表時刻。

（三）終而辯難不遺餘力

基本上，蕺山對陽明的肯認是有選擇性的，他取用王學的良知真意、致良知的知行合一，特別是即心即物、即體即用，徹上徹下，統一打合的本體、工夫合一觀。但對於四句教中「無善無惡心之體」因過度強調虛無本體，而容易造成後學的視覺偏差，終致輕忽與遺落實際工夫的「人弊」無法苟同。這也就是為什麼當他在極度推崇陽明義理的同時，仍然不忘附帶挑剔其指點教法的躁進。也正因陽明「急於明道」、「將向上一機輕於指點」，開啟了後學的躐等之弊，理論上是本體、工夫合一並進，實際上卻因後學的資質和體悟不同，造成將本體、工夫相割裂以各行其是的偏執，尤其過度強調本體卻忽略了工夫修為的作法，更是蕺山所期期以為不可的。而這也就是為什麼到了晚期，他與陽明後學爆發激烈衝突——「終而辯難不遺餘力」的原因所在了。

蕺山基本上肯定陽明學，卻與其末流發生了激烈的正面衝突，明確的時間點是在崇禎四年（1631），蕺山五十四歲時，他成立了「證人社」，與陶奭齡（號石梁，？～1640）共同主持講會：

> 海內自鄒南皋、馮少墟、高景逸三先生卒後，士大夫爭以講學為諱。此道不絕如綫。惟先生歸然靈光，久而彌信。家居之暇，門人謀所以壽斯道者。先生於三月三日率同志大會於石簣先生祠，縉紳學士可二百餘人，同主事者為石梁先生（名奭齡）。石梁，石簣先生之介弟也。初登講席，先生首謂學者曰：「此學不講久矣。文成指出良知二字，直為後人拔去自暴自棄病根。今日開口第一義，須信我輩人人是箇人，人便是聖人之人，聖人人人可做。於此信得及，方是良知眼孔。」因以「證人」名其社。〔註33〕

初登講席的蕺山，即開宗明義地揭出陽明的良知教為講學宗旨，而取其講社

〔註33〕《劉宗周全集》第六冊，附錄二，《蕺山劉子年譜》上卷，「崇禎四年辛未，先生五十四歲」條，頁 101。

名為「證人社」，更是強調人還其人，證人之所以為人的深刻用心。然而卻在出師不久即遭到始料未及的莫大挑戰，原因是共事的陶石梁與他在價值觀和為學方法上明顯存在著差異。根據梨洲〈子劉子行狀〉的記載，〔註34〕在本體與工夫的問題上，石梁極度看重本體，認為「識得本體，不用工夫」。因為若就師承來看，石梁之兄石簣（陶望齡，號石簣，1562～1609）是周汝登（號海門，1547～1629）的弟子，因此到了後來，石梁用禪釋來解釋陽明學的作法便不足為奇了。甚至，他更進一步認為「頓悟」是識得本體的唯一工夫，這與王學本體、工夫並進的論學本旨根本漸行漸遠，如此「良知現成」的觀點，自然不能為側重工夫的蕺山所認同。所以他便說道：「工夫愈精密，則本體愈昭熒。今謂既識後遂一無事事，可以縱橫自如，六通無礙，勢必至為無忌憚之歸而已。」

蕺山和石梁二者在為學的切入點上各有不同的聚焦，陶氏的「識得本體，不用工夫」刻意張揚本體，明顯是陽明後學「良知現成」〔註35〕派的一套說法；而蕺山則掉過頭來從工夫出發，反而認為只有透過具體真實的實踐工夫，才能識得本體周全。無論是先本體後工夫，還是從工夫反推本體，學術背景和價值認知的不同，隱然為後來的彼此切割埋下了伏筆。果不其然，在陶石梁及其門人大喇喇「引釋入儒」〔註36〕的異端作法下，再加上此時的蕺山已專揭「慎獨」之旨，儒門捍衛者的角色更形彰顯，自然要對陶氏等證人可以轉世為馬的因果說起而攻之。二人爭辯激烈，遂在次年真正地分道揚鑣了。

《年譜》記此事云：

> 諸生王朝式、秦弘祐、錢永錫等奉石梁先生為師模，糾同志數十人別會白馬巖居，日求所謂本體而識認之。先生聞嘗過從。一日，座中舉修悟異同，復理前說以質。弘祐曰：「陶先生言識認本體，識認即工夫，惡得以專談本體少之？」先生曰：「識認終屬想像邊事，即偶有所得，亦一時恍惚之見，不可據以為了徹也。且本體只在日用

〔註34〕《劉宗周全集》第六冊，附錄一，〈子劉子行狀〉，頁42～43。

〔註35〕有關陽明後學中「良知現成」的論述及其開展，讀者可自行參閱吳震：《陽明後學研究》，序章〈現成良知——簡述陽明學及其後學的思想開展〉。（上海：上海人民出版社，2003）

〔註36〕《明儒學案》卷六十二，〈蕺山學案〉：「石梁之門人，皆學佛，後且流於因果。分會於白馬山，羲（按：即作者黃宗羲）嘗聽講。石梁言一名臣轉身為馬，引其族姑證之。」（頁1514）

常行之中，若舍日用常行，以爲別有一物可以兩相湊泊，無乃索吾道於虛無影響之間乎？」又與弘祐書曰：「學者宜時時凜乎若朽索之馭六馬，說不得我且做上一截工夫，置卻第二義不問。須看作一個工夫始得。」〔註37〕

這一段對話事實上可視爲前一年（崇禎四年）蕺山和陶奭齡二人間激烈論辯的翻版，更是自陽明師弟「天泉證道」以來本體、工夫之辨的一個延續，藉著秦弘祐（履思）與蕺山間的問學對談，極力凸顯出蕺山旗幟鮮明的爲學方向。所謂「識認（本體）終屬想像邊事，即偶有所得，亦一時恍惚之見，不可據以爲了徹也。」蕺山清楚看出逕任本體所可能發生的風險，所以他提出要用日用常行的具體工夫來防範儒道滑向「虛無影響」，而這也是從顧（憲成）、高（攀龍）等東林學者以來所常慣用防禦策略，即提揭工夫來彌補專擅本體之非，這在當時王學末流大行其道，學風敗壞不可聞問的情況下，無疑是一帖「因病立方」的良劑。

　　不過值得我們注意的是，蕺山和陶奭齡雖然在本體、工夫的議題上認知不同，但即使在白馬巖居的決裂後，雙方也並沒有因此而扯破臉，只是此後不斷相互遺書辯難而已。對陶氏而言，爲學首在識得本體，一旦識得本體，工夫即在其中，甚至禪宗所強調的頓悟都成了識得本體的唯一途徑。但對堅定儒家立場且側重實踐面的蕺山來說，本體並非不重要，只是具體可見的日用常行比起渺不著邊的本體更容易掌握把捉。因此學者只有工夫可說，本體根本著不得一語，才著一語，便是工夫邊事。既然言工夫則本體自在其中，所以他極度強調「工夫之外別無本體」，因爲這正是儒、釋之辨的最大關鍵。最明顯的例子，是蕺山在崇禎九年（1636）寫給石梁一封信的主要訴求內容：

　　願先生力以師道自任，爲世人作津梁，吾越雖僻壤，而不出戶牖可以風動天下，則自新建（按：指陽明）而後，衣缽相傳以及於今日，爲海內所心儀者，固已久矣。顧今天下談新建之學者，未有不借路葱嶺，即當日一種教法所謂天泉問答等語，近日亦不復拈起。高明之士談性宗而忽彝倫，卑暗之士樂倡狂而惡名檢，職此之繇。〔註38〕

相應於前頭所提到明末學風的亂象「玄虛而蕩」與「情識而肆」，蕺山在此更

〔註37〕《劉宗周全集》第六冊，附錄二，《蕺山劉子年譜》上卷，「崇禎五年壬中，先生五十五歲」條，頁103～104。

〔註38〕《劉宗周全集》第三冊，書二，〈與石梁二〉（丙子），頁437。

對應指實了「高明之士談性宗而忽彝倫」、「卑暗之士樂倡狂而惡名檢」，同樣脫離儒家所最看重的彝倫、名檢，而敗壞的根源則是來自於蔥嶺之外，一般士人援佛入儒的便宜作法所使然。是故蕺山諄諄勸導陶氏千萬要以師道自任，切莫落入禪門本體的「想像邊事」或「恍惚之見」，否則，脫略了具體工夫的實踐履行，就難免會走向猖狂縱恣的偏邪道上去。而陶奭齡作為陽明後學的一份子，雖然在學界的影響不大，但他的治學方向卻相當具有代表性。因此，蕺山和陶氏間的差異，就不僅僅是他們兩人學術脾胃的不同而已，擴而大之，更是代表了蕺山與整個王學末流之間的涇渭分明。

蕺山若想要救治王學之弊，最迫切的解決之道，就是提揭工夫來彌補因過度強調本體所造成的偏失，尤其是他長期以來一直緊抓不放的「慎獨」主張。但只是刻意凸顯彼此間的不同還不夠，若要正本清源，唯有直探王學致良知的源頭，證成自己的「慎獨」是完全不悖於陽明的思想內涵，才能真正免於「外行領導內行」之譏。再者，蕺山所「辯難不遺餘力」的王門後學，其「良知現成」說不只是缺乏工夫的配搭，在本體層上由於少了客觀天道的支撐，極容易流向恍惚與想像的個人臆像去，而這也是不容忽視的另一項重大缺失。若能夠一併回歸到心性義理的層面上通盤考量，雙管齊下，必然能夠找出既治標又能治本的對治良方。

因此，經過長期的思索和醞釀，在崇禎九年（1636），時年五十九的蕺山，終於在「慎獨」之後正式提出了他的「誠意」說。他認為：「意者心之所存，非所發也。朱子以所發訓意，非是。」又說：「心無體，以意為體。意無體，以知為體。知無體，以物為體。物無用，以知為用。知無用，以意為用。意無用，以心為用。是之謂體用一原，是之謂顯微無閒。」〔註39〕他排除了從朱子以來以意為心之所發的舊觀點，而將「意」提升到一切價值根源的超越本體地位，甚至還將其置於良知之上，把「誠意」置之於「致良知」之上，而形成了本體與工夫一併收攝的意根本體。針對陽明的致良知教更進一層，另外建立一套新的本體、工夫體系——誠意說，並開始對王學進行「辯難不遺餘力」的第三批判階段。

從「始而疑」到「中而信」一直到「終而辯難不遺餘力」，其針對的都是衝著陽明學而來，這很容易讓我們產生一種印象，即認為蕺山學說除了受陽

〔註39〕《劉宗周全集》第六冊，附錄二，《蕺山劉子年譜》上卷，「崇禎九年丙子，先生五十九歲」條，頁117。

明的影響外，相對地，朱子在他形塑思想過程中所扮演的角色就顯得無足輕重了。而一般學界也通常是把蕺山劃歸爲陽明心學這一派，並認定他是晚明心學的修正、綜合甚而集大成者。關於王學或朱學的歸屬問題，杜維明先生卻有他另一番獨到的見解：

> 從宗周思想發展的特點來看，我們會發現一個很有趣的事，宗周無疑深受陽明和陽明後學的影響，但那時他很少批評陸象山而批評楊慈湖；很少批評王陽明而批評王龍溪〔註40〕。然而宗周受陽明學派的影響可能要比受朱熹的影響大得多，例如宗周從泰州學派的王艮、王棟他們那裏所受的影響可能就不小，甚至他們的一些精緻的體驗或理論的範疇都對宗周產生過影響。但是，宗周的理論向度基本上是要回到朱熹，在宗周的整個論據中不是順著陽明的路子發展下來。然而宗周受朱子的影響又批評朱子，就像當年陽明寫「朱子晚年定論」時一樣，整個朱學裏所體現的博大精深的精神，宗周都能夠加以範圍、吸收和轉進，從這個意義上看，宗周在很多地方是繼承朱學的。〔註41〕

從受影響的多少與輕重論，固然陽明要遠大於朱子，但除了所謂的「精緻體驗」和「理論範疇」外，整個理論架構的大方向明顯是無法自外於朱子學的，因爲若要追本溯源，基本上，陽明學也是承朱學之弊而起的。環環相扣之中，蕺山之於陽明，正如陽明之於朱子，若硬要一分爲二，將王學和朱學對立得涇渭分明，這就根本無視於陽明與朱子間千絲萬縷的承續關係。無怪乎，在蕺山時時批評朱子的同時，也不忘在其他許多方面給予相當高的評價，這情況也同樣發生在對陽明身上。因此，若要論到蕺山思想在宋明儒學中王學或朱學的歸屬問題，大陸學者東方朔先生的一段精闢說法，似乎就相當具有參考的價值了。他說：

> 確乎實情的是，對宗周而言，其學在精神氣質上雖與東林相近，但卻並不是出於東林；同樣的，其學雖接著陽明而講，然又非陽明良知二字所可包攬；宗周雖時時斥言朱子，然而在爲學工夫上，卻視

〔註40〕東方朔（林宏星）先生注曰：「杜維明先生的這一說法，可能是對宗周中期的思想特點而言的。」

〔註41〕東方朔、杜維明：《杜維明學術專題訪談錄——宗周哲學之精神與儒家文化之未來》，〈劉宗周哲學的人學宇宙論〉，頁95。

朱子爲「儒門榜樣，於斯爲至。」爲人理所當然地認爲的是，宗周
學於精神脈絡上近於陽明，雖宗周愈到晚年愈益批評陽明，辯難良
知。然則，在人們的觀念中，宗周於陽明的心學譜系宗之甚多。這
一看法按理並無差錯，但不知不覺中，人們多少忽略了宗周於朱子
之間那種複雜的關係。先生（按：指杜維明）於人們習焉而不察的
觀念中指出，宗周思想其實與朱子之間有著非常密切的關係，而宗
周吸收朱子的觀念也超乎人們的想像。從這個意義上看，宗周與朱
子和宗周與陽明之間的關係同樣具有重要的意義。〔註42〕

既然蕺山和陽明與蕺山和朱子間的關係同樣具有重要性，非此即彼地劃歸他
爲王學或朱學的意義就不是很大了。另外，基於「宋明理學殿軍」的總其成
地位，他也勢必要超越在王學或朱學壁壘分明的畛域之上的，即便不容否認
地，他的王學成分到底是多了些。尤其在對朱子理氣二元論的批判上，蕺山
更顯得大刀闊斧，就中所呈現的「合一觀」思想傾向，基本上理應是取資於
王學的。〔註43〕

三、「宋明理學殿軍」的深刻意涵

一般提到劉蕺山，很容易讓我們聯想到「宋明理學殿軍」的稱號，其實
追本溯源，最早提封蕺山此稱號的是唐君毅及牟宗三先生。據知，早先研究
宋明理學的學者，只知有朱子、陽明，並不知有劉蕺山。學術界中第一位傾
全力研究蕺山思想的當推唐君毅先生，而第一位刻意凸顯蕺山學地位，使他
成爲宋明理學研究中之顯學的，則非牟宗三先生莫屬了。在此，我們先提出
三位和本課題有關的早期學者，若依倫理輩份而不依重要性而言，那就是熊
十力（1885～1968）、唐君毅和牟宗三等三位先生，唐、牟兩位的觀點大致相
同，然而熊先生卻在這個議題上有相當不同於他們的見解。

（一）熊、唐、牟等三人的觀點

我們先來看看熊十力先生對於這個問題所抱持的態度如何。可以這麼
說，雖然他的二大弟子唐君毅、牟宗三兩位先生都一面倒地肯定蕺山在心學

〔註42〕東方朔：〈心靈眞切處的體知——杜維明先生的劉宗周思想研究〉，頁 10。（文
　　　載於 Confucius2000 網站，2003）
〔註43〕關於此點的詳細論述，讀者可參考李明輝：〈劉蕺山對朱子理氣論的批判〉一
　　　文，刊於《漢學研究》，第 19 卷，第 2 期，2001。

發展過程中的關鍵地位，並一致無異議地推尊蕺山為「宋明理學殿軍」，但身為他倆恩師的熊十力先生卻不作如此觀，不但從本體論的角度批判了蕺山的工夫至上觀，還認為若要論起所謂「宋明理學殿軍」，則應該是另有其人的。在 1948 年底到 1949 年初，熊十力先生曾數度致函唐君毅與牟宗三，一方面批評了蕺山的「意」理論和「誠意」觀，另方面也針對唐氏對蕺山的認同與推崇深表不滿，用此來捍衛其長期以來的陽明心學立場。〔註44〕

　　熊十力對蕺山的批評，大致上是循著其一貫「識得本體即是工夫」的前提所展開的。他認為蕺山以「意」為心之所存，為良知之主宰是錯誤的，而應如陽明般一依「良知」作為內在準則，絕不能「離良知而別覓主宰」。「意」只是良知本心的發用而已，蕺山以為「意」有定向，其實有定向的，依然是良知本體的發用，自然而然，如此不如彼，並不需要在良知或心體之外，另建構出一重「意」來，說如此才有定向。對篤信陽明的熊先生來說，良知齊備萬理，無知亦無所不知，是我們內在的最高主宰，若又要另設一層「意」來作為心中之心，主中之主，這不啻是疊床架屋的無意義。所以他語帶情緒似地說道：

> 意為主宰之說，始於泰州之徒王棟，念臺（按：蕺山號念臺）實受
> 影響，其弟子梨洲不諱言之也。此實胡說。而君毅尊為宋明殿軍，
> 不知何解？〔註45〕

另外，在有關「誠意」的議題上，他也是認為蕺山根本上是有違《大學》本旨的。他指出，誠與誠意，只是一個「毋自欺」，單刀直入，順此良知主宰努力推擴之即可，這與「致良知」之「致」並無二致，同樣都是順著良知主宰再配以人力。但「若無推擴之人力，主宰只是無為，將被私欲隔礙，以致善善不能行，惡惡不能去」〔註46〕。照著「意為心之所發」的傳統成見來說，擯除了良知主宰卻專依「意」而動，在有善有惡的「意」主導、擴充下，其結果亦將是善惡相混，又豈只是「善善不能行，惡惡不能去」的動彈不得而已。所以對熊氏而言，蕺山的「意」與「誠意」二說，幾乎是不合傳統舊說，

〔註44〕有關具體考據及更詳細論述，讀者可自行參閱郭齊勇：〈論熊十力與唐君毅在
　　　　劉蕺山「意」與「誠意」觀上的討論與分歧〉一文。（發表於 2001 年 9 月，
　　　　在武漢大學主辦的「熊十力與中國傳統文化」國際學術研討會上）

〔註45〕熊十力：〈就良知主宰問題答唐君毅〉（1948 年 12 月 26 日），《熊十力全集》
　　　　第八卷，頁 517。（武漢：湖北教育出版社，2001）

〔註46〕熊十力：〈答唐生〉，《十力語要初續》，《熊十力全集》第五卷，頁 216。

不可思議的思想混亂者：

> 念臺思想混亂，彼爲東林黨魁，立身端謹，物望所歸，梨洲又崇之，
> 故爲一代大宗。實則其於學術無甚眞見！〔註47〕

熊先生只肯定蕺山的「立身端謹，物望所歸」，除了品格操守外，卻將他的學術批評得一文不值。而熊氏並不像他的學生唐君毅一樣，能從原始文本的分析出發，再將研究視角作出適度的調整，所以他便無法在蕺山的「意」中看出內在與超越的整合，心體與性體的統合，甚至本體和工夫的打合。雖然仔細推究起來，熊十力先生的哲學立場，基本上是有所謂的：體用不二、心物不二、能質不二、天人不二等等的一統觀，從而奠定了現代儒學的哲學形上基礎，以重塑人本的道德自我，建立文化精神的主體性。他的三大弟子唐、牟、徐（復觀，1903～1982）等人就是在他精神感召之下，循著其草創的義理方向和形上架構而逐步深化、發展與擴張的。

然而，熊氏的統合路數所採取的是當下參透本體，再由本體進入到工夫，如此卻與蕺山由工夫逆顯本體的方向相對反。又加上他一味崇信陽明學，甚而過度誇大良知效用的自信、自肯與自證，又完全無視於王學末流所產生的「玄虛而蕩」及「情識而肆」的種種偏差弊端。正因爲他無法體察出蕺山對陽明學的一番矯偏與改造的良苦用心，所以他便無法具備同情的瞭解，而進一步肯定蕺山在思想史上的價值也自然是預料中事。甚至，他就直接點名挑戰了蕺山的所謂「宋明理學殿軍」地位，而思有以易之：

> 眞言宋明殿軍，其必以船山（按：指王夫之）、二曲（按：指李顒）、
> 亭林（按：指顧炎武）三者合爲一體而後可耳。船山自命體用兼賅，
> 而實不見體，當以二曲救之。船山固有用，當更以亭林擴之。船山
> 方面多于亭林，而謂以亭林擴之者，亭林實測之精神與專長處有過
> 於船山也。〔註48〕

在此，姑不論將船山、二曲、亭林等三位截長補短，揉和爲一體，是否有現實上存在的可能性，單就「殿軍」一詞的原始定義而言，三者並列殿軍時到底要發三個獎盃還是三人共敘一獎，都會令競賽裁判傷透腦筋的，何況這又

〔註47〕 熊十力：〈就良知主宰問題答唐君毅〉（1948 年 12 月 26 日），《熊十力全集》
第八卷，頁 518。

〔註48〕 熊十力：〈就良知主宰問題答唐君毅〉（1948 年 12 月 26 日），《熊十力全集》
第八卷，頁 519。

不是團體賽。熊十力先生謂思有以取代蕺山地位，而將三大儒量身改造的一廂情願作法，十足展現其理想主義多過現實考量的思想特色，這不得不讓我們想起當年劉述先在推崇牟宗三先生時，曾這樣有感而發，天外飛來一筆地補充道：「他（按：指牟宗三）義理精熟，解析入微，才可以把許多不容易講清楚的概念，賦以確定的內容。而絕非憑藉一時的感興，訴之於聯想，大發議論，這樣的毛病雖熊十力先生也不能免。」〔註 49〕這樣的說法，應該也不是無的放矢。總之，我們把熊先生的主張拿出來討論，僅只於聊備一格而已，要想避免日後紛爭，裁定「殿軍」名次，還是理當一人一位為宜。

　　再來是唐君毅先生，相對於牟氏赫赫有名的宋明儒學分期，唐君毅先生也有他的一套宋明理學三系說〔註 50〕，並且，唐先生也是現代學者當中最早、也是最有系統地研究蕺山學的專家。他早年即對蕺山學產生濃厚的興趣，認為蕺山是為王學更進一解，會合了晦庵（朱子）與陽明，而成為宋明理學最後的殿軍。基本上，他是把蕺山放在王門後學發展的脈絡上加以考察的。〔註 51〕尤其，唐氏更凸顯了朱子學、陽明學和蕺山學鼎立為三的重要性，他這樣對此三者思想內在發展的瞭解以及突出蕺山學的特義，一直貫穿於其〈晚明理學論稿〉〔註 52〕和《中國哲學原論》〔註 53〕原道篇三篇附錄及原教篇下卷。

〔註49〕 劉述先：《黃宗羲心學的定位》，〈初版自序〉，頁 1。（杭州：浙江古籍出版社，2006）

〔註50〕 早在他寫於 1935 年的〈論中西哲學之本體觀念之一種變遷〉一文（後收入《東西哲學思想之比較研究論集》），即論列出理學關於道德本體的所謂三派：第一派是由周濂溪、程明道、程伊川到張橫渠再到朱熹，這一派被稱為「性即理」派。第二派則為從陸象山到王陽明的「心即理」派。唐先生認為，心即理派是性即理派的更進一層發展，因為程朱認為人在為學之始雖心與理分，但最高理想卻在追求心與理的結合，而陸王正是從程朱最終心與理合一的理想性中看出其首出地位的。第三派是從聶雙江（豹）、羅念庵（洪先）到高攀龍、劉蕺山這一新路子，此派與程朱、陸王明顯不同，但卻同時可幫補這兩派之失。並且，第三派的發生主要是針對不滿王學而起的，因為陽明講「心」，一面注重其明覺，一面又側重其好惡，但明覺和好惡二者當如何聯繫，陽明卻沒有明說，這樣便很容易使人誤會陽明所謂的「心」是全以明覺為本的。理學發展到劉蕺山，他正式提出了「意」為心之主宰，反對從前一貫「意為心所發」之舊說，而主「意為心所存主」。如此一來，蕺山遂成以往中國哲學家中最後的大師了。

〔註51〕 唐氏的詳細論述，讀者可以參閱其〈泛論陽明學之分流〉一文，《哲學論集》，《唐君毅全集》卷十八，頁 194。（臺北：臺灣學生書局，1990）

〔註52〕 寫於 1945 年，後收入其《哲學論集》中。

〔註53〕 初版於香港，新亞研究所，1974 年。

就如同他在 1973 年為《中國哲學原論》一書寫自序時曾說過：自己關於宋明儒學發展的看法，基本上三十年沒有多大的變化。這樣看來也確實如此，唐先生是一本初衷地對蕺山的工夫論抱持著相當程度的肯定與推崇的。首先，他將蕺山和濂溪（1017～1073），一後一前，遙相呼應與對照：

> 蕺山為宋明儒學之最後之大師，而濂溪則為宋明理學之開山祖。故吾嘗謂宋明理學以濂溪之為太極圖說，以人之主靜立人極以合太極始，而以蕺山之人極圖說之攝太極之義于人極之義終也。〔註54〕

> 人極立，而天之太極皆不出于一心而俱立，此即蕺山之所以能為人極圖說，以成此宋明儒學之終，以與濂溪之為太極圖說，以成此宋明儒學之始者，遙相應合者也。自蕺山之言立，而人之形而下之心性情意上工夫，乃無不根在形而上之心性情意之本體，而人乃可真以存養此本體為工夫，以貫形而上者于形而下，以完成朱子與象山陽明同有之以「存養立本」之教，此即蕺山之言之所以最為夐絕也。〔註55〕

然後將太極圖說與人極圖說相對言，藉此把形上、形下，本體和工夫拉為一處，綰合並觀，用以透顯蕺山工夫論傳承朱子、象山、陽明以來，心性義理學的最大格局與最高發展：

> 至于陽明以後之諸儒中，蕺山之言所以最為夐絕者，則在其能于心體上見有運于於穆之意之情在。蓋循吾人上文之所論，明見宋明儒之綰合工夫論，以言心性之義理之發展，乃整個之表現一由外而內、由下而上，以言形而上之心體之趨向。而蕺山之言，則最能極其致。〔註56〕

> 且正由於彼等（按：指王門江右之傳）於良知未能真信得及，故反能下開一派意為心之所存、良知之本之說，為王學更進一解，而和會晦庵與陽明，為宋明之理學作最後之殿軍。〔註57〕

蕺山能從良知心體上豎立起客觀之於穆性體，並將本體與工夫融合並進，成為一個向內收攝、挺立性天之尊的工夫論取向，以「意」取代良知的優先性，

〔註54〕唐君毅：《中國哲學原論》原教篇，頁 492。
〔註55〕唐君毅：《中國哲學原論》原教篇，頁 504～505。
〔註56〕唐君毅：《中國哲學原論》原教篇，頁 503。
〔註57〕唐君毅：〈泛論陽明學之分流〉，《哲學論集》，《唐君毅全集》卷十八，頁 194。

為王學更進一解，藉由朱、王的匯合來挽救陽明後學之失，這就是唐君毅先生心目中所謂的「宋明理學殿軍」。

最後是牟宗三先生，牟氏在宋明理學研究上一個相當大的創見，是他提出了所謂的「三系說」〔註58〕，正因為這三系說，相對提高了蕺山在學界的理論高度和能見度，但也因為這一說法新穎，前無所承，所以也引發了許多後續的討論。據我們瞭解，這三系（程朱、陸王、胡劉）提出之後雖也引發了許多爭議，而這些爭議大多環繞在即使胡五峰和蕺山的思想類型相似，但不可諱言的，二者在歷史傳承上卻絲毫無瓜葛的問題上，甚至牟門弟子也因護師心切加入了論戰之中。〔註59〕我們姑不論誰是誰非，唯一可以確定的是，若不是牟先生的倡導，蕺山學絕對無法在近期內成為海內外炙手可熱的顯學，甚至一直會被學界忽略下去，隱沒而不彰。經由「三系說」的推擴，再加上「宋明理學殿軍」的加分效應，讓蕺山不只是陸王心學一脈的成員而已。關於此，牟先生說：

> 劉蕺山這派的學問並不是純粹的王學，也不同於伊川、朱子一派，

〔註58〕基本上，牟先生接受了朱子以來的一貫看法，以周敦頤為宋明理學的開山始祖。濂溪首先由《易傳》、《中庸》的重新闡發來上接孔子的成德之教；接著由張載來區別「德性之知」與「聞見之知」，以及「天地之性」和「氣質之性」的不同，以上接於《論語》、《孟子》。再到程明道身上，藉著通貫《論》、《孟》、《易傳》、《中庸》而一統之，以言其一本之義。這三人（濂溪、橫渠、明道）為一組，是北宋儒學的正宗，但在此時尚未分系。

到了伊川，才以其分解之思路將學問重心移往《大學》，而後繼的朱子承續這一線索，將「格物窮理」發揚光大，由「直貫」轉向「橫攝」，才造成「別子為宗」的奇詭局面，也另外形成了程（伊川）朱一系。其後，陸象山力斥朱子之支離，回返孟學系統，再加上明代的陽明加入此心學陣營，終於開出陸王這一系。

接下來就是牟先生慧眼獨具，他注意到南宋時的胡宏（五峰），透過謝良佐（上蔡）回返到程明道，將《論》、《孟》、《易傳》、《中庸》融通為一的思路，闡發所謂「以心著性」的逆覺體證，再重新接上「直貫」性的生命智能。可惜的是，他的弟子張南軒（名栻）未能善繼斯道，而接下來的再傳弟子又不能與朱子相抗衡，以至後來湖湘學派竟遭致被埋沒的命運。

逮明末最後一位有原創性的大儒劉蕺山出，即便思想上與胡五峰毫無淵源，但卻能回歸到北宋三家的系統，與胡五峰前後輝映，若合符契，同屬於「以心著性」的思想型態，這便成了牟氏所謂宋明理學的第三系——胡、劉系。

〔註59〕相關論戰的兩方論點及其背景介紹，讀者可以參閱劉述先：〈有關宋明儒三系說問題的再反思——兼論張載在北宋儒學發展過程中的意義〉一文。（宣讀於2001年11月25日，由政治大學哲學系所主辦之「宋明理學中的關學研究」研討會上）

而是順著胡五峰消化北宋前三家（按：指濂溪、橫渠、明道）的路子下來，先是心性分設，再以此吸收王學。它是這麼一個間架，也有它的好處。陸、王一派由心講起，自然有其精采處，有其直截、簡易處，但也有其毛病；而這些毛病在胡五峰、劉蕺山這條路是可以避免的。一般人所感覺到的心學之病，在此可以避免。〔註60〕

又說：

至蕺山「歸顯於密」，言慎獨，明標心宗與性宗，不期然而自然走上胡五峰「以心著性」之義理間架，而又著人譜以明實踐之歷程，如是，內聖之學、成德之教之全譜至此遂徹底窮源而完備，而三系之分亦成為顯然可見者，而陸、王系與胡、劉系總可合為一大系，同一圓圈之兩來往，亦成為顯然可見者。自實踐規模言，象山提綱挈領，略舉端緒；至陽明而較詳；至蕺山而尤詳。〔註61〕

一方面可避免心學的顯教之弊，一方面正向開展出內聖之學與成德之教的全體大用，窮源完備。即便牟先生自己也從來不否認蕺山和胡五峰間的關係，是「不期然而自然」的偶然類似，而不是思想史上的一脈相承，但畢竟胡、劉一系是可以與陸王交通往來又補偏救弊的正增強性角色，絕對是值得肯定的。從朱子的易流於支離，到象山的略嫌疏放，再到陽明的任心而行，一關接續一關，前修未密，後出轉精。在牟先生獨尊心學的立場來說，朱子的「繼別為宗」自然不足為訓，象山始提綱，到陽明較詳，至蕺山則尤詳，一層轉近一層，蕺山「宋明理學殿軍」總其成角色的重要性，於此可見。

而關於熊、唐、牟這三位師生在此一「宋明理學殿軍」議題上討論的互動模式，我們可以引用郭齊勇先生的一段論述作為參考：

總而言之，「戊子己丑良知意念之辯」之先，唐君毅已形成了自己對宋明學術、明代思想史及蕺山學的一系列看法，牟宗三也形成了自己關於陽明學及其派屬的看法：在此次辯論中，熊以識本體即是工夫的路數批評蕺山有違陽明，因特顯豁良知本體，以為為善去惡之本，由透悟良知本體而識良知，致良知，而為善去惡；唐則認為蕺山學不違陽明、源於陽明又超過了陽明，特別欣賞識工夫即是本體

〔註60〕 牟宗三：《中國哲學十九講》，第十八講〈宋明儒學概述〉，頁415。（臺北：臺灣學生書局，2002）

〔註61〕 牟宗三：《從陸象山到劉蕺山》，第六章〈劉蕺山的慎獨之學〉，頁539～540。

的路數，對其意念之辯、獨體、誠意、慎獨之論作了哲學闡釋。這次討論並沒有什麼具體結果，熊、唐、牟各自持自己的觀念。但從討論的文獻中，我們亦可看出熊對蕺山原始材料的研讀不夠，所用哲學方法也不夠；唐的分析則充分從材料出發，亦有方法學的調整與支持，這亦是第二代新儒家的勝場。〔註62〕

和文學研究一樣，對哲學思想的探討也應該採取「先入乎其中，再出乎其外」的主、客觀並陳研究策略，若只是一味站在既有的價值體系，不能與時俱進，隨對象不同而作出「入乎其中」深入的相應了解，就不可能產生更客觀公允的結論。當然，蕺山被稱爲「宋明理學殿軍」不見得就是一種搖撼不得的結論，但若純以既成的評判標準爲依違，毫不考慮個案的歷史條件和環境限制就主觀地遽下結論，甚至不按牌理出牌，提出合成式的「三位一體」殿軍說，這就不得不讓我們期待後起的第三代新儒家，能夠有更趨向於客觀現實面的研究成果了。

（二）杜、劉、勞等三人的看法

在這裡牽涉到一個所謂現代新儒家分期的問題，一般學術界會將他們分爲三個階段：最早的第一代是在大陸時期的梁漱溟（1893～1988）、熊十力、張君勱（1887～1969）等人；第二期的代表，則是因爲政治因素而將學術舞台轉移到港、臺的方東美（1899～1977）、唐君毅、牟宗三、徐復觀等學者；第三代又因爲負笈海外而將觸角進一步延伸，在思想上前有所承，在視野上則更勝以往，主要是以杜維明、劉述先、余英時、成中英等人爲代表。若按照這樣的分期標準，前述的熊十力、唐君毅、牟宗三師弟三人正好涵蓋一、二兩期，從筆者前面的有關論述，我們確實可以看到：思想的深度和廣度以及研究方法等與時俱進的轉變痕跡，從「理學殿軍」這一論題的推展上便可見一斑。然而，就算是同樣第三代的新儒家，在相同的課題上也會有不同的設定和結論。如杜維明先生仍延續前期學者的想法，依舊以蕺山爲「宋明理學殿軍」，而劉述先先生就不同了，他別開新局地認定蕺山的學生黃宗羲更勝於乃師之上，才是眞正的「殿軍」，個人的解讀和推論方式不同，所產生的結果自然有異。至於爲什麼又加上勞思光先生一段，是因爲筆者認爲勞先生在

〔註62〕郭齊勇：〈論熊十力與唐君毅在劉蕺山「意」與「誠意」觀上的討論與分歧〉，頁7。

這個議題的論述上與杜先生看法相去不遠,甚至可以互相補充,都具備了相當的詮釋性和歸納效果。兩兩相異又兩兩相同,這三位又是當前赫赫有名的學者,為海內外所推重,故在此一併說明與討論。

我們先談到杜維明先生,身為現代新儒家第三期的代表,杜氏對蕺山思想情有獨鍾,浸淫研究長達數十年之久,成果斐然。早在 80 年代初期,他便發表了〈劉宗周哲學人類學中的主體性〉一文,翔實並且深入地探討解析了蕺山思想中不同於一般的獨特性,以凸顯蕺山學的時代價值。近十多年來,杜先生又一直為哈佛東亞系的研究生開設蕺山思想的相關課程,在教學相長之下,涵詠蕺山思想多年並且有成,他的觀點和研究成果無疑具有相當的代表性和參考價值。而就在 1998 年,以《劉蕺山哲學研究》一書獲得上海復旦大學哲學博士學位的東方朔先生,遠赴美國哈佛大學燕京學社擔任訪問學者,為期一年。期間因為興味相投,林先生得以親炙杜教授門下,除了旁聽其「劉宗周思想研究」這門課,並親侍於講席杖履之間,隨時就所疑當面請益甚至訪談。筆者前引的《杜維明學術專題訪談錄——宗周哲學之精神與儒家文化之未來》一書即是這段時間問學的成果展現,可以這麼說,對於杜氏的蕺山學,東方朔是知之甚深的。

底下,我們就依照前面曾引述林氏的那篇論文〈心靈真切處的體知——杜維明先生的劉宗周思想研究〉,來看看杜維明先生(代言者是東方朔)對這個問題的看法:

> 基本上,將宗周看作是宋明理學的「殿軍」,就其意味著宗周思想在宋明六百年的學問發展史中佔有重要地位而言,似乎不會有太多不同的意見。不論我們是否情願,確乎實情的是,假如我們從儒家心性學的內在邏輯的發展來看,朱子、陽明而後,不談劉宗周,即這樣一種宋明理學史多少是不完整的,陽明後學即浙中、泰州以後的一段當交代而無交代,而成懸置、空白。但造成這種狀況的原因似乎又不完全是心智上的魯鈍,好像還有別的一些因素在綁架著人們。
>
> 我們已經習慣於用唯物、唯心的「對子」作生吞活剝的歸類,因而將王夫之龐大而錯雜的思想作為宋明理學的總結者和終結者,我們也就習焉而不察,甚至認為是理有所自了。殊不知,以這種方式疏解宋明學問,不惟將宋明理學的內在義理和邏輯發展置之不顧,「這種劃分顯然未見出宋明理學的精神方向及其真實關切」。軒輊和隔膜

是在所難免的。〔註63〕

在早先，大陸學者所受的哲學訓練，是慣用「唯物」、「唯心」二分法的歸類模式直接套用在研究對象上，對宋明理學的研究方式也不例外。他們將張載（1020～1077）視爲唯物主義者，又將程朱、陸王歸爲唯心主義，其中程朱是客觀的唯心主義，陸王則是主觀的唯心主義。最後，他們又把宋明學集大成的王夫之（1619～1692）他的唯物成分倒過頭來與張載相銜接，來完成一個哲學上的大圓圈與大循環。這種完全罔顧理學內在理則及其關切焦點的偏執說法，自是無法涵蓋全貌，窒礙與隔膜遂應運而生。這也難怪當東方朔初次接觸到牟先生的「三系說」時，竟然會「宛若受電」地深受震撼了。〔註64〕所以，接著他又說道：

> 然而，即便把宗周看作是宋明理學的殿軍，期間似乎也有不盡相同的理解。若把「殿軍」只看作是終結者，而不是同時也是某種意義上的開新者，即宗周的思想和生命也就戛然隨明祚以終，而宗周對後世的影響似乎也就杳然而不見其痕了。先生（按：指杜維明先生）顯然很難同意這樣一種觀點。即便從義理型態之轉變來看，儘管明以後到清代在學術的範式上發生了某種變化，然而，先生並不囿於類型學的嚴格限制，而是從其富藏的思想史的角度認爲，宗周的超越的義理型態可以也能夠開出清代的不同學問，一如康德以後，哈貝馬斯、海德格爾等等皆醞釀於康德一樣，「一個人的學術上的影響力絕不可能只是對以往學術的總結或終結，他必然對後世產生不同的影響，只不過這種影響的表現形式各有不同而已。」

> 理有固然是智及的覺照；勢所必至乃史識的高明。先生從明清嬗代和鼎革以後學術變化的現象上看出它們之間的內在關聯，將義理和歷史鋪陳爲一種多頭緒的連續發展的過程。但既然宗周對後世發生影響的表現形式各有不同，則要皆在人們從何種角度和取徑上去了解罷了。先生明言，宋明六百年學問，假如我們只是把注意力集中在朱子、陽明身上，而不談宗周，那麼整個宋明儒學就會顯得非常薄弱，一塊非常大的學術領地也就完全被忽視掉，更爲重要的是，失掉宗周這一塊，宋明心性之學的完整的邏輯發展也將不復見出，

〔註63〕 東方朔：〈心靈真切處的體知——杜維明先生的劉宗周思想研究〉，頁8～9。
〔註64〕 詳參東方朔：《劉蕺山哲學研究》，第六章〈蕺山哲學之定位〉，頁355。

因而,「一部完整的宋明儒學史根本跳不開宗周的存在」。〔註65〕從以上的引述中我們明顯看到:杜維明先生對以蕺山為宋明理學殿軍的看法,基本上是舉雙手贊成的。而他的支持論點主要有三:一方面是在長達六百多年的宋明理學史中,如果我們只把焦點放在朱子、陽明身上,接下來的發展脈絡卻付之闕如,或根本不涉及到蕺山這位重量級的人物,那必然是有所懸置是不完整的。再方面,跟王夫之的蕪蔓龐雜比起來,蕺山的思想體大思精,將個人道德修養的主體性發揮到幾至無以復加的地步,和傳統朱子、陽明以來一貫關懷內在心性問題的發展走向脈動相聯,密切相關,同質又同層,絲毫不會有接榫不上的問題。三方面,蕺山的思想發展並不隨明亡而亡,尤其難能可貴的是,他「超越的義理型態」更進一步開出了清代新的經史之學而另起爐灶。從這一層意義來說,蕺山的「殿軍」定位,非但不是對以往學術的總結或終結而已,更是具有對後代新學術走向的啟示和開新意義。

同樣是現代新儒家第三期的代表,我們極容易將劉述先拿來和杜維明作比較,因為他們都是長年旅居海外,闡發儒家思想不遺餘力的學院派學者。不同於余英時、成中英等較注重儒學的知識理性,也就是所謂的「道問學」這一層面,希望透過這一個知性傳統來與現代社會接軌;杜、劉兩人更相對側重「尊德性」這一面向,凸顯了儒學的理想性、超越性及其宗教功能。一則讓人的精神可以得到安頓,達到傳統所強調「安身立命」的目標;再則,更可讓儒學內在超越的宗教性來跟西方宗教(如基督教)進行直接對話,使它在與西方文明的交流互動中,促進其現代的更新和轉化。然而,杜、劉兩人雖然在研究儒學的精神方向上頗有相同之處,但畢竟是兩個不同的個體,當進一步深入到個人氣質、思考邏輯甚至解決問題的習慣方式上,還是會有或多或少的差異。起碼在「宋明理學殿軍」這一議題的認定上就有所不同,杜維明認為就是劉蕺山,劉述先則提出蕺山的弟子黃宗羲來取代。武漢大學的哲學博士姚才剛先生在其所著的《終極信仰與多元價值的融通——劉述先新儒學思想研究》〔註66〕一書,曾對劉述先與杜維明兩位的同異,做了相當深入的比較和解析,其中有一段文字饒富意味,似乎可以讓我們嗅出為何劉述先特重梨洲原因的蛛絲馬跡:

作為儒家信仰者,劉述先也比較重視個人的內在體證,在這一點上

〔註65〕東方朔:〈心靈真切處的體知——杜維明先生的劉宗周思想研究〉,頁9。
〔註66〕成都:巴蜀書社,2003。

他與杜維明是沒有什麼兩樣的。但體證畢竟是個人的事情，它帶有某種個人的經驗，易流於神秘化。因此，儒學若欲求得在當代的生存空間，還必須凸顯它之作為客觀學術的一面，既是一種客觀學術，便須遵循特定的學術標準，且須借助一定的方法將這種學術的特質展示出來。劉述先強調當代新儒家應有學統層面的開拓，也許就是出於這方面的考慮。〔註67〕

因為要求「客觀學術」，遵循所謂「特定的學術標準」，劉述先特別強調當代新儒家應有「學統」層面的開拓是可以理解的，這也就是他為什麼拋棄原有慣用的蕺山，改以黃宗羲為「理學殿軍」的最大原因所在。因為若就學術內容來講，梨洲對客觀領域的關注絕對大過蕺山；再就學統的代表性來說，梨洲所著的《明儒學案》，在學術史上的意義已經為宋明理學作出總結，畫下了句點。稱他為「殿軍」，在劉述先的推論邏輯上，絕對有它理有固然的支持系統。關於所謂的「學統」，劉述先如此地表述著：

> 黃宗羲（梨洲，1610～1695）不能說是一位哲學家，而是一位思想家。這不是說他沒有自己的哲學思想，只是它是用一種折光的方式表達出來。他著《明儒學案》，又著手編寫《宋元學案》，雖未完成，但他的意圖十分清楚，他想客觀地研究宋（元）明儒的思想，通過主觀的選擇與判斷，作出總結。而在事實上，他不只變成王學的殿軍，也變成了整個宋明儒學思想的統緒的殿軍。也可以說，他代表了一個時代的終結，卻又在無意之中，促進了另一個時代的開始。
> 〔註68〕

這裡牽涉到思想統緒與思想史統緒間的差異問題。誠如劉述先所言，黃梨洲只是「通過主觀的選擇與判斷，作出總結」，他是以寫作思想史《明儒學案》的方式作出總結，而不是我們一般認定的，在哲學思想邏輯架構的演進推高上總其成，以達到所謂「殿軍」的總結，這是兩種不同層級的劃歸，不須要混為一談。何況，梨洲的思想大多是透過所謂「折光」的方式表達出，以選擇來代替表述，就連劉氏也不得不承認說：「他（按：指梨洲）受蕺山思想的影響最深，大體以師說的判準去簡擇陽明的思想，批評朱子的哲學，而把周、

〔註67〕姚才剛：《終極信仰與多元價值的融通──劉述先新儒學思想研究》，第六章〈劉述先與杜維明、成中英及「鵝湖」諸君子新儒學思想之比較研究〉，頁254。
〔註68〕劉述先：《黃宗羲心學的定位》，〈緒言〉，頁1。

張、二程當作宋明儒學的共同根源。」〔註69〕既然梨洲受蕺山影響如此之深，其思想的原創性基本上是要讓給乃師的，了不起只能說是蕺山思想在他身上的折射而已，何能一舉就掠美了蕺山「宋明理學殿軍」的既有地位呢？甚至我們可以舉這樣的例子來說，勞思光寫的《中國哲學史》為海內外所公認共推，我們不能因此就稱勞氏為中國哲學的殿軍吧？這不成了所謂的「裁判兼球員」嗎？道理是一樣的。更何況劉氏的這一說法只是學界的孤例罷了，也只代表了他的一條新的嘗試，新的思考線索而已，並沒有得到多大的反響和普遍認同。在此提出，和熊十力先生的說法一樣，僅只聊備一格而已，以作為證成蕺山說的反襯。

最後再來談一談勞思光先生的觀點，勞氏既非力擁師說的牟門弟子，也不是現代新儒家中孜孜捍衛傳統的一員，他只是一個純粹的思想史研究者，擺脫了其他背景的包袱，相信他所作出的結論是相當持平而公允的。其《新編中國哲學史》三卷初版於 1980 年，採用嚴密的分析法和其所謂的基源問題探討方式，針對傳統思想問題的種種，都有較清晰的說解與深切的批判，發前人所未發，充分體現勞先生中年思想成熟後的許多哲思睿識。出版之後，便在港、臺的哲學界引發了廣泛的迴響，就如同杜保瑞先生所言：「因為這部哲學史中的許多觀點，具有重要的中國哲學詮釋理論的新意，而具有當代中國哲學理論研究的里程碑意義，與牟宗三先生、馮友蘭先生的中國哲學詮釋理論，共同成為當代中國哲學研究不可忽視的重要著作。」〔註70〕姑不論如此高的推崇是否有溢美之詞，單單在馮友蘭的哲學史中就找不到任何對蕺山的相關論述。尤其可貴的是，書中用了相當多的篇幅來介紹這位「宋明理學殿軍」，和牟先生有相同的看法。勞思光一方面肯定蕺山在儒家心性之學發展史上總其成的關鍵性重要地位，再方面他對所謂的「殿軍」之說也提出自己獨到的一番詮解，相信可作為一般哲學史對這個問題的代表發言，更是其內在意涵的堅強補充以及最後定調。

首先，勞思光肯定了蕺山從牟先生以來即被認定的「殿軍」地位，並且從其弟子黃梨洲的角度來對他加以定位：

> 劉氏原屬東林人士，然其立說至中年後而別有規模；乃陽明後宋明

〔註69〕 劉述先：《黃宗羲心學的定位》，〈緒言〉，頁2。
〔註70〕 杜保瑞：〈勞思光教授詮釋宋明儒學的方法論問題〉，頁1。（《世界弘明哲學季刊》，2000 年 9 月號）

儒學中能自立系統者，亦可謂宋明儒學之殿軍。黃宗羲出其門下，極推重其學說。即就黃氏明儒學案一書而言，實以陽明與劉氏之學爲兩大中心。劉氏後定居蕺山，故學者稱爲蕺山先生，黃氏學案即以「蕺山學案」結局，蓋視爲明代儒學最後之代表人物，不徒以其死於明亡之際也。〔註71〕

蕺山所立之系統，乃陽明一支思想中最後出亦最徹底之系統；只此一點，以足使學者瞭解蕺山學說之重要性，至其論性情及工夫時種種獨到之見，則不待贅論。梨洲學案終於蕺山，而視蕺山之學爲能決千古之疑者；就「心性論」而言，梨洲之說亦非過譽。〔註72〕

勞思光開宗明義即肯定牟先生以來舊說，以蕺山爲「宋明理學殿軍」，最主要的原因在於，蕺山是陽明後學中最後出，亦是最徹底地能卓然自立系統的。在此，勞氏特別標舉梨洲《明儒學案》的推重來凸顯蕺山的重要性，〈蕺山學案〉之所以能成爲全書的壓卷，是因爲它能解所謂的千古之疑，並與陽明學前後呼應。這不禁又讓我們想起先前提到劉述先以黃宗羲爲「殿軍」的說法，既然梨洲推崇蕺山學爲壓箱掩卷之作，傾服之意顯然可見，思想成分又多承續自乃師者，我們又何必要裁判硬兼球員，頭上加頭而作出疊床架屋之舉呢？而既然將蕺山定位爲「殿軍」在勞思光先生的思想中已然可以確定，那麼進一步論，什麼樣的內容可以被肯認爲「宋明理學殿軍」，或是說，基於什麼樣的原因，勞氏才決定同意牟先生以來的舊說的？根據筆者觀察，至少有兩點是促成蕺山地位的最主要因素：一是聚焦於內聖成德工夫的登峰造極之境，而這個內容是與所謂的「客觀領域」相對反的；二的關鍵則是勞氏所提出的「合一觀」〔註73〕，我們發現，蕺山似乎已經將陽明以來思想中的辯證統一

〔註71〕勞思光：《新編中國哲學史》三卷下，第六章〈明末清初之哲學思想〉（上），頁566。

〔註72〕勞思光：《新編中國哲學史》三卷下，第六章〈明末清初之哲學思想〉（上），頁623。

〔註73〕其實，能注意到蕺山思想中的這種「合一」特色，勞思光並非發前人所未發的第一人，如較早的牟宗三先生就曾經說過：「蕺山生于明末，爲宋明儒學之殿軍。其承接以往之遺產厚，見六百多年來諸多分別解說，概念繁多，不勝其支離，故就其中重要論題悉欲統而一之。」牟先生就稱此爲「圓融一滾」說，但並不特別強調，甚至認爲這種「以此遮彼」的方式，就是造成其道器、理氣論述上有許多「滯辭」的最大原因。詳細內容可參閱氏著：《心體與性體》冊一，頁391～402。

性闡發到最淋漓盡致的地步，它既包含「存有」更包含了「工夫」。

就第一點的內容定位，勞思光先生這麼說：

> 蓋蕺山之所謂「聖學」，確只是所謂「內聖」之學；說心說意，說中和，說性情，皆爲解釋此「成德」、「成聖」之工夫而立，至於對萬有之觀點，亦皆繫歸於此工夫觀點。總而言之，一切觀念皆以工夫論爲中心，故對於所謂「客觀領域」，實未嘗承認其獨立意義。此即蕺山學說之最大特色；欲評其得失短長，亦當注目於此。〔註74〕

> 總之，蕺山學說在發展歷程中，雖對某種問題有畸輕畸重之語，然就其總方向與歸宿而論，則完全排除「客觀領域」，是其系統之特性；不僅離主體而言時，一無可立，即就主體性而言時，蕺山之主體性（意）亦只有「定向」之功能，而無「建構」功能，故亦不能有所謂「客觀化」矣。

> 蕺山以後，王夫之、顏元及更後之戴震等，雖立說層次迥殊，而皆有強調「客觀領域」之傾向，正與蕺山之學相映成趣。從哲學史觀點講，陽明所代表之「心性論」模型之哲學，至蕺山已發揮至極。此後若無一大躍升，則勢必回轉至其反面，故此種演變亦屬易於想見者也。〔註75〕

一切萬有的客觀存在，皆從此「心」中開展出，尤其進一步用具體工夫來貞定心的變動不居，落實心的價值所在，這充分透顯出蕺山思想的心學特色。這跟同時期的某些大陸學者，動不動就將蕺山列爲「氣本論」者的說法肯定是大相逕庭的。〔註76〕可以這麼說，在勞氏的認定中，蕺山思想幾乎是以心性本體、道德工夫等相關論述爲主要內容的，即便有部分涉及「客觀領域」，也完全立基在此內聖之學，絲毫不具有獨立意義。當然，就算外在的客觀不被肯定，也不容否認內在的主體建構祈向，在此，勞先生難免有將內在建構與外在建構一併抹煞的顧此失彼偏向，畢竟內在主體性的「意」除了具備定

〔註74〕 勞思光：《新編中國哲學史》三卷下，第六章〈明末清初之哲學思想〉（上），頁 619～620。

〔註75〕 勞思光：《新編中國哲學史》三卷下，第六章〈明末清初之哲學思想〉（上），頁 621。

〔註76〕 有關於當代大陸學者對蕺山學研究的現況介紹、重點抉發及整體評價，讀者可參閱詹海雲：〈大陸學者對劉蕺山學術思想的研究〉一文，載於鍾彩鈞主編之《劉蕺山學術思想論集》，頁 595～604。

向的功能外，塑造本體價值以成爲一切行動的取資對象，也成了它的另一個重點關懷，否則何來「意根獨體」之說？但不可諱言的，蕺山之後，所謂的「客觀領域」卻如異軍突起般地被特別強調與看重，這種發展脈絡從王夫之、顏元（1635～1704）一直到戴東原（1724～1777）（獨獨跳過黃梨洲，可見梨洲與蕺山之間的形似），正恰恰與蕺山「心性論」的峰頂態勢遙遙相應。物極必反，顯見勞思光在這個議題上，是較多以哲學的角度來看待思想史的發展了。

　　其次就是針對蕺山學說的一大特色「合一觀」，勞思光這麼界定著：

> 所謂「合一觀」，非舊有之用語，乃本書爲描述蕺山學說之歸宿而約定之詞語。此點應先申明。

> 蕺山學說，分而言之，內容甚繁，以上所述，亦不過撮取要點，不能詳備。然統而觀之，則其最大特色有二：第一即將「意」與「心」、「念」等分開，而表「獨體」或最高主體性，第二則是將一切分立或對立之觀念合而爲一。〔註77〕

勞氏的強調，從「描述蕺山學說之歸宿」所用的「歸宿」這兩個涵義特殊的字眼可以明顯看出，也可說，「合一觀」的提出毋寧是他蕺山學研究的一大發現。當然他不是最早注意到的，只是在彰顯這個觀念的同時，正適足以證成蕺山在宋明理學界中的「殿軍」地位。事實上，蕺山已經將所謂的「內聖之學」開發到淋漓盡致甚至無以復加的地步，在這種堂廡特大的情況下，如果沒有統一思維或最高主宰，難免遭致蕪蔓龐雜之譏。所以針對外來的挑戰與內部的統整，勞思光看出蕺山所做的兩大努力：一是提揭出「意」成爲最高價值本體來與陽明的「良知」分庭抗禮，以對治王學末流一味任心而行所產生的種種弊端；二是採用辯證一統的思維方式，來將系統中各個分立或對立的觀念組合統而一之，收束完結，而這正是《年譜》上：「從來學問只有一個工夫，凡分內分外、分動分靜、說有說無，劈成兩下，總屬支離。」〔註78〕、「按：先儒言道分析者，至先生悉統而一之。」〔註79〕等等語句中隱約透露出來的一種「合一觀」之所在。也正因爲蕺山有這種將一切紛紜對立的思想

〔註77〕 勞思光：《新編中國哲學史》三卷下，第六章〈明末清初之哲學思想〉（上），頁602。

〔註78〕 《劉宗周全集》第六冊，附錄二，《蕺山劉子年譜》下卷，「崇禎十六年癸未，先生六十九歲」條，頁147。

〔註79〕 《劉宗周全集》第六冊，附錄二，《蕺山劉子年譜》下卷，「崇禎十六年癸未，先生六十九歲，十二月書存疑雜著」條下案語，頁148。

「悉統而一之」的大氣魄、大格局，才能成就他在宋明理學最高定點上的「殿軍」地位，而這也就是勞思光先生慧眼獨具的關鍵之處。

至於這所謂的「合一觀」要如何解讀才說得清？也就是它的理論底盤到底何在？勞氏就沒有更加細部的推究了。而為了回應牟宗三先生的說法，鄭宗義也相當不以為然的表示：「這些表面上看似漂亮的圓融說辭，其實是把整個形上世界拉落於形下世界的渾淪之言。因此儘管即體即用是宋明儒逆覺體證一路在義理上所必涵，但蕺山卻是不免將之推向一極端的型態。從純粹哲學的角度看，誠意慎獨之教實不必蘊涵如此突兀不穩的一滾說。」〔註80〕誠然，若只從哲學發展的角度來看或許不必然，但卻不能不考慮到思想史的背景面向，蕺山實有他對治王門後學流弊的良苦用心。因此，「他遂順著自家體證的『體用一源，顯微無間』的思路，進一步發揮而為形上形下緊吸的一滾說，甚至不惜以圓融說破斥分別說來將形上世界全部內在化於形下世界中。」〔註81〕其中「體用一源（按：文本作「原」），顯微無間」的說法也曾為蕺山所提出，〔註82〕正可以用來說明其學問特色，許多研究者似乎也注意到這一點，而繼續做出了闡述。〔註83〕當然各家有各家的說法，也都持之有故，言之成理，更重要的是大家都注意到蕺山這種既將「內容意義」合而為一，又把一切對立面「混融一體」的「合一」思維方式。〔註84〕

附帶一提的是，東方朔在他的《劉蕺山哲學研究》一書中也提到了這個論題。承續劉述先的某些觀點，再加上把蕺山和他的學生黃梨洲甚至陳乾初做了一個鳥瞰式的比較，從史的角度做論述，精采而完整，代表近期的年輕

〔註80〕 鄭宗義：《明清儒學轉型探析──從劉蕺山到戴東原》，第二章〈心學系統內的救正（上）──劉蕺山的誠意慎獨教〉，頁 61。（香港：香港中文大學出版社，2009）

〔註81〕 鄭宗義：《明清儒學轉型探析──從劉蕺山到戴東原》，第二章〈心學系統內的救正（上）──劉蕺山的誠意慎獨教〉，頁 61。

〔註82〕 如蕺山就曾說：「蓋曰自其所存者而言，謂之中，謂之天下之大本；自其所發者而言，謂之和，謂之天下之達道。中外一機，中和一理，故曰體用一原，顯微無閒，並不以前後際言也。」語見《劉宗周全集》第二冊，語類十二，《學言中》，頁 416。

〔註83〕 如李慧琪先生的博士論文《劉蕺山的氣論研究》，就以「體用一原」為論述主軸來探討蕺山一貫的「合一」思路，並用「氣」的角度來檢視蕺山的本體與工夫，發前人所未發，相當值得參考。（桃園：國立中央大學中國文學研究所博士論文，2010 年通過）

〔註84〕 借用李慧琪先生在其論文中的說法。

學者在這個問題上所做的思考成績，頗具參考價值，在此特別引出：

> 蕺山以後，在心性學之造詣上已無有過於蕺山者，其所創設的微密
> 幽深的哲學體系可以說前無古人，後無來者。我們說，蕺山結束了
> 一個時代，此顯非只是指蕺山之生命隨明祚以終，而是說，心性學
> 之發展如若無有更端別起、脫胎換骨之轉型，實難以給人以一種清
> 明可證之道德生活世界（此處所言「生活世界」與「生命世界」不
> 可混而爲一），此一論點自然見仁見智，我們亦不想在此處多加評
> 說。我們想指出的是，蕺山以後，弟子中名望最隆者如黃梨洲、陳
> 乾初（陳確）等在心性學的園地裡所做出的成績，皆遠不如蕺山。
> 此一判斷可以從爲學立說之執定和專精兩面說，也可以從心性學縱
> 貫的歷史傳承方面說。梨洲一生雖推尊師說，且鼎力開闡，然而，
> 見其績效，除著輯了一部《明儒學案》之外（此是從主要方面說），
> 在心性學方面並沒有開出超乎蕺山的新氣象；且就爲學路數而言，
> 梨洲重於對經史之客觀瞭解，雖不排拒心性義理之學，但顯然的，
> 對心性之奧義及其得失的輾轉對治，已無有做更深入的研究和瞭解
> 的興趣，重於事功、學以致用的態度更爲突出。可以說，梨洲重經
> 史之客觀瞭解的態度，開啓了有清一代乾嘉考證訓詁的先河，此言
> 估計並不爲過。至於陳乾初，即已多少流露出對蕺山心性學說無多
> 大興趣。乾初在致蕺山之子伯繩（汋）的信中說：「弟於先生，無言
> 不悦，惟誠意、已發、未發之說雖極精純，然弟意欲且存而不論。
> 蓋大學斷是僞書，而中庸所言尚多出入」。相反，乾初感興趣的是氣、
> 情、才、欲等方面的內容，讀其文、體其意，即乾初之學與蕺山之
> 間固有距離，而與宋明之心性義理亦無相應之瞭解，此可以從其所
> 著《無欲作聖辯》、《氣情才辯》、《大學辯》、《性解》等諸篇中明顯
> 地感覺到。故而，乾初雖爲蕺山弟子，然其思想已經滑出心性論之
> 外，當屬無疑。〔註85〕

把蕺山的心性學和梨洲的經史之學甚至乾初的批判思維作一個切割，師生之
間尚且如此，整個思想發展的大勢所趨就不言而喻了。宋明理學發展到蕺山，
既是巔峰，又是轉折，再加上他的「合一觀」能將理學思想中的種種分立或
對立作出統整與收束。思想內容的極致龐大精深和思維方式的以一擋百、一

〔註85〕東方朔：《劉蕺山哲學研究》，第六章〈蕺山哲學之定位〉，頁 368～369。

以貫之，無論如何也不得不使人承認，蕺山在宋明理學六百多年發展過程中，是屬於最後總結式的「殿軍」角色。所以，針對以上種種的相關論述，如果我們要對蕺山所謂的「宋明理學殿軍」做出定義來，相信如下幾點的歸納將是較合乎事實真相的，而我們更可以從這幾條線索的啓發去檢視並解讀蕺山思想：

首先，六百年來的宋明理學發展到蕺山，已經到了無以復加的巔峰階段，在內向心性學方面的開發，更是有如梨洲所謂「牛毛繭絲，無不辨析」的極精微程度，淋漓盡致，登峰造極。對影響時風的陽明學，他用批判式的繼承來予以回應；對代表傳統的朱子系統，他則是選擇性的援爲己用。程朱與陸王，這兩套在理學傳統中看似南轅北轍的體系，在蕺山身上，竟能巧妙地融合爲一。在舉世皆講心學的學術氛圍之下，他從朱子的「理」中得到啓發，試圖建立起「客觀性」的主體，來消弭因過度強調「良知」所容易造成的蕩越（「玄虛而蕩」）與肆恣（「情識而肆」）之風。因此，或歸朱，或歸王，對蕺山而言都不全然是正確的劃分，嚴格來說，他不是王也不是朱，可是在其思想成分中，既有王也有朱，因爲他的格局已然超越於非此即彼的門戶之爭，是所謂集大成的最高位階——「理學殿軍」。

其次，再就思想內涵來說，夠得上被稱爲「宋明理學殿軍」的蕺山，思想架構的堂廡，理當是拓展到前所未有的最大格局了。從朱子到陽明再到蕺山，是一個又一個的批判式繼承的階段，既有繼承又有開展，無論在思想深度或討論的議題上，都可以到達前所未有的高度。單就我們下邊將會涉及到的蕺山招牌理論而言，「愼獨」、「誠意」雖是《大學》以來的傳統，卻在他的改頭換面之下，凸出「意根獨體」的客觀價值，讓後人在道德工夫的修爲上，更能破除陽明以來純粹以良知爲最大，以至於全然「任心而行」所造成的弊端。尤其他所引發的爆點：意爲「心之所存」而非「心之所發」，雖然引起後學在詮釋蕺山學時的一些顧慮和困擾，〔註86〕卻在固有義理結構與補偏救弊的時代需求上，都能有面面俱到的特殊考量。不僅如此，心、性之別，意、念之差，心、意、知、物的圓融一統，〔註87〕甚至對理、氣，道、器，太極

〔註86〕詳情讀者可以參閱王汎森：〈清初思想趨向與《劉子節要》——兼論清初蕺山學派的分裂〉，《晚明清初思想十論》，頁249～289。

〔註87〕相對於陽明的四句教：「無善無惡是心之體，有善有惡是意之動，知善知惡是良知，爲善去惡是格物。」（《王陽明全集》卷三十五，〈年譜〉三）蕺山另有其理論考量，而提出他新的所謂「四句」：「有善有惡者心之動，好善惡惡者

與陰陽等種種範疇，蕺山都能有他一套縝密而詳盡的探討和解析。如果說還有掛漏之處的話，蕺山獨特的「合一觀」更是相當有深度的理論歸納，對立都能統一，凡物都能成爲主體囊括下的許多面向，甚而連主體與工夫都能劃歸於一。所謂「至大無外」，透過這種辯證思維的穿針引線之下，蕺山的理學思想無論在深度和廣度上，才能達到所謂「殿軍」那種前所未有的高度。

其三，理學的發展並不以國祚的轉移爲標準，蕺山即使隨明亡而亡，成爲明代最後一個理學家，也不成其爲「宋明理學殿軍」的充要條件，更重要的是學問的本質與學風的轉變。基本上，後學常常把蕺山視爲王學的傳人，嚴格一點說，是王學的修正者，更是王學逐漸朝朱學轉向的開始。然而無論是王學還是朱學，都是廣義「理學」的一部分，在「客觀領域」這一思考層面相對於主觀的「心性」，確乎是簡略而相形見絀的。朱子強調「理、氣二元」、「心統性、情」、「知先行後」等諸命題，藉由其分解型的思維方式，以求建立起客觀而超越的形上價值。所謂「眾物之表裏精粗無不到，而吾心之全體大用無不明矣」〔註88〕，探討眾物最後也都要歸結到心性問題上去，可見純粹「客觀領域」在理學家的概念裏，幾乎是沒有獨立存在空間的，它一直是被掛褡到傳統的內向性議題上去，朱學如此，王學更是如此，〔註89〕甚至到了蕺山這個階段也沒多大變化。具體的現象，是我們還可以在蕺山當年上給皇帝的奏摺裏，看到主張皇上正心則天下平的論調，相信這不是迂腐，而是一種信念，代表著一種尚未跨越過的時代階段。這情形到他的學生黃梨洲、陳乾初身上卻產生了相當大的不同，「實學」興起後，「客觀領域」因受到重視而獨立於「主觀價值」之外，它單獨成爲學術探討的對象而不需要附「理學」的驥尾，學術風氣的轉向造成了時代的切割，蕺山的「宋明理學殿軍」，除了集大成，也不免有一種休止符的意義在。

意之靜，知善知惡者是良知，爲善去惡者是物則。」(《劉宗周全集》第二冊，語類十二〈學言上〉)因爲在一方面，他無法接受陽明後學以來「無善無惡心之體」所產生的玄虛弊端；二方面因著「意根獨體」的主體性提升，意便從「有善有惡」的被治對象，一躍成了「好善惡惡」的道德價值根源。不但承襲了陽明的固定格局，更有立足點不同所產生的調性轉換，尤其比陽明更能符合《大學》「心以意爲本，意以知爲本，知以物爲本」的原旨所在。當然，這只是二者對經典理解不同所產生的差異罷了，未必就能遽斷孰是孰非。

〔註88〕朱熹：《四書集注》，《大學》，〈格致補傳〉。

〔註89〕也難怪早期的大陸學者一般會將朱學視爲「客觀的唯心論」，王學則爲「主觀的唯心論」，二者只是一種同質異層的差異罷了。

第三章　內聖之學的建立──愼獨論

誠如前述，既然一般客觀領域的「實學」無法在蕺山思想中取得被極度看重的首出地位，我們就可以與「外王」相對的「內聖」之學來界定蕺山學術，首先想到的，便是蕺山早期所提出的「愼獨」說。在一般學界的認知，「愼獨」與「誠意」這兩個話頭幾乎要等同於劉宗周，可以這麼說，「以愼獨爲宗」和「歸本誠意」，基本上就是蕺山思想的代表，談蕺山思想也絕對不能略過這兩大範疇，否則就不成其爲蕺山學了。其中尤以「愼獨」更是貫串蕺山思想的最大核心主軸，誠如對其師知之甚深的蕺山大弟子黃宗羲所言：「先生之學，以愼獨爲宗，儒者人人言愼獨，唯先生始得其眞。」〔註1〕、「先生宗旨爲愼獨。始從主敬入門，中年專用愼獨工夫。愼則敬，敬則誠。」〔註2〕可以知道，「愼獨」這一套觀念在蕺山思想中，的確佔有不可撼動的重要地位。從他三十七歲的「甲寅悟心」〔註3〕，到四十八歲時正式揭櫫「愼獨」爲其治學宗旨，〔註4〕在這長達十年以上的時間，「愼獨」是慢慢地逐漸醞釀，終致脫穎而出成爲其學術重心的。

甚至到了晚期蕺山推出「誠意」之說時，依然不脫「愼獨」矩矱，是其側重工夫「歸顯於密」精神的一種翻版與重現。「愼獨」可以上溯蕺山早年的「主敬」，更可以涵蓋他晚期的「誠意」，幾乎是整個蕺山學的綜括和歸納。

〔註1〕　《明儒學案》卷六十二，〈蕺山學案〉，頁1514。
〔註2〕　《劉宗周全集》第六冊，附錄一，〈子劉子行狀〉，頁39。
〔註3〕　參閱《劉宗周全集》第六冊，附錄二，《蕺山劉子年譜》上卷，「萬曆四十二年甲寅，先生三十七歲」條，頁69～70。
〔註4〕　參閱《劉宗周全集》第六冊，附錄二，《蕺山劉子年譜》上卷，「天啓五年乙丑，先生四十八歲」條，頁80～81。

所以，我們可以這麼說，「慎獨」之於蕺山，猶如「知行合一」之於陽明一樣，都是他們一生致力追求的核心價值所在。〔註5〕在文本中，蕺山不斷重複強調「慎獨」的重要性，甚而認爲「慎獨」是一切儒家思想的總結穴處，自孔子一直到陽明，一千多年來的諸儒學說要旨皆可歸納到「慎獨」二字上。如其曾說過：「自昔孔門相傳心法，一則曰慎獨，再則曰慎獨。」〔註6〕一再強調慎獨的原因是，它是孔子以來一脈相承的獨門心法。不僅孔子，連孟子、六經以及《學》、《庸》，都可以收束在「慎獨」的要旨之中。於是蕺山又說：「夫道一而已矣，學亦一而已矣。大學之道，『慎獨』而已矣；中庸之道，『慎獨』而已矣；論、孟、六經之道，『慎獨』而已矣。『慎獨』而天下之能事畢矣。」〔註7〕又不僅限於先秦典籍，就連後來陽明先生的「致良知」，也都可以被收編在「慎獨」的大纛之下：「千聖相傳，只『慎獨』二字爲要訣。先生（按：指陽明）言『致良知』，正指此。但此『獨』字換『良』字，覺於學者好易下手耳。」〔註8〕蕺山認爲，從孔子以來一直到陽明的千聖相傳心法，具體呈現在或人物或經典的思想精髓「慎獨」上，即便他們當時所使用的稱名各不相同，但都可以涵攝在甚或等同於「慎獨」。由此可見，方其時，蕺山已然將他的「慎獨」極度強調、提升爲儒門最重要的思想範疇，或者應該這麼說，在這個時段，「慎獨」就是蕺山思想中最具有統攝能力的議題也是最高的核心價值所在。

由於本文的論述焦點，主要集中在蕺山如何成就其「宋明理學殿軍」的思想架構上，所以在這章，針對「慎獨」這一主題，我們就試圖用此切入，

〔註5〕　黃敏浩先生也有類似的看法，不過他說：「『慎獨』之於劉宗周，就好比『致良知』之於王陽明一樣，都是他們學說的宗旨所在。」依筆者對陽明學的瞭解，「致良知」是其最後的思想總結，「知行合一」則是貫串陽明一生爲學方法的無上指標，將「致良知」比對於「慎獨」，實不如改用「知行合一」來得妥當，也較合於二者的實際狀況。至於本論文的審查者之一劉錦賢教授認爲陽明的「致良知」可涵括「知行合一」，當以「致良知」爲宜。筆者原則上接受，只是若在推出的時間點上加以考量，「知行合一」勢必先於「致良知」，這就如同蕺山先有「慎獨」後有「誠意」一樣，基於如此的區隔原則，故依然維持原議不更動，在此特別感謝劉教授的提醒。而黃氏之見，讀者可以參閱氏著：《劉宗周及其慎獨哲學》，第二章〈慎獨哲學的內容〉，頁29。

〔註6〕　《劉宗周全集》第二冊，語類一，《人譜》，〈人譜續編一〉，〈證人要旨〉，頁5。

〔註7〕　《劉宗周全集》第四冊，文編九，《雜著》，〈讀大學〉，頁418。

〔註8〕　《劉宗周全集》第五冊，補遺一，《陽明傳信錄》三，《傳習錄》，陸澄記，頁59。

來檢視這蕺山長期以來即已念念不忘的最高價值標準。追本溯源，如果我們探討「慎獨」一詞的來源，大致上可以上推到《大學》和《中庸》這兩部典籍。〔註9〕《大學》上是這麼說的：

> 所謂誠其意者，毋自欺也。如惡惡臭，如好好色，此之謂自謙，故君子必慎其獨也。小人閒居爲不善，無所不至，見君子而后厭然，揜其不善而著其善。人之視己，如見其肺肝然，則何益矣？此謂誠於中，形於外。故君子必慎其獨也。〔註10〕

其實，「慎其獨」就是「慎獨」這二字之所從出。從八條目的「誠意」講到「毋自欺」再到「慎獨」這一觀念，若從字面上來看，「慎」是戒懼謹慎，「獨」則是指獨處時，也就是說，所謂君子在從事道德修養時，不僅大庭廣眾、眾目睽睽之下要整飭己身、謹言慎行，就算在獨處一個人之時也要內外如一，絲毫馬虎不得。因爲獨處的時候，最能夠表現一個人內在的精神狀態，當外來的壓力不在，自我要求又再卸防，稍不留神就極容易肆無忌憚而使先前養成的好習慣毀於一旦，甚至一去而不返。誠如鄭玄所言：「慎獨者，慎其閒居之所爲。」〔註11〕說的就是這個道理。

　　這是我們一般人極容易採用的望文生義解法，於理可通，也相當符合人之常情。但對於這個問題，朱熹的說法似乎更有哲學深度，他跳脫出具體可見的「獨處」現象，改以抽象隱微的「獨知」心理狀態來理解。他說：「獨者，人所不知而己所獨知之地也。…………不可徒苟且，以殉外而爲人也。然其實與不實，蓋有他人所不及知而己獨知之者，故必謹之於此以審其幾焉。」〔註12〕相較於「獨處」之意，「獨知」（名詞）更偏向主體心靈世界的探索。它囊括了一切的時間和空間，直指人心中最幽微的深層意識，所謂「人所不知而己所獨知」之「幾」，就算在他人絕對無法察覺到的自我內心世界，也能謹守勿失不苟且，這才是真正的「毋自欺」，也才能夠「誠於中，形於外」。如此

〔註9〕　這是我們一般上的認知，但晚近戴璉璋先生卻提出了更進一步的資料和考釋，不僅《禮記》〈禮器〉篇、《荀子》〈不苟〉篇等儒家傳世文獻出現了慎獨觀，就連當代出土的《馬王堆帛書》和《郭店楚簡》也不約而同地談到「慎獨」。如此一來，「慎獨」的先驅者，就不讓《大學》、《中庸》專美於前了。詳細論述讀者可參閱氏著：〈儒家慎獨說的解讀〉，《中國文哲研究集刊》第二十三期，頁211～234。（臺北：中央研究院中國文哲研究所，2003）

〔註10〕　《四書集註》，《大學》，〈釋誠意〉。

〔註11〕　《十三經注疏》，《禮記注疏》，鄭玄注語。

〔註12〕　《四書集註》，《大學》，〈釋誠意〉，朱子注語。

看來，朱子是進一步提高了「愼獨」的理論深度，他相對彰顯了主體在道德建構過程中的重要關鍵，其主動性與獨立性是不爲外界所轉移的。

另外，《中庸》首章的「愼獨」觀也和《大學》頗相近似：

> 天命之謂性，率性之謂道，修道之謂教。道也者，不可須臾離也；可離，非道也。是故君子戒愼乎其所不睹，恐懼乎其所不聞。莫見乎隱，莫顯乎微，故君子愼其獨也。〔註13〕

相同的道理，因爲「道」是不可須臾離的，所以君子在別人看不到或聽不到的地方也要小心持守、戒愼恐懼，這才是道德修養的眞正達成。否則，稍一個不愼，讓蠢蠢欲動的人欲潛滋暗長，排擠掉由上下貫的天命，使性體無法呈顯，那就會離道日遠，終致失去人之所以爲人的最高價值。在此，朱熹同樣用「人所不知而己所獨知之地也」來解釋「獨」，又說：「是以君子既常戒懼，而於此尤加謹焉。所以遏人欲於將萌，而不使其滋長於隱微之中，以至離道之遠也。」〔註14〕即是在說這個意思。而其所謂的「己所獨知之地」明顯並非是「居處之地」，而是指「心地」來說的。

至於陽明，他則逕將朱子的「獨知」改換爲自己的「良知」：「所謂人雖不知，而己所獨知者，此正是吾心良知處。」〔註15〕並且他的良知，其實就是本體的一種展現。陽明曾說：「蓋良知只是一個天理，自然明覺發見處，只是一個眞誠惻怛，便是他本體。」〔註16〕這樣說來，「獨」等於「良知」又被視同爲「本體」，與朱子專就內心世界的描繪「獨知」比較起來，似乎更進一層。另外，我們也可以發現，《中庸》的作者除了特別強調這君子愼獨於「不睹不聞」的自律性修爲工夫外，更提出了在這深層道德修養背後支撐著的形上根據——道，藉由形而上的最終實體來保障愼獨工夫的整體完成。但從另一個角度來講，也是唯有透過具體可見的道德修養工夫，才能逆溯甚至保證抽象道體的落實及呈顯，這就是牟宗三先生所謂的「形著原則」，道是體，「愼獨」是用，二者循環對流式地相互依存著。

我們有理由相信：《大學》和《中庸》的這兩段文字對蕺山的影響很大，尤其是《中庸》這一段，讓他注意到樹立「性天之尊」，是可以用來防堵王學

〔註13〕 《四書集註》，《中庸》。
〔註14〕 《四書集註》，《中庸》，朱子注語。
〔註15〕 《傳習錄下》，《王陽明全集》上冊，卷三，頁119。
〔註16〕 《傳習錄中》，〈答聶文蔚二〉，《王陽明全集》上冊，卷二，頁84。

末流或玄虛或情肆之弊端的。〔註17〕當然，如果要問到底是《大學》還是《中庸》在蕺山心目中的重要性較大？無庸置疑的，即便《大學》的經典地位早已深植人心，但還是《中庸》要略勝一籌，〔註18〕更何況《大學》的改本問題一直眾訟紛紜而困擾著蕺山。蕺山正是順著這兩段話的脈絡來解讀「慎獨」意涵，以致開出「心宗」與「性宗」此二大系統的。

一、「獨」之本體概念

蕺山的「慎獨」雖然從《大學》、《中庸》而來，卻不囿於原義，他進一步提出了「獨」即是「天」的思維方向，所謂：「靜中養出端倪，端倪即意，即獨，即天。」〔註19〕在這種同步提升的認定中，「獨」已然完全跳脫開「獨處」或「獨知」的相對單純面向，又進一步再接收到來自陽明對其位階提升的啟發，終使蕺山決意經由終極意義的加碼，讓「獨」能更深刻、更立體化，並一舉蛻變為形而上的最高價值本體，稱之為「獨體」。這形而上的獨體即等同於「天命之性」，是「率性之道」之所從出，也是一切價值的最終根源，因而蕺山甚至說出：「心無存亡，但離獨位便是亡。」〔註20〕這樣極度強調獨體的話來。

既是形而上，就不是我們形下的感官知覺所能掌握的，「獨」是道體的一種表述，它摸不到也看不著，更是超乎一般顯微、隱現的相對定位。蕺山說它是：「莫見乎隱，亦莫隱乎見；莫顯乎微，亦莫微乎顯，此之謂無隱見、無顯微。無隱見、顯微之謂獨，故君子慎之。」〔註21〕、「不睹不聞，天之命也；

〔註17〕　東方朔先生便特別強調這一點，在他的著作中就屢屢出現了「性天之尊」這樣的字眼，以凸顯蕺山補偏救弊的時代性。讀者可以參閱氏著：《劉蕺山哲學研究》一書，特別是其中的第三章〈心性論〉。

〔註18〕　關於這個問題，林月惠先生即提出如下的看法：「不過類比地說，筆者認為，蕺山是以《中庸》的義理來詮釋《大學》，使《中庸》的「慎獨」義與《大學》的「慎獨」義相互融攝交織，自成一家之言。在這個意義下，蕺山所謂『《中庸》原是《大學》註疏』，則有深義存焉。要言之，《大學》的義蘊，原是要根據《中庸》的義理來加以疏解與詮釋。」這樣看來，《大學》在當代讀書人的傳統認定上價值雖遠高於《中庸》，但在蕺山心目中，卻是由《中庸》的詮解來貞定其義理的，因此到底孰輕孰重，答案不辯自明。引文見於氏著：〈劉蕺山對《大學》〈誠意〉章的詮釋〉，頁6，《中國文哲研究集刊》第十九期，頁407～450。（臺北：中央研究院中國文哲研究所，2001）

〔註19〕　《劉宗周全集》第二冊，語類十四，《會錄》，頁517。

〔註20〕　《劉宗周全集》第二冊，語類十二，《學言中》，頁420。

〔註21〕　《劉宗周全集》第二冊，語類十二，《學言上》，頁392。

亦睹亦聞，性之率也；即睹即不睹，即聞即不聞，獨之體也。」〔註22〕無顯微、無隱現是就獨體本身來講，不睹不聞、亦睹亦聞則是就道德主體來說，這兩個面向的合一，充分展現「獨」不僅形上超越，並且下貫人事而成為世間所有價值之取決標準。

由「獨處」到「獨知」再到「獨體」，理論一步一步地深入，哲學意涵也越來越濃厚。順著《中庸》的既有思路，蕺山不但把「獨」推向極致，而成為天命之性的形上本體，更讓它落實在道德主體上，使之成為人所固有本具的心體與性體：

> 獨是虛位，從性體看來，則曰莫見莫顯，是思慮未起，鬼神莫知時也。從心體看來，則曰十目十手，是思慮既起，吾心獨知時也。然性體即在心體中看出。〔註23〕

> 夫天即吾心，而天之託命處即吾心之獨體也。率此之謂率性，修此之謂修道，故君子慎獨。而曰：「戒慎乎其所不睹，恐懼乎其所不聞。」所以事天也。此聖學之宗也。〔註24〕

這裡所謂「獨」是虛位，倒不是說它的位階根本不存在，反而是它的內涵更勝於以往，「一心開二門」，只說一「獨」，就包含了心體和性體兩個層面，且是這兩個層面的統一體。就性體上來說，它是整個存有界的原理原則，更是莫見莫顯，人無法思量，有如鬼神無法測度的形上本體。再就心體而言，「獨」下貫於人，始能成就它的現實意義，思慮既起，就落實成為吾心之所獨知，且是人先天本有的價值自覺，心、性間關係的密切與微妙，於此可見一斑。再者，於穆天道託命於吾心而成為獨體，人若能依循此獨體從事道德修養，讓「獨」成為生命的主宰，透過「率此」、「修此」不斷的努力過程便能夠朗現天道，這一下一上之間，「獨」的本體價值充分受到肯定。它雖然無聲無臭也不睹不聞，卻能夠讓形而下的存在成為價值的實現，關鍵就在於內化天道（獨）與持循擴充工夫（慎）二者的統一並進，而成為所謂「事天」的聖學宗要。

身為「宋明理學殿軍」，蕺山不同於前賢的論述，而將慎獨的獨由「獨處」、「獨知」推演至「獨體」，在陽明良知本體的基礎上將「獨」改頭換面成天命、

〔註22〕 《劉宗周全集》第二冊，語類十二，《學言上》，頁392。
〔註23〕 《劉宗周全集》第二冊，語類十二，《學言上》，頁381。
〔註24〕 《劉宗周全集》第四冊，文編六，〈宋儒五子合刻序〉，頁26。

天道所託的形上價值本體所在。特別是，由「良知」轉一個彎再獨立出來，除了宣示心學立場卻又有別於一般的陽明後學，在理論的深入推進背後，另也具有反映當時學術現況的功能性與歷史性，尤其引人注目。誠如筆者前述，蕺山學在某種程度上，確實是因應王門後學弊病而更端別起的一個改革派，面對當時的或「玄虛而蕩」或「情識而肆」，「獨」的本體義到底是針對何者而發？對於這個問題，程志華先生有一段頗具識見的論述：

> 顯而易見，陽明後學本體派系統對「情」、「利」、「欲」的倡揚體現出對生命自由的人文關懷，他們在理學的重重遮蔽下發現了人；但是，亦顯而易見的是，他們對「情」、「利」、「欲」的倡揚對理學和儒學重義輕利、重禮輕情和重理輕欲的傳統形成了衝擊；尤其是陽明後學自然人性論之「虛玄」所引發的對性善論的否定，以及其「蕩越」所造成的對傳統禮教的衝擊，更對理學和儒學傳統觀念造成極大的破壞。陽明後學本體派「上焉者習靜談性，以求頓悟，故或作奇誕之論，驚世駭俗；下焉者放蕩恣肆，每出名教之外」〔註25〕。

〔註26〕

其實，陽明後學所造成的缺失無非可以歸納為以下兩點：一是與佛家空性相援引的自然人性論之玄虛取向，引發了對傳統性善論的否定，如王龍溪等人；二是部份泰州學者因未能深刻把握道德意識，純以主觀的心做為評判一切的價值標準，遂將情識知覺冒充為與生俱有的良知，天理、人欲間的界線亦隨之而混淆不清。前者易流於虛玄，後者則常入於狂蕩，二者都對儒家傳統思想和禮教造成不可忽視的衝擊甚至破壞，流弊之大不言可喻。這些來自理學陣營內部的強勁挑戰，看在蕺山眼裏自然憂心忡忡，回應之道首先便是確定並提振傳統「性善」的本體價值來阻絕「玄虛而蕩」的思想質變。人性並不是像一般人所以為佛家的「空」一樣（其實這倒是蕺山對佛學的一種偏見），而是實有具體的至善，且是一切價值的無上根源，所有道德行為之所從出。從確定理論上去對治思想的歧出，這種對儒家傳統的回歸，或許就是他為「慎獨」的「獨」確立本體義的最主要因素所在。

〔註25〕陳福濱：《晚明理學思想通論》，第一章〈晚明理學思想發展之緣起〉，頁28。（臺北：環球書局，1983）

〔註26〕程志華：《困境與轉型——黃宗羲哲學文本的一種解讀》，第四章〈人性論——由率性任情到無欲而天理純〉，頁180。（北京：人民出版社，2005）

（一）心、性之辨

「獨體」既等於「天命」、「天道」又等於「性體」，而且它們都是形而上的本體與至善的價值根源，在心性之學的範疇，我們有必要考察蕺山有關「性」的論述，以求更能瞭解與其同值的「獨」到底內容如何？並且，自孟子以來，心、性並舉早已成為一種習慣，藉此機會順便一道探討蕺山對「心」的看法又是如何？如此聯結成一個完整的心性論體系，一方面可以凸顯出蕺山鮮明的心學立場，另一方面也可以為「理學殿軍」的思想考察做一個最底層的基礎鋪墊。

現在學界大致上都這麼認為，基本上，蕺山學是以心性之學做為基座所開出的一套系統哲學，涵蓋天人、物我與群己關係。〔註27〕所以心性之學不僅是宋明理學的核心觀念，更是蕺山學的基礎重心，並且究極而言，心性之學根本是在解決一個所謂「道德如何可能」的問題，而這一直以來就是宋明儒特別是蕺山所關懷的焦點議題。理論上，「心」是人的虛明靈覺，是接觸與認知一切外物的根據；「性」則是人稟受於天的先驗道德本體，也是人之所以為人，人之所以行善的最終形上確據。這樣看來，「心」是主觀，「性」則是客觀，人之所以向善的根源來自客觀的「性」，至於道德行為是否真能落實，則有待於人「心」主觀的自覺和持續不斷的付諸行動了。所以，儒家講內聖，必然要心、性二者結合起來講，因為它們本來就是一體的兩個面向。「心」側重主觀自覺，「性」強調客觀根據，心、性合言，即能既超越又內在，既符合人道又通向天道，終致走上了「天人合一」的最高理想境界。這就如同蕺山分「心宗」、「性宗」，又合「心宗」、「性宗」來講「獨體」，道理是一樣的。

蓋從孟子確立性善學說之後，無疑「性論」便成為儒家思想中極重要的一環，宋明時代的學者趨向於談心論性，情況更是如此。對於「性」此一觀念，蕺山所抱持的態度到底如何？從文本中我們可以發現，他是從對歷史和時人的批判中，逐步建構其自我的「性說」的：

> 告子曰：「性無善無不善也。」此言似之而非也。夫性無性也，況可以善惡言？然則性善之說，蓋為時人下藥云。夫性無性也，前人言之略矣。自學術不明，戰國諸人始紛紛言性，立一說復矯一說，宜有當時三者之論。故孟子不得已而標一善字以明宗，後之人猶或不

〔註27〕李振綱先生即採取此種說法，而對「氣本論」說提出反駁。詳見其所著《證人之境——劉宗周哲學的宗旨》一書。

能無疑焉。於是又導而為荀、揚、韓，下至宋儒之說益支。然則性果無性乎？夫性因心而名者也。〔註28〕

古今性學不明，只是將此理另作一物看，大抵臧三耳之說。佛氏曰：「性，空也。」空與色對，空一物也。老氏曰：「性，玄也。」玄與白對，玄一物也。吾儒曰：「性，理也。」理與氣對，理一物也。佛、老叛理，而吾儒障於理，幾何而勝之？〔註29〕

「性論」從告子、孟子到荀、揚、韓等人，或善或惡或不善不惡，越辯越紛紜，卻也離本旨愈遠而愈形支離，由行文語氣我們可以推知：蕺山毋寧是較為傾向於傳統孟子的性善說的。然而這中間似乎還有曲折，所謂的「不得已」、「性無性」到底做何解才是的當？因為有時候蕺山講性體至善，有時候又說性不可以善惡言，其間好像充滿著矛盾，尤其是他的「性無性」之說，聽起來十分類似於佛氏禪言，頗令人膽戰心驚。其實，我們倒可以做這樣的瞭解：所謂「性因心而名」，性雖然貴為本體，卻也得靠心的「形著」才能夠彰顯意義，所以它也只是一個虛名而已，非心無以立。心有四端，藉由仁、義、禮、智凸顯出性體的有善無惡，這是由下上推的結果；但性涵蓋萬有，相對的善惡實不足以盡之，所以它是絕對至善，不可以善惡言的，心只能隨時伺機，步步彰顯，並無法一時徹盡全體，這則是由上下貫的理解。

因此，就心來瞭解性，性自然有善無惡，但如果專就性體自身而言，它又必然是超越善惡而不可以善惡言的，所以說「性無性」，性正從心中見，非心無以名之。而孟子是為了矯正異端邪說，單提個「性善」，卻容易被「性惡」、「性無善無不善」的相對反面留下攻擊的餘地，倒不如心、性二者兼顧並提，以「至善」來確立其不可撼動的重要地位，這是蕺山對性的基本主張。相較於他的學生陳乾初對「性善」議題的單純掌握，〔註30〕蕺山在思考心性之學的深度與周延性上，確實有他專屬於「殿軍」的大開大闔氣勢。再者，孟子以來的純粹「性善」之說，雖然被後世奉為金科玉律，但蕺山似乎還不太滿意，另標「性無性」、「性至善」之說，更何況是那離道愈遠的佛、老。而無論是道家、佛家還是一般屬於狀況外的儒者，對「性」的態度並不正確，因

〔註28〕《劉宗周全集》第二冊，語類九，〈原性〉，頁280。
〔註29〕《劉宗周全集》第二冊，語類十二，《學言中》，頁419。
〔註30〕有關陳乾初的「性善」論說部分，可參閱筆者早年碩士論文《陳確批判傳統理學的思想探究》，第二章〈對程朱人性論的批判與新理論的建立〉。（新竹：國立清華大學中國文學系，1997年通過）

爲他們都把它當作主體之外的客觀對象去認識去把握。如佛教所談的性是以「空」爲內涵，它抽離於外在形形色色的經驗世界，實際上只是與物相懸絕的形上層而已。道家則以「玄」言性，極度強調自然，又是一個與品物流行相隔離的形上本體。當然，蕺山站在傳統儒家的立場，對佛、道二家所做出的解讀不見得就能符合事實真相，然單就「類比」所造成的反差效果而言，他的說服策略無疑是相當成功的。

　　至於傳統的程朱理學講「性即理」，理先氣後，理能生氣，形上的性理與形下的器物隔離相對，如此一分爲二的思維模式，對於一貫持守「合一觀」的蕺山而言自然是無法接受的。在他的思考邏輯中，理氣、道器、形上、形下理當是統合交融合爲一體，只有內外之別，分不得前後際的。所以即使是本體的「性」，也絕對無法自外於客觀的「氣」，非得藉助於經驗世界的「形著」，才能夠彰顯其形上的價值與內容。而這既不是「空」，也不是「玄」，甚而不是「理先氣後」的分析型思維模式〔註 31〕所能掌握的。所以當批判了外道佛、老以及一般宋儒的「性論」之後，蕺山另又再建構起自我對性這一觀念的理論。其實他並不否定性即是理，性是至善的一般性大原則，但他更關心的卻是性是氣之理，性從氣中見，就是「氣質之性」，並無所謂「義理之性」這樣的說法：

> 朱子以未發言性，仍是逃空墮幻之見。性者，生而有之之理，無處無之。如心能思，心之性也；耳能聽，耳之性也；目能視，目之性也；未發之謂中，未發之性也；已發謂之和，已發之性也。搏而躍之，可使過顙；激而行之，可使在山，勢之性也。〔註 32〕

> 程子又曰：「論性不論氣不備，論氣不論性不明。」是性與氣，分明兩事矣。凡言性者，皆指氣質而言也。或曰：「有氣質之性，有義理之性。」亦非也。盈天地間止有氣質之性，更無義理之性。如曰「氣質之理」即是，豈可曰「義理之理」乎？〔註 33〕

〔註31〕陳立驤先生習慣以「分解的思路」和「辯證的思路」這兩種來區隔理學家致思方式的不同，筆者在此所謂的「分析型思惟模式」即是參考其「分解的思路」而來的。詳細內容及其定義，讀者可參考氏著：〈劉蕺山義理性格之衡定——從「兩型四系說」中兩型的區分標準談起〉一文，刊載於《高苑學報》第八卷，頁 201～218。（高雄：高苑技術學院，2002）

〔註32〕《劉宗周全集》第二冊，語類十二，《學言中》，頁 418。

〔註33〕《劉宗周全集》第二冊，語類十二，《學言中》，頁 418。

就傳統朱子理、氣相對的二分模式而言，性即理，是未發的形上本體，氣則是已發的形而下實體，理先氣後，二者涇渭分明，就邏輯思考的推展上的確如此。然而在蕺山的思想基調中，理在氣中，性在形下中呈顯，彼此不容切割，所以會將朱子的說法評為「逃空墮幻之見」，跟佛、道的本體至上價值觀沒什麼不同。在蕺山看來，性就一切存有界而言，是生而有之、無處無之的，具有時、空無限延展的兩個特性。如心能思、耳能聽、目能視，各種感官的交互運作中具體呈現出客觀性的價值來。這物物中各有其「性」的特質，是屬於「已發謂之和」的已發之性，也就是蕺山所謂的：「性即理也，理無往而不在，則性亦無往而不在。」〔註34〕落實在具體物象中的所以存在之理，即便是「搏而躍之，可使過顙；激而行之，可使在山」的水流之勢，也是已發之性的一種展現。

此外，在個別的事物之上，還有一個涵蓋萬有的普遍之性，就是「未發之謂中」的未發之性，層級更在物物之性之上。這就是蕺山所說的：「萬性，一性也。性，一至善也。至善，本無善也。無善之真，分為二五，散為萬善。」〔註35〕萬性合為一性，一性為至善之性，而至善本無善，這一超越形下世界的先驗本體，是一切存有所以存在的最根本因素。並且，值得我們注意的是，所謂的「至善，本無善也」這跟濂溪「無極而太極」（太極圖說）的說法何其相似，蕺山的性觀甚而整個慎獨說明顯受到濂溪誠體思想的啟發和影響，這種說法無疑有一定的道理在。難怪古清美先生（1950～2003）在將二者深入比對研究之後，會下一個結論說：

> 周濂溪與劉蕺山中間睽隔六世紀之久（濂溪，西元一○一七～一○七三年），然而在思想的內涵上卻是遙相呼應，除了同樣以易傳陰陽氣化來講誠體外，濂溪「幾」、「主靜」的思想無不一一化入蕺山學說之中；二人一始一末，貫串起「誠」之思想脈絡，實是耐人尋味。宋儒以誠講天人之道，至明代轉入內心講心性，心性之辨愈精，操存持養工夫則往往更易流於空疏。蕺山身居明末，目睹王學末流之偏弊，不獨須尋思對治之方，並要擬拾義理學將墮未墮的命脈；故其尋繹宋學、參合明儒，合天人心性於一爐而治之，而出之以「慎

〔註34〕《劉宗周全集》第二冊，語類十四，《會錄》，頁517。
〔註35〕《劉宗周全集》第二冊，語類一，《人譜》，〈人譜正篇〉，〈人極圖說〉，頁3。

　　獨」一旨，實是用心獨苦而貢獻不可謂不大。〔註36〕

用「誠體」脈絡的一前一後、一始一末來貫串起濂溪和蕺山間的相互傳承關
係，若從思想史發展的角度看，所謂「尋繹宋學、參合明儒，合天人心性於
一爐而冶之」的良苦用心，確乎有其涵括內外的主、客觀因素所使然者在。
然而另一個饒富意味的更有趣現象是：濂溪開理學之先鋒，蕺山則為六百多
年的宋明理學發展做了個完滿並且不絕如縷（以誠體接續首尾）的總結與謝
幕工作，從開山到結穴，這兩者間的比對，恰巧也正為蕺山的「理學殿軍」
角色做出了相當有力的旁證。但蕺山的「殿軍」並不是一味地繼承累積就能
得來，他還會要有所批判有所堅持才能夠榮膺，誠如前述他對朱子性觀的不
滿，認為朱子以未發言性，「仍是逃空墮幻之見」。

　　其實平心而論，蕺山「未發之性」和「已發之性」的二分架構，未嘗不
是朱子「物物一太極，統體一太極」思想的衍生發展，只是朱子既過度強調
「未發」，照牟宗三先生的說法是「只存有而不活動」，又主張理先氣後，理
能生氣，沒有理氣合一互通的現實性調節機制，所以對形上、形下等量齊觀，
甚至先由實際層面著眼反推再去思考「理」界的蕺山，才會如此地不以為然。
在套用朱子的二分法後卻又反過來鄙薄他的未發之性「統體一太極」，因為它
不像個別的物理一般，能直接反映到具體的器物表現上去。可見即使是在性
體的形上思辨上，蕺山還是有他因要撇清「玄虛而蕩」所預先設置防衛考量，
甚至可以這麼說，「未發之性」只是他備而不用的「蛇足」罷了。而在巧妙地
避開「未發之性」容易犯上「逃空墮幻」的可能錯謬之後，蕺山又向上揭示
出程子的性、氣兩分說之非。程子有所謂的：「論性不論氣不備，論氣不論性
不明。」其實從字面上來看，其原義理當是強調性、氣二者的合觀共構，無
論如何都不應該是刻意的切割，蕺山卻矯枉過正地把它理解為性、氣二分前
提下的勉強縮合，性本來就在氣中，是分不得彼此的。在他的觀念中，同樣
一件實體，就形上的觀照是「性」是「理」，若就形而下的呈顯則是「氣」或
「器」，二者僅是同一物的兩個面向而已。所以，在這種幾乎以「氣」為首出
的思維架構下，蕺山又對宋儒張載「義理之性」和「氣質之性」的二分法提
出強烈的質疑與批判。

　　本來，傳統張橫渠以降，刻意將人性區隔為「義理之性」（或「天命之性」）

〔註36〕古清美：〈劉蕺山對周濂溪誠體思想的闡發及其慎獨之學〉，頁109。載於《幼
　　　　獅學誌》第十九卷第二期，頁79～111。（臺北：幼獅文化事業公司，1986）

及「氣質之性」，純粹是針對人而言，因爲「人性善」的傳統固然不容置疑，然而個體卻常因種種的氣稟之拘、物欲之蔽甚至習染之遷，終致不能爲善而漸趨下流，爲了解釋「惡」的來由，又爲了保障道德根源的崇高理想性，遂有這種將一性判然二分，以求符合殘酷現實的折衷作法。然而對蕺山來說，性、氣二者都可以合而一之了，更何況硬要將一性區分爲二？值得我們注意的是：蕺山是從囊括萬物的天命之性著眼，然後才逐漸類推到具體人性上，而張載的性二分則是專門指實人性的，起始點和涵蓋的範圍不同，自然無法得到相應的理解。尤其是蕺山一向抱持著對立統一的辯證觀，並且其思考屬性是先從形下現實界再去反溯形而上的價值內容的，因此他會說：「凡言性者，皆指氣質而言也。」「盈天地間止有氣質之性，更無義理之性。」既然性就是理，理可以從氣中見，氣質之性即是氣質之理，外爲氣質，內爲性理，這是可以理解並接受的。但是同樣的詞語結構，在性即理的前提下，「義理之性」就成了「義理之理」了，義理本就是理，何來「義理之理」之說，這無疑成了疊床架屋的多餘。

　　平心而論，橫渠和蕺山二者對性的認知上之所以造成不同，究其實，就在於理氣二元和一元間的根本差距而已。蕺山不能接受「義理之性」的說法，正如其也無法接受「理先氣後」、「理能生氣」的傳統理學價值觀一般。所以，在「合一觀」架構的覆蓋之下，他要把這二者的對立復歸於一。「盈天地間只有氣質之性，更無義理之性。」所謂「義理之性」其實就是「氣質之性」的另外一種表述，甚至他進一步提出了「義理之性」是「氣質之所以爲性」的看法，試圖將二者融於一爐：

　　　　心只有人心，而道心者，人之所以爲心也。性只有氣質之性，而義
　　　　理之性者，氣質之所以爲性也。〔註37〕

　　　　故宋儒「氣質」之說，亦「義理」之說有以啓之也。要而論之，氣
　　　　質之性即義理之性，義理之性即天命之性，善則俱善。〔註38〕

宋儒的道心、人心，義理、氣質之分，在蕺山的理論架構下皆能合而一之，並另做了一套大的價值翻轉。直以人心、氣質爲首出，至於道心、義理反成了現象界所以能夠存在的假設前提，說穿了，不過是理論上的「虛說」而已，而不是形而下的明確指標。這種技巧性的側重、迴避又不會有所掛漏，充分

〔註37〕《劉宗周全集》第二冊，語類十四，《會錄》，頁520。
〔註38〕《劉宗周全集》第三冊，文編三，〈答王右仲州刺〉，頁331。

展現出蕺山「理學殿軍」既批判又繼承的宏偉格局，但照東方朔先生的看法，卻也未嘗不是一種「理性的機巧」〔註39〕。然而，筆者倒不同意用像「機巧」這樣一種負面性的詞語來形容蕺山，他只是站在不同於前賢的定義立場上，在極力捍衛自己的價值標準，說穿了，僅是一個「一元」與「二元」之爭，說「理性」或許還可，說「機巧」則未免沉重了。

在這裡，他將氣質、義理和天命之性（天命之性其實就是義理之性的另一種說法）等三者完全等同起來，形成「善則俱善矣」的一種同質性統一，特別標舉「善」，明顯是衝著傳統宋儒將「義理之性」視為純粹至善，卻把「氣質之性」當作善惡相雜，甚至用以解釋現實界所以產生「惡」的原由之區隔性作法而來的。既然此三者皆統一在「性至善」的大原則之下，無疑就進一步把氣質提升為與義理同等的地位，相對泯除了形上與形下的既定價值成見，尤其特別能正視到氣質的「形著」意義，這就是蕺山學一項相當大的思想特色所在。至於蕺山的「性論」和傳統宋明儒在理論系統的安頓上，到底是各有其特殊考量的，只要是不違背「本體性天義」和「純粹至善」這兩大原則，基本上，我們是很難去判別孰是孰非的。

因為就傳統宋明儒的思想架構，「性」之所以區分為「義理之性」與「氣質之性」，這種二元性的權宜作法，除了有解釋現實面「惡」之來源的功能，更是一種理論的進層發展，對傳統以來「性本善」信仰過度樂觀的一種回應，而這的確也並不違背長期以來的既有價值觀，一方面顧全了「理論」，另方面又不致太過忽略「現實」。但就蕺山來說，無論是理論還是實際，「合一觀」都是最大的前提，氣質和義理的區隔將導致一元論的崩解，更何況「氣質之性」善惡相雜，倒過頭來將會造成對性善論的質疑甚至全盤否決。可見得二者的思維方式不同，訴求的重點也有異，宋明儒是在遷就現實，解決困境，採取的是「守勢」；蕺山則「轉守為攻」，緊抓著「性善」的前提不放，堅持一元價值，甚而到最後竟轉換了焦點，從肯定「氣質」出發來進一步捍衛了「義理」，這也是他「合一觀」與重視「現實」面的致思方向，在這個傳統議題上的共構呈現。

談完了「性」，讓我們再進入到「心」的這一面向，心、性既是一相對的範疇，論「性」自然是無法不提到「心」的。從孟子以「心善」證「性善」以來，通常我們就從「性」偏向客觀、「心」偏向主觀這一個解讀面向去把握，

〔註39〕詳參東方朔：《劉宗周評傳》，第五章〈心性不可以分合言〉，頁182。

而宋明理學家中，程朱一派主張「性即理」，陸王一系則強調「心即理」，個中糾葛自不待言，可見心性問題在傳統理學論述中的關鍵地位。對蕺山而言，他既對陽明後學任心而行的缺失加以補偏救弊，於是乎，他更不得不對「心」的問題有更進一步的思索。基本上，和「性」一樣，蕺山認爲「心」也是來自於天命的一種展現，所以心就是天理，所謂：「天命流行，物與無妄，人得之以爲心，是謂本心。」〔註40〕、「心無內外，其渾然不見內外處，即天理也。」〔註41〕並且，就其至高無上的超然性格來說，心更是寂然不動、感而遂通的宇宙本體：「心無思也，無爲也，寂然不動，感而遂通天下之故，非天下之至神，其孰能與於此！」〔註42〕原本是無思無爲的絕對本體，當其感通天下，便能夠成就生成萬物的至神功效。甚至，蕺山還用「神物」來形容「心」這種形上創造本體的神妙樣態：「心，神物也，其與時推移，無一息之滯，則化機也。即化於物，亦化也。」〔註43〕

　　除了與時推移以化生萬物，無一時或滯外，心還進一步成爲宇宙的最高價值根源和最終的存有依據：

　　　　曷爲天下易？曰「心」。心，生而已矣。心生而爲陽，生生爲陰，生生不已，爲四端，爲萬善。始於幾微，究於廣大。出入無垠，超然獨存。不與眾緣伍，爲凡聖統宗。以建天地，天地是儀；以類萬物，萬物是宥。其斯以爲天下極。〔註44〕

心爲陰陽、四端以及萬善的根源，它既是「超然獨存」的本體，又是一切生發之始，是萬物之母，更是整個存有界所以存在的形上根據，同時具備本體論和宇宙論的雙重特性。而心這種「本體」與「生發」兼而有之的特色，和蕺山之前所論述的性體幾乎是如出一轍的。也就是說，在形上價值的角度上，基本上，性體和心體間同質性之高是可以相提並論的，這也是蕺山與一般王門末流過度強調心的自由主體性相當大的歧異之處。蒙培元先生便早已發現了這點，並直接點明道：

　　　　劉宗周很重視心性問題，他的哲學就是心性之學。在這個理學的核

〔註40〕《劉宗周全集》第二冊，語類一，《人譜》，〈人譜續篇二〉，〈改過說一〉，頁17。
〔註41〕《劉宗周全集》第二冊，語類十二，《學言上》，頁370。
〔註42〕《劉宗周全集》第二冊，語類四，《易衍》，頁147。
〔註43〕《劉宗周全集》第三冊，文編三，〈與錢生〉，頁324。
〔註44〕《劉宗周全集》第二冊，語類四，《易衍》，頁136。

心問題上，他基本上是道德形上論者。他和王陽明的最大區別是，他不是直接從心出發說明人的本性，而是返回到周、張、程、朱等人的宇宙本體論，從所謂「惟天之命，於穆不已」的宇宙本體出發，說明人的「心體」和「性體」。〔註45〕

劉宗周所說的心體，就是普遍的超越的絕對本體，即所謂性本體，是形而上者，不是形而下者。「心體本無動靜，性體亦本無動靜。」「性體即在心體中看出。」無動靜者即是形而上者。由於它是「超然獨存」的絕對本體，因此又稱之為「獨體」。「夫人心有獨體焉，即天命之性，而率性之道所從出也。」「獨便是太極。」心體就是天命之性，也就是太極本體，這同朱熹所說的「本心」並無區別。「天命流行，物與無妄，人得之以為心，是謂本心。」因此，從本體論上說，心性是完全合一的，這是人的本體存在。〔註46〕

將「性」、「心」和「獨體」並列為一，都是異名同實的齊一展現，也都是普遍、形上、超越的絕對本體，因此，從本體論的角度來看，這三者是完全一致的。而蕺山與傳統陽明學一個相當大的不同之處即是：他是從性來說心，而不是從心來說性，如此凸顯「性天之尊」的客觀價值，無疑是蕺山藉以改正王學流弊的一個極重要的思維特色所在。有趣的是，陽明為對治朱子的支裂而提出主觀的「心」（良知）來統攝一切，到了蕺山，卻又回過頭來效法周、張、程、朱，以「性」的客觀性來貞定末流一味師心自用的侈蕩之風。宋明理學的發展經過六百多年來的一波三折，似乎已到了總其成的收場階段，更加彰顯出蕺山「殿軍」角色的迫切必要性。

從以上的論述我們可以得知：「心」與「性」的相同之處，在於它們都是普遍價值的本源，和蕺山慎獨所突出的「獨體」一樣，都具備同等性質的本體意義。然而心在此特色之外，它還附帶了一種主觀價值自覺的功能，這是心落實在個體上所表現出的道德覺知和主動創造力：

心也者，覺而已矣。覺故能照，照心嘗寂而嘗感，感之以可喜而喜，感之以可怒而怒，其大端也。喜之變為欲、為愛，怒之變為惡、為

〔註45〕蒙培元：《中國心性論》，第二十章〈劉宗周、陳確、黃宗羲的「心性情合一說」〉，頁439。（臺北：臺灣學生書局，1990）

〔註46〕蒙培元：《中國心性論》，第二十章〈劉宗周、陳確、黃宗羲的「心性情合一說」〉，頁440。

哀，而懼則立於四者之中，喜得之而不至於淫，怒得之而不至於傷
者。合而觀之，即人心之七政也。七者皆照心所發也，而發則馳矣。
眾人溺焉，惟君子時發而時止，時返其照心而不逐於感，得易之逆
數焉。〔註47〕

據蕺山看來，人心能覺故稱為「照心」，照心嘗寂而嘗感，隨順著外在事物的
變化而產生種種情緒，使人有喜有怒，喜又轉為愛與欲，怒又變為惡與哀，
而懼則立於愛、欲、惡、哀四者之中。如果主體能當喜而喜，當怒而怒，並
不使喜過於淫，怒過於傷，既無過亦無不及，就能讓消極負面的「七情」變
成積極正面的「七政」。而這「喜、怒、欲、愛、惡、哀、懼」七者，都是照
心所發，都能時發時止而不追逐於感性的刺激，從而在客觀的感性層成就其
主觀的價值意義，這便是蕺山重視形下客觀面，而與傳統理學產生歧義的相
當大特色之一。

　　由情緒導向道德情感，再發展成不偏不倚、從容中道之道德行為的完成，
這是蕺山的因勢利導，也是他用心良苦的改造。然而心除了有「覺知外物」
以「引動情感」的功能外，它還有一種相當重要的「認知功能」，藉由閱讀經
典來印證聖人之心，以加強吾心在客觀面向上的發展。蕺山在〈讀書說〉一
文中即說道：

昔賢詩云：「萬徑千蹊吾道害，四書、六籍聖賢心。」學者欲窺聖賢
之心，遵吾道之正，舍四書、六籍無由。夫聖賢之心，即吾心也，
善讀書者，第求之吾心而已矣。舍吾心而求聖賢之心，即千言萬語，
無有是處。陽明先生不喜人讀書，令學者直證本心，正為不善讀書
者，舍吾心而求聖賢之心，一似沿門持缽，無益貧兒，非謂讀書果
可廢也。〔註48〕

既然聖賢之心即是吾心，所以捨棄吾心而求取聖賢之心的作法便是不可取
的。在此，蕺山一方面肯定了陽明直證本心的奧旨，另一方面，也為陽明做
出了澄清與些許的修正，更為直證本心找到了可行的工夫下手處。事實上我
們知道，過度標舉聖賢固非，同樣地，一味純任本心亦不得為是，唯有藉助
經典的中介來拉近天道和吾心間漸行漸遠的懸殊差距，凸顯「心」在吸取客
觀義理上的「認知功能」，才能左打程朱理學之支離玄遠，右攻陸王心學的疏

〔註47〕　《劉宗周全集》第二冊，語類四，《易衍》，頁138～139。
〔註48〕　《劉宗周全集》第二冊，語類十，〈讀書說〉，頁305～306。

闊狂肆，爲理學的向前開展殺出一條新生的活路。

這裡另外又牽涉到一個「人心」、「道心」是一而非二的問題。一直以來，人心、道心的二分區隔，就是宋明儒在道德建構的過程中一個極其重要的課題。程伊川把「人心」視爲是人主觀私慾的展現，「道心」則是純粹至善的道德本性，二者對立互斥，涇渭分明，而這種非此即彼的絕對性認知，卻也遭來了朱子的調和式修正。朱子的前提是認爲：「『人心，人欲也』，此話有病，雖上智不能無此（按：指人心），豈可謂全不是。」〔註49〕既然連上智也不能無人欲，人欲就不必然全是負面，需要拒斥的。所謂：「雖聖人不能無人心，如饑食渴飲之類；雖小人不能無道心，如惻隱之心是。」〔註50〕

確實，生理需求（人心）和道德情感（道心）並非彼此不能相容的對衝或倒反，是有轉圜的空間去另做調適的，因此在道德修爲的工夫立場上，朱子並不主張「人心」、「道心」二者此消彼長，反而是一前一後的順勢推展：「必使道心常爲一身之主，而人心每聽命焉。」〔註51〕人心、道心同時都能兼顧到，而且有主有從，這在朱子的理論系統中是合理地自成一格。但這種「二分」安頓法，對一貫秉持「合一觀」且重視現實價值的蕺山而言，是絕對無法認同的。他認爲即使同舉共構，前後有序，刻意將一心分爲人心、道心，仍是多此一舉的切割。既然性不應該劃分爲「義理之性」和「氣質之性」，同樣的道理，心又何須區隔爲「道心」與「人心」？

> 昔人解「人心、道心」，說道心爲主，而人心每聽命焉。如此說是一身有二心矣。離卻人心，別無道心。如知寒思衣，知饑思食，此心之動體也；當衣而衣，當食而食，此心之靜體也。然當衣當食審於義理，即與思衣思食一時並到，不是說思衣思食了，又要起個當衣而衣、當食而食的念頭。〔註52〕

這裡我們可以很清楚的看出，蕺山之所以縮合「人心」、「道心」，主要即是針對朱子的說法而來，他不但泯除割裂，還倒反了朱子既定的輕重序列，以現實層面的人心來囊括理想性、價值性的道心。他還進一步舉出一個生動的現實生活實例來做爲佐證，就如同人的「思衣思食」是屬於個別的生理需求，

〔註49〕《朱子語類》卷七十八。
〔註50〕《朱子語類》卷七十八。
〔註51〕《朱子語類》卷六十二。
〔註52〕《劉宗周全集》第二冊，語類十四，《會錄》，頁528。

而「當衣當食」則是普遍的價值理性，二者在抽象思辨的過程中雖然有前後、主從的不同，但一落到現實界，道德亦唯有藉由具體行爲載體的「形著」才能彰顯其價值。「當衣當食」的抉擇，也是要「思衣思食」的需求與供給中展現它恰如其分、無過與不及的從容中道，所以說，形上要在形下中呈顯，「道心」即要在「人心」中看出。

蕺山在批判傳統價值觀的過程中，逐步建立起自己的理論系統：「須知性只是氣質之性，而義理者，氣質之本然，乃所以爲性也。心只是人心，而道者人之所當然，乃所以爲心也。人心道心，只是一心；氣質義理，只是一性。」〔註53〕相同的思考邏輯，正視氣質與人欲的客觀存在，心、性二者都是在「合一觀」的大原則之下，由具體現實層開展出形而上的最高價值系統。此外，這也讓我們發現到：蕺山思想除了重視現實形氣的特殊考量外，從批判傳統中再創發新說，也是一個相當大的特色之所在。所以在進一步深入檢視蕺山思想架構的同時，我們不難看出，因著批判程朱、陸王等既定價值觀的當下，是他特別正視形下價值與具體工夫最底層理論基座，無疑「批判性」（針對傳統）和「現實性」（針對本體）是蕺山思想中兩個互爲因果的重要質素。由批判性看出他的現實性，因著現實性才啓動了他的批判性，二者相互牽扯卻又並行不悖，這在蕺山的心、性問題上尤其看得出來。

（二）心、性之間

當個別深入釐清「心」、「性」內涵在蕺山思想體系中的清楚定位後，我們更有必要對它們之間的密切關係做進一步的申述。身爲宋明理學的「殿軍」，誠如筆者前面所論的，從本體、工夫合一到義理、氣質合一再到道心、人心的統合不二，蕺山的哲學思想在在表現出一種圓融渾淪的一元論傾向，也就是勞思光先生所謂的「合一觀」，這在心、性問題上亦復如是。基本上，不同於以往先儒習慣將心、性相互對立的傳統價值理念，蕺山認爲心、性要同時放在一起來考量，是無法切割的一體。

黃梨洲所謂：「先儒心與性對，先生（按：指蕺山）曰：『性者心之性。』性與情對，先生曰：『情者性之情。』心統性情，先生曰：『心之性情』。」〔註54〕蕺山思想的原創性正是在對傳統價值的批判中顯現出來的，先儒認爲心、

〔註53〕《劉宗周全集》第二冊，語類十，〈中庸首章說〉，頁301。
〔註54〕《劉宗周全集》第六冊，附錄一，〈子劉子行狀〉，頁49。

性相對而顯，性、情也是相對而發，蕺山卻是從正視現實層面的觀點出發，將歷來性上心下、性內情外的既定格局打破，使成為心性、性情一體平鋪。如此一來，性為心之性，情為性之情，心、性、情三位一體，朱子「心統性情」的割裂便被蕺山修正為「心之性情」的渾淪一元了。蕺山有一段說辭，可說是將這幾個相對範疇彼此的合一關係發揮得相當淋漓盡致：

> 須知性只是氣質之性，而義理者，氣質之本然，乃所以為性也。心只是人心，而道者人之所當然，乃所以為心也。人心道心，只是一心；氣質義理，只是一性。識得心一性一，則工夫亦一。靜存之外，更無動察；主敬之外，更無窮理。其究也，工夫與本體亦一。此慎獨之說，而後之解者往往失之。〔註55〕

文本再次重申了蕺山對心、性的一貫態度，值得注意的是心一性一，工夫亦一，甚至本體、工夫也渾然一體，簡直將他的「合一觀」推闡到了極致，這就是蕺山慎獨論的最重要精蘊，由此可見「慎獨」與這幾對概念範疇關係密切之一斑。而在蕺山思想架構中，心、性雖不可分但卻各有其位分，和慎獨的獨體一樣，都具備了本體的超越性，這當中「心」又是管轄統攝一切的主宰：

> 一元生生之理，亙萬古嘗存，先天地而無始，後天地而無終。渾沌者，元之復；開闢者，元之通。推之至於一榮一瘁、一往一來、一晝一夜、一呼一吸，莫非此理。天得之以為命，人得之以為性，性率而為道，道修而為教，一而已矣，而實管攝於吾之一心。此心在人，亦與之無始無終。不以生存，不以死亡，故曰：「堯、舜其心至今在。」〔註56〕

這「一元生生之理」，超越於萬物之上又能生生不息，同時具備了本體論和生成論（宇宙論）的雙重性格，而且它更有不同的稱名與面向。就天而言是命，落在人身上是性，率性而為是謂道，修道的工夫就是教，但無論是命、性、道還是教，都只是這形上超越本體各個不同的面向而已，其實是一，並一於吾人之「心」中，如此地強調心，也再度表明了蕺山此時所持守的心學立場。值得玩味的倒是「堯、舜其心至今在」這一句，基本上「心」涵攝萬有，無論堯、舜之心或是吾人之心，在潛存內涵或道德感受力上都是等同的，絲毫

〔註55〕《劉宗周全集》第二冊，語類十，〈中庸首章說〉，頁301。
〔註56〕《劉宗周全集》第二冊，語類十二，《學言上》，頁374。

沒有高下之分。也就是說，任何主體只要能將心的本體價值完全開發出來，那麼所成就的一切將絕對不會比堯舜遜色，因爲心的普遍性是能超越任何時、空限制的，從這個角度來講「堯、舜其心至今在」是可以被接受的。

正因爲蕺山特別凸顯「心」在心、性關係上的首出意義，所以當有人問起：「心性兩字，是一是二？」這一問題時，蕺山答曰：「心只是此心，言心而性在，天下無心外之理。」又問工夫道：「存心養性，工夫還做那一還？」蕺山則答稱：「功夫只在存心上，存得恰好處，養在其中。故孟子云：『學問之道無他，求其放心而已矣。』」〔註57〕之所以會說「言心而性在」，是因爲基本上心、性是一體的，心完全具備了性的本體內涵，但卻比性更切近於現實人生。只要道德主體將落於「心」的「性」本質完全開發無餘蘊，這時心、性便是一，舉一心而性在其中了。這種心、性二而一，一而二的微妙辯證關係，同樣也表現在二者的工夫議題上。「存心養性」從孟子以來，一直被認爲是兩個階段式的工夫進程，〔註58〕但蕺山卻將它們統而一之。既然「天下無心外之理」且「言心而性在」，存心自會包括了養性，由此可見，理學殿軍「合一觀」的思想基調不僅涵括了本體理論層，一切實際具體工夫亦無法例外。

蕺山這種把心、性等量並建且以心爲首出的觀點，牟宗三先生稱之爲「以心著性」，牟氏就曾下過斷語言：「蕺山所留文獻甚多，重重複復，其旨歸不過是以心著性，歸顯於密。此種間架脈絡，很少人能見出，即黃梨洲亦不眞能懂其師也。」〔註59〕殊不論梨洲是不是眞的不懂其師，至少「以心著性」、「歸顯於密」這兩個話頭，一指本體，一道工夫，從牟氏以來便一直成爲理解蕺山學的兩大參考指標，在學界中逐步發酵，蔚然成風。甚至有在牟門弟子所指導的學位論文中，直接將這種說法做爲標題卻未詳明出處的特異現象，〔註60〕可見在蕺山的心性論述上，「以心著性」這四字箴言的影響力之大可見一斑。晚近，黃敏浩先生卻又對之作出了局部的修正，他不但以「盡心

〔註57〕《劉宗周全集》第二冊，語類十四，《會錄》，頁521。
〔註58〕孟子曰：「盡其心者，知其性也；知其性，則知天矣。存其心，養其性，所以事天也。」（孟子盡心上）
〔註59〕牟宗三：《從陸象山到劉蕺山》，第六章〈劉蕺山的愼獨之學〉，頁458。
〔註60〕其中最明顯的例子，是戴璉璋先生所指導的一本碩士論文：莊淮芬《王陽明與劉蕺山工夫論之比較》（臺北：國立臺灣師範大學國文研究所，1993年通過）。在論文中的第四章〈劉蕺山之本體思想〉第一節即以〈以心著性之心性論〉爲標題，內文絲毫未曾說明「以心著性」這四字從何而來，似乎已把此牟氏的說法視爲理所當然的定見了。

即性」一語來涵攝蕺山的心、性關係，更將「三系」的各自心性論提出清楚的界定，藉此來凸顯蕺山思想的獨到之處，在這個議題上，我們可以援引爲到目前爲止的最高定論。他說：

> 像這種心性一而二、二而一的關係，若更扼要地言之，我們可以「盡心即性」一語來概括。蓋心之推擴至盡即回復心之本來面目，此即是性，故心性是一。心之未盡時，它只是超越的道德的本心，尚不是作爲涵蓋宇宙的形上實體的性體，故心性是二。心之盡，則與性分別表示獨體之兩面，此時心性是一而二。於是，心性一而二、二而一所包含的三層意義（即心性是一、心性是一獨體之二面及心性乃高低之兩層）皆涵攝於「盡心即性」一語中。此與程、朱「性即理」一系及陸、王「心即理」一系對心性的看法顯然不同。依程、朱，尤其是朱子的傳統，心是經驗心。此氣之靈的經驗心須透過漸進的道德修養的歷程而自我轉化，與超越的性、理合一。但依宗周，心自始便是超越的，而透過道德修養，心體擴充至盡而成性。在本心的自我轉化中，心並非與性合一，而是回復至心之所以爲心的本然，也就是性。在陸、王的傳統方面，心性是一，二者只是同一物之就主觀或客觀方面而言，並無任何本質上的分別。雖然陸、王皆以心爲道德的本心，亦同時以之爲形而上的宇宙的實體，但他們始終不像宗周之以心宗性宗分言心性。就因爲這一點，遂令宗周與陽明的思想分流，也使得他成爲陽明學派的批評者。〔註61〕

牟宗三的「以心著性」是爲了要特別彰顯「性天之尊」的豐富意涵，而黃敏浩的「盡心即性」除了仍舊保持這一特性外，「盡」字所顯豁的工夫義更是他的特殊用心所在。正如我們所知，本體、工夫間特重工夫其實就是蕺山學中一個相當重要的思想基調，所以筆者會認爲：「盡心即性」較諸「以心著性」，似乎囊括性要更高了。尤其黃氏在掌握心、性一而二，二而一密切關係中的三個面向（心性是一、心性是一獨體之兩面、心性乃高低之兩層）時，所展現出的思想解析度更令人感到讚佩。但他所指稱的「心之未盡時，它只是超越的道德的本心，尚不是作爲涵蓋宇宙的形上實體的性體」，一方面似乎把本體、工夫都劃爲兩橛，明顯與蕺山一貫所持的「合一」觀點不同；另一方面也與我們一般習慣上的認知有所不同，他沒有精準把握到天命（形上實體）

〔註61〕黃敏浩：《劉宗周及其慎獨哲學》，第二章〈慎獨哲學的內容〉，頁96。

→性（道德本心）→心三者間的層次關係，否則就不會把「性」含糊地界處在形上實體和道德本心之間而游移不定，因爲這兩者說穿了只是一體的兩面，根本沒有嚴分彼此甚至比較孰高或孰低的意義。然而，在理學三系心性問題的辨析上，黃氏的說法便顯得頗有見地。他認爲蕺山一系「心自始便是超越的，而透過道德修養，心體擴充至盡而成性。在本心的自我轉化中，心並非與性合一，而是回復至心之所以爲心的本然，也就是性。」這種相對特殊的心性論，與程朱以心爲純粹經驗義的氣質相，或陸王的心性之間並不以道德工夫爲關鍵區隔的說法皆有所不同。甚至，蕺山更進一步以「心宗」、「性宗」的區別來分言心、性，講慎獨，這更是他殊勝於陽明的精采之處。

（三）「心宗」與「性宗」

基本上，蕺山是第一個提出「心宗」和「性宗」這一相對範疇的宋明理學家，在這個議題上，他有一段文字即可以清楚說明此二者間的區別：

> 中庸之慎獨，與大學之慎獨不同。中庸從不睹不聞說來，大學從意根上說來。獨是虛位，從性體看來，則曰莫見莫顯，是思慮未起，鬼神莫知時也。從心體看來，則曰十目十手，是思慮既起，吾心獨知時也。然性體即在心體中看出。〔註62〕

《大學》、《中庸》同樣講「慎獨」，共同構成慎獨的儒家系統源頭。但如果進一步細分，《大學》從誠意、毋自欺這一系的意根心體上來講慎獨；《中庸》則是從莫見莫顯、不睹不聞的超越本體性來講慎獨。二者的切入角度不同，所以蕺山會說「獨是虛位」，可以從性體看來，也可以從心體看來，但最後的結果卻是殊途同歸。在蕺山「合一觀」及主體呈顯本體的價值取向下，便可以做出「性體即在心體中看出」這樣彌合二造的結論出來。甚至，依照文脈的解讀，我們也可以直接這麼說：「心宗」的「慎獨」是從《大學》看出的，是屬於心體；「性宗」的「慎獨」則是由《中庸》看來，是屬於性體的。而且歷來宋明理學的發展基本上就有兩個理論母題：一是心性論；二是形上學，再對照牟宗三先生的說法，就是「心體」與「性體」這兩個思想脈絡。〔註63〕

在蕺山之前的宋明理學家，他們或走向「心體」（心學），或歸向「性體」（理學），不一而足，卻往往各有所偏。到了蕺山這位總其成的「理學殿軍」

〔註62〕《劉宗周全集》第二冊，語類十二，《學言上》，頁448。
〔註63〕有關牟宗三先生對心體與性體這兩個概念的定義與解說，讀者可以詳參氏著：《心體與性體》第一冊，頁37～42。

身上，就將這兩個發展系統吸納為一，兼容並蓄，使成為他思想主體的兩個面向。而在另外一段文字，蕺山更清楚地辨析這兩個脈絡的區別及其彼此間的密切關係：

> 性情之德，有即心而見者，有離心而見者。即心而言，則寂然不動，感而遂通，當喜而喜，當怒而怒，當哀而哀，當樂而樂。由中導和，有前後際，而實非判然分為二時。離心而言，則維天於穆，一氣流行，自喜而樂，自樂而怒，自怒而哀，自哀而復喜。由中導和，有顯微際，而亦非截然分為兩在。然即心離心，總見此心之妙，而心之與性，不可以分合言也。〔註64〕

「即心而見」和「離心而見」之間，就相對於「心體」與「性體」這一組理論範疇。在蕺山的認知中，性與情同指，合稱「性情」，展現為「喜、怒、哀、樂」四情之體與用，大抵可以從「即心而言」（心體）及「離心而言」（性體）這兩方面來討論。就心體這一層次，是「寂然不動，感而遂通」的，喜、怒、哀、樂四情隨感通而循正常的管道具體呈現，至於《中庸》所謂的未發之「中」和已發之「和」，則是一體兩面的內外差距而不是時序或前或後的輕重切割；若再就性體而言，便有所謂的「維天於穆，一氣流行」，「四情」與「中和」，亦只在前後、顯微之間的差別而已，並不可「截然分為兩在」。

　　值得注意的是，無論「即心」還是「離心」，總是以「心」為思考的主軸，所謂「即心離心，總見此心之妙」，在這個時段，蕺山骨子裡的心學立場隱隱透現。並且，心、性不可以分、合言，性體卻可在心體中呈顯，顯然，心、性間是一種微妙的二而一、一而二之辯證關係。但正如我們所知，「心性不可分」是蕺山思想的一大原則，但與其說不可分，倒不如說是「可分又不可分」來得正確些。因為誠如前述，心、性二者有不同的內容和位置，是可分的；然而在同為「獨體」的究竟指向上，卻又是不可分的。若再進一步細分，心體和性體各有不同的性格，心體就主觀面說，性體則就客觀面說，各自凸顯出獨體的不同面向與層次，所以又是可分的。只是在蕺山思想「合一觀」大傘的籠罩下，這種二而一、一而二的辯證關係終究能復歸於一體。並且，有一個觀念是要先釐清的：蕺山有時候講心、性，有時候講心體、性體，其實這兩組概念所涵蓋的範圍並不相同，心、性所指涉的範圍較大，心體、性體則只偏重在本體性部分，簡單的說，心、性可以包含心體、性體，心體、性

〔註64〕《劉宗周全集》第二冊，語類十二，《學言中》，頁413。

體卻無法直接等同於心、性，這是在蕺山行文時沒有預作說明且容易造成讀者混淆的。

不但心、性不可分，性體更能在心體中見，心、性這種微妙的關係進一步藉由密切的往來互動之後，心體透過客觀性的貞定更加強了可信度，性體也因著主觀層面的增強而深刻化甚至於內化，兩造充分達到互蒙其利的果效。蕺山一方面客觀地深入剖析，分分合合，合合分分，思維邏輯之巧妙簡直令人嘆爲觀止；再一方面主觀地強調二者理應正向互動，借重後天工夫修爲的推展充極，終究突出客觀的「性天之尊」來對治當下陽明後學「玄虛而蕩」、「情識而肆」的時代頹風，批判現實的良苦用心更讓人印象深刻。同時具備「辯證性」（合一觀）、「批判性」（針對時風）與「現實性」（正視當下價值），「理學殿軍」的思想格局不可謂之不大。

根據上文的論述，我們可以瞭解到「慎獨」二門「心宗」與「性宗」不同的發展面向，和彼此間密切的互動關係。基本上，「心宗」是從主觀角度言，「性宗」則是從客觀面上來說，二者相輔相成，可以互補爲用，這是就大原則來說的。至於它們各自的細部內容爲何？我們有必要深入探究。當然，正因爲蕺山刻意彰顯「性天之尊」在對治陽明後學流弊上的重要性，「性宗」的價值便更具有其特殊的時代意義，我們有必要從它開始切入。對於「性宗」，蕺山另有一段更詳細的論述，他用「先天之易」來特別凸顯出性體的超越性：

> 君子仰觀於天，而得先天之易焉。「維天之命，於穆不已，蓋曰天之所以爲天也。」「是故君子戒慎乎其所不睹，恐懼乎其所不聞」，此慎獨之説也。至哉獨乎！隱乎！微乎！穆穆乎不已者乎！蓋曰心之所以爲心也。則心一天也。獨體不息之中，而一元常運，喜怒哀樂四氣周流，存此之謂中，發此之謂和，陰陽之象也。四氣，一陰陽也。陰陽，一獨也。其爲物不貳，則其生物也不測。故中爲天下之大本，而和爲天下之達道，及其至也，察乎天地，至隱至微、至顯至見也。故曰「體用一原，顯微無閒」。君子所以必慎其獨也，此性宗也。〔註65〕

相對於「後天之易」，「先天之易」是超越一切存有的性體所在，就人而言，它是隱而不彰、微妙玄通又不可睹聞的獨體；就天而言，它則是於穆不已，成爲天之所以爲天的天命所鍾。然而這二者最終又要歸到「心」上來講，因

〔註65〕《劉宗周全集》第二冊，語類四，《易衍》，頁138。

為它是「心之所以為心」，這樣一來，「心」、「天」及「性」、「獨」即成為統合一貫的一體之數個面向了。若單就獨體而言，一元常運之中化為陰陽，陰陽再發為喜、怒、哀、樂四氣，四氣最終化育為森羅萬象。再就宇宙的創生過程逆溯回去說，萬物皆為四氣所衍生，四氣則在陰陽之下，都是元氣之所發，且都能統轄在存此發此的「中和」工夫之中。也正因為「即中即和」、「即體即用」、「即隱即見」的原則展現，最後又回歸到「性宗」的獨體上來，這也就是所謂「體用一原，顯微無閒」的真正命意所在。

由上可見，蕺山是從宇宙本然自存的價值根源，也就是它的客觀面來講「性宗」的，然而在此用「喜怒哀樂」四氣這類習慣被視為主觀情緒的組成來解釋客觀層面的性體，似乎又容易造成彼此之間扞格不入的疑慮。蕺山便在引文下面的案語中為此說明道：「喜怒哀樂即仁義禮智之別名。以氣而言，曰『喜怒哀樂』；以理而言，曰『仁義禮智』是也。理非氣不著，故中庸以四者指性體。」〔註66〕在傳統程朱理學的脈絡，理是理，氣是氣，二者涇渭分明，只可以用仁、義、禮、智表述理層，卻無法將喜、怒、哀、樂等同於性體。然而在蕺山思想統合一貫的大原則之下，理、氣非但不是只存在於邏輯思維中一組相互對立的哲學範疇而已，更是不容切割，可以相輔相成的一體之兩面。氣可以形著理，理則可以統攝氣，所以在「性非心不體」之外，另外又拋出「理非氣不著」這樣側重現實層面的籲求來，甚至一逕採用喜、怒、哀、樂四氣來作為仁、義、禮、智四端之別名，以上探那超越而形而上的「性宗」、「獨體」。

而相對於「先天之易」講「性宗」，蕺山則是用「後天之易」來比對「心宗」的，接續的一段雖然前面已引過，但卻是正足以充分解說心宗特徵所在的經典文字：

> 君子俯察於地，而得後天之易焉。夫性，本天者也。心，本人者也。天非人不盡，性非心不體也。心也者，覺而已矣。覺故能照，照心嘗寂而嘗感，感之以可喜而喜，感之以可怒而怒，其大端也。喜之變為欲、為愛，怒之變為惡、為哀，而懼則立於四者之中，喜得之而不至於淫，怒得之而不至於傷者。合而觀之，即人心之七政也。七者皆照心所發也，而發則馳矣。眾人溺焉，惟君子時發而時止，時返其照心而不逐於感，得易之逆數焉。此之謂「後天而奉天時」，

〔註66〕《劉宗周全集》第二冊，語類四，《易衍》，頁138。

蓋愼獨之實功也。〔註67〕

所謂君子仰觀於天，得先天之易，是爲「性宗」；俯察於地，而得後天之易，則屬「心宗」。蕺山將性（性宗）比諸天，心（心宗）比諸人，可見一組是形上超越，另一組則是形下具體的，分屬兩個不同的範疇。但在他側重現實層的價值考量下，排除了傳統理學「理先氣後」的主流思想，而是特意彰顯出天人、心性相互對舉時人和心的關鍵地位，終至提出了「天非人不盡，性非心不體」的理念來。也就是說，天如果沒有透過人爲的道德實踐，又如何能徹盡其最深奧義；性如果未曾藉由人心的自覺工夫，又怎麼能體悟出它的最終價值所在？可以明顯看出，蕺山是採用儒家老傳統「天生人成」的觀點，來比附心、性間的微妙關係。

人心是性的載體，更是體悟天理的必經管道，並且其內容也不再是我們所習知的經驗心或感性心而已，它還具備了價值自覺的功能。正如性體在心體中看出一樣，能覺的照心也是在感性經驗中嶄露頭角的，一方面照心是寂而常感的，在客觀世界因著種種可感，發而爲喜、怒、哀、懼、愛、惡、欲等七情；另一方面照心又是感而常寂的，雖發爲七情卻能不逐於感，時發時止以合乎性情之正，樂不至於淫，哀不至於傷，終使感性的「七情」一躍而爲理性的「七政」，靠的就是這「愼獨」的實功。亦唯有在道德工夫的修鍊之下，感性的經驗心才能自覺爲照心，以上達於超越的存在根源。所以說，相對於自有本有的「性宗」的「先天而天弗違」，自覺自爲的「心宗」則是「後天而奉天時」的。

蕺山分別從「先天之易」和「後天之易」這兩個切入點去講「愼獨」，以區分出「性宗」（性體）與「心宗」（心體）的不同之處，這跟他一貫秉持的心性觀是一致的。雖然有所謂「心性不可以分合言」的說法，但蕺山之分「心宗」、「性宗」無非只是一實體之主、客二分而已，就「性宗」而言，是要借重其客觀價值來貞定心體的一切活動；就「心宗」來說，則是要強調其主觀能動性來充實性體的涵蓋內容，以求達到二者皆能互蒙其利的雙贏效果。如同牟宗三先生的觀察，即是用「存有」或「活動」來描述其彼此間差異的：

　　是故性與心之別只是同一實體之客觀地言之與主觀地言之之別耳。
　　客觀地言之之性即是「心之所以爲心」，言心雖活動而不流也，流則馳而逐於感，即非心也，是則性即是心之客觀性，即活動即存有也。

〔註67〕　《劉宗周全集》第二冊，語類四，《易衍》，頁138～139。

> 主觀地言之之心即是性之所以得其具體而真實的意義者，言性雖超
> 絕而客觀而卻不蕩也，蕩則空洞而不知其為何物也，即非性矣，是
> 則心即是性之主觀性，即存有即活動也。是故「心性不可以分合言
> 也」，而總歸是一也。〔註68〕

所謂性、心之別也就等同於「性宗」、「心宗」之間的差異，說穿了，也不過
是同一實體，一個從客觀面去看，另一個則從主觀面去看的差別而已。性保
住主體的超越性，是即活動即存有的；心則在強調主體的具體真實性，是即
存有即活動有的，側重點各有不同，所以一體分為兩面，分後又能總歸於一。
這種辯證型的思維方式，是蕺山思想的一大特色，更是他慎獨學的最大總綱
所在。

二、慎獨工夫要旨

除了本體凸顯出「一心開兩門」，兼具客觀與主觀又劃歸於一的綜合性特
色外，蕺山的「慎獨」在工夫論上亦見其精采之處。其實，若沒有工夫的具
體呈顯，本體也不過只是個掛空的話頭而已，唯有兩者互相配搭，密切縮合，
才是儒者修身成聖的不二法門。何況，思想側重現實層面的蕺山，由來便是
重視工夫更甚於本體的，無論本體表述得如何精奧深入，若沒有將工夫具體
落實在道德本體上，一切終究枉然。所以，當道德主體接觸到足以攪擾人心
的外在世界時，要能夠隨時儆醒，隨處體悟，不能讓道德行為有絲毫的閃失
或瑕疵，甚至讓獨體在心上能發揮推展到極致，這就是慎獨工夫的最重要精
神。而要達到這種修養境地，周敦頤的「主靜立人極」便是蕺山所屢屢強調的。

在此，我們更發現了一個有趣的現象是，不但蕺山的「獨體」明顯導源
於濂溪的「誠體」，甚而其「慎獨」也無非受到〈太極圖說〉「主靜立人極」
深刻的啟發所致，無論在本體或是工夫上皆不脫周敦頤思想的影響，這無疑
是思想史上的一件大事。古清美先生也早就注意到這一點，並曾為之大書特
書道：

> 劉蕺山（宗周，西元一五七八～一六四五年）殿宋明理學之末而最
> 為大家，其學可說兼攝宋儒與明儒特色，而融合於其「慎獨」宗旨
> 之中。他既闡發「誠為獨體，誠之為慎獨」、「誠通誠復即天命不已」，
> 一面對著陽明學說，而云「獨體即良知」、「慎獨即致良知」，這些話

―――――――――――――――――――――
〔註68〕牟宗三：《從陸象山到劉蕺山》，第六章〈劉蕺山的慎獨之學〉，頁493。

語並非套來套去講，而是自有他清楚的義理系統和根據。蕺山於濂溪意會獨深，在漸漸形成他自己的學說脈絡之時，濂溪短少的作品中所流露的含蓄而精深的思想即是蕺山許多觀念的來源——從濂溪「誠體」、「動靜」、「幾」，到「主靜立極」，一一影響到他講「獨體」爲動靜之天樞、「意根」爲善惡之幾、及「慎獨」是以靜存括動察，以此貫串起他完整的「慎獨」之說。而後他又以「獨知」會通陽明「良知」，特別彰顯「良知」亦能上貫天理及至善性體這一層的意義，故以心、性兼提並彰的方式闡明「慎獨」義。〔註69〕

一個是宋代理學的開山，一個則是宋明理學的殿軍，兩者一前一後，相互輝映，思想承繼的脈絡又是那麼地有跡可循。其間還夾雜著陽明爲中介，遂將宋學、明學會通爲一，從而成就了蕺山學術集大成的重要地位。特別是古氏用濂溪和陽明這兩條主軸來解釋「性宗」與「心宗」，倒是別具慧見也相當地具體。所以依照這樣看來，若我們要深入瞭解蕺山的學術底蘊，探究周濂溪的思想淵源是有其相當必要性的。

（一）主靜立人極

所謂「慎獨」的具體修爲，無論是「獨處」或「獨知」，都很容易讓我們聯想到「靜」這個層面。因爲當我們在實際從事慎獨這個工夫時，首先必須要回到自我的內在心靈世界，對照於外在的世事紛紜，在靜中反思自己的思想行爲，檢討其功過得失，從而對未來的生命方向做出調整，而這類心靈活動無疑是偏向於靜的一面的。蕺山對這種「深根寧極」的工夫深有體悟，早年便曾論及於此，而後，隨著其思想的發展，終致成爲他工夫論中極重要的一環。究其實，「主靜」的觀點首倡於周敦頤，濂溪在其〈太極圖說〉中就有「主靜立人極」的說法，他說：「聖人定之以中正仁義，而主靜（自註云：無欲故靜）、立人極焉。故聖人與天地合其德，日月合其明，四時合其序，鬼神合其吉凶。」〔註70〕可以看出，這是本體論和宇宙論相混合所產生的一種哲學體系，強調人必須透過「主靜無欲」的道德修養，以成賢成聖，然後才能參贊整個宇宙創生不已的大化流行，由建立人道進而拓展到天道，這種形上思維明顯是受到道家影響所致，而與原始孔孟儒學不盡相符。

〔註69〕古清美：〈劉蕺山對周濂溪誠體思想的闡發及其慎獨之學〉，頁79～80。
〔註70〕周敦頤：《周子全書》，卷二。

勞思光先生即持此種看法：

> 蓋周氏本人在理論上，強調「無」及「靜」，二者皆近道家之說。若
> 就歷史源流考之，則道家之形上學觀念，在易傳中已與儒學觀念混
> 合，禮記中「樂記」篇所謂「人生而靜」，亦是此一混合狀態之思想
> 下之產物。周氏雖被後人認作宋代最早立說之「儒者」，但其所據之
> 前人成績，原偏重在此類混合思想，則其論價值標準或「人極」時
> 有「主靜」之論，亦不足怪。〔註71〕

正因為周氏論點明顯帶有相當程度的道家色彩，甚至程伊川還認為「靜」已
落入佛家的範疇，因此不贊成其「主靜」之說，轉而提出了「主敬」工夫來
替代。強調所謂「涵養須用敬，進學則在致知」，認為敬能囊括靜，靜卻無法
包括敬的全部意涵，到了朱子又更加注重「敬」這一觀念。影響所及，濂溪
之後的學者大多注重「敬」的工夫進路，而鮮少使用「靜」作為論述主張的。
一直到蕺山，才又接續濂溪思想，並且特別標舉「主靜」作為其慎獨之學的
極重要工夫意涵。他曾強調說：「昔周元公著太極圖說，實本之中庸，至『主
靜立人極』一語，尤為『慎獨』兩字傳神。」〔註72〕、「周子之學，盡於太極
圖說。其通書一篇，大抵發明主靜立極之意，而宗旨不外乎求仁。仁即極也。」
〔註73〕又說：「聖學之要，只在慎獨。獨者，靜之神，動之機也。動而無妄，
曰靜，慎之至也。是謂主靜立極。」〔註 74〕在此，蕺山一再說到周敦頤的思
想重心在「主靜立極」這句話上，並且與他慎獨之學關係密切，顯然他已將
濂溪哲學納入其自己的思想體系中，認為「慎獨」就是「主靜立人極」背後
的思想基礎所在。或言「主靜立極」，或言「主靜立人極」，其實都是一樣的，
相互對照來看，「立極」也就是「立人極」，即建立人道的極致，這幾個字在
蕺山的著述中並不少見，足見其對濂溪的這一觀念是推崇備至的。

但到底什麼是「建立人道的極致」？跟蕺山思想之間又有什麼內在關係？
可以這麼說，在人與自然的關係上，追求「天人合一」是古人長久以來一直
夢想要達到的一個最高理想和終極關懷，當建立起人道的極致，水到渠成再
向上一探，便進入了天道的範疇。具體來說，人可以透過修道成德，再藉由
天人相應的道理來參贊天地之化育，讓宇宙萬物生生不息，凸顯出人的高度，

〔註71〕 勞思光：《新編中國哲學史》三卷上，第三章〈初期理論之代表人物〉，頁109。
〔註72〕 《劉宗周全集》第二冊，語類十，〈中庸首章說〉，頁301。
〔註73〕 《劉宗周全集》第二冊，語類五，《五子連珠》，頁176。
〔註74〕 《劉宗周全集》第二冊，語類十二，《學言上》，頁361。

更使得天人關係達到空前的水乳交融地步，而這正是人道的最高極致──「立人極焉」。人從天地而來，究其極後，終至得以化育萬物，天人之間，本就是超乎想像的和諧與共榮，亦唯有最高層次的人道，才能上達天道。所以無怪乎濂溪在「立人極焉」後要引用易傳的說法：「故聖人與天地合其德，日月合其明，四時合其序，鬼神合其吉凶。」人道和天道之間可說密切相關到僅止於一線之隔。

正因為蕺山「證人之學」〔註75〕所關懷的焦點，便是如何能證成人之所以為人，這當中又包括了兩個部份：一是人在道德領域（人道）中如何立足？二是人在存有界（天道）中如何自處？這跟周敦頤「立人極」所強調的幾乎是不謀而合，也難怪蕺山這位「理學殿軍」，要對理學的開山始祖濂溪那麼地拳拳服膺而不敢失，除了思想上的英雄所見略同之外，學術傳承上的宣示，亦是其不容忽視的內在因素所在。對蕺山來說，如何才能「立人極」呢？答案自然是「慎獨為要」；但若就濂溪而言，提出「主靜」就能一言以蔽之了。明顯地，蕺山雖常提「主靜」，卻已暗地將之吸納入自己的思想體系中，「慎獨」又在「主靜」之上，成為其背後的支持系統。在傳承融合之外，還有進一步的創新式建構，但無論如何，「主靜立人極」與「慎獨」間的密切關係是不容忽略的。

在此還遇到了兩個問題有待解決，即「主靜」或是「慎獨」到底要如何操作才見功效？甚至前引蕺山所稱的「（通書）大抵發明主靜立極之意，而宗旨不外乎求仁」，「靜」和「仁」之間，究竟如何才能搭得上線？關於此，蕺山有一段話可以一併將之處理掉的：

> 本領之說大略不離天命之性，學者須從闇然處做工夫起，便是入手一著，從此浸假而上，併倫類聲塵俱無托足，方與天體相當，此之謂「無欲故靜」。靜中浩浩其天，自有一團生意不容已處，即仁體也。窮此之謂窮理，而書非理也；集此之謂集義，而義非外也。〔註76〕

〔註75〕李振綱先生便特別強調蕺山之學的源起和特色是：「在朱學與王學的夾縫中，蕺山不囿門戶，不苟依違，反躬密證，獨闢蹊徑，另立一套以慎獨誠意為宗旨的「證人之學」。」（見氏著：《證人之境──劉宗周哲學的宗旨》，第二章〈蕺山之學的總體特徵〉，頁20）並將其博士論文命名為「證人之境──劉宗周哲學的宗旨」，可見稱蕺山之學為「證人之學」，在學術界一定是具有相當程度共識的。

〔註76〕《劉宗周全集》第三冊，文編三，〈答葉潤山民部〉，頁329。

道德工夫要從闇然處做起，這是「主靜」的入手工夫，也是「慎獨」工夫的著力所在。從闇處到天體再回轉到仁體，其間的環環相扣，讓我們不禁想到古人在做工夫時，常有所謂的「神祕體驗」〔註77〕，而關於蕺山具體的主靜工夫，黃敏浩先生對此段文字曾有相當精闢的論述：

> 就主靜之工夫言，關鍵在從吾人內心「闇然處」，亦即是隱微之處入手。蓋吾人內心深處的細微想念，常不易為人所覺察，即使是自己，亦察之不易。修養工夫正是要從此隱微之處做起，開始時極感困難，及至精誠所到，本心抬頭作主，則一切人欲之私念，即使細如纖塵，亦無所遁形。此時才覺即化，海晏河清，天理自然呈現，內心自有一團生意，有不容已者。這便是仁體，也就是吾心之本體了。〔註78〕

無庸置疑，這簡直是一種「運用之妙，存乎一心」的超高段修鍊法則了，關鍵即在於道德主體的本心上。一旦本心能擡頭作主，不為私慾所縛，此時海晏河清，天理自然朗現，這就是體仁的最高境界。然而，凡此種種，總要在一種極度靜定澄明的心理狀態下才得以進行，這又讓我們不禁想到：它與一般的「靜坐」工夫到底相差多少？我們並無意去挑戰「靜坐」在個人修道過程中的法門地位，只是，如果蕺山的「主靜」也只是單純「靜坐」的另外翻版而已，那麼它的思想高度到底要如何定位才算恰當？

（二）「主靜」、「靜坐」和「持敬」

不只佛家如此，對一般宋明儒者來說，「靜坐」也是修鍊入道的一種重要方便法門。如程伊川（頤，1033～1107）見人靜坐，便嘆其為善學；朱子也曾強調「半日靜坐，半日讀書」的；而陽明更曾教人靜坐。但到了後來，朱子卻不過度張揚此道，甚至認為靜坐的重要性總不如「敬」；陽明也因後學者漸有喜靜厭動之病，遂放棄此一教法。而到底靜坐會產生什麼問題？這關鍵我們不能輕忽。誠如陽明當年所經歷的過程一樣，若是一味強調「靜坐」或「主靜」的方便法門，而沒有其他相關的配套措施居中協調，就很容易會讓許多根基不穩的初學者產生「喜靜厭動」的毛病，甚而因走火入魔而偏向極端。

無論宗教或哲學的修鍊法都會告訴我們一個原則，一般人在日常生活當

〔註77〕 有關於「神祕經驗」的詳細論述，讀者可以參閱陳來：〈心學傳統中的神祕主義問題〉一文，載於氏著：《有無之境——王陽明哲學的精神》一書〈附錄〉中，頁359～384。（北京：北京大學出版社，2006）

〔註78〕 黃敏浩：《劉宗周及其慎獨哲學》，第二章〈慎獨哲學的內容〉，頁36。

中常會因外物的干擾而迷失自我，自己做不得主宰。此時最好的方式，就是讓自己暫時從這個花花世界退避下來，回到眞正寧靜去傾聽自己心靈的聲音，然後再去體驗天理或面對上帝。這對宗教來講，是閉關，是退修；對宋明儒而言，則是靜坐，是主靜。在這裡有個前提，人既是天命所鍾，上帝的化身，天命天道在人身上的呈顯便是隨時隨地無時無刻的，如果我們用動靜二分去劃分時、空，不僅靜時如此，動時更該這樣，就道德主體的主觀能動表現來說，修道工夫是要囊括並且超越動靜相對的。問題在於，「靜坐」或「主靜」一般只能保證靜時的體道，一旦進入到動的階段，除非根柢深厚，很難不在五光十色的外在誘惑或瞬息萬變的出處進退中渾然迷失，而使得平日的辛勤操存毀於一旦。

　　因此，「主靜」的最大問題就在於無法一體涵蓋其他「動」的階段，甚至會讓修道者因爲害怕挫敗，而逐漸遁入「喜靜厭動」的死胡同中，不敢去面對外在的世事紛紜。而爲了解決一味「主靜」所帶來的偏枯流弊，程朱一派想到了用「持敬」來替代「主靜」，以貫通動、靜這兩個階段，並加深其哲學深度。因爲主靜工夫只能保證靜時的體現天道，但人畢竟無法永遠處在不動如山的沉寂階段，一旦落入現實的應對進退中，鮮有不生無所適從的迷惑的。而「持敬」即不會有這種隨所處而異態的風險在，因基本上來說，它是一種「一以貫之」的生命態度：不但靜時能抱持著有如敬畏上帝般的宗教情懷，動時更是「十目十手」般的謹愼自守。

　　甚至，如果進一步深入瞭解程朱的理論系統，我們會發現所謂的「敬」，已不僅是一般的敬畏或敬愼的態度而已，它還深具著哲學意味的超越企盼。就是要人在身心皆收聚凝定的平穩狀態下與物交，不但不逐於物，還能還原物自身，並從中體驗及體現出天理來。無疑地，這相對具有哲學深度且能直貫動靜的「持敬」工夫，顯然較「主靜」或「靜坐」要更勝一籌了。可以這麼說，從周濂溪的「主靜」到程朱的「持敬」，其發展的確有相當的邏輯理路可循。然而到了蕺山這位「宋明理學殿軍」身上，不但沒有向下推展，竟又重彈「主靜立極」的老調，是否有走回頭路的風險？這現象顯然值得觀察。的確，「靜坐」對蕺山來說，是一種相當重要的身心修鍊方法，我們單看其《人譜》中〈證人要旨〉的第一項「凜閒居以體獨」原稱爲「主靜坐」〔註79〕，

<hr />

〔註79〕　《劉子年譜錄遺》：「人譜六事工課，一曰『凜閒居』，原文爲『主靜坐』，先生以爲落偏，乃改今文。」見於《劉宗周全集》第六冊，附錄二，《蕺山劉子

就可以看出其對靜坐重視之一斑。

至於如何去從事「靜坐」的具體操作，〈訟過法〉中的一段文字，描寫得相當淋漓盡致。所謂「一炷香，一盂水，置之淨几，布一蒲團座子於下，方會平旦以後，一躬就坐，交趺齊手，屏息正容。」〔註 80〕所擺出的架式，正是靜坐前的準備工夫，跟一般佛教徒在禪修時用「薰香」、「淨水」來禮敬「三寶」的情況相當類似。至於這一段敘述其後的細部內容，我們將在第六章專論《人譜》時再深入探討其哲學內涵，在此暫且不表。但值得注意的是，蕺山雖反佛，極力強調儒、佛之辨，卻並不排斥用「靜坐」的方式來從事道德修養，可以說，他幾乎是把靜坐視為儒、釋、道修行的一種「共法」，甚至長期去親自實踐履行，才會有如此深刻的體驗。

從他最後所說的：「此時正好與之葆任，忽有一塵起，輒吹落。又葆任一回，忽有一塵起，輒吹落。如此數番，勿忘勿助，勿問效驗如何。一霍間，整身而起，閉閣終日。」〔註 81〕類似「天人交戰」的拉扯，是道德主體與雜思妄念之間的拔河，不但「心」要保持在清明澄澈的狀態中，工夫更要「勿忘勿助」、「勿問效驗如何」。一方面要保持平常心，一方面又要袪除功利心，這些無非都是深諳此道的過來人之自我要求和經驗結晶，總總跡象顯示，蕺山常藉由「靜坐」來做「自我反省」的道德修鍊工夫。甚至我們可以大膽推測：蕺山理論上所謂的「主靜」，在實際的操作層面來說，就是他所經常採用的「靜坐」方便法門，既可以「反思日常的所作所為」（省察）又可以「建立主體的道德意識」（存養），一舉就可以囊括了動和靜的兩個層面。

針對此，蕺山接著又說：「或咎予此說近禪者，予已廢之矣。既而思之曰：此靜坐法也。靜坐非學乎？程子每見人靜坐，便歎其善學。後人又曰：『不是教人坐禪入定，蓋借以補小學一段求放心工夫。』旨哉言乎！然則靜坐豈一無事事？」〔註 82〕既因「近禪」而廢之，又因能進一步正視「靜坐」的價值而肯定之，原因無他，就在於靜坐能「借以補小學一段求放心工夫」，而既然它是一種具體的有實效的修為功夫，自然不會「一無事事」。足見蕺山對於「靜坐」不但不排斥，而且肯定其價值，甚而行之有年，而這正是他為什麼再再強調「主靜立極」的最大原因所在，因為對他而言，「主靜」就是「靜坐」，

年譜》之後，頁 182。

〔註 80〕《劉宗周全集》第二冊，語類一，《人譜》，〈人譜續篇二〉，〈訟過法〉，頁 15。

〔註 81〕《劉宗周全集》第二冊，語類一，《人譜》，〈人譜續篇二〉，〈訟過法〉，頁 16。

〔註 82〕《劉宗周全集》第二冊，語類一，《人譜》，〈人譜續篇二〉，〈訟過法〉，頁 16。

是一種完全可以操之在我的內省工夫。

　　而到了這個階段，談「靜」就無法不去面對「敬」的存在，其實在上一章，我們曾經提到蕺山早年「始從主敬入門，中年專用慎獨工夫。慎則敬，敬則誠。晚年愈精微，愈平實。」〔註83〕、「始致力於主敬，中操功於慎獨，而晚歸本於誠意。誠繇敬入，誠之者人之道也。」〔註84〕由學生黃梨洲和其子劉汋對蕺山生平論學宗旨的歸結中看來，似乎透露出一個訊息：那就是說，早年的「主敬」與中年的「慎獨」以及晚年的「誠意」這三大階段，雖有時間前後和稱名、側重點之別，然而在本質上卻是可以相通的。因此蕺山對於由「靜」切換過來的「敬」，不可能如此視而不見的，更何況一向積極入世的他，也不像是會忽略日常生活中具體的出處應對進退行為的，為何會在臨門一腳時主「靜」卻不主「敬」呢？

　　關於此，蕺山有一段申論，明顯地闡說「靜」與「敬」之間的微妙關係，以及他一直以來「守敬勿失」的堅持態度：

> 凡人自有生以後，此心隨物而感，而逐於物，則五官為之牖矣。一向放失在外，一旦反求，欲從腔子內覓歸根，又是將心覓心，惟有一敬焉為操存之法。隨處流行，隨處靜定，無有動靜、顯微、前後、巨細之岐，是千聖相傳心法也。在堯、舜謂之兢兢，在禹謂之祇台，在湯謂之日躋、在文、武謂之敬止、敬勝，在孔門謂之敬修，在孟子謂之勿忘、勿助，在程門謂之居敬、窮理，朱子得統於二程，惓惓以主敬授學者，至明儒相傳，往往多得之敬。康齋傳之敬齋，皆一以敬字做成，其言敬最詳，有曰：「端莊整肅，嚴威儼恪，是敬之入頭處；提撕喚醒，是敬之接續處；主一無適，湛然純一，是敬之無間斷處；惺惺不昧，精明不亂，是敬之效驗處。」又曰：「敬該動靜。靜坐端嚴，敬也；隨事檢點致謹，亦敬也。敬兼內外。容貌莊肅，敬也；心地湛一，亦敬也。此正無不敬之義。大抵聖學惟敬，自小貫大，更無破綻。學者由灑掃應對而入，至於無眾寡、無小大，只是一個工夫。昔有打破之說，鮮不流為無忌憚之小人，戒之！戒之！」〔註85〕

〔註83〕《劉宗周全集》第六冊，附錄一，〈子劉子行狀〉，頁39。
〔註84〕《劉宗周全集》第六冊，附錄二，《蕺山劉子年譜》下卷，「順治五年戊子」條，頁173。
〔註85〕《劉宗周全集》第二冊，語類十二，《學言上》，頁376。

蕺山強調「惟有一敬焉爲操存之法」，是無有動靜、顯微、前後、鉅細之別的，能超越一切相對的差別相，與其「合一觀」有異曲同工之妙，尤其可以賅動靜、兼內外，自然能成爲「千聖相傳心法」。他又借用前賢康齋（吳與弼，號康齋，1391～1469）、敬齋（胡居仁，學者稱敬齋先生，1434～1484）之言「敬」，來作爲自我的理論表述，所謂「大抵聖學惟敬，自小貫大，更無破綻。學者由灑掃應對而入，至於無眾寡、無小大，只是一個工夫。」如此地推崇備至，又怎能說蕺山對持敬工夫是視而不見地刻意忽略呢？問題是，既有了「持敬」，又何須「主靜」，那豈不疊床架屋，甚至闇於思想史上的發展呢？關於此，我們可以做這樣的解釋：毋庸諱言，承「理學始祖」濂溪而來，「主靜立人極」這一觀念在蕺山思想中，的確佔有不可撼動的重要地位。重點是，雖不刻意排除有關靜坐、閉關或退修的原始意涵，以及它所可能附帶產生的「喜靜厭動」後遺症，當蕺山提到「靜」時，他所落實的「靜坐」由於富涵深刻的道德取向，幾幾乎要等同於「敬」的內容訴求了。而爲什麼說蕺山的「靜」可以視同爲「敬」的另外發揮，那是因爲基本上，他的「主靜」已經脫離一般常人所想當然耳的「枯坐冥想」，甚至還逐漸與涵括動、靜兩層面的「敬愼戒懼」義相貼近。

首先，蕺山提出了一個「循理爲靜」的觀念，他說：「惟聖人深悟無極之理，而得其所謂靜者主之，乃在中正仁義之間，循理爲靜是也。」〔註86〕而此「循理爲靜」的另類說解，正是其「主靜」工夫的總綱所在。一方面這所謂的「靜」，並不是一般動、靜相對待的靜，而是超越所有動靜相，是絕對的；另一方面，這循理工夫絕對不只是紙上談兵而已，它必須直接落實在人倫日用之中才能見眞章，這從「循理」的「循」字所透顯出來的「工夫」義可見。其次，蕺山又提出了一種「無欲故靜」的說法，這與濂溪在主靜項下的自註「無欲故靜」，是一種前後一貫的思想傳承。「主靜」既是一切皆能循理而動，復又強調「無欲」，究其實，也只是「主敬」的另一種表述而已。一般人心之所以不能靜，最主要就在於有私慾雜念作祟，使人終日思緒紛紛擾擾，表現患得患失。一旦能摒除私慾，廓然大公，行事爲人一依天理，無蔽無累，自然心得以靜，理得以現，依然可以達到主靜的效果，甚至更爲釜底抽薪般地徹底。從「無欲」到「主靜」再到天理流行，這與「持敬」工夫的側重點和發展流程幾乎有異曲同工之妙，都可拉到「愼獨」這一套大系統下來思考與

〔註86〕《宋元學案》，〈太極圖說〉文末所附蕺山語。

運作。難怪蕺山要說：「主靜，敬也。若言主敬，便贅此主字。」〔註87〕又說道：「一者，誠也；主一，敬也。主一即愼獨之說，誠由敬入也。」〔註88〕可見「靜」與「敬」二者，在蕺山巧妙地詮解和轉換之下，已經變爲異名而同實的統一體了。

正如同蕺山所說的：「靜坐是閒中喫緊一事，其次則讀書。朱子曰：『每日取半日靜坐，半日讀書。如是行之一、二年，不患無長進。』」〔註89〕他既引用了朱子的話，肯定是已經認可了程朱一脈「涵養須用敬，進學則在致知」的傳統價值觀，相互比對的結果，「靜坐」與「涵養用敬」之間幾乎是可以劃上等號的。但令我們感到好奇的是，「主靜」在前而「持敬」在後，同樣是一個概念訴求，爲什麼蕺山要倒過頭來肯認前者，刻意略過思想史的發展，而讓其著述文本中，明顯地「靜」多於「敬」呢？筆者以爲，箇中原因，或許有這兩點：一是「主靜」較之於「主敬」似乎更貼近於「愼獨」，都是從內心深處討消息，倒不像「主敬」類似有個外物爲我所主一樣，通常是從外在要求入手的；二是推崇「理學始祖」周敦頤，連帶愛屋及烏，甚至他所一貫強調的思想主軸「主靜立極」也不忍棄去、更替之。也正因爲蕺山的「靜」，除了保留原義外更吸納了「敬」的擴充進階義，讓「靜」到「敬」再到「靜」形成了一個有如「正、反、合」的思辨循環，這種思想上的辯證特色，在某種程度上，也相對成就了蕺山在宋明理學界所謂「殿軍」的最高格局和最重要角色。

（三）「靜存」與「動察」

在「靜」與「動」這一組相對範疇中，蕺山肯定了「主靜立人極」來與他自己的「愼獨」觀念相配搭。相對的，在「靜存」和「動察」這一前一後、一內一外的二分式工夫進程中，由於「主靜」是大前提，所以蕺山也提出了「靜存之外無動察」的主張，企圖將「動察」吸納入「靜存」的工夫中，以求泯除彼此間的對立情形。而這也正是他一貫秉持的「合一觀」，在這一組相對理論範疇的再一次印證與重現。其實有關於「靜時存養」與「動時省察」這兩個概念，在宋明理學界是有相當歷史源流的，學者們針對此問題也產生了許多相關的論述。

〔註87〕《劉宗周全集》第二冊，語類十二，《學言下》，頁434。
〔註88〕《劉宗周全集》第二冊，語類十二，《學言下》，頁442。
〔註89〕《劉宗周全集》第二冊，語類一，《人譜》，〈人譜續篇一〉，〈證人要旨〉，頁6。

從最早的程伊川提出「涵養須用敬，進學則在致知」的主張時，就已經相對把本心的涵養與知識的增進區分爲內、外兩大工夫進程，而其愼獨說無疑是偏向於內在存養上的。到了朱子身上，觀點大致還是延續伊川而來，只是他並不贊成絕對論，並不認爲「存養」和「省察」可以分得那麼涇渭分明、一刀兩斷，彼此間還是有些千絲萬縷的互動關係在，甚至他的「愼獨」也是放在動時省察的另一面向來講的。至於在陸王這一系方面，大前提是特別強調涵養良知的重要性，絕對要高過於對外在知識的追求。所以象山一出便張揚「本心」此一概念，幾乎將所有工夫都集中在對本心的體悟上，認爲求放心並不需要藉由讀書窮理才能達成，我即使一字不識，仍可堂堂正正地做個人，外在知識雖不一定要反對，卻不是成聖成賢的充分必要條件。如此一來，傳統「存養」、「省察」並行的路徑，變成了一種單行的發展。

再到陽明，反程朱的色彩已不再像象山那麼濃烈，當調合對立的思想基調延伸到這一議題上，良知成爲一切的最高指導原則，致知與誠意也可以一以貫之，存養和省察更成了並駕齊驅、彼此不可偏廢的一體兩面，似乎一切工夫都可以收編在其「致良知」的大旗幟之下。再發展到陽明後學階段，對這一議題有濃厚興趣且又進一步深入挖掘的，可以江右王門的鄒守益（號東廓，1491～1562）和聶豹（號雙江，1487～1563）兩人爲代表。爲了對治當代王學末流越來越趨向於純任本心所造成的空洞弊端，這兩位修正派尤其強調工夫的重要性。鄒東廓首先肯認良知的主宰地位，並在此前提之下大談「戒愼恐懼」的修爲工夫，基本上這工夫是縱貫內外、動靜一如的，就如同他的「愼獨」說一樣，但它們依然是被套在未發已發、靜存動察這些既有模式去講的，只是「發」時更要以戒愼恐懼爲工夫罷了。另外在聶雙江這一方面，與其他「良知現成」論者不同之處，是他主張良知本寂，因此「歸寂說」便成爲其理論特色與思想核心。特別是他屢屢強調致虛、守靜、靜養未發等，這就明顯偏離了陽明「事上磨練」的良知本義，刻意忽略掉現實層面的「動察」工夫，而執意走上神秘色彩濃厚的「靜存」一途。

從以上的背景考察我們可以知道，即使理學家們對「靜存」或「動察」的理念各有不同，也各有所主，然而內外兩分、一靜一動卻是長期以來所一貫維持的切割基調，特別是在程朱這一系上。針對這個議題，蕺山將外在的、動的「省察」歸攝入內在的、靜的「存養」之中，而提出了「靜存之外無動察」的主張。當他四十九歲，讀書於韓山草堂之時，「專用愼獨之功。謂『獨

只在靜存，靜時不得力，動時如何用工夫？』因信濂溪主靜立極之說。」底下劉汋的小註說道：「先儒以愼獨爲省察之功，先生以愼獨爲存養之功。」〔註90〕《年譜》的記載提供了我們兩則重要的訊息：一是強調「靜存」的理念無疑是從濂溪的「主靜」觀而來，具有相當的思想傳承意義；二是先儒以愼獨爲「省察」之功，蕺山則以愼獨爲「存養」之功，思想批判的矛頭，明顯是指向「先儒」朱子而來的。

對蕺山來說，「靜」不但比「敬」更具有內在自主性，甚至能涵括其他「動」的範疇而超越一般動靜相對待的陳義。對此，蕺山有一番相當生動的譬喻：

> 問：「愼獨專屬之靜存，則動時功夫果全無用否？」曰：「如樹木有根，方有枝葉，栽培灌溉工夫都在根上用，枝葉上如何得著一毫？如靜存不得力，纔喜纔怒時便會走作，此時如何用工夫？苟能一如其未發之體而發，此時一毫私意著不得，又如何用工夫？若走作後便覺得，便與他痛改，此時喜怒已過了，仍是靜存工夫也。」〔註91〕

「愼獨」既等同於「靜存」工夫，那「動察」是否完全派不上用場？究其實，蕺山已將二者統合爲一，而以「靜存」爲首發代表了。就如同他所舉出的實例，「靜存」與「動察」，可以視爲樹木的根跟枝葉間的關係一般，栽培灌溉當在樹根上著力，枝葉才能茁壯長大，這對物的本末之辨，是蕺山最大的理論訴求。我們在日常生活中的爲學實踐，靜存是基本功是著力點，動察則是順水推舟的成果展現。如果不在根本的靜存上用工夫，卻一味在應對外在事物的動察上聚焦，是絕對不得要領的。再就一般理學家相當在意的、能影響道德良知的私意來說，只要眞能靜存道德本體，使主體貞定得住，一任良知，就不可能有其他會影響道德發展的私意出現，更無須再繞到外頭去做多此一舉的省察功夫了。

按照蕺山的思考邏輯是認爲，當我們無法掌控靜存工夫，喜、怒、哀、樂的情緒之發就會不得當，這時若想再從基本工夫做起，便未免失之過晚而追悔無及。如果能預做靜存工夫，一切都運作得當，使其完全如同未發之本體，如此一來，就算一毫私意也著它不得，又何須再用動察工夫？並且，當我們察覺到自己的念頭走作，正在步向不正當的方向時，如能痛下決心，力

〔註90〕 《劉宗周全集》第六冊，附錄二，《蕺山劉子年譜》上卷，「天啓六年丙寅，先生四十九歲」條，頁82。

〔註91〕 《劉宗周全集》第二冊，語類十二，《學言上》，頁372。

挽狂瀾，再次走上另一個新階段，開始藉由涵養本心來回溯到此念念遷流的根源，用靜存來回復本體的良知，這又是一個基本工夫的開始。所以，無論正說、反說或循環說，在在都顯示出靜存工夫的重要以及必要性，因而他要說「靜存之外別無工夫」了。

　　但是如果放在另一個思考角度，我們也會發現，其實真正的日常生活實踐，人總無法脫離動、靜這兩種時空範疇，或在靜時獨處，或在動時應物，所以傳統宋明儒才會將道德修養工夫區分為「存養」和「省察」二類，來與主體所面臨的時空背景相對應。特別是程朱這一系，所謂「涵養須用敬，進學則在致知」，也無非是這一套動、靜兩重工夫論的具體說明與進一步衍生。雖然在他們的系統，「敬」可以貫通動靜，但單就此一文脈來講，畢竟只偏重內在涵養，而和外在的進學途徑不同。這樣一來，我們無寧可以把這兩句看作是「靜存」與「動察」並行觀的引申與發展，「涵養須用敬」是屬於靜而存養的，而「進學則在致知」則是偏向動而省察的，而且根據瞭解，蕺山對程子的這句「涵養須用敬，近學則在致知」並沒有多大非議。然而他卻對程朱一派「靜存」、「動察」這一套相互配搭的雙行工夫，抱持著懷疑甚至否定的態度，以至於蕺山還如此認為：無論靜存做得得法不得法，在任何狀況下，就只有靜存工夫可言，而不是在靜存之外，另有其他的動察可為力。如此說來，動察工夫之於蕺山，幾乎是完全沒有必要的，甚至是可以廢除的。所以，「靜存之外無動察」便成為蕺山思想的一大重點特色。〔註92〕在靜存和動察相互對立的情況之下，蕺山似乎是從根本上完全否決了動察的重要性和存在必要，但事實上是否真的如此，則有待商榷與進一步的考察了。

　　如蕺山曾在其他地方說過：「省察二字，正存養中喫緊工夫。」〔註93〕、「省察是存養之精明處。」〔註94〕甚至他還說：「君子之於學也，必大有以作之，則八卦之義盡是矣，然約之不過存養、省察二者而已。」並且這二者理

〔註92〕黃梨洲為其師所作的《行狀》即稱蕺山思想能發先儒之所未發者有四：一為「靜存之外無動察」；二為「意為心之所存，非所發」；三為「已發未發，以表裏對待言，不以前後際言」；四為「太極為萬物之總名」。由此可見，靜存與動察關係的重新調整，不僅是蕺山的思想特色，更是他有別於先儒的苦心孤詣之所在。文詳見《劉宗周全集》第六冊，附錄一，《子劉子行狀》，頁39～42。

〔註93〕《劉宗周全集》第二冊，語類十二，《學言中》，頁430。

〔註94〕《劉宗周全集》第二冊，語類十四，《會錄》，頁517。

當「一時並致，交養互省，有勿忘、勿助之妙，更何先後功夫之可分乎？」〔註95〕這樣看來，省察確乎和存養間的關係密切，非但不能一刀兩斷，更要交養並進，然而這卻又與上面的推論不合，且要如何才能說得通？關於此，勞思光先生有一段解說頗能得其肯綮：

> 首先須注意者是：蕺山並非欲廢一切省察工夫，而是說「動而省察之說可廢」；蓋所謂「動而省察」實即指「動後之省察」，換言之，即在活動（包括意念行為）出現後，方照之以吾心之「靈明」或「良知」。而蕺山則於此指出一重要問題，此即：若靈明或良知皆只能在吾心之活動後方有功用，則活動由未有至有時，豈非一片渾沌乎？倘是心在渾沌中活動，則如何能說「存養」？故問:「存又存個何物？養又養個何物？」其次，倘有所存養，則所存所養者即當是此心之靈明。由此，當存得靈明時，則即能省察；而靈明愈得「存養」而愈能朗照，亦即愈能有「省察」之功能，故說「省察只是存養中最得力處」。倘「存養」工夫不能使吾心之靈明朗照，則「存養」即全不「得力」。總之，所謂「存養」正是存此養此能朗照之靈明，故不能在「存養」外另求一事後之「省察」也。
>
> 依此，則「存養」與「省察」通而為一，皆可以「慎獨」或「誠意」說之。以「慎獨」說之，則重在以「獨」為「獨體」，而「獨體」即此靈明之心，所謂「慎」即就不失此靈明之工夫講，遂亦即可攝所謂「存養」之義，而能「慎獨」亦即能保此靈明而不失，自能時時朗照，不待事後省察矣。以「誠意」說之，則重在以超越主宰性言「意」，而即以此主宰性之純粹不雜說「誠」。於是此表超越主宰性之「意」即吾心之靈明，而「誠」其「意」即是恒保靈明之工夫。亦可統攝「存養」與「省察」矣。………蕺山之「慎獨」既統攝「存養」及「省察」二種工夫，則在蕺山眼中，「慎獨」一觀念即可籠罩全部工夫理論。〔註96〕

根據勞氏的瞭解，蕺山將「存養」和「省察」二者統合為一，完全是在其「合一觀」的思想基調前提下所提出的，基本上它們是不分彼此的。表面上雖是

〔註95〕《劉宗周全集》第二冊，語類十二，《學言中》，頁406～407。
〔註96〕勞思光：《新編中國哲學史》三卷下，第六章〈明末清初之哲學思想〉上，頁578～579。

整體過程的一前一後兩個階段，實際運作時卻是以存養爲切入點與眞正著力所在，只要靜時存養得力，能眞正把握住靈明的良知，動時省察則必能順勢而爲，事半而功倍。如此說來，靜存便是那打通任督二脈的最重要關鍵，並且也一併明顯揭示出蕺山所一貫採行的心學立場。甚至，在「愼獨」或「誠意」的大纛之下，存養與省察已是不分事前或事後的工夫統一體，通而爲一，都只是一個工夫，或一個工夫的兩個不同側重面向而已，因此必然要「一時並致，交養互省」的了，絕對不容有所偏廢。至於蕺山的具體作法，則是先將工夫收歸於靜存一面，然後一併將動察也收編入靜存之中，最後再由愼獨來統轄這所有的一切，若按照東方朔先生的說法，這就是所謂的「攝省察歸存養」〔註97〕了。

　　就身爲「理學殿軍」的蕺山而言，爲了傳承周濂溪的「主靜立極」觀，他的愼獨工夫雖然首重「靜存」，卻不因此而忽略了「動察」這一面，否則就跟聶雙江的「歸寂」之說沒什麼不同了。爲了讓自己的理論模式與「歸寂」甚或禪家的「靜坐澄心」有所區隔，蕺山不只不廢省察工夫，更進一步認爲省察是存養過程中最重要的一個環節，所以在「動而省察之說可廢」的說法後，緊接著又補充道：

> 今非敢謂學問眞可廢省察，正爲省察只是存養中最得力處，不省不察，安得所爲嘗惺惺者？存又存箇甚？養又養箇甚？今專以存養屬之靜一邊，安得不流而爲禪？又以省察屬之動一邊，安得不流而爲僞？不特此也，又於二者之間，方動未動之際，求其所爲幾者而謹之，安得不流而爲雜？二之已不是，況又分爲三乎？率天下之人而禍仁義者，必此其歸也。〔註98〕

所謂「不省不察，安得所爲嘗惺惺者？」若毫不考慮現實層面的省察，道德生活的完整性是很難不出現裂縫的。專以靜存易流爲「禪」；專以動察易流爲「僞」；如果又不能謹於方動未動的幾時，則容易流而爲「雜」。爲了避免橫生枝節及以上的種種可能弊端，蕺山主張將「存養」和「省察」併爲一爐而共治之，甚至特別強調省察一方面來滿足他視域中的現實感，另一方面也可以堵住被視爲異端的悠悠眾口。因爲他認爲只重存養而不省察，這種存養是

〔註97〕具體論述可詳見東方朔：《劉宗周評傳》第九章〈「獨即在靜存」──宗周的工夫法要〉，頁332～349。

〔註98〕《劉宗周全集》第三冊，文編三，〈答葉潤山四〉，頁374～375。

不足夠、不完整的，也不能眞正達到道德實踐的終極目的。蕺山反對如傳統儒者般將「靜存」、「動察」區分爲動、靜兩個不同時階的工夫歷程，而是主張它們根本上只是一個工夫橫跨於「動」與「靜」之時。

　　基本上來說，「靜存」是存養我們的道德主體，「動察」則是省察我們日常生活中每一個應事接物時的意念，它們是順勢而爲的一個整體工夫，或者可以說是同一個工夫的兩個面向，因爲在蕺山的思想架構中，省察早已被吸納或涵攝於存養之中了。這樣的統合工夫若用一個新名詞去命名它，即是「主靜」或是「愼獨」工夫，而這個靜，並非一般動靜相互對待意義下的靜，而是超越動靜並且涵蓋動靜的絕對之「靜」。誠如黃敏浩先生所言：「當我們以靜字來形容吾人生命的非活動的狀態時，靜便是一般所謂靜止、靜而非動之意。但宗周的主靜、靜存的靜，卻具有超越的含義。具體地說，他意謂一種超越的、深刻的寧靜，此寧靜滲透於吾人生命的一切活動與非活動之中。」〔註99〕「靜」既能滲透於我們一切的活動與非活動之中，透過「主靜」工夫，便能統合「存養」與「省察」這兩端，使得獨體能在本心上豁顯，開展出道德價值，以建立起所謂的「人極」──人道之極。而就蕺山來說，這也是「合一觀」在其思想體系中的另一重展現，在某種程度上，進一步鞏固了他「理學殿軍」的集大成地位。

〔註99〕黃敏浩：《劉宗周及其愼獨哲學》，第二章〈愼獨哲學的內容〉，頁44。

第四章　內聖之學的鞏固──誠意說

　　根據《年譜》的說法，蕺山四十八歲時正式提出其「慎獨」理論，到了五十九歲，又提出了「誠意」之說，所以基本上，蕺山的誠意說是接續著慎獨論來講的。而一直到蕺山六十八歲時殉國而死，「誠意說」是他晚期思想的一個里程碑，代表了他的思想正式進入一個成熟與成型的最後階段。之所以會這樣說，也不是因爲他的思想體系到此才豁然完成，事實上，他一以貫之的基本架構前此已具。只是爲了要力挽當時陽明後學的學術頹風，遂將其慣有架構灌注於「誠意」這塊領域上，以便讓它產生出更新的詮釋意義，更充實更豐富的思想內涵，終致完成了蕺山晚期思想的主導性指標。甚至如果我們進一步分析，會發現蕺山的誠意說與他較早所提出的慎獨論或其他思想都沒有任何格格不入之處，反倒是「誠意」更加強了其思想深度和理論系統的全面性。就這一點來說，蕺山的「誠意說」毋寧是其思想邁向最終成熟的一種表現，更是其內聖之學的進一層「鞏固」。

　　然而蕺山之所以會特別強調並重新釐清「誠意」，除了在哲思上的進階式成長外，當時學風的刺激絕對是一大促成要素。蕺山生當王學大倡的明朝中晚期時代，想當年，陽明學說乘程朱「支離」之弊而興，但到了後學身上，竟也走上了「良知」過度氾濫，凡事任心而行，不講工夫修爲的偏鋒。蕺山正是在此一時代背景之下，於心學立場的體制內重新檢視陽明學說，企圖從根本上扭轉改造，於是提出其一番有別於前人的新「誠意」理論。誠如牟宗三先生所言：「劉蕺山之學乃乘王學之流弊而起者。」〔註 1〕這是從思想史上

〔註 1〕　牟宗三：《從陸象山到劉蕺山》，第六章〈劉蕺山的慎獨之學〉，頁 451。

的意義來探討蕺山學的思想特徵及其產生緣由的。筆者在前面的第二章，曾經花費了大量的篇幅去論述王學末流的弊端所在，在此無庸贅述，比較令我們好奇的是，到底是怎樣的一個機緣，讓蕺山的招牌理論會由較早的「慎獨」轉向晚期的「誠意」，背後的內在、外在促成因素究竟何在？

一、思想產生的背景

就外延因素來說，蕺山對當代學風走上偏歧的現象的確相當不滿甚至是焦慮不已的，我們試看下面的這一段文字：

> 陽明傳信錄三卷，蕺山子劉子手定，吾師梨洲先生學案百卷，此其一也。有明之學，白沙開其端，至陽明而闡性道之蘊，今日學脈嗣續而不絕者，伊誰之力歟？陽明其人也。於歿後，其門下持論不無過高，即教法四句已不能歸一，故其後流弊以情識爲良知，以想像爲本體，由擇焉而不精也。子劉子悉加辯正，名之曰傳信，所謂澄源端本，學者庶乎無他歧之惑矣。故先爲校刻以告天下。〔註2〕

這是蕺山的著作《陽明傳信錄》後頭的一篇跋文，由黃宗羲的高弟陳奕昌所撰作。內容透露出一個相當重要的訊息，即是蕺山爲何要編纂《陽明傳信錄》，其目的無非是要導正王門後學的種種偏差。正因爲他們「持論過高」、「擇焉而不精」，所以才會造成「以情識爲良知，以想像爲本體」的兩大缺失，而這正吻合了蕺山經常掛在嘴邊的兩個陽明後學流弊，那就是所謂的「情識而肆」與「玄虛而蕩」。

（一）亟欲導正當代學風

先就「以情識爲良知」的猖狂者而言，良知與情識其實不能混爲一談，良知純然至善，屬於形上層次；情識則有善有惡，是形而下的，二者對外人來說，都是無從辨識的，只有道德主體才能深明其間的差異。甚至就算是自己，如果沒有謹慎嚴密的修爲工夫作底子，本身也無法詳細明辨，即使自認內在意念與外在行爲都已然合乎道德軌範了，仍無法逃脫個人主觀意志的實際延伸，毫無客觀標準可檢驗。這種流弊，蕺山認爲是氣質狂放者最容易犯上的毛病。再來就是「以想像爲本體」的超潔者，本體與工夫原本就不可偏廢，然而這些人卻排除一切世累，一味追求本體的客觀性，希望藉由玄思冥

〔註2〕 《劉宗周全集》第五冊，《陽明傳信錄》三，頁92。

想來直接體悟道的超越性。殊不知日常生活的具體實踐才是入道的真正法門，否則，得到的只不過是禪定過程中所產生的靈光一現、恍惚想像而已，根本不足爲憑。人與真正的良知，早已在蕩越放佚、師心自用地追求假設性本體中漸行漸遠了，跟前者相比，蕺山倒是認爲氣質超潔者較容易有此病。而這兩個陽明後學所產生的流弊，正是肇因於「良知」相對缺乏客觀性所致。

關於此，張學智先生有一段說解與歸納相當具有代表性：

> 若說陽明學說有罅漏，則完全由於良知的渾融性：它容納了所有宋明理學的重要範疇。另外由於王陽明隨機施教，因病立方，同一意思常有不同的說法。後學執而不化，轉生歧解；或借其一隅，張大己說。劉宗周認爲，陽明學說最重要的流弊是二點：一是認爲心中所發皆良知本體而實際上情識已摻入其中，二是以良知本體爲無，其中無有道德理性。〔註3〕

正因爲陽明良知學的渾融一體，相對不客觀，再加上龐大後學集團的資質不一，各執己見，所產生的種種歧解，遂爲後來各有所偏的流弊預留了發展空間。若專就本體與工夫的互動角度而言，「參之以情識」是本體不純粹，工夫不落實；「蕩之以玄虛」則是本體走偏鋒，工夫無根基。如果我們進一步再用現代的術語來解釋，「情識而肆」是功利主義的一種表現；「玄虛而蕩」則又是另一種虛無主義者，而之所以造成如此錯置的根本原因，照蕺山的說法是「用知者之過也」，也就是沒能真在道德本體上，樹立起紮實的修養工夫。這當中還有一個更重要的關鍵，就是蕺山對王學的批判，有很多是集中在對「意」及「四句教」的不滿上，甚至於其後學，「意」也是許多攻擊火力的聚焦所在。現在問題已經呼之欲出了，似乎一旦解決王門「把意字看壞」的這一糾結，當代學風才有起死回生的挽回餘地，而這也正是蕺山「因病立方」，思以對治陽明後學流弊的釜底抽薪之計。

或是「情識而肆」或是「玄虛而蕩」，蕺山認爲都是因爲無法做到「誠意」所造成的缺失。所以蕺山接下來又說：

> 夫陽明之「良知」，本以救晚近之支離，姑借大學以明之，未必盡大學之旨也。而後人專以言大學，使大學之旨晦；又借以通佛氏之玄覺，使陽明之旨復晦。又何怪其說愈詳而言愈厖，卒無以救詞章訓

〔註3〕 張學智：《明代哲學史》，第二十七章〈劉宗周的誠意愼獨之學〉，頁449。（北京：北京大學出版社，2000）

詁之錮習，而反之正乎？司世教者又起而言誠意之學，直以大學還大學耳。爭之者曰：「意，稗種也。」予曰：「嘉穀。」又曰：「意，枝族也。」予曰：「根荄。」是故知本所以知至也，知至所以知止也，知止之謂致良知，則陽明之本旨也。今之賊道者，非不知之患，而不致之患，不失之情識，則失之玄虛，皆坐不誠之病，而求之於意根者疏也。故學以誠意爲極則，而不慮之良於此起照，後覺之任，其在斯乎？孟子曰：「我亦欲正人心，息邪說，距詖行，放淫辭，以承三聖。」又曰：「能言距楊、墨者，聖人之徒也。」予蓋有志焉，而未之逮也。〔註4〕

從陽明以來學術發展的流變入手，明顯表示了其基本上仍以「良知」爲依歸的心學立場。在這的「司教者」當然是指蕺山自己，他所強調的誠意之學，目的無非是「以大學還大學」，還原大學的眞相，釐清學術問題的糾葛，使之返歸於正道而已。而蕺山所斷斷而爭的，癥結點主要在於意根上，當他人認爲意是「稗種」、「枝族」的非正面異物時，他卻反而認爲意是「嘉穀」、「根荄」，是道德的原始要終之所在。正因爲蕺山與時人甚至前輩學者對「意」的認知差異極大，所以他才會說：「今之賊道者，非不知之患，而不致之患，不失之情識，則失之玄虛，皆坐不誠之病，而求之於意根者疏也。」無論是「失之情識」或是「失之玄虛」，歸根究柢，都是因爲不能做到誠意之故，因此學問才要以「誠意」爲極則。可以看出的是，「意」在這當中扮演了關鍵性的角色，甚而蕺山要用「意根」來稱呼它，因爲它既重要又根本。

而這兩個王門後學流弊，蕺山直接將之比爲戰國時賊害天下的楊（楊朱）、墨（墨翟），並且慨然以孟子自任，明顯透露出極其強烈的「捨我其誰」道德使命感。在另一段文字，蕺山又再度強調這種普遍性的時代危機，可以兩相參照：

學者終身造詣，只了得念起念滅工夫，便謂是儒門極則。此箇工夫以前，則委之佛氏而不敢言；此箇工夫以外，則歸之霸圖而不屑言。遂使儒門淡薄，爲二家所笑，而吾儒亦遂不能舍二家以立腳。以故往往陽闢佛而陰逃禪，名聖眞而雜霸術，虛無、功利之說縱橫以亂天下，聖學之不傳。悲夫！〔註5〕

〔註4〕 《劉宗周全集》第二冊，〈證學雜解‧解二十五〉，頁278。
〔註5〕 《劉宗周全集》第二冊，《人譜雜記》一，頁31。

蕺山直指當代學風之病根所在，就是只在念起念滅間下工夫，不在具體事上磨練，不強調日用倫常，自然非儒門極則，甚至將徒勞而無功。尤有甚者，是表面上「委之佛氏而不敢言」的，卻往往「陽闢佛而陰逃禪」，似乎說的就是那「蕩之以玄虛」的超潔者，是虛無主義的一種表現；另外就是那種故意表現得「歸之霸圖而不屑言」的一支，骨子裏卻是「名聖眞而雜霸術」，又是另一種的功利思想。如此一來，「虛無、功利之說縱橫以亂天下」，難怪會聖學不傳，也難怪蕺山會如此憂心、感嘆，而思有以易之了。

（二）有關「意」的流變

以上是從學風批判的角度去探討「誠意說」的產生背景，是屬於橫的思想史思考面向；再來，我們也可以從哲學內涵的角度切入，試著檢視「意」在理學發展過程大致上的詮義演變，則又進入到縱的哲學史式關注焦點，尤其集中在大家朱子和陽明的看法上。在蕺山之前，一般宋明理學界的心性論中，「意」一直被視爲人心理意識活動的現實意念，是心之所發的有善有惡者。如朱子在解「誠意」時即言：「心者，身之所主也。誠，實也。意者，心之所發也。實其心之所發，欲其一於善而無自欺也。」〔註6〕而在陽明的觀點中，「意」亦被排除在超越層之外，是人經驗界的心理活動表現：「身之主宰便是心；心之所發便是意；意之本體便是知；意之所在便是物。」〔註7〕可見無論是朱子或陽明，「意」都是屬於與未發相對的已發，與超越相對的經驗層，是有善惡之別的，所以也是沒有定向的。

特別是陽明，「意」被視爲沒有絲毫的道德判斷力，唯有借重其本體「知」（良知）的監督和駕馭，才能決定此後爲善去惡的方向。身爲心學的傳人，蕺山對於「意」的看法和定位則與此不同，在他的心性論中，「意」不是經驗層的心之作用，反而是心的本體。他如此主張：如果等到意念成熟有善有惡之後，才去進行省察克治的具體工夫，那已是追悔不及的馬後炮了，並且也與「性善」的傳統信念有違。如果我們再回去印證當時的陽明後學，無論是「情識而肆」或是「玄虛而蕩」，無不是在以心爲良知所衍生的問題上，心過度膨脹，造成了無所不包，沒有界限，工夫的客觀性因此被抵銷殆盡，流弊也因此而生了。所以，「理學殿軍」的蕺山，一方面仍舊維持心學門面，並沒

〔註6〕　朱熹：《四書集注》，〈大學章句〉。
〔註7〕　《王陽明全集》卷一，〈傳習錄上〉，頁6。

有直接滑向以純客觀面的「氣」為首出的革命派〔註8〕那邊去；一方面卻又嘗試著改弦易轍，提出「意」來作為「心」的體制內改革張本。這裏有一個優勢，因為在《大學》實際的文本上，按「八條目」的排列順序，「誠意」原本就是先於「正心」的。

因此，為了排除種種「任心而行」所產生的流弊，蕺山決定正本清源，不再以「心」為首出，並從加強道德意志的堅固營壘入手，將工夫向主體心性的內部再深入一層，改以「意」為心的本體根源之所在。如此一來，「意」不但不是「心之所發」的被治對象，反而被提升到本體的超越地位，這觀點和前賢比較起來，無論程朱還是陸王，都是發前人所未發的。當然，這都只是檯面上的說法，我們若不考慮主流思想，進一步再細究哲學史的發展，會發現蕺山之前也有人與他持相近似的看法，如崇仁的胡居仁（敬齋）、江右的王時槐（號塘南，1522～1605）和泰州的王棟（號一庵，1502～1581）等人，可見就改革性這一點來說，蕺山是「吾道不孤」的。如胡敬齋從朱子的主敬觀出發，提出對意的另類質疑：「意者，心有專主之謂，〈大學解〉以為心之所發，恐未然。蓋心之所發，情也。惟朱子〈訓蒙詩〉言：『意乃情專所主時』為近。」〔註9〕雖然只是靈光一現式的表述，卻明顯與蕺山的把「意」視為心之存主說相當類似，即使這只是他所強調主敬工夫的一個邏輯發展而已。〔註10〕

到了江右的王塘南，明確看到了陽明後學的流弊，因此在理論上，他反對將「意」視為念起念滅的負面之物，而是一個生生不容已的創造真機，希望藉此來撥亂反正。他說：「斷續可以言念，不可以言意；生機可以言意，不可以言心；虛明可以言心，不可以言性；至於性，則不容言矣。」〔註11〕其中值得注意的，是塘南對意、念之別所附設的定義：意具有生機，念則是斷續遷流的，這跟後來蕺山的看法幾乎如出一轍。除此之外，他還進一步將「克

〔註8〕 這一派可以王廷相（1474～1544）為代表，他們發展了張載以來的「氣一元論」傳統，而對理學與心學皆有所批判，甚至嘗試由氣學走向實學發展，而與理學體制內的思考模式有別，筆者因此稱之為「革命派」。

〔註9〕 《明儒學案》卷二，《崇仁學案》二，〈居業錄〉，頁38。

〔註10〕 因為敬齋嘗言：「主敬是有意，以心言也；行其所無事，以理言也。心有所存主，故有意；循其理之當然，故無事。此有中未嘗有，無中未嘗無，心與理一也。」（居業錄）把「心有所存主」和「有意」劃上等號，然後再跟「無事」相對，這跟中庸「誠者」、「誠之者」間的理論層次是可以相比附的。但如此一來，「意」便附屬於「心」，在本體的意義上就相對減弱了不少。

〔註11〕 《明儒學案》卷二十，《江右學案》五，〈語錄〉，頁481。

念」、「收斂」、「愼獨」三者結合爲一，以明其爲學之道：「知者意之體，非意之外有知也；物者意之用，非意之外有物也。但舉意之一字，則寂感體用悉具矣。意非念慮起滅之謂也，是生幾之動而未形，有無之間也。獨即意之入微，非有二也。意本生生，惟造化之機不充則不能生，故學貴從收斂入，收斂即爲愼獨，此凝道之樞要也。」〔註12〕舉一「意」則兼賅知、物，體用、內外自然悉備，「意」在心性修養過程中所具有的關鍵地位居然可知。

　　王塘南明確地界定「意」和「念」的不同，意是生機之所出，所以是正面的；念則是起滅不定的意識之流，如果不是負面的起碼也非正面。在他看來，意是勃發的生機，不是既成之物，若就動靜相對言，是位在動而未形的動靜之間；再就有無來說，是有而未始有，無卻未始無，而界於有無之際，這跟「獨之微」的情境相同。一方面是生生造化之機的呈露，一方面又要克去雜念使意凸顯，則工夫自然是要向內極深處收束，在隱微之處凝歛，這無疑與傳統的愼獨功夫具有異曲同工之妙。以上這些，我們都可以理解並接受，比較有爭議的倒是下面一段文字：

　　　　意不可以動靜言也，動靜者念也，非意也。意者，生生之密機，有
　　　　性則常生而爲意，有意則漸著而爲念。未有性而不意者，性而不意，
　　　　則爲頑空矣；亦未有意而不念者，意而不念，則爲滯機矣。〔註13〕

首先講意是超越動靜，不可以動靜言的；念則是或動或靜，遷流不已，與意的形上固著截然不同。再進一步說，意既是生生之密機，其超越地位自不可以現實的動靜關係來界定，所以是在若有似無之間，這跟性是一脈相承的「生」之關係，或者乾脆說二者是等同的亦無不可。因爲性是普遍的整全，意則是性落實於時位中的具體而微，如此說來，意就是生生之機在性上的一種呈顯。所以塘南會說：「未有性而不意者，性而不意，則爲頑空矣。」問題是，當他又說「亦未有意而不念者，意而不念，則爲滯機」時，形上的意反而要被形下的念所牽制。因爲在他的思想系統，意、念不但有形上形下之異，更有正面負面之別，它不像「天道」和「形色」間只有單純的形著原則，而是有更高一層的道德範導作用在。一旦意流爲念，不僅是一種層次上的墮落，更失去了道德的主觀能動性，又怎能說它就是一種所謂的「滯機」呢？可見在這個問題上，王塘南只從生成論的角度出發，卻缺乏道德的警覺性，難怪唐君

〔註12〕《明儒學案》卷二十，《江右學案》五，〈論學書〉（與賀汝定），頁472。
〔註13〕《明儒學案》卷二十，《江右學案》五，〈論學書〉（答楊晉山），頁476。

毅先生要說他在意與念之間「亦斬截得不分明」〔註 14〕，如此一來，在這方面，便不得不有待於後來的王一庵了。

　　泰州的王棟（一庵）在意、念之辨的議題上，甚至在誠意、慎獨相等同的看法上，跟後來的蕺山都是都是相當貼近的。黃梨洲是用「若合符節」〔註15〕來形容其彼此間的相似度的，可見在「意」的這一點上，蕺山和一庵的觀點相近，絕對值得觀察。對於「意」，王一庵有一個論述前提是這樣說的：

> 舊謂意者心之所發，教人審幾於動念之初。竊疑念既動矣，誠之奚及？蓋自身之主宰而言，謂之心；自心之主宰而言，謂之意。心則虛靈而善應，意有定向而中涵，非謂心無主宰，賴意主之。自心虛靈之中，確然有主者，而名之曰意耳。大抵心之精神，無時不動，故其生機不息，妙應無方。然必有所以主宰乎其中，而寂然不動者。所謂意也，猶俗言主意之意。故意字從心從立，中間象形太極圈中一點，以主宰乎其間，不著四邊，不賴倚靠。人心所以能應萬物而不失者，只緣立得這主宰於心上，自能不慮而知。不然孰主張是？孰綱維是？聖狂之所以分，只爭這主宰誠不誠耳。〔註16〕

基本上，心「虛靈而善應」，是身之主宰；意則「定向而中涵」，是心之主宰。身、心、意三者間環環相扣，關係密切，也各有所主。值得注意的是，一庵在此清楚區分心和意，相對提高彼此的獨立性，而使意從心的從屬角色中跳脫出來，不但和傳統「心之所發」的故訓有別，更與蕺山以意為心之存主的看法幾乎如出一轍。一庵改革性觀點的問題意識是從「誠意」這個環節切入的，既然意要誠之，如果意是心之所發的已動面，那麼誠意工夫豈不要在念起念滅的循環打轉中不停追逐？這種直接把「意」等同於「念」而視為負面角色的說法，無疑是和蕺山一致所共同反對的。正因為傳統的無以為繼，所以一庵才會把心之所發改為心之所主，用「意」來貞定「心」，和蕺山一樣，他們都是從頹弊的學風中看到了心體靈明不測、難以掌握的特點，才如此改弦易轍的。

　　也正因為心的精神無時不動，所以才能「生機不息，妙應無方」，這的確有它主觀能動性的價值在。然而如果沒有貞定、掌控的主宰，便很容易有如

〔註14〕　詳見唐君毅：《中國哲學原論》原教篇，頁 488。
〔註15〕　《明儒學案》卷三十二，《泰州學案》一，〈教諭王一菴先生棟〉，頁 732。
〔註16〕　《明儒學案》卷三十二，《泰州學案》一，〈王一菴先生語錄〉，頁 733～734。

脫韁野馬般，後果是很難設想的。這生機盎然的心體，必須有賴於性體的客觀性來維持正常運作，如此一來，日常的修養工夫便扮演了不可或缺的重要角色。而爲了更專一於工夫，以定住這明覺妙應的不測心體，一庵又從工夫和心體間提煉出一個「意」字來作爲中介，憑藉著它寂然不動的特性來主宰乎其中。甚至，一庵還意有所指地使用「拆字」的方法來附和「意」的存在價值。所謂「意字從心從立，中間象形太極圈中一點，以主宰乎其間，不著四邊，不賴倚靠」，當然，這種說法不見得真能符合造字法則，只是相對地提高了意的能見度和其在修養工夫中的重要性，甚而還認爲意就是聖、狂之間的分水嶺。亦唯有主體在心上立個「意」作主宰，才能在心的虛靈莫測、隨感隨應之中不隨之起舞，而且意向有所定，工夫有所出，其他的念念遷流便不足以擾之了。

　　也許我們可以做這樣的推測：即一庵對「意」的著重與改造跟後來的蕺山一樣，完全是針對王學末流而發，這是從思想史角度來看的。如果再從哲學史的觀念演變角度來看，從象山的「重本心」，到陽明的「致良知」，再到一庵的「意爲心主」，這是心學路數一脈相承的合理深化。再接續以蕺山完整的「誠意之教」，無疑是心性之學在一程一程進展後最終的開花結果。而蕺山的「理學殿軍」角色，正是在這思想史與哲學史的雙重推衍和影響之下，終致合邏輯地水到而渠成。當然，我們之所以這麼說，絕對是因爲一庵和蕺山之間，在這個議題上，有著相當大的思想相似度在。除了「意爲心主」外，一庵也同樣強調「愼獨」，甚而將「獨」與「意」化通爲一。他的學生李梴這麼記載道：「梴曰：『用力之方，指示下愚，當何所先乎？』師曰：『誠意工夫，全在愼獨，獨即意也。單單吾心一點生機，而無一毫見聞、情識、利害所混，故曰獨。即中庸之所謂不睹不聞也。愼即戒愼恐懼。』」〔註17〕將「誠意」等同於「愼獨」，又將「意」和「獨」這兩個主體性的東西同義互訓，都同樣具有不爲外界的見聞、情識、利害所影響撼動的超越獨立性。尤其是他所謂的「意」具有一點生機，是純就道德上的正面積極性而言的。另外他在〈語錄〉上也說：「誠意工夫在愼獨，獨即意之別名，愼即誠之用力者耳。意是心之主宰，以其寂然不動之處，單單有個不慮而知之靈體，自做主張，自裁生化，

────────────────

〔註17〕　《明儒學案》卷三十二，《泰州學案》一，〈教諭王一菴先生棟〉，〈誠意問答〉，頁743。

故舉而名之曰獨。」〔註 18〕意等於獨，誠就是愼，二者無論在本體或是工夫上都具有等值的關係，如此看來，把「誠意」和「愼獨」視為異名而同實的，不僅是蕺山，連之前的王一庵也是英雄所見略同。

從胡敬齋到王塘南再到王一庵，對「意」的思考向度越來越縝密，和蕺山在這個議題上的相似度也就越來越高。甚至在一庵那裏，無獨有偶地，他也另外認定「念」為與意相對反的負面角色，基本上，意是生機是靈體，是心之存主的超越層；念才是心之所發的經驗層，起滅不定，隨處流竄。為了對治它，一庵認為「謹念」的作法是有絕對必要的，所謂：「謹念是戒其莫動妄念，非其動後察善惡也。亦是立定主意，再不妄動之義。且予所謂意，猶主意，非是泛然各立一意，便可言誠。」〔註 19〕注意到先在心上立個主宰「意」，才能使妄「念」不致發生，而不是到了「動」後始回過頭去察其善惡，在「靜」時就應該先做處理，這已然為後來蕺山的意、念之辨，先預設了初步的理論鋪墊。所以我們可以看到，在朱子、陽明的傳統觀點之後，對「意」的另類看法絕對不只於蕺山，甚至有「前修未密，後出轉精」的思想上一脈相承傳續痕跡。但這似乎只是一種推測，因為毫無證據顯示他們之間的傳承關係，起碼蕺山在世時即未曾見過前述諸人的觀點，充其量只是一種巧合，一種「不謀而合」的巧合罷了。

然而彼此間思想上的「若合符節」，箇中原因，又豈只是一個「不謀而合」可以道盡的。誠如一庵自己所言：「不以意為心之所發，雖自家體驗見得如此，然頗自信心同理同，可以質諸千古而不惑。」〔註 20〕事實證明也的確如此，無可置疑的，這當中必然會有一些「至理所在」的深層因素在。也就是說，心學的發展若要走得更深入、更精密，就不能只還一味停留在「性善」的樂觀自我催眠而已，對於人深度心理層面的探索，尤其是那些足以造成後天負面影響的因素，絕對是該攤在陽光下好好檢視一番的時候了。而蕺山正是不期然踏著前人的軌跡向前推展，不論他自覺不自覺，他無疑已承受了前賢如此豐厚的文化遺產，至少時代的氛圍讓他嗅出了新空氣，使他在意、念之辨或誠意之學的開拓上，都得到了相當程度的啟發。所以如果從這個方向去思

〔註 18〕 《明儒學案》卷三十二，《泰州學案》一，〈教諭王一菴先生棟〉，〈語錄〉，頁734。

〔註 19〕 《明儒學案》卷三十二，《泰州學案》一，〈教諭王一菴先生棟〉，〈語錄〉，頁735。

〔註 20〕 《明儒學案》卷三十二，《泰州學案》一，〈教諭王一菴先生棟〉，頁 732。

索，蕺山到底有沒有看到一庵等人的相關論述，在此，似乎就沒有那麼重要了。

　　然而我們不可忽略的一個重點是：若專就學術流變的客觀邏輯來看，從塘南到一庵再到蕺山，一層深似一層的細密發展，即便沒有明顯的思想傳承，也能看出時代學風的轉向，那純然是針對王學流弊而發的。可以這麼說，這一脈相承的發展趨向，是後陽明時代理論的一種更端別起，所追求的，不外是藉由顯發性天來貞定心體，透過具體踐履工夫來重塑人的精神品格，並進一步防堵末流弊端的漸次擴散。而身為「理學殿軍」的蕺山，便搭上了這條新理路的順風車，甚至一舉將它發展到極致，不但大發「誠意」即「慎獨」之旨，更讓二者幾乎成了蕺山思想的代名詞。尤其可貴的是，蕺山不僅祭出了細密的誠意工夫，還提出了整套的完整理論以供檢測，其中更引人注目的是，他甚而又將心體的已發、未發，內外、動靜等都融為一體，所展現的「合一觀」思想特色，正為其「理學殿軍」的總其成角色做了一個相當有力的佐證。而這也是蕺山對「誠意說」所做出的特殊貢獻，無論在理論或是實務上都是如此。

（三）從「慎獨」到「誠意」

　　除了上述有關外延的思想背景，蕺山一直以來對「慎獨」之學情有獨鍾，推崇備至，但為何會在十數年之後，同樣的訴求內容，竟要改以「誠意」代替之，這種突如其來的改變，是他單純要靜極思動嗎？還是他真的看出「慎獨」的說法容易產生出什麼樣的流弊？從對《年譜》的考察，我們似乎可以找到蛛絲馬跡，其中最重要的，是他對「慎獨」工夫落實下來的「靜坐」之「靜」的態度，前後稍微有所不同。從肯定「靜存」到反對「專求之於靜」，是他看到當「獨」等同於「靜」時容易走向偏鋒，為了改變這種傾向，才決定改採像「誠意」這類較無色彩的理論名詞來作替換，這一點很少人注意到，〔註21〕卻是解釋這個議題相當具有說服性的關鍵答案。

　　《年譜》上記載著：崇禎五年（1632），歲次壬申，這一年蕺山五十五歲。除了「夏五月，重建古小學，迎尹和靖先生神位入祠，行釋奠禮。」並在「冬十月，著〈第一義等說〉九篇」，這九篇包含了「一曰第一義，二曰求放心，

〔註21〕據了解，用這種方式來解讀的，目前只有胡元玲先生。只是胡先生用以區隔前後「慎獨」之學的不同，至於筆者，則是用來探討何以「誠意」之學最終能替代「慎獨」的最主要內在因素。胡氏說法可詳參氏著：《劉宗周慎獨之學闡微》，第二章〈慎獨之學的形成與發展〉，尤其是頁35～45。

三曰靜坐，四曰讀書，五曰應事，六曰處人，七曰向外馳求，八曰氣質，九曰習靜坐」，九篇之中就有兩篇與「靜坐」的議題有關，可見在這個階段，蕺山對「靜坐」這個修鍊議題仍是奉行不失的。值得注意的是劉汋在接下來的一段案語：「是時先生（按：指蕺山）用愼獨工夫。獨體只是個微字，愼獨之功，只於微處下一著子，故專從靜中討消息。久之，始悟獨說不得個靜字。」〔註22〕似乎劉汋已看出端倪來，因為一味「專從靜中討消息」可能會導致偏差，所以才會「始悟獨說不得個靜字」。重點是，這個「久之」，到底是多久之後呢？

這問題一直到崇禎九年（1636），歲次丙子，蕺山五十九歲時才得到直接的解答。這一年蕺山正式提出「誠意」之說來替代「愼獨」，所謂「自此，專舉立誠之旨，即愼獨姑置第二義矣。」〔註23〕這個突如其來的轉變看似有點突兀，但我們不僅可以從前引劉汋的案語尋找到轉變線索，更可以在蕺山較後的論述中發現相關證明。如次年（1637），蕺山六十歲時，曾有答問學諸生金鉉的書信，信中說道：「學當求之於靜，其說終謬。道無分於動靜，心無分於動靜，則學亦無分於動靜。」〔註24〕明顯提出反對「靜」的新主張，因為動靜不可分，無論是「道」、「心」或是「學」皆如此，所以他對「學當求之於靜」的說法深表不以為然。至於何以如此？兩年後的一段對談透露了玄機。崇禎十二年（1639），歲次乙卯，這一年蕺山六十二歲，有一位武進大理丞名叫張二無（瑋）「以書自通」，九月時渡江拜謁蕺山，當蕺山問起所學，二無答以用功於「靜」，這時蕺山便藉此對他進行了一番機會教育：「心無分於動靜，故學亦無分於動靜。若專求之於靜，便有喜靜惡動之病，凡九容、九思、應事、接物，未免多疏略處，非古人體用一源之學也。」〔註25〕這是這個時期，蕺山對「專求於靜」態度極端表示反對的一種夫子自道。因為它極容易讓人產生「喜靜惡動」的弊端，相對會在應事、接物的日用倫常上有所疏略，所以要用「無分動靜」，也就是古人所謂的「體用一源」之學來拯救之。

〔註22〕《劉宗周全集》第六冊，附錄二，《蕺山劉子年譜》上卷，「崇禎五年壬申，先生五十五歲」條，頁104。
〔註23〕《劉宗周全集》第六冊，附錄二，《蕺山劉子年譜》上卷，「崇禎九年丙子，先生五十九歲」條，頁118。
〔註24〕《劉宗周全集》第六冊，附錄二，《蕺山劉子年譜》上卷，「崇禎十年丙子，先生六十歲」條，頁120。
〔註25〕《劉宗周全集》第六冊，附錄二，《蕺山劉子年譜》下卷，「崇禎十二年己卯，先生六十二歲」條，頁126。

正因為「慎獨」的工夫以「主靜」為本,「主靜」落實成為「靜坐」的修鍊型態,但當蕺山發現一味強調「靜坐」,就極容易走入「喜靜惡動」的死胡同,對於外在事物不再聞問。為了導正偏鋒,蕺山便在五十九歲時特別標出較不容易讓人產生錯覺的「誠意」之學,以示「慎獨」的進一步發展,是貫通未發與已發,也是「不可以動靜言的」,而這無疑是從「慎獨」發展到「誠意」的最主要內在因素之所在。但更需要注意的是:雖然換湯卻不換藥,「誠意」並非異峰突起,而是「慎獨」的加強鞏固和全面成熟的進階表現,更不至於像劉汋所言的,將「慎獨姑置第二義」,如此有高下之分的差別心。因為甚至到蕺山六十五歲,在他寫信給葉潤山論「誠意」之學時仍這麼說道:「但事心之功,動也是常惺惺,此時不增一些子,增一些子則物於動矣;靜也是常惺惺,此時不減一些子,減一些子則物於靜矣。此心極之妙所以無方無體,而慎獨之功必於斯為至也。」〔註26〕談「誠意」時仍念念不忘「慎獨」,可見在這一階段,「慎獨」不僅不是「第二義」,它還完全等同於「誠意」,是一種不分動靜,全然涵蓋未發、已發的極致工夫展現。

二、「意」本體性的建立

蕺山對「意」的解說,並不能單獨就「意」的字面來看,而是要放在《大學》八條目之一「誠意」的系統,才能顯現出「意」不同於往常被解為「心之所發」的獨特之處。根據《年譜》記載,蕺山是在崇禎九年丙子(1636)五十九歲那年,才「始以《大學》誠意、《中庸》已未發之說示學者」〔註27〕,並將這兩者的觀念互通為一。朱子以來認為意是心之所發的傳統解法,蕺山不以為然,因為如此一來,「誠意」工夫便沒有施展的空間,於是改以「心之所存」訓「意」,又另立「念」與之對反。一是超越層的主宰「意」,屬於未發之朕;一是經驗層的被治對象「念」,屬已發之所動。這樣,化妄念,斷妄根,踐履工夫就有了實際的著立點,陽明以來,過度「任心而行」和一味「迷信良知」所造成的流弊,便可以尋找到一個新的解決出路。

蕺山的具體作法是將「意」從「心之所發」提升為「心之存主」,作為心的主宰或主體,能知善知惡,又能好善惡惡,幾乎取代了良知在陽明學中的

〔註26〕《劉宗周全集》第六冊,附錄二,《蕺山劉子年譜》下卷,「崇禎十五年壬午,先生六十五歲」條,頁134。

〔註27〕《劉宗周全集》第六冊,附錄二,《蕺山劉子年譜》上卷,「崇禎九年丙子,先生五十九歲」條,頁117。

關鍵地位，這樣在某種程度上，便能相對解決王門後學的良知氾濫毛病。但在另一方面，這種意體的提升，又直接衝擊著長久以來陽明四句教中「有善有惡意之動」的既成價值觀。「意」從已發的有善有惡被改置爲未發的好善惡惡，以往的「動念爲意」觀於是馬上被推翻，因爲若要連繫《大學》來看，所誠之意如果是已發，便不能保證必善，其工夫勢必要在念起念滅的念念遷流中往返追逐，甚至徒勞無功。爲了根本解決陽明學與《大學》間對「意」設定的理論扞格，蕺山嘗試用意、念分流的方式來做出回應，一方面將「意」提升爲本體以應《大學》之說，再方面又把「念」從意中抽出，彼此區隔，以定位爲以往所謂「意念」的非正面角色，如此便又完成了一套倫理二元性的價值系統。

（一）嚴分意、念

意、念之辨一方面爲了回應傳統思維，一方面可以另闢蹊徑，建立新的理論系統，是蕺山思想中相當具有特色的一個部分。如前所述，這一議題雖非蕺山發前人所未發，甚至可附屬於誠意與良知之辨的範疇之中，但卻是其「誠意說」的完成和進一步深化，絕不可等閒視之。並且，當蕺山獨出一路地規定意「超越的存主」或「絕對的至善」的新內容時，他也必須相對雙管齊下地想出如何來對治那起滅不定、或善或惡的經驗層「念」。有關這一點，王塘南和王一庵都有類似的看法，但重要的是，蕺山的這一套意、念之辨比起他們兩個來，確乎更爲詳細、深入而系統化，讓它成爲蕺山思想中頗爲人津津樂道的關鍵特色。

對於蕺山的「意」說，我們首先必須必須掌握一個觀念，即他基本上是從《大學》的系統去理解與定位的。而針對陽明的「四句教」，蕺山也有他一套所謂的四句：「有善有惡者心之動，好善惡惡者意之靜，知善知惡者是良知，爲善去惡者是物則。」〔註28〕其中第二句「好善惡惡者意之靜」，其實是源於《大學》的「毋自欺」。《大學》第六章上講道：「所謂誠其意者，毋自欺也。如惡惡臭，如好好色，此之謂自謙。故君子必愼其獨也。」〔註29〕如果我們推測得沒錯，這種「如惡惡臭，如好好色」的道德情感，正是蕺山以好善惡惡解「意」的最重要根源所在。但在這似乎又出現了一個大問題，即人的好

〔註28〕《劉宗周全集》第二冊，語類十二，《學言上》，頁391。
〔註29〕《四書集注》，〈大學〉。

惡之情究其實是屬於意識的經驗層，又如何能拿來形容超越層的「意根獨體」？這當中會不會有所矛盾呢？並且，從未發和已發的角度來判別，個人的好惡理當屬於「已發」者，又怎能成為心所存主的「未發」呢？

不僅我們不解，當時的人早已提出疑問來。我們試看蕺山如何解決此一難題，而這個答案，也正是他嚴別意、念的一段經典說辭：

> 意者心之所存，非所發也。或曰：「好善惡惡，非發乎？」曰：「意
> 之好惡，與起念之好惡不同。意之好惡，一機而互見；起念之好惡，
> 兩在而異情。以念為意，何啻千里？」〔註30〕

前提是將「意」設定為心之存主，非心之所發，心之所發只能是意念，或簡稱「念」。再將其四句的「好善惡惡者意之靜」放入考量，就形成了蕺山嚴分意、念的理論系統。而這也是蕺山晚年思想成熟期的一個創見，由此推演出他的整套「誠意說」來。在這，蕺山明顯將意、念區隔為超越的與經驗的二層，其中意的超越性可以從「意之靜」的訴求中看出，而與陽明的「有善有惡意之動」剛好形成強烈對比。若從動靜的關係來看，一般我們講意念都是發自於心的，剎那間產生變化，所以有所謂的「發心動念」，是屬於動的經驗層。蕺山在此界定「好善惡惡意之靜」，以「靜」來形容「意」，明顯是要刻意突出「意」的超越性，而建立起有別於前賢的一般說法。特別是，既然屬於超越性質，則「意之靜」的靜，就不只是動靜相對待的靜而已，而是超越一般動靜的「靜而無靜」之本體。

而這個超越主靜的「意」有一個絕大特色，就是「好善而惡惡」，並且它的好惡並不同於經驗意念上的好惡。一般起念的好惡，有所謂「兩在而異情」的現實表現，由於受到時空環境、個人情緒或利害糾葛等外在因素的影響，遂無法做出一致而統一的表現，反而是分化而相對的。如有個物為我所好，必另有一物為我所惡，不但好惡互為對反，連對象和主體之間也是相互對立的，且對象正決定著好惡的不同內容，更是變動不居的，絲毫無法掌控。事實上即是如此，因為「念」既生長於起滅不定的意識流中，隨著不同的情境與刺激，好惡也難保其穩定不變。如我們在此時此地所喜歡的東西，就無法保證當時空變換了之後我們還會一本初衷，對厭惡的東西也是如此，而這本就是感性生命脆弱的一種無奈。對於如此相對且不具備穩定性的現實困境，蕺山稱之為「兩在而異情」。

〔註30〕《劉宗周全集》第二冊，語類十二，《學言中》，頁 411～412。

至於「意」則不然，相對於「念」的現實脆弱，意表現出所謂「一機而互見」的高度穩定與統一。什麼叫做「一機而互見」？是說好善惡惡是超越一般普通情感嗜好的道德歸趨，不僅好惡與善惡間沒有「主、客」或「能、所」間的相互對立，就算好善、惡惡也是同時存在彼此涵攝的。好善就會惡惡，相對地，惡惡就會好善，這道德情感是一體並存不容割裂的，在一機之湛然澄明中，無有作好無有作惡，只是「意」這一「淵然有定向」的純善本體之承體起用而已。關於「意」的特殊性，黃敏浩先生有一段論述頗能得其肯綮，正可以說明所謂「一機而互見」的眞實意涵到底何在。他說：

> 在意之好惡中，一切好惡與被好惡的主客的分別、好之之情與惡之之情的分別，乃至由好到惡由惡到好的變動不居，皆被超越。意只是淵然定向於善，且其好善即惡惡，惡惡即好善。意之好惡只是「一機而互見」。意之體是一，好惡只是一體之二用。體不離用，體即是用，所以無論是好善或惡惡，皆是意之體的全幅的呈露，於是好惡便非兩在，而是互相滲透而無有作好作惡。此外，好惡並無與之相對的對象；若非要說一對象不可，則此是無對象相之對象，或說是對象之自身，對象之在其自己。由於意乃定向於善，其所好之善乃作爲眞實存有之善，其所惡之惡乃作爲非眞實存有之惡。惡在終極存有之性上是無根的。〔註31〕

用體用關係來講，就很容易將意根與好惡間聯結一體，尤其對照蕺山特出的「合一觀」來看，更可以得到相當的印證。不但體用合一，好惡亦可以合一，這不啻是「合一觀」的一種全幅呈現，充分開展，在某種程度上，也爲蕺山的「理學殿軍」角色做出了加分式的佐證。此外，黃氏對好惡與善惡對象間的疏解看來頗有玄學理致，所謂「無對象相之對象，或說是對象之自身，對象之在其自己」、「其所好之善乃作爲眞實存有之善，其所惡之惡乃作爲非眞實存有之惡。惡在終極存有之性上是無根的」云云若是，十足的牟式風格。在此問題上，蕺山雖不見得會有如此深入的思辨維度，過度的現代哲學詮釋角度，也難免會遭來強作解人之譏。但我們可以看到的是，蕺山雖然一直都持守著「合一觀」的思想基調，然而在意、念及善、惡之辨的問題處理上，他仍然是嚴守著道德分際而不敢稍有差池的。

〔註31〕黃敏浩：《劉宗周及其愼獨哲學》，第三章〈愼獨哲學的完成——誠意說的確立〉，頁158~159。

　　已然釐清了意、念的分別，也讓我們了解到「意」是本體，是道德的根源，本然至善的，而一切的惡則來自於「念」。但下一個問題隨即接踵而至，到底念又是從何而生，也就是在問，惡從何而來？一直以來，有關惡之所以產生的根源，便是儒學界一個亟待解決的大問題，宋明儒傳統將性區分為「義理之性」和「氣質之性」，義理之性純粹至善，氣質之性則善惡駁雜，也就是嘗試為之做出解套的一種權衡說法。到了蕺山，他反對將性做出切割，認為只有氣質之性，義理之性只是性之所以為性，二者本為一體。因此，這個假設只能到此為止，如果不另闢蹊徑，恐將無以為繼。蕺山不但不迴避「惡」這個問題，更深入精微地從現實的心理層面探討它的來源，那就是與「意」相對的「念」，念是惡的源頭，但是歸根究柢，「念」又從何而來？

　　蕺山的說明，將有助於讓我們深一層瞭解到意、念之間的差別。他說：

> 心意知物是一路，不知此外何以又容一念字？今心為念，蓋心之餘氣也。餘氣也者，動氣也，動而遠乎天，故念起念滅，為厥心病。故念有善惡，而物即與之為善惡，物本無善惡也；念有昏明，而知即與之為昏明，知本無昏明也；念有真妄，而意即與之為真妄，意本無真妄也；念有起滅，而心即與之為起滅，心本無起滅也。故聖人化念歸心。〔註32〕

無論是陽明的四句教還是蕺山的四句，都是環繞著「心、意、知、物」這四個被統一了的範疇為中心。然而在這四者之外，為何還會迸出個「念」來？那無非是為了要替「惡」的現實呈現尋出下臺階。因為基本上，「心、意、知、物」除了是整合的超越性本體外，還是純粹至善的價值根源之所在。一旦落入現實界，之所以會產生諸般的惡形惡狀，就一定要歸咎於與「意」相對顯的「念」了。在蕺山的思維架構，「意」涵蓋了心、知、物三者，是超越的「善」；「念」則是心之所發，是經驗的「惡」之所從出。有趣的是，蕺山還用了「今心為念」的拆字法來做解釋，這當然沒有任何文字學上的理論根據，蕺山也不是文字學家，我們無須要多做苛責，就如同王龍溪也曾用相同的方式解念一樣：「今心為念，是為現在心，所謂正念也。」〔註33〕這種望文生義的解法，明末學者在所不免，又豈只是蕺山一人而已。更讓我們知道的是，以「今心為念」，在當時應該是一種普遍的信仰，蕺山只是承前人餘緒罷了。

〔註32〕　《劉宗周全集》第二冊，語類十二，《學言中》，頁417。
〔註33〕　《龍溪王先生全集》卷十七，〈念堂說〉。

　　重點是，在這段論述當中，蕺山一方面鞏固了「心、意、知、物」是一路的傳統價值；一方面又提出了「念」的負面消解與之相映襯。正因為念的善惡相雜、昏明相間、真妄不一、起滅不定、逐物而遷，毫無定向和主宰，所以才會對心、意、知、物造成一定的不良效應。然則這有善有惡的「念」到底何所起？據蕺山的觀察，是起於「心之餘氣」，而所謂的餘氣，若要按現代心理學的觀念來說，則是指每次心理活動所留下來的一種勢能或習氣。當心感應於外在事物時，就自然會相應呈現出一個形象來，且專屬於此一事物。一旦事過境遷，心又回復到原本的主靜狀態，並不膠著於上一個物象，這就是心的超越性，也就是荀子所謂：「虛一而靜」的「虛」的一種呈現。但這通常只是理論上的理想狀態而已，事實上卻是在心呈現為具體形象的過程中，相對地，心會累積一股餘氣、勢能，產生一種蕩漾的餘波，而使上一個形象若隱若現，揮之不去，終使心不能回歸到原本的主靜狀態，失去了它的超越性，也就是蕺山所謂「動而遠乎天」的動氣。正因如此，心便執著於形象之中，反而成為動態的形而下，離形而上的靜態主靜越來越遠，終致產生具體意念的起滅。可以這麼說，「念」是心呈現後所累積的餘氣，形成一股生滅不斷的意識之流，它是執著的、僵化的、破碎了的心的表現，因為它可善可惡，相對於純粹至善的心體源頭，已經造成形下世界一切惡的起始，而成為「心病」之所在。

　　為了對治此一心病，使心回復到原初至善的地步，蕺山主張利用「化念歸心」的方式，在此有個前提，「治念」不能只一味拘泥在念上，以念止念對修養工夫來說根本無濟於事，甚至會讓情況更糟，這就是為什麼蕺山在批評陽明四句教時，會認為「有善有惡」的意後接續著「知善知惡」的良知，基本上就是個錯置。「知」在「念」後而發，才想要以知來止念，根本追之弗及，只可能是另一重念改頭換面的偽裝而已，決非真正的良知。因此，蕺山才想要將「有善有惡意之動」更改為「好善惡惡者意之靜」。既然念直接來自於心，是與心同源而起的一種負面效應，不可能教它不發生，唯一的解決之道，是先讓焦點從念念遷流中跳開。然後，再使修養工夫回轉到那超越本心的起始源頭，一切戰戰兢兢，步步為營，戒慎恐懼，才立便掃，千萬不要讓餘氣在呈現物象後還有所積累，心生象卻能不著於象，才不會讓這股勢能轉而生「念」。

　　在這種情況下，念在還沒有形成之前就被轉化，餘氣不累積，勢能不執

著，藉由修養工夫回歸到心之本然，這就是蕺山所謂的「化念歸心」。須注意的是，這個階段的工夫基礎，並不落在後起而相對的念念遷流上，因爲根本不可靠，而是要回轉向超越而絕對的本心尋求價值根源，才能一勞永逸。先有意、念之辨，然後繼之以治念之說，念既從心之餘氣而來，對治的方法就是要從心的源頭處化解此一勢能，使歸之於無。但這個「無」並不可能完全被取消，而是讓它導向正途，這就是「化念歸心」此一工夫的最實際意義。除了說「化念歸心」，蕺山有時候也把它說成「化念歸思」，其實，思就是心，其實際內容跟他所謂的「意」沒什麼差別，都是在藉著挺立「意根獨體」爲主宰，使一切的游思妄念無從發生，這也就是「無念」的工夫。

對此，蕺山說道：

> 予嘗有無念之說以示學者。或曰：「念不可無也，何以故？凡人之欲爲善而必果，欲爲不善而必不果，皆念也。此而可無乎？」曰：「爲善而取辨於動念之間，則已入於僞，何善之果爲？」「然則爲善去惡奈何？」曰：「欲爲善則爲之而已矣，不必舉念以爲之也；欲去惡則去之而已矣，不必舉念以去之也。舉念以爲善，念已焉，如善何？舉念以不爲惡，念已焉，如惡何？又舉一念焉，可乎」？曰：「念念以爲善，窮於善矣，如念何？念念以不爲惡，窮於惡矣，又如念何？」

〔註34〕

在此，雖未言及意，關鍵卻在於意與念之間的差異。所謂「念念以爲善，窮於善矣，如念何？念念以不爲惡，窮於惡矣，又如念何？」因爲念基本上是隨處起滅、捉摸不定的，是有階段性質的。每一個爲善都要起念，每一個去惡也都要起念，不但善惡無法「一機而互見」，甚至每個道德行爲都無法互相涵蓋，都有時間的局限性，都要另起爐灶，最後勢必造成道德主體不斷地窮於應付的困窘與迫促。蕺山正是看到問題癥結之所在，那就是念自念，善自善，惡自惡，念頭和善惡間根本沒有必然的涵攝關係與密切互動，那又何必舉念來多此一舉、徒增繳繞呢？更何況，在他看來，念是一股心之餘氣，是「動而遠乎天」的，極容易對道德造成一種負面影響。尤其念既是形而下，就不免在動念之際有人爲刻意有居心的成分在，就是所謂的「入於僞」，事實上就失去了儒家一貫爲道德而道德的基本立場了。

然而在一般人的觀念，舉凡欲爲善或欲爲不善，背後都有一個意念在作

〔註34〕《劉宗周全集》第二冊，語類十，〈治念說〉，頁316。

主導，他們看到的是念慮的部分，但蕺山所強調的卻是如何挺立「意體」，來防堵起念所造成的病痛擴散。因爲在起滅不定的念上求善，做到的只是如挽逝波的馬後炮工夫，根本於事無補，甚至還會引發始料所未及的負面效應。正本清源之道，唯有藉由「無念」的工夫來達成，而無念的另一個說法便是重新提出主宰來，這就是蕺山所說的「化念歸心」或「化念歸思」：

> 「然則念與思何別？」曰：「念有起滅，思無起滅也。或合之，或離之，一而二者也。慎思者，化念歸思；罔念者，轉引思以歸念。毫釐之差，千里之謬也。」「然則念可屛乎？」曰：「不可屛也。當是事有是心，而念隨焉，即思之警發地也，與時而舉，即與時而化矣，故曰：今心爲念。又轉一念焉，轉轉不已，今是而昨非矣。又屛一念焉，屛之不得，今非而愈非矣。夫學所以治念也，與思以權，而不干之以浮氣，則化念歸思矣。化念歸思，化思歸虛，學之至也。」
> 〔註35〕

大原則還是「念」有起滅而「思」無起滅，應該以思爲主，則念將隨之遁形無蹤。甚而在遣詞造句上還是有講究的，「慎思」是以思爲主，然後才能化念歸思；「罔念」雖亦在無念，最後仍不免轉引思以歸念。所以主從之間不得不仔細評估，唯有提起大本來，才能綱舉目張，才不致流向對立的負面範疇去，所謂的「毫釐之差，千里之謬」，思與念之間的區隔尤應如此。另外我們也會發現到，蕺山在此所提出的「思」，應該不是一般意義上的思想思慮而已，而是有更深一層內涵的，與他之前屢屢強調的「獨體」、「意根」事實上是同其內容的，不但不同於一般的游思妄念，更具有照察一切念慮的本體智慧。

既然「念」不可屛，是與時而舉、輾轉不已的，所以就要相對地與時而化，藉由提起「思」來加以對治，因「治念」（無念）和「歸思」事實上是一體的兩面，治念必要歸思，歸思自然能無念。只要能高舉出本體（心、思或虛）來，則一切的浮氣（心之餘氣）便會立即消失無踪，這就是所謂的「化念歸心」、「化念歸思」或稱爲「化念歸虛」，讓此修養工夫常惺常覺，「念」即長爲此主宰所籠罩，終使念不成其爲念了。就蕺山而言，這是一種「學之至」的超高境界，完全是奠基於超越的本心之上，而不是在相對的念念遷流中打轉，我們也可以看出，強調「性天之尊」的絕對價值根源，便是蕺山一以貫之的理念之所繫，在此一意、念之辨的議題上也是如此。

〔註35〕《劉宗周全集》第二冊，語類十，〈治念說〉，頁316～317。

　　蕺山在這個課題上講得如此之嚴密，可見他對本體與工夫間的分際拿捏得十分謹慎，然而我們卻不得不在此打住，因為我們會另闢篇章專談蕺山的《人譜》，其中對人妄念的由來、過惡的產生均有極其詳細的闡述與解析。一個有趣的事實是，同樣是解決善惡的問題，師生間的差異竟如此之大。身為老師的蕺山，意念間的辨析如斯精微，意是所有本體價值之所從出，而其餘氣、勢能，卻成為現實生活中一切過惡的最主要來源，思考和討論的範疇，依然盤旋在內在心性之際，並一直向心性的底層去深入挖掘，從「內聖」之學去成就其「宋明理學殿軍」的最大格局。可是，這個問題落到他的學生陳乾初身上，處理的方式與過程就不可同日而語了。〔註36〕乾初將現實界的「惡」歸諸於外在環境的「習」，蕺山則是從內在心性的角度來看這個問題，提出意、念之辨來為這個問題解套。師生之間，視域的焦點竟有如此大的差距，這除了可以印證王汎森先生舉證的清初思想界所瀰漫的一股「去形上化」思潮外，〔註37〕更為蕺山的「理學殿軍」角色建立了進一步的反差式佐證。

（二）意與心、知

　　若要凸顯蕺山論「意」的本體義，就必然要從其與「心」、「知」的對舉中乃得見，尤其在這個議題上，《大學》的解釋脈絡更是我們不能忽略的重點所在。我們知道，在一般宋明理學家的心目中，《大學》一直是他們的思想「聖經」，他們不但從《大學》中汲取思想資源，更藉由《大學》來為自己的學說張本立說，朱子如此，陽明亦莫不然。如朱子在《大學》的八條目中找到「格物」成為自己的思想重心，陽明的良知說為扭轉朱學的支離，則把重點放在「致知」上。到了蕺山，改弦易轍，為了解決陽明後學的流弊，則又找出「誠意」來成為強調的重點工夫。非但如此，蕺山所解讀的「意」也跟朱子和陽明都有所不同，他是用「心之所存非所發」來解意，而無論是朱子或是陽明，意都是心之所發的，是有善有惡的後天者。

　　從朱子到陽明再到蕺山，這樣一步一步走下來，卻是一層深似一層的批

〔註36〕如同一般儒學信奉者一樣，陳確依然堅守孟子以來「性善」的大原則不放，只是他將現實世界所以產生「惡」的原因，完全歸咎於後天的「習」字，也就是所謂的「引蔽習染」。相關的詳細討論，可參閱筆者之碩士論文《陳確批判傳統理學的思想探究》，第二章〈對程朱人性論的批判與新理論的建立〉。

〔註37〕詳細內容可參閱王汎森：〈清初思想中形上玄遠之學的沒落〉一文，刊於《中央研究院歷史語言研究所集刊》第六十九本，第三分，頁557～587。（臺北：中央研究院歷史語言研究所，1998）

判理路，與越來越嚴峻的現實環境，彼此之間，環環相扣。蕺山雖順著良知教來講，但又看出了陽明的問題所在，他以自己的一套思考邏輯來強作解人，因此會認為陽明的良知教基本上並不合《大學》原旨，關鍵就在於陽明將意字錯看了，所以陽明的「意」絕非《大學》的究竟義。但實際上又有誰是真正的《大學》本旨呢？從朱子到蕺山，大家無非是藉著《大學》來為自己的理論系統張本立說罷了，甚至為了貼合己說，還有更動《大學》篇章，選擇古今不同版本的遷就性作法呢。

然而對蕺山來說，《大學》言心不言性，相較於《中庸》的言性不言心，似乎要更側重於心上的實際修養工夫，而這工夫正是王學末流只知一味任心而行，過度張揚良知現成而造成的頹風所最缺乏的。蕺山以其人之道還治其人之身，依然從《大學》出發，並別開生面，把重點由陽明的「致知」轉移到自己的「誠意」之學上。透過「嚴辨意念」和「攝知歸意」的過程而將「意」逐步的本體化，如此一來，原本活活潑潑的良知，便可收攝入常處於戒慎恐懼狀態的「意根獨體」之中。「性天之尊」和「具體修為」的相互配合，的確可以用來拯救陽明後學「玄虛而蕩」、「情識而肆」的兩大無頭（本體與工夫）弊端。這個扭轉過程，誠如東方朔先生所說的：「此心通過攝知于意而向裏收，又通過與性為一而向上透，心體既可見其溥博淵泉的氣象，又不失其形著之用。性體既可以因心之形著而得其真實化、具體化，又不失其為超越性、奧祕性。陽明的良知之教因著宗周的全力扭轉而逐漸落於實地。」〔註38〕在心體和性體之間，蕺山把握得當，使之互相為用，相得益彰，讓「心宗」、「性宗」這兩大範疇，不只是區隔釐清而已，還提供了互濟短長的對流視野，更近一步證成了這位「理學殿軍」所必備的思想要素「合一觀」，這種強力的扭轉，對真正落實陽明良知教的振衰起弊上，的確有莫大的推展效益。

蕺山定義「意」的一個大前提是，它並非如朱子或陽明所言的是「心之所發」的經驗層產物，而是「心之所存」的本體性價值根源，但無論是「心之所存」還是「心之所發」，意的存在都是以心為基礎判準而隨之高低抑揚的，二者關係之密切，由此可見，我們更有必要考察蕺山對意與心間所做的理論設定。基本上，朱子和陽明雖然對「理」的認知有所不同，對「意」的瞭解卻沒有多大的差異，他們不約而同地將它視為人的現實意念，因為是後天的，所以有善有惡，善惡相雜，更需要修養工夫加以調整與對治。這是蕺山之前

〔註38〕 東方朔：《劉宗周評傳》，第六章〈誠意與良知之辯〉，頁194。

一般理學界的普遍共識，蕺山起初也沒有什麼特別的異議，直到他四十八歲提出「愼獨」之說的同時，就相對對「意」做出了別開生面的提升性看法。

他在《學言》中說道：

> 釋氏之學本心，吾儒之學亦本心，但吾儒自心而推之意與知，其工夫實地卻在格物，所以心與天通。釋氏言心便言覺，合下遺卻意，無意則無知，無知則無物。其所謂覺，亦只是虛空圓寂之覺，與吾儒體物之知不同；其所謂心，亦只是虛空圓寂之心，與吾儒盡物之心不同。象山言心，本未嘗差，到慈湖言無意，分明是禪家機軸一盤托出。〔註39〕

在這特別去分辨儒、釋間的差異，蕺山以爲雖然二者都存在著「心」這個絕對關鍵，但釋氏卻歧出到「覺」這一虛空圓寂之境，而吾儒倒是一本初衷地依循《大學》的價值體系而來，心、意、知、物，無一掛漏。值得注意的是這一句：「無意則無知，無知則無物」，心與知、物間靠意來銜接達成，無形中相對提高了「意」在這個循環中的地位，它已經不像是前賢所謂的現實意念造作了，重要性甚至還在「知」之上。另外一個重點是，蕺山對慈湖（楊簡）的無意說頗有微詞，認爲他根本是禪學一脈。慈湖入不入禪倒還其次，重點是蕺山對「意」的肯定已明顯躍然紙上，根據他的邏輯似乎在說有意與無意才是儒、釋之辨的重要指標，他根本還來不及去分辨慈湖和自己意的內容到底有何不同。〔註40〕

在這年（天啓五年，1625）之後，蕺山即大談愼獨之旨，他嘗試著利用獨體論結合良知說來扭轉陽明後學所謂「高明之士談性宗而忽彝倫，卑暗之士樂猖狂而惡名檢」的流弊現況。然而當蕺山針對王學末流缺失試圖要對症

〔註39〕《劉宗周全集》第二冊，語類十二，《學言上》，頁370。

〔註40〕其實，慈湖對意的理解仍然一本朱子、陽明而來，意是負面的思維念慮，無意就是不起意，不起意念造作，「無有作好，無有作惡」，自然流行，一任本心之湛然清明。如慈湖所言：「意慮不作，澄然虛明，如日如月，無思無爲而萬物畢照。」（《慈湖遺書》卷二，〈永嘉郡學承堂記〉）如果再進一步考察其對意的定義，可以發現，他始終是抱持著否定態度的。意既是一種意慮私情，自然有礙於本心的發用流行，人心的一切壅塞阻礙，都導源於起意動念的不當所造成。所以慈湖會說：「千失萬過，孰不由意而生乎？意動于愛惡故有過，意動于聲色故有過，意動于云爲故有過。意無所動，本亦無過。」（《慈湖遺書》卷二，〈樂平縣學記〉）明顯可以看出，慈湖和蕺山對意的掌握各有不同，所以蕺山對慈湖無意說的抨擊是否公允，就有待商榷了。

下藥時，他竟然發現到問題並不出在良知的理想性和理論架構上，重點是具體工夫的指點終究不夠落實。也就是說，如何將這活潑靈動的良知定持住，使之不致流於玄虛或情識，便是蕺山當時所面臨的一大課題，若按照牟宗三先生的說法，就是所謂的「歸顯於密」（歸顯教於密教）。為了達成這一目標，蕺山尋尋覓覓，他必須要找出能夠擔當此一重責大任的概念架構，藉以取代「良知的現成」甚至「心的任情」。最後，皇天不負苦心人，當他像一般儒者一樣將目光回轉到經典文本《大學》上時，他終於找到了答案，也就是朱子的「格物」、陽明的「致知」之後的「誠意」身上。藉由「意」的本體提升和「誠意」的工夫導向，對當時「玄虛而蕩」與「情識而肆」的學界頹風，無疑確實起到了振衰起敝的積極性導航功能，蕺山這般扭轉學風的良苦用心，也不得不令人肅然起敬了。

有一點是我們不能忽略的，長久以來，對於中國的讀書人來說，《大學》雖然有著如聖經般的崇高地位，但它的解釋卻是開放性的，任何一個思想家皆可以在它的原始文本中，找到屬於自己的詮釋觀點和理論定位。正因著這種優勢，蕺山借力使力，從陽明後學紛紛所談的「致知」調轉到「誠意」上來，並獨出機杼，將「意」本體化地向上提升。如此一來，「意」比「知」要更向內緊縮，正符合了蕺山為救弊而貞定住良知心體的改弦更張要求，更何況陽明對「誠意」早已頗多重視之論，蕺山的重點轉移，只是進一步順水推舟的臨門一腳而已。然而「誠意」雖向為陽明所重，「意」卻並非其所肯定，在這點上，蕺山要做的，是對意做出全套性的體質改良，而這種改易絕對是要在不違背《大學》既有架構的前提下進行的，否則勢必前功盡棄。尤有進者，是蕺山在重新解讀《大學》的同時，也沒有忘記要參照《中庸》來彌縫理路，彼此相輔相成，從心性並舉的角度將《大學》的慎獨與《中庸》的慎獨打合一處，甚至將後來的誠意也與慎獨滾合一體，而成為他思想體系的進一步延伸，而這正是他「合一觀」思維方式層層遞進所展現的精采獨到之處。

蕺山為了增強人為善去惡的道德信念，首先，他所做的便是一個「立根」的工作，在先天的本體上扎根，第一步就是要把「意」提升到「心之所存」的超越性本體高度，而不是一般「心之所發」的後起經驗層角色而已：

> 意者，心之所存，非所發也。朱子以所發訓意，非是。傳曰「如惡惡臭，如好好色」，言自中之好惡一於善而不二於惡。一於善而不二於惡，正見此心之存主有善而無惡也，惡得以所發言乎？如意為心

之所發，將孰爲所存乎？如心爲所存，意爲所發，是所發先於所存，

岂大學知本之旨乎？〔註41〕

《大學》用「如惡惡臭，如好好色」來解「誠意」，明顯是一種好善惡惡的心理意向，就是所謂的「一於善而不二於惡」，若再按蕺山的說法，便是「一機而互見」，而非「兩在而異情」的。好善與惡惡同時並起，不容切割，互相滲透，也沒有與之對立的特定對象，它只是人內在、本質性的一種好惡趨向而已。是抽象而非具體，是主客合一而非主客分離，是永遠指向於善的絕對至善，而非或善或惡的不確定性呈現。既然「誠意」如此，蕺山即相對比照辦理地將「意」也做出了改造，從「所發」變成「所存」，不但不是產出或附庸，反而更向內推而成了心之主宰，這「存」與「發」的一字之差，竟然能將「意」由「實然的具體」變成了「應然的本體」，然而唯一不變的，是它們都跟「心」一直保持著相當密切的互動關係。再就《大學》八條目「格物、致知、誠意、正心、修身、齊家、治國、平天下」的發展順序來看，「誠意」是先於「正心」的。如果預設「意」是所發，那就會發生所發先於所存的不合邏輯配置現象，這似乎又不符合《大學》一貫強調本末先後安排妥當的「知本」要旨，可見蕺山之反對朱子的意說，基本上還是站在《大學》的既定脈絡上，以其人之道來還治其人之身的。

對於「意」和「心」之間的關係，蕺山又說：「意爲心之所存，則至靜者莫如意。乃陽明子曰『有善有惡者意之動』，何也？意無所爲善惡，但好善惡惡而已。好惡者，此心最初之機，惟微之體也。」〔註42〕除了再度強調意是「心之所存」的主張外，「意無所爲善惡，但好善惡惡」的說法特別引人注意。它主要是在說「意」並不像陽明所說的是有善有惡的一種對象，而是超越善惡，無所爲善惡的一種本體內涵，甚至還具有「好善惡惡」的道德情感與原始意向，但這是一種情感而不是一種情緒，與「七情」的好惡是截然不同的。蕺山在寫給葉潤山的一封信上說道：

然則來教所云：「好惡何解？」僕則曰：此正指心之所存言也。大學自「知至」而後，此心之存主，必有善而無惡矣。何以見其必有善而無惡？以好必於善，惡必於惡也。好必於善，如好好色，斷斷乎必於此也；惡必於惡，如惡惡臭，斷斷乎必不於彼也。必於此而必

〔註41〕　《劉宗周全集》第二冊，語類十二，《學言上》，頁390。
〔註42〕　《劉宗周全集》第二冊，語類十二，《學言上》，頁390。

不於彼，正見其存主之誠處。故好惡相反而相成，雖兩用而止一幾，此正所謂「幾者動之微，吉之先見」者。蓋此之好惡原不到作用上看，雖能好、能惡，民好、民惡，總向此中流出，而但就意中，則只指其必於此不於彼者，非七情之好惡也。「意」字看得清，則「幾」字纔分曉；「幾」字看得清，則「獨」字纔分曉。〔註43〕

若從好惡來講，「必於此而必不於彼，正見其存主之誠處」，可見「意」的本體性質展現的是好善惡惡沒有絲毫折扣的絕對性。「好惡相反而相成」，又再次說明了意「一機而互現」的通透與統合特性，其好惡並不隨時空與特殊情況的改變而有所不同。正因如此，它才能純然指向於至善，必有善而無惡，而成為心之存主。既是存主，「意」好善惡惡的特質就不能只從作用上看，它是從本質源頭流露出來的，是絕對的好惡，所以能始終堅持「必於此不於彼」，跟七情的情緒變化有著本質上的不同。另外，蕺山也將「意」和「幾」、「獨」等同劃一起來，獨的本體性已如前述，而幾正因其表現出「動之微，吉之先見」的隱而後見特色，再加上「兩用而止一幾」的統合性，是可以與意、獨等量齊觀而具有相同位階的。並且，意的好善惡惡除了是心之存主外，它更具有指標性的作用，如同定盤針必向於南，指出人心固有的內在意向：

意者，心之所以為心也。止言心，則心只是徑寸虛體耳。著箇意字，方見下了定盤鍼，有子午可指。然定盤鍼與盤子，終是兩物。意之於心，只是虛體中一點精神，仍只是一箇心，本非滯於有也，安得而云無？〔註44〕

心所向曰意，正如盤鍼之必向南也。只向南，非起身至南也。朱子曰：「知止則志有定向。」故曰：「知止而後有定。」凡言向者，皆指定向而言，離定字，便無向字可下，可知意為心之主宰矣。〔註45〕

「意」是形而上的本體，是心之所以為心者，如果單單提出心而沒有意作為其存在根據，那只是一個「徑寸虛體」罷了。心是虛體，是道德主體與經驗世界相激盪、相感通所產生的種種意念的載體，它並沒有形上的指揮功能。而「意」就是這虛體的精神主導，正如指南針永遠指向於南，指南針是心，而這個永遠朝向南的性質就是「意」了。蕺山又怕一般人僅拘泥在譬喻之中，

〔註43〕《劉宗周全集》第三冊，文編三，〈答葉潤山四〉，頁373～374。
〔註44〕《劉宗周全集》第二冊，語類十一，〈答董生心意十問〉，頁337～338。
〔註45〕《劉宗周全集》第二冊，語類十一，〈商疑十則，答史子復〉，頁343。

而不能瞭解心與意之間的密切關係，虛體中有定盤鍼，的確可以指出子午來，然而這盤子和鍼之間，終就是兩物，而心與意卻是扎扎實實的一個整體。心是虛體，意是虛體中的一點精神，二者原爲一體，「仍只是一箇心」，非滯於有，也不得云無，關係就在有無之間，因爲心、意間本分不得彼此的。再者，就如同指南針本具指南的特性一樣，「意」正是主體心中內在固有的向善性，無論事實上這個念頭是否眞的發生，它都確實存有在人心中，已發的缺席並不影響其未發的實存性。所謂「只向南，非起身至南也」，指南針的指南屬性，並不等同於起身向南的具體行爲，相同的，現實世界的善惡交雜，也並不能否認人心之中一點靈明的「意」之純然向善，其爲定向，也就是意已先天決定了心的未來發展方向。若從這個角度來看，心、意一體不可分，甚且意又成爲心之所以爲心的定向主宰，是主體道德心理結構中最根本的一個範疇，也是指導人們一切道德行爲的指南針。所以蕺山又把它稱爲「意根」，是可以跟「獨體」合稱並列的。

這「意根」不但是心的本體，更是心的主宰，充分展現出道德理性的價值根源，是純然指向於至善的。誠如蕺山所言：「意也者，至善歸宿之地，其爲物不貳，故曰『獨』。其爲物不貳，而生物也不測，所謂物有本末也。」〔註46〕從「本」到「不貳」再到「至善」，「誠意」之意和「愼獨」之獨幾乎可以劃上等號。蕺山將意根與獨體等同，無疑也是要進一步把良知劃歸進來，而良知正是陽明學中最爲核心的概念，要改造王學流弊，當然首先要從良知下手。從理論層面來說，既然「意」能「好善惡惡」，那先決條件必是先能「知善知惡」，而這個知善知惡的本質，就是意根的「最初之機」：

> 大學之言心也，曰「忿懥、恐懼、好樂、憂患」而已。此四者，心之體也。其言意也，則曰「好好色，惡惡臭」。好惡者，此心最初之機，即四者之所自來，所謂意也。故意蘊於心，非心之所發也。又就意中指出最初之機，則僅有知好知惡之知而已，此即意之不可欺者也。故知藏於意，非意之所起也。又就知中指出最初之機，則僅有體物不遺之物而已，此所謂獨也。故物即是知，非知之所照也。大學之教，一層切一層，眞是水窮山盡學問，原不以誠意爲主，以致良知爲用神者。〔註47〕

〔註46〕《劉宗周全集》第四冊，文編九，〈讀大學〉，頁417。
〔註47〕《劉宗周全集》第二冊，語類十二，《學言上》，頁389。

從《大學》的視域出發來看「心」、「意」與「知」三者間的關係是一層切入一層的，意蘊於心，非心之所發，心之所發唯有「忿懥、恐懼、好樂、憂患」等種種情緒，然而其最初之機，也就是這四者之所自來的，便是那「好好色，惡惡臭」的道德情感與道德理性——「意」之所在。然而即使道德至上，也需要知識和智慧的幫補，才能免去良知善性被惡意的欺瞞或是愚弄的可能，所以在好善惡惡的意這一本體中，仍能指出其最初之機，那即是不讓「意」被蒙蔽的，能知善知惡的「知」。心中有意，意中又有知，環環相扣，最後又回歸到「體物而不可遺」的獨體上頭。而意與知之間的密切關係，就在於根據陽明「知行合一」的解釋系統，「知善知惡」和「好善惡惡」這兩個動作基本上是同步並行的，無知善知惡之「知」則不可能有好善惡惡之「意」。如此一來，心、意、知、物四者之間，就成為一種辯證性的統體異名關係，若和《大學》原始文本所強調的層層遞進的分立排比性質相比對，無疑是遭到了相當程度的轉化，這也正是蕺山「合一觀」思維特質在此論域的再一次展現。

為了表示跟陽明屢屢強調的「良知」有所不同，更為了凸顯其本體性的價值根源義，蕺山特別把「致知」的「知」改稱為「獨知」。所謂的：「心無善惡，而一點獨知，知善知惡。知善知惡之知，即是好善惡惡之意；好善惡惡之意，即是無善無惡之體，此之謂『無極而太極』。」〔註48〕在無善無惡的心體籠罩下，它的本體事實上就有兩個發展面向：就好善惡惡的道德情感來講是「意根」，就知善知惡的道德理性來說則是「獨知」（又稱為獨體），所以基本而言，意根與獨知是分不得彼此的一體之兩面，「知」與「好」之間，若按陽明以來的傳統說法，本就是一種密不可分的統一性「合相」。關於此，蕺山說道：「予嘗謂好善惡惡是良知，舍好善惡惡，別無所謂知善知惡者。好即是知好，惡即是知惡，非謂既知了善，方去好善，既知了惡，方去惡惡。審如此，亦安見其所謂良者？乃知知之與意，只是一合相，分不得精粗動靜。」〔註49〕言下之意即在說明，「意」的好善惡惡之中早就包含了知善知惡，並不是知了方才去「好」，也不是知了方才去「惡」，而是好惡跟知這兩種行為同時發生、互相摻合的。在此情形下，道德意志與理性之知已然完全融合一體，正符合了蕺山「即知即意」的說法。

而讓我們感到眼熟的是，這一訴求跟陽明的「即知即行」何其相似。事

〔註48〕《劉宗周全集》第二冊，語類十二，《學言中》，頁411。
〔註49〕《劉宗周全集》第二冊，語類十二，《學言下》，頁444～445。

實上，它的論述過程與理論底盤，也明顯是從陽明的「知行合一」移植過來的，唯一的不同，是它們之間的主從關係。陽明的「知行合一」表面上強調知行一體，合一並進，但由於過度側重良知，再加上理論設想和實際操作本就有程度上的落差，便極容易落入「以知爲主」、「銷行以歸知」的缺失當中。而這對蕺山來說，本來就是亟欲克治的主要對象，所以他改弦更張，其「知」、「意」融合反而是以「意」爲主軸的，將知收納於意中，以意爲主，而以知爲從，也就是所謂的「知藏於意」。正如蕺山所言：「然鄙意則謂良知原有根據，根據處即是意，故提起誠意用致知工夫，庶幾所知不至蕩而無歸。」〔註50〕又說：「好而知其惡，惡而知其美，只此便是良知。然則致知工夫，不是另一項，仍只就誠意中看出。如離卻意根一步，亦更無致知可言。」〔註51〕「意」和「知」之間的主從關係，於此可見。

（三）一原無間之妙

在討論了「意」和「心」、「知」間的關係後，我們有必要把「物」也拉進來，以完成「心、意、知、物」一貫的心性學系統，並相對符合《大學》中「格物、致知、誠意、正心」前四個條目的內向性循環取向。姑不論朱子或陽明是如何來解釋這四者的「內聖」條件的，對蕺山來說，尤其在他的「合一觀」思想籠罩之下，「心、意、知、物」也是一體的，無法各自獨立。甚而他會認爲，這四者的統合一路，也是以意爲中心主軸的，以完成其理論的前後一貫性。而這就是他所說的：「總之，一心耳，以其存主而言謂之意，以其存主之精明而言謂之知，以其精明之地有善無惡歸之至善謂之物。識得此，方見心學一原之妙，不然未有不墮於支離者。」〔註52〕當然先前陽明也有他的一套圓融統觀，只是他並沒有像蕺山一樣將之推闡到極致，將心、意、知、物也收攝爲一體，在心性範疇的前提下，以意根爲主軸，來改善王學末流因過度任心而行，或極端強調良知所產生的弊端。從相對側重工夫與著意客觀標準的指導效能來看，蕺山所倡導的，無疑是一個嶄新的「心學一原之妙」。

關於「心、意、知、物」四者，蕺山有一段文字是相當具有代表性的，是用所謂的「體用不二」來說明彼此間的密切關係：

心無體，以意爲體；意無體，以知爲體；知無體，以物爲體。物無

〔註50〕《劉宗周全集》第二冊，語類十一，〈商疑十則，答史子復〉，頁348。
〔註51〕《劉宗周全集》第二冊，語類十二，《學言下》，頁444。
〔註52〕《劉宗周全集》第三冊，文編三，〈答史子復〉，頁380。

用，以知為用；知無用，以意為用；意無用，以心為用。此之謂體
用一原，此之謂顯微無閒。〔註53〕

兩兩互對的關係可以從體、用的互動中來窺見，所謂「心無體，以意為體」
和「意無用，以心為用」，在這的「體、用」並不是我們一般哲學觀念中的「承
體起用」之意，有高下始末之分，而是更有特殊的用法，指其深入的「本質
內容」而言，二者並非兩階段式的，反而是二而一的「異名同實」之表述。
這一點，勞思光先生早就看出了，所以他說：

以上說明「心」、「意」、「知」、「物」何以說層層以後者為「體」。至
於「用」，則不過對「體」而言，說「知」是「心之體」，即涵「心」
是「知之用」，不待一一疏解。然由於蕺山「體」字用法特殊，故套
入習用語言中之「體用」觀念時，亦未嘗無解說上之困難，但學者
如將此處所言之「體用」視為蕺山之特殊語言，則既定其所用之「體」
字之意義，即可推定其「用」字之特殊用法；不必求其必合於舊有
之用法，則亦可避免語言困難矣。〔註54〕

這是勞氏在論述蕺山「合一觀」思想架構的前置作業，從「心」、「意」、「知」、
「物」為一體，到將一切「事實世界」或「存在」完全收攝入一心靈語言，
這正能夠成就蕺山「理學殿軍」的集大成角色。就蕺山的角度來看，意是「心
之所以為心」，是一種定然趨向於善的主宰，所以心、意是一而非二，意專指
心之本質內容而言，無論是正說或逆推，藉由體用間的合一關係，都在說明
「心意一也」的道理。再來，「意無體，以知為體」，「知無用，以意為用」，
焦點又從意轉移到知上來，同樣的道理，意的本質內容乃是知，意不僅能「好
善惡惡」，更要以「知善知惡」為前提關鍵，如此一來，知、意便是合一而不
容切割的。一直到「知無體，以物為體」與「物無用，以知為用」，也都是如
此，知的內容即是物，知與物之間事實上本為一體。由於心、意是一，意、
知也是一，知、物更是一，如此，「心、意、知、物」四者統為一體就是顯而
可見的了，這種合一的價值觀若按照蕺山之言就是所謂的「體用一原」、「顯
微無閒」。

　　有一點須注意的是：這「心、意、知、物」四者合一的統攝主軸到底是

〔註53〕《劉宗周全集》第二冊，語類十二，《學言下》，頁450。
〔註54〕勞思光：《新編中國哲學史》冊三下，第六章〈明末清初之哲學思想〉上，頁
　　　　612。

什麼？蕺山既然特意標舉出「意」來，是否意味著他將以意為最高的標的主宰，事實上並不然，因為四者既為一體，標出任何一則皆足以代表其他三者。在這個意義上，蕺山仍回歸到傳統的心學立場上，以「心」為至大無外來統攝其餘。所以他會說：「故合言之，則意為心之意，知為心之知，物為心之物，無容二也。析言之，則心之發動為意，心之精明為知，意之所在為物，無容混也。是所謂理一而分殊也。」〔註55〕這樣看來，「意、知、物」基本上只是「心」的其他三個不同的發展側面而已。意、知與心之間絕對可以理解，至於物，又如何能與心掛鈎而成為知之體呢？如此我們就必須再進一步深究，蕺山的「物」，到底是何所指？

　　關於此，蕺山就曾解說道：

　　盈天地間皆物也。自其分者而觀之，天地萬物各一物也；自其合者而觀之，天地萬物一物也，一物本無物也。無物者，理之不物於物，為至善之體而統於吾心者也。雖不物於物，而不能不顯於物：耳得之而成聲，目遇之而成色，莫非物也，則莫非心也。耳能辨天下之聲而不可欺以清濁，吾因而致焉，并不可欺以一切清濁，所以致吾心之聰也；目能辨天下之色而不可欺以淄素，吾因而致焉，并不可欺以一切淄素，所以致吾心之明也。致吾心之聰明者，致吾心之良知也。良知之於物，如鑑之於妍媸、衡之於高下，而規矩之於方圓也。鑑不離物而定妍媸，衡不離物而取高下，規矩不離物而起方圓，良知不離物而辨是非，一也。故曰：「致知在格物。」然而致吾心之聰，非無不聞之謂也，聞吾至善而已矣；致吾心之明，非無不見之謂也，見吾至善而已矣。聞吾至善，返於無聞矣；見吾至善，返於無見矣，知無知矣。中庸曰：「君子戒慎乎其所不睹，恐懼乎其所不聞。」又曰：「不動而敬，不言而信。」其要歸於慎獨，此格物真下手處。故「格物」即格其反身之物，不離修者是，而「致知」即致其所性之知，不離止者是。〔註56〕

這一大段文字有幾個重點是可以是掌握的：第一，「盈天地間皆物也」雖是一個慣有句，卻又值得再進一步推敲，它似乎是將「物」不外推於人之外，包涵本體在內，所以「物」可以至大無外，一切的存有皆可屬之，當然人也不

〔註55〕《劉宗周全集》第三冊，文編四，〈答史子復二〉，頁536。
〔註56〕《劉宗周全集》第一冊，《大學古記約義》，〈格致〉，頁647～648。

例外。再來是「一物本無物也。無物者，理之不物於物，爲至善之體而統於吾心者也。」這是從理本源的角度來看待萬物，無物就是萬物之理，所以它不物於物，卻是個至善之體。重點來了，這至善之體統於吾心，也就不在吾人心外，萬物之理的根源由此收束到人心之內，心學的系統也由此樹立。再其次，「雖不物於物，而不能不顯於物」，雖然理不等同於物，卻不能不藉由萬物來彰顯出理的意義與價值來，正如同孟子所謂的「形色，天性也。」（〈盡心上〉）若不藉著外在紛紜的形色，又怎能凸顯出天道最高的絕對性來，理跟物之間的微妙關係盡在於此。

再來是，「莫非物也，則莫非心也」，凡物能顯現理，理則統攝在一心當中，而人心最重要的，莫過於「聰」、「明」這兩個機能，聰明到達了極點，就能夠向上取資於主體的良知良能。所謂「致吾心之聰明者，致吾心之良知也。良知之於物，如鑑之於妍媸、衡之於高下、而規矩之於方圓也。」良知是一切萬物的準則，良知來自於內心，內心上達天理，天理又一一呈現在萬物之中，這是一個宇宙的大循環。經由陽明所理解的「格物」、「致知」工夫，宇宙的一切都能安頓在良知的合理運作之下。如此一來，「物」不只是單純的「物自身」而已，它指的是在心體良知籠罩下的最適切表現，也可以說是天理在任何一個客體上的最佳呈現，那「物」就不只是物而已了，它包涵了心的理性本質與內容，是存有也是活動，如果增字爲訓，稱之爲「物則」是最恰當不過的了。所以蕺山會說：「故『格物』即格其反身之物」，反身之物即是反身之理，這「物」跟「理」之間，在此幾乎成了一個同義詞。

有關於「心、意、知、物」的關係，蕺山又有一段文字是這麼說的：「心是已發，意是未發。意之精神曰『知』，意之本體曰『物』。」〔註57〕心、意之別在已發和未發之間，這無疑是針對朱子以來傳統說法的反擊。而凸顯出「意」的地位之後，說「意」的精神是「知」當然沒有問題，可以得陽明學的精髓而無誤，然而說「物」是「意」的本體，卻又與陽明的看法格格不入。對陽明來說，凡物都是人心自覺活動的一種表現罷了，心不存在，物也不存在，也就是說物是次於人心的第二序存在。然而在蕺山這兒，不僅意是心之所存非所發，物也從外於心的現象經驗層，透過心的自覺活動義爲踏板，一躍成爲獨立而不待外緣的實存超越本體。如此，才能夠和「心」、「意」、「知」等具有本體價值義的字眼平起平坐，甚至互稱體用，環環相扣。單就這點來

〔註57〕《劉宗周全集》第二冊，語類十四，《會錄》，頁517。

講，蕺山對陽明以來的思想傳統，也不見得是毫無選擇地加以吸收的，他的
原創性，就表現在這種大開大闔的革命手腕之中。

即如我們所知，陽明曾經說過：

> 身之主宰便是心；心之所發便是意；意之本體便是知；意之所在便
> 是物。如意在於事親，即事親便是一物；意在於事君，即事君便是
> 一物；意在於仁民愛物，即仁民愛物便是一物；意在於視聽言動，
> 即視聽言動便是一物。所以某說無心外之理，無心外之物。〔註58〕

雖然在此，「無心外之理」和「無心外之物」是連著來說的，但這兩者間高低
的位階是有所不同的。同樣在心的籠罩之下，理是內在於心的本體，物則是
主體觀照下的對象。根據陳來先生的說法是：「在『意之所在便是物』這句話
中，『意』指意識、意向、意念，『意之所在』指意向對象、意識對象，『物』
主要指事，即構成人類社會實踐的政治活動、道德活動、教育活動等。這個
命題表示，意識必然有其對象，意識是對對象的意識，而事物只有在與意識、
意向相關的結構中才能被定義，所以這個定義本質上是『從心上說物』。」〔註
59〕這樣看來，「物」決不是主體，而是在主體心的投射之下，在與意識、意向
的互動中所呈現出的客觀對象物，甚至是指意識活動的本身而言，無論如何，
都不能單獨存在，都不具有超越的本體性。而蕺山所謂的「物」就不然了，
它不但可作為「物則」的省稱，具有道德的主體性，還能跟「心、意、知」
三者平起平坐，互為體用，等量齊觀。如果再從「能、所」的關係來看，陽
明所說的物是「所」，是對象，沒有獨立性的；而蕺山所謂的物是「能」，是
主體，不但是活動，更是一種存在。

如此一來，人心本體的粹然至善，因著「知」的發用而能「知善之惡」，
更因著「意」的導向，能當下「好善惡惡」，使主體之心呈現出必然趨取於善
的意向性，這樣便相對肯定了人有實踐道德的內動力與必然性。人的主體內
在於心，因著「心」，才能將「知」的知善知惡道德判斷力，與「意」的好善
惡惡定然向善性彰顯出來，使終能成就「物」這價值根源的回歸，「心、意、
知、物」四者彼此之間的密切互動，若按蕺山的話來說，就是所謂的「體用
一原」、「顯微無閒」了。但「心」、「知」在心學傳統上的地位自不待言，「物」

〔註58〕《王陽明全集》，卷一，《傳習錄上》，頁6。
〔註59〕陳來：《宋明理學》，第五章〈明代中後期的理學〉，頁205。（上海：華東師範
大學出版社，2004）

也有它本體提升的合一價值，至於「意」，則是蕺山拿來對治陽明後學的一大利器，其箇中原委到底如何，唐君毅先生有一段極爲精闢的論述：

> 在劉宗周對王陽明思想的批判中，存在著一種競爭，即，作爲良心自覺的「意善」比同樣作爲良心自覺的「知善惡」更具「優先性和基本性」。在王陽明的思想裏，這種知覺始於知善惡；然後，第二步，喜善惡惡；再後，第三，爲善避惡。這看上去乃是依照普遍經驗的心理學次序。不過，根據劉宗周，這種秩序必然改變，即承認善意的優先性或根本性，向善的意願是心的原初功能，與心的另一個原初功能感覺密切相關。認知功能本質上受原初意願及相伴感覺決定，在本體論次序上後於意願和感覺。〔註60〕

所謂「認知功能本質上受原初意願及相伴感覺決定，在本體論次序上後於意願和感覺」，這也就是爲什麼蕺山特別強調「意」先於「知」的道理之所在了。除了不滿陽明良知說及四句教過度擴張所易衍生的弊端之外，蕺山也看到了某種人類普遍存在的心理層面事實，那就是基本上，「意」在「心」的結構和功能，絕對比「知」更具有優先性和基本性。正因爲蕺山看清了這種事實，所以他決定藉由向善意願在本體上的優先性，來堅定人的道德意志，使其自覺而自動自發地進行並完成其道德實踐。我們知道，意志具有專一和堅定的性格，是一種能決定人後續行爲模式的前導力量，如同人心中丈量的一把尺，更像引導前行方向的指南針一樣，「意」，尤其是道德意志，一直是主體行爲的指導方向。而之所以在良知中特別凸顯出「意」的地位，是因爲蕺山始終認爲，並不是因爲人不容易分辨是非善惡，而是因爲意志不夠堅定，才會在種種聲色貨利的誘惑中，逐漸遠離道德行爲的標準。

也因此，蕺山又特別強調一個「志」字，以作爲「意」的同義詞：

> 人有生以來，有知覺便有意向，意向漸嘗而漸熟，則習與性成而志立焉。人雖匹夫，必有志也。志於貨利者，惟知有貨利而已，舉天下之物，無以易吾之貨利也；志於聲色者，惟知有聲色而已，舉天下之物，無以易吾之聲色也。若志於道，亦復如是。〔註61〕

凡有知覺就有意向，意向漸熟終使志立焉，因著意志專一與堅定的特質，所

〔註60〕 唐君毅：《劉宗周的道德心學說、實踐及其對王陽明的批評》，頁 313。轉引自杜維明：《道·學·政：論儒家知識分子》，頁 97。（上海：人民出版社，2000）

〔註61〕 《劉宗周全集》第二冊，語類十，〈立志說〉，頁 320。

以當它一決定方向之後，就算是舉天下之物，也無以易之。蕺山用聲色貨利來凸顯出追求道德的重要性，這就像他將「意」從「心之所發」提升到「心之所存」本體地位的積極用心一樣，無非是要人們專志於道德，並且切實地實踐履行，以避免因偏離儒學主流價值，而重蹈了一般陽明學者所易犯的「玄虛而盪」或「情識而肆」的弊端，這是純粹從現實意義來考量蕺山「意」說的。另外，如果我們從哲學史的研究角度來看，由朱子對「道德超越形式性」（天道）的建立，再到陽明對「道德內在主體性」（良知）的確立，再轉向蕺山對「道德純粹意向性」（意）的證成，這是一個越來越向內在心性逐步發展的一個過程，假如再配合上梨洲、船山等對「道德之存在歷史性」（理勢合一）的證立，這就可以隱約看到宋明儒學逐漸由主觀性擺向客觀性的內在理路發展。在這當中，蕺山明顯是個中繼，具有不可輕忽的關鍵地位。

　　林安梧先生對此曾有過深入的剖析與探討，尤其對「意」的釋義和價值認定，相當讓筆者感到心有戚戚焉：

> 顯然地，蕺山將原先分上、下層的「心、意」，分內外層的「知、物」通而為一，而以「意」為首出，換言之，蕺山於整個心性結構不再落到「分別相」的層次作理論的分解與建構，而是由「分別相」上及于「五分別相」，由「境識俱起而已分」上溯于「境識俱起而未分」，由「形乃謂之器」回溯到「見（現）乃謂之象」，如其「見象」（現象）之描述與示現，這當然是陽明學進一步的轉化與發展。

> 「意」之為一具體而實存之善的意向性，此可通過如上所述那種「現象」而還原之、描述之、示現之，如此一來，蕺山（誠意）之學便從原先陽明學等之對于意念的「克治」工夫，一轉而為對於那具體而實存之善的意向性之「護養」；並且以為離此護養，即無克治之可言，此即彼所謂「靜存之外無動察」之謂也。換言之，相對於強調主體性之架構式的挺立，蕺山學則轉化為重視意向性之辯證式的護養。正由於強調意向性之辯證式的護養，便使得道、理、氣、性、情、心、意、知、物等都辯證地關聯起來，而收攝于具體而實存的意向性之中。〔註62〕

〔註62〕林安梧：〈明清之際：從「主體性」、「意向性」到「歷史性」的一個過程──以陽明、蕺山與船山為例的探討〉，頁76～77。刊載於《中國哲學》，2006年7月號。（北京：中國人民大學書報資料中心）

針對朱子、陽明以來的「分別相」式思考模式，蕺山轉而上溯其「境識俱起而未分」的本然原始狀態，如此一來，「心、意、知、物」四者皆能統合一之，且將一切統攝在意的「善之意向性」指導規格之下，這種具備大氣勢大格局的「合一觀」，在加上內斂式的「歸顯於密」工夫導向，無疑更進一步證成了蕺山「宋明理學殿軍」的既定地位。林氏接著又說：「但此歸顯于密的意向性哲學，卻有一層新的轉折，它不侷限于原先主體性哲學的思考，而邁向了廣大的生活世界，開啓了歷史性與社會性的嶄新契機，這是極為可貴的，他或可以說是一『啓蒙的轉折』。」〔註63〕而究竟是如何由「內向性」的思考模式突然轉折為「外放式」的公共領域關懷，這並不在我們的討論範圍之內。我們比較好奇的倒是，經由「意體」凸顯的轉折，道德修養工夫如何從「強調主體性之架構式的挺立」轉而為「重視意向性之辯證式的護養」，而這種林氏所謂的「歸顯于密的意向性哲學」，正是我們接下來所要討論的重點所在。

三、誠意工夫的展現

就如同陽明以「知」（良知）為本體，以「致知」（致良知）為工夫一樣，蕺山也是以「意」為本體，以「誠意」為工夫。關於此，蕺山有一段話是這麼說的：「意根最微，誠體本天；本天者，至善者也。以其至善，還之至微，乃見真止；定、靜、安、慮，次第俱到，以歸之得，得無所得，乃為真得。此處圓滿，無處不圓滿；此處虧欠，無處不虧欠。」〔註64〕這裏特別強調安頓秩序的重要性，我們更可以看出，所謂的「誠意」，就是在最隱微的意根之中，能夠彰顯出誠體天道的至善本質來。意在人，誠則在天，這種貫通天人之際的特殊過程，就是誠意工夫的最大挑戰了。再者，陽明曾以「致知」貫穿《大學》的其他條目，蕺山更有甚者，他是以「誠意」來統合「格物」、「致知」，明顯比朱子、陽明更上層樓：

> 大學之教，只要人知本。天下國家之本在身，身之本在心，心之本
> 在意。意者，至善之所止也，而工夫則從格致始。正致其知止之知，
> 而格其物有本末之物，歸於止至善云耳。格致者，誠意之功，功夫
> 結在主意中，方為真功夫，如離卻意根一步，亦更無格致可言。故

〔註63〕林安梧：〈明清之際：從「主體性」、「意向性」到「歷史性」的一個過程——以陽明、蕺山與船山為例的探討〉，頁77。

〔註64〕《劉宗周全集》第二冊，語類十二，《學言下》，頁453。

格致與誠意，二而一，一而二者也。〔註65〕

《大學》一個最重要的關鍵，就是要人能「知本」，而根據蕺山的解釋系統，這個本就是他特別強調的「意」，也就是「至善之所止」的價值根源所在，至於如何才能達到這至善，「誠意」工夫便是個不二法門了。原本《大學》的八條目是順著「格物」、「致知」、「誠意」、「正心」………而來的，既然「意」成爲最高的本體，「誠意」成爲最歸根究柢的工夫，前頭的格物、致知都成了誠意的先備工夫，甚至意就等同於物，等同於知，「格物」就是「格意」，「致知」就是「致意」。三位一體的結果，讓「格致」和「誠意」終於劃上等號，成了二而一、一而二的一體兩面工夫。所謂「格致者，誠意之功，功夫結在主意中，方爲眞功夫，如離卻意根一步，亦更無格致可言」，如此看來，《大學》工夫的總綱領就是「誠意」無疑了。

根據這個邏輯，蕺山又說：

故格物致知，總爲誠意而設，非誠意之先又有所謂致知之功也。必言誠意先致知，正示人以知止之法，欲其止於至善也。意外無善，獨外無善也。故誠意者大學之專義也，前此不必在致知，後此不必在於正心也；亦大學之完義也，後此無正心之功，并無修齊治平之功也。〔註66〕

由於「誠意」是八條目的中心主軸，其他七者皆可統攝在其下，來爲其服務。之前的格、致，之後的正心、修、齊、治、平，都可統括總覽在誠意的鮮明旗幟下。如此說來，《大學》工夫的八條目，並無前後次序分設的必要，而是一個總括在「誠意」底下的一體工夫，所以蕺山要說誠意是「大學之專義」亦是「大學之完義」，就是在講這個道理。甚至他又進一步說：「大學是一貫底血脈，不是循序底工夫。今人以循序求大學，故謂格致之後，另有誠意工夫；誠意之後，另有正心工夫。豈正心之後，又有修齊治平工夫邪？」〔註67〕一般我們對《大學》的理解，是認爲八條目互相關聯，前承後啓，是循序漸進發展的八個階段。蕺山則認爲，這八條目是統一在「誠意」底下的一貫血脈，只要切實把握住誠意工夫，其它各項皆能一致而百慮，水到而渠成。就如同蕺山所舉出的「常山之蛇」例子一樣，「擊其首則尾應，擊其尾則首應，

〔註65〕　《劉宗周全集》第二冊，語類十二，《學言上》，頁390。
〔註66〕　《劉宗周全集》第四冊，文編九，〈讀大學〉，頁417。
〔註67〕　《劉宗周全集》第二冊，語類十二，《學言下》，頁452。

擊其中則首尾皆應」〔註68〕,「誠意」就是那叩其中的最關鍵癥結所在。

　　既然誠意工夫如此之重要,至於如何實際操作,便成為接下來所要關注的焦點。對此,誠如前所引,蕺山即說道:

> 意根最微,誠體本天;本天者,至善者也。以其至善,還之至微,乃見真止;定、靜、安、慮,次第俱到,以歸之得,得無所得,乃為真得。此處圓滿,無處不圓滿;此處虧欠,無處不虧欠。故君子起戒於微,以克完其天心焉。欺之為言欠也,所自者欠也。自處一動,便有夾雜;因無夾雜,故無虧欠。而端倪在好惡之地,性光呈露,善必好,惡必惡,彼此兩關,乃呈至善。故謂之「如好好色,如惡惡臭」。此時渾然天體用事,不著人力絲毫。於此尋箇下手工夫,惟有慎之一法,乃得還他本位,曰獨。仍不許亂動手腳一毫,所謂誠之者也。此是堯、舜以來相傳心法,學者勿得草草放過。〔註69〕

誠如之前曾經說過的,所謂「誠意」,就是即便是在最隱微的「意根獨體」之中,也能把絕對至善的誠體天道給彰顯出來,就是這道德實踐工夫的最重要一門功課。而這門功課的重點,就在於如何使「意」這先天的道德本體,能具體呈現在人的現實經驗意識層中,並成為其自覺性道德意識,終使得一切行為都能在這道德意識(意志)的範導和定向之下,而不至於茫然無緒或泛濫無歸。至於如何使意根獨體真能夠具備這種職能,就必須要在私念未發之前先做好預備工作,讓主體的經驗意識被價值根源的「意」所置換,以督促人去做那「好善惡惡」的道德性呈現。所謂「君子起戒於微,以克完其天心焉」,就是要在最隱微之處的「未發之中」戒慎用功,讓天道的至善能在主體的心上落實展現,這樣一來,人心就不會再有私慾夾雜,心上的意根獨體不但因著天道的至善圓滿沒有絲毫虧欠,更進一步,他會「性光呈露」,指導人如何去「善必好,惡必惡」。這一種「渾然天體用事,不著人力絲毫」的行為表現,就是意在心上作主所產生的必然結果。而這樣一種順其好惡而好惡之,完全依意而行的「誠意」工夫,若按照蕺山的話來說,就是所謂的「意本如是,非誠之而後如是,意還其意之謂誠」〔註70〕,非但以意為專主,還要全然以意作心的主宰才是。

〔註68〕《劉宗周全集》第二冊,語類十二,《學言上》,頁389。
〔註69〕《劉宗周全集》第二冊,語類十二,《學言下》,頁453～454。
〔註70〕《劉宗周全集》第二冊,語類十二,《學言下》,頁442。

　　「意」作主宰的歸定位，是要在「心」未發時用功，也就是從一切念慮未起處著手，把握住意根獨體，讓它在不睹不聞極其隱微之地也能不自欺，這才能使心正、身修，並且順勢而下，終致能挺立道德主體，完全成就君子人格，如此便是「誠意」的眞精神：

　　　天命流行，物與無妄，此所爲「人生而靜」以上不容說也。此處并
　　　難著「誠」字，或「妄」焉亦不容說。妄者，眞之似者也。古人惡
　　　似而非。似者，非之微者也。道心惟微，妄即依焉，依眞而立，即
　　　托眞而行。官骸性命之地，猶是人也，而生意有弗貫焉者。是人非
　　　人之間，不可方物，強名之曰妄。有妄心，斯有妄形，因有妄解識，
　　　妄名理，妄言說，妄事功，以此造成妄世界，一切妄也，則亦謂之
　　　妄人已矣。妄者，亡也。故曰「罔之生也幸而免」，一生一死，眞罔
　　　乃見，是故君子欲辨之早也。一念未起之先，生死關頭，最爲喫緊。
　　　於此合下清楚，則一眞既立，群妄皆消。即妄求眞，無妄非眞。以
　　　心還心，以聰明還耳目，以恭重還四體，以道德性命還其固然，以
　　　上天下地往古來今還宇宙，而吾乃儼然人還其人，自此一了百當，
　　　日用間更有何事？通身仍得箇靜氣而已。〔註71〕

　　　君子曰：「閒居之地可懼也，而轉可圖也。」吾姑即閒居以證此心。
　　　此時一念未起，無善可著，更何不善可爲？止有一眞無妄在不睹不
　　　聞之地，無所容吾自欺也，吾亦與之毋自欺而已。則雖一善不立之
　　　中，而已具有渾然至善之極。君子所爲必愼其獨也。夫一閒居耳，
　　　小人得之爲萬惡淵藪，而君子善反之，即是證性之路。蓋敬肆之分
　　　也。敬肆之分，人禽之辨也。此證人第一義也。〔註72〕

從文字的敘述當中，我們發現蕺山一直在強調眞、妄之間的差別：妄雖然似眞而非，然非眞而妄亦無以立，眞妄之間，實在是模糊而又難以辨析的。但是如果辨之不早，使心生妄念，就會有妄形、妄解識、妄名理、妄言說、妄事功，以致造成了妄世界，一切皆妄也，這時的人就成爲所謂的「妄人」了。爲了在道德上能立定腳跟，蕺山要求學者能及早分辨眞妄，尤其在一念未起的未發處用功著力，如此才能「一眞既立，群妄皆消」，這種涇渭分明式的意念辨析，可說是樹立道德標準的第一步重要關鍵。而一旦抓住了「眞」（意），

〔註71〕《劉宗周全集》第二冊，語類八，《證學雜解》，解二，頁261～262。
〔註72〕《劉宗周全集》第二冊，語類一，《人譜》，頁5～6。

接下來，就可以順水推舟地做出「還」（誠）的動作，所謂「以心還心，以聰明還耳目，以恭重還四體，以道德性命還其固然，以上天下地往古來今還宇宙」，凡此，都是一種本體性的回歸原位，重要的是以道德性命還其固然。意為心主，意還其意，凡事順意而動，念慮之群妄皆消，如此人還其人，無論是內在用心還是外在的行為舉止，自然會是一了百當，沒有絲毫差池的。

並且，蕺山也特別強調在閒居之時修證此心的必要性，此時一念未起，不但無所謂的不善，更沒有善的空間可以著為，只有一超越善惡、真實無妄的「意根獨體」在不睹不聞之間，以好善惡惡，來無所容吾自欺，而我們也僅能用「毋自欺」的具體道德實踐與之相配合，來完成這最終極的道德使命。而這條路線所走的，跟原先所謂的「慎獨」是同一個脈絡的，蕺山說得好，「則雖一善不立之中，而已具有渾然至善之極」，價值根源是渾然至善的同一個，卻能開出或「慎獨」或「誠意」的兩套工夫進路。而這真、妄之別，落實到具體工夫上就成了敬、肆之分，在閒居獨處的關鍵中，君子能善反自性，小人卻成了萬惡淵藪，「誠意」與否，是人禽之辨的分水嶺，更是證明人之所以為人的第一要義，要成就道德人格，哪能不措意於此？

可見，蕺山不斷在強調以「意」為本體挺立道德理性，以「誠意」為工夫證人之所以為人，雙管齊下來成就道德人格，這是從積極建設的一面來看的。另外我們也可以從消極解構的一面來看道德工夫，就是在對「念」的克制上，根據蕺山的意念之辨，治念的最基本方法，即是根本不讓負面的念慮有機會產生，反而是在人心最隱微之處，以意為主宰，豎立起道德理性的最高標準來。而這種立定主宰以求化解道德負面的修養工夫，按蕺山的話來說，就是「化念歸心」或「化念歸思」，這部份的論述，我們在之前介紹意、念之辨時已經介紹過了，不再贅敘。但若單從《大學》的一貫脈絡來看，「誠意」無疑是八條目中的最重要關鍵，因為《大學》之教本就教人要知本，而根據蕺山的追溯，這個本就在於「意」。如我們所知，一切工夫都要從格物、致知開始，但格物、致知皆可視為誠意之鋪墊，如在致知工夫中，知就是意；在格物工夫中，物即是知，歸本究源的結果，都可上推到「誠意」身上，所有工夫最重要的仍在「意」中，也就是說，無誠意便無格致工夫。因此對蕺山來說，誠意是具有高度終極意義的關鍵工夫所在，難怪他在〈讀大學〉上會開宗明義說道：「大學之道，誠意而已矣。」〔註73〕以表現其對「誠意」工夫

〔註73〕《劉宗周全集》第四冊，文編九，〈讀大學〉，頁417。

的極度重視。

不僅在《大學》上的解釋脈絡是如此，若專就蕺山個人的思想進程而言，「誠意」更是緊接在「慎獨」之後，而成了他晚年思想的核心重點。〈讀大學〉中接著又說：「誠意之功，慎獨而已矣。」〔註74〕一旦將誠意與慎獨接軌，這「意根」就可以和「獨體」直接劃上等號，而成為最高的終極性存有，是存有界所以存在的最後根據，再落到人身上來說，就是人最終極的價值根源與道德自覺主體。一方面來看，「誠意」即是「慎獨」，可說是《學》、《庸》宗旨合一的一種體現，因為誠意專屬於《大學》，慎獨則是《大學》、《中庸》所共屬，將二者合一，無疑是思想架構進一步流通的成果展現。另一方面來說，蕺山中年專用慎獨工夫，到了晚年則提出誠意之說，雖則產出了誠意之說，卻沒有因此而放棄慎獨，反而將慎獨歸本於誠意，並將二者打通為一。所謂：「『誠者，天之道也』，獨之體也。『誠之者，人之道也』，慎獨之功也。」〔註75〕、「古人慎獨之學，固向意根上討分曉，然其工夫必用到切實處，見之躬行。」〔註76〕在這明顯可以看出，蕺山是將誠意與慎獨二者，無論從本體或工夫層，都一併融通為一，幾乎成了不可切割的共同體。

關於這點，對其師知之甚深的黃梨洲曾經在《蕺山學案》上說道：「先生之學，以慎獨為宗。儒者人人言慎獨，唯先生始得其真。……學者但證得性體分明，而以時保之，即是慎矣。慎之工夫，只在主宰上，覺有主，是曰意。離意根一步，便是妄，便非獨矣。」〔註77〕先推崇蕺山的慎獨之學是儒門真傳，超越一般的人云亦云，再進一步深入疏解慎獨工夫的真正意涵，所謂慎獨，無非是在心中證得性體分明，並且時時保之而無失，藉由常惺惺的修鍊工夫來長保天理之性的瑩明透澈，以長作此心之主宰。值得注意的是：獨體與意根之間的對等並轉換，慎獨工夫只落在主宰上，這主宰有覺的功能，就是誠意之意。慎獨不可離卻意根，就是在強調工夫須在心體中最隱微的意根上落實，如此才能遏止妄念的發作，這跟誠意幾乎是異名而同實的工夫運作。這樣看來，無論從本體定位或工夫進程來看，誠意都等同於慎獨，自許為蕺山門下唯一能繼承師說的梨洲〔註78〕都有此看法，無論是入乎其中的夫子自

〔註74〕 《劉宗周全集》第四冊，文編九，〈讀大學〉，頁417。
〔註75〕 《劉宗周全集》第二冊，語類十二，《學言中》，頁420。
〔註76〕 《劉宗周全集》第二冊，語類八，《證學雜解》，解六，頁264。
〔註77〕 《明儒學案》卷六十二，《蕺山學案》，頁1514。
〔註78〕 詳見《明儒學案》，〈原序〉，梨洲與同門鄆仲昇對話部份。

道，還是出乎其外的高足論定，都有相同的認知和評斷，「誠意」與「慎獨」間的打通合一，似乎已然成為不可置疑的定調了。

除了「誠意」與「慎獨」的合一，在蕺山「合一觀」思想基調的處處籠罩之下，本體和工夫也是可以合而為一的，而這也是他思想體系中一個相當重要的核心特色。對蕺山來說，意根及獨體皆是其形上學的最高價值根源；誠意與慎獨更是他道德修養工夫的不二法門。不但如此，甚至一些理學家所常用的最高範疇概念，如良知、心、性、理、氣、道、器等等，在蕺山的思想架構中，也常被廣泛運用著，並且被一起連用。這就可以看出他企圖統籌萬有、繼承前賢，以開拓前所未有格局的思想高度，而這對成就蕺山「理學殿軍」的集大成角色而言，無疑又是另一方面的加分式佐證。尤其在「即本體即工夫」的思想特色上，蕺山又進一步展現了其思想格局上的大開大闔，其實，這種「本體即是工夫」、「工夫不離本體」的訴求，既重工夫，亦不廢本體，在陽明的思想中即有所發展。只是到了後來，陽明學者們漸漸忽略此一特色，竟將良知本體推高到無以復加的地步，相對排擠到「事上磨練」工夫的發展空間，而這也正是當時學界產生流弊的最主要原因所在。

到了蕺山身上，他又再度重提「即本體即工夫」的理論訴求，並將這種理論札札實實地穿透到所有的思想體系當中，甚而向前推進地將一些概念通通聯成一氣，將其「合一觀」的主軸理念發揮到淋漓盡致的地步。「誠意」、「慎獨」如此，「本體」、「工夫」更然，若按照蕺山自己的話來說，就是所謂的「體用一原，顯微無間」〔註79〕。在誠意與慎獨的議題上，意是本體，即等同於獨，而誠和慎則都是指同一個工夫而言，所以這兩者無論在本體或是工夫上都是合一的。值得注意的是，這種合一並非簡單地劃上等號，視為雷同的相似對等而已，而是有著高度的內在關聯性的。蕺山有一段話是這麼說的：

> 所云「工夫、本體只是一箇，做工夫處即本體」，良是，良是。既如是說，便須認定本體做工夫，便不得離卻本體一步做工夫。而今工夫不得力，恐是離卻本體的工夫。本體正當處，只是箇天理。工夫正當處，只是存天理。若已存之自我，則天理之外更無人欲，何故又有天理、人欲夾雜不能自斷之疑？此知平日工夫未必本體也。
>
> 所云「單言本體，不免流於禪門掃除一切之弊」，此亦不容無說。禪門原不識本體，所以欲掃除一切而歸於空。空之為言，與吾儒「人

生而靜以上」處，大有分別。識得本體，萬理皆實。即功名、富貴
原非外物，何落空之有？〔註80〕

這是蕺山回答學生問題時的一段自我表述，強調的是本體與工夫的一體不可
分。從這裡，我們可以看出，蕺山即使對現實層的具體工夫有所倚重，也不
至相對忽略超越本體的指導價值，所以在做工夫時，便不得離卻本體一步。
相對地，只要是工夫不得力，就有可能是離卻本體所造成的缺失而然。在此，
更有一個很好的類比關係，「本體正當處，只是箇天理。工夫正當處，只是存
天理。」用天理來指實本體，特別是不同於禪門的儒學本體，不僅不是「空」，
更是至善道德價值的總源頭。如此一來，順勢而下的具體實踐「存天理」，自
然純粹地不能夾雜絲毫人欲，「天理」只是個抽象的應然本體，唯有落實在主
體上的道德行為才具有實然的意義，所以如果不談形上思辨，單從「人間世」
的價值成就來考量，本體與工夫其實是不容切割的一體之兩面，又何必因為
嫌棄禪門的「空」就對本體諱莫如深，因為本體正代表了「萬理皆實」的充
實飽滿狀態。

　　這思路落實到「誠意」這個議題上更可以得到印證：意根是本體，是價
值的根源，也是主體行動的主宰，更具有見善必好、見惡必惡的道德情感，
和督促人們真正去執行為善去惡行為的權威能力。就這點來講，本體的自主
向度極度擴展，道德的「意向性」成為首出的第一序，誠意工夫只要做到順
意而動，就可以把本體的價值開發到淋漓盡致的地步。換句話說，工夫其實
是針對意根本體的一種自我察覺，並在道德意向的指引下，切切實實將道德
情感落實為道德行為，這種順勢的推展，按蕺山的話說，就是所謂的「即本
體即工夫」〔註81〕。再從另一個角度來看，先天而具的意根，若無具體工夫
的證成，則只能是掛空的本體罷了，善則善矣，對實際人生根本沒有任何效
用。正如蕺山所說的：「須知此理人人具足，而不加印證，終虞寶藏塵埋；益
信此心人人有知，而不事擴充，難免電光淪沒。」〔註82〕本體雖然人人圓滿
具足，但卻無法自發地實現，必須透過工夫歷程的印證與擴充，才不至於「電
光淪沒」，在這蕺山又極度肯定了以工夫證成本體的重要性，就是所謂的「即
工夫即本體」〔註83〕。

〔註80〕　《劉宗周全集》第三冊，文編三，〈答祁生文載〉，頁307～308。
〔註81〕　《劉宗周全集》第二冊，語類十二，《學言中》，頁420。
〔註82〕　《劉宗周全集》第二冊，語類十四，《學檄》，頁484。
〔註83〕　《劉宗周全集》第一冊，經術七，《大學雜言》，頁655。

　　若從這個思路發展，衍生到頓、漸之教上，我們也可以發現，蕺山基本上是反對以頓悟本體來取代漸修工夫的，因為頓悟只是一種「以性求性」的捕風捉影過程，根本是毫無切入點的徒勞無功方式。所謂：「識得夫子言性處，方可與盡性。後人皆以性求性，妄意有一物可指，終失面目。即孟子道性善，亦是下了註腳。」〔註 84〕明顯可知，儒家傳統自孔子以來是不特別去強調性之所在的，而是藉由盡性的工夫才能上達天命，如果一味執著於超越層的性體，而不從經驗層的實踐履行去切入、去把握，妄想「有一物可指」，一悟盡悟，一透皆透，這無疑是禪學在良知現成論者身上的一種移花接木式的體質改造，不但與孟子的道性善有別，更已徹底失去了儒家的眞面目。因此，在本體和工夫之間的議題上，蕺山有著如下的主張：

> 學者只有工夫可說，其本體處直是著不得一語。纔著一語，便是工夫邊事。然言工夫，而本體在其中矣。大抵學者肯用工夫處，即是本體流露處；其善用工夫處，即是本體正當處。若工夫之外別有本體，可以兩相湊泊，則亦外物而非道矣。⋯⋯⋯⋯乃知孔門授受，只在彝倫日用討歸宿，絕不於此外空談本體，滋人高明之惑，只此便是性學。〔註85〕

本體、工夫在蕺山「合一觀」的籠罩之下，已然成為一體。但這一體也有它獨特的奧妙之處，也就是說，本體莫測高深，妙不可言，可言的，只有工夫邊事。「學者肯用工夫處，即是本體流露處；其善用工夫處，即是本體正當處」，這個密不可分的統一體，只有藉由經驗層的工夫才能把握得到，傳統以本體指導工夫的既定模式，在蕺山側重現實面的考量下得到翻轉，反而以工夫為首出，為最重要的切入點。所以，即便二者融為一體，可見可說的，亦只有工夫邊事，亦只在彝倫日用上。大原則是，本體不可見，即工夫而見，進一步，「言工夫，而本體在其中矣」，最後，甚至可以武斷地說成是「工夫之外無本體」。這之間的密切關係，有一點也是我們不能忽略的：對蕺山來說，為了防堵陽明後學過度推高本體所產生的流弊，所以他反而特別強調現實工夫的重要性，認為在孰輕孰重的判別中，工夫不僅只是本體得以實現的手段而已，其本身就是目的的一種展現，基本上，是可以跟本體平起平坐、等量齊觀的。

〔註 84〕《劉宗周全集》第二冊，語類十二，《學言下》，頁 464。
〔註 85〕《劉宗周全集》第三冊，文編三，〈答履思二〉，頁 309。

　　正如孔子所謂的「下學而上達」一樣，透過不斷的人爲努力（下學人事，漸修），終致能到達天人合一的境界（上達天理，頓悟），在這道德修養的進程中，工夫逐漸成爲本體的具體彰顯，本體也漸次落實爲工夫的實際內容，最後這二者泯合爲一，成就聖人的最高人格型態。可見，本體與工夫，是絕對不容切割或者是軒輊高下的。若落到「誠意」這一課題上，更見如此：

　　　一誠貫所性之全，而工夫則自明而入，故中庸曰誠身，曰明善；大
　　　學曰誠意，曰致知，其旨一也。要之，明善之善，不外一誠，明之
　　　所以誠之也；致知之知，不離此意，致之所以誠之也。本體工夫，
　　　委是打合。〔註86〕

　　　本體只是這些子，工夫只是這些子，并這些子，仍不得分此爲本體，
　　　彼爲工夫。既無本體工夫可分，則亦并無這些子可指，故曰：「上天
　　　之載，無聲無臭。」至矣！〔註87〕

無論是《大學》的「誠意」、「致知」，還是《中庸》的「誠身」、「明善」，都是由「誠」來貫性，「明」來做入手工夫。誠是本體，誠之（明之）是工夫，這樣看來，工夫只是本體完滿後的一種順水推舟表現，二位只爲一格，雖名謂有異，卻分不得此爲本體，彼爲工夫，二者「委是打合」。甚至，蕺山用「上天之載，無聲無臭」的最高境界，來形容本體與工夫的完全打併一體，在此情況下，本體、工夫已是一體的兩面，絲毫分不得彼此了。在蕺山的觀念中，當本體下貫到人身上，才形成人所以存在的理由；而人更是要藉由工夫，來恢復其被蒙蔽的主體，使天道得以通透完全地在人身上彰顯開來。也就是說，本體原就是我們天生的本質，落實在道德主體上而言，更是所謂的「價值自覺」，而工夫的真正價值所在，正是在人的本體上恢復此一「價值自覺」。

　　究其實，本體與工夫兩者只是不容切割的一體兩面，至於在現實面的切入點上，則甚至是以工夫爲首出的，蕺山所謂：「工夫愈精密，則本體愈昭熒。」〔註88〕指的無非就是這個意思。然而須注意的是，前提卻在於：「不識本體，果如何下工夫？但既識本體，即須認定本體用工夫。」〔註89〕因此，識得本體也是不可缺的，但當我們瞭解到本體的重要性時，更須要由本體處著手下

〔註86〕　《劉宗周全集》第二冊，語類十二，《學言下》，頁453。
〔註87〕　《劉宗周全集》第二冊，語類十二，《學言上》，頁404。
〔註88〕　《劉宗周全集》第二冊，語類十四，《會錄》，頁507。
〔註89〕　《劉宗周全集》第二冊，語類十四，《會錄》，頁507。

工夫，才是恢復「價值自覺」的唯一途徑。如此一來，本體不離工夫，工夫不離本體，這種「即本體即工夫」的「合一」價值觀，不僅落實在「誠意說」的議題上，更是貫串在蕺山的整個思想架構中，而成為其思想體系的一大特色。

關於此，鮑世斌先生有一段相當精彩的論述，很能夠凸顯出蕺山誠意教在王學改革中所佔有的歷史地位：

> 從明末思想的發展來看，如何救治良知現成論逕任本體而遺卻實地工夫之弊是思想界所面對的主要問題。針對這個問題，顧憲成、高攀龍等人是用朱學工夫對治，其對本體的看法亦持陽明立場，也就是以朱學工夫來彰顯陽明本體，在本體上找到良知現成論的根源，這還只是一種外部矯正。而劉宗周的思想更進一層，從心體入手，以意為體，將放失在感性經驗中的心體收攝到意根獨體上，為道德修養培根固本，在心體最隱微處確立了道德自覺的形上根基，從而建立起本體工夫合一的誠意慎獨之學。這可謂是從內部對王學流弊進行救治。劉宗周所主誠意慎獨之學是乘王學流弊而起的，在精神方向上與王陽明的良知之學並無二致，因此可以說誠意慎獨之學是良知學在新時期的重建。〔註90〕

若從另一個角度來看，身為「宋明理學殿軍」的蕺山，其心性之學規模堂廡之大，實不必以或朱學或陽明學的既定矩矱來範圍局限之。所以說他是內部救治，以別於顧、高等人的外部矯正，是有點多此一舉的無謂。更需要表明的是，在舉世滔滔皆陷於王學流弊的頹風之下，蕺山獨排眾議，用補偏救弊來代替連根拔起，正本清源地「從心體入手，以意為體，將放失在感性經驗中的心體收攝到意根獨體上，為道德修養培根固本，在心體最隱微處確立了道德自覺的形上根基，從而建立起本體工夫合一的誠意慎獨之學」。而這正是「意根獨體」在蕺山思想體系中所佔有的獨特地位與關鍵價值，因著本體的改造，工夫才有可能斬獲重生，由此來說「誠意」、「慎獨」之學有共通的一致性，都是乘王學流弊而起的「因病立方」，這種說法，應該算是今日我們對蕺山學較為公允持平的認知和評價。

〔註90〕 鮑世斌：《明代王學研究》，第五章〈補偏救弊與意體的挺立〉，頁292。（成都：巴蜀書社，2004）

第五章　內聖之學的拓展──理氣觀

　　理氣問題在宋明理學一直是一個備受關切的焦點，它包含了道器、太極、陰陽等相關議題的探討，從哲學的角度來看，這是一種對存有界的認識方式與解釋模式，是人類哲學思考中的核心概念，幾乎沒有例外的，每一位思想家對此或多或少都要有所著墨。誠如我們所知，宋明儒者之中，要算周敦頤、張載二者學術的宇宙論意味特別濃厚，似乎是刻意要藉此思想的客觀性，來對抗外來佛、老「空」與「無」哲學的挑戰，以求鞏固儒家在學術界中的正統地位。接下來的程朱一系綜合了前期的濂溪、橫渠之學而規模獨出，終致建立了「理本論」的形上學系統，讓理氣成為其最重要的中心概念之一。如伊川就特別推崇橫渠，朱子則對濂溪情有獨鍾，甚至「理先氣後」的問題也成了這一派的主要訴求重點。他們的「性即理」容或有一套形上哲學的考量，但在心與理之間仍有所間隔的疑慮上言，似乎就很難自圓其說了，這也就難怪陽明要用「格竹子格出病來」如此一種激烈的抗議手段，來表達其「理不在心外」的真義之原因所在了。

　　到陸王一系出，由於他們堅持「心外無理」甚至「心外無物」的理念，終致把一切的理氣、心物、太極、陰陽……等的觀念，一概納入心性議題的大傘之下，而不復成為獨立的思考方向，以至於理氣先後也成了心是否能自悟自覺的後設結果。所以跟程朱的相對客觀比較起來，陸王無寧更重心性的主觀價值，我們也似乎更難看到他們將理氣等視為一種重要的獨立觀念來加以探討，因為對陸王而言，一切都將從屬在心性的絕對價值之下。正因為如此，強調主觀心性更甚於客觀性理的陸王一系，跟程朱一派比較起來，其所體現的義理性格，似乎更貼近於先秦孔孟的素樸特質，而這正是陸王一系所

津津樂道且引以爲傲的。勞思光先生將宋明理學的發展，劃歸爲由周、張之學「半形上學半宇宙論」形態的第一階段，到二程之學「純粹之形上學系統」和朱子綜合周、張、程諸家而集其成的第二階段，再到陽明承象山所代表的「心性論中心之哲學」的第三階段，〔註1〕由這個角度去察驗「理氣」在他們各自學說中所佔有的分量與地位，相信是頗具參考價值的。

甚至到了後來，明代的王廷相、羅整庵（名欽順，號整庵，1465～1547）就是純粹以思想的「氣本論」問世，所以可以看得出來的是，在理氣或道器這個思考範疇上，的確是宋明理學一個重要而不容忽略的議題，不同的理論系統都有它的各自表述。無論是周張的宇宙論，還是程朱的形上學，甚或是陸王的心性論，都在不同的程度上對此一哲學的基本課題做出回應，當然，身爲「理學殿軍」的蕺山自然也不能例外。即便以蕺山思想格局之大，我們不太需要把他劃歸於或朱學或王學的壁壘對陣之中，然而要說他的學問性格基本上是屬於心學心性論這一系，則大致是沒有疑義的。並且，在理氣、道器、太極和陰陽這幾個非關心性的概念範疇上，蕺山也周到地做出了相當適切的解釋和定位。如蕺山曾經說道：「盈天地間，一氣而已矣。有氣斯有數，有數斯有象，有象斯有名，有名斯有物，有物斯有性，有性斯有道，故道其後起也。」〔註2〕又說：「理即是氣之理，斷然不在氣先，不在氣外。」〔註3〕單從這些論述來看，我們很容易將蕺山視爲以氣爲首出的唯物主義論者，或是氣一元論的思想代表，但若將蕺山相關的其他論說加進來考量，則又不見得如此。可以這麼說，大凡對蕺山學術有稍微瞭解的人都不得不承認，基本上他的心性論是最爲精彩，也是最爲鞭闢入裡的一部分，說他是唯心論者，一點也不爲過。現在問題就出現了，同樣來自於兩個極端，在極重心性和極度強調氣的價值之間到底要如何定位？這也難怪後學要對其產生相當偏歧的評價之原因所在了。

一、「理本論」或「心本論」

誠如上述，在蕺山的文本當中，由於對「理氣」定位問題不夠明確，往往造成了後學在解讀上的困擾甚至產生誤解，這種繚繞的情形就算是牟宗三

〔註1〕 詳細論述請參看勞思光：《新編中國哲學史》三上，第二章〈宋明儒學總說〉，頁40～62。

〔註2〕 《劉宗周全集》第二冊，語類十二，《學言中》，頁407。

〔註3〕 《劉宗周全集》第二冊，語類十二，《學言中》，頁410。

先生也不能免。他一方面肯定了蕺山在宋明理學中集大成的最後「殿軍」角色，一方面也直言無諱地指陳出他所理解的蕺山思想或說法的缺失：

> 蕺山之辯駁言論多不如理，或多無實義，時不免明末秀才故作驚人之筆之陋習；其說法多滯辭，自不如象山陽明之精熟與通暢。……此種說法（按指蕺山晚年思想成熟時所說之「從來學問只有一個工夫。凡分內分外，分動分靜，說有說無，劈成兩下，總屬支離。」）即無實義，乃故作驚人之筆之險語，而且亦有不合事實者。故此類話可置之也。……此（按即「先儒言道分析者，至先生悉統而一之。」語）亦無實義。即使可以這樣一之，又何礙于分別說耶？若膠著于此而講其學之性格，必迷失旨歸而至於面目全非。劉汋非能知其父者也。〔註4〕

> 劉蕺山的書就是所謂的「劉子全書」。我曾把他的重要文獻都抄錄出來，由此可看出劉蕺山學問的全貌。他的功夫很深，不過在說法（文字的表達）上有駁雜、有滯辭，有時故作驚人之語，帶有明朝秀才的習氣。明朝的秀才囂張得很！……劉蕺山在當時有時還是不自覺地帶有秀才的習氣。他當然不會欺負人，但有時會說大話。講學問得老老實實地講，不能說大話。他的文章雖有些駁雜，也有不通之處，但其真實的意義不可揜，其中有真工夫。他不是徒託理學家之名，而是有真實的實踐工夫的，所以最後能絕食而死。〔註5〕

說蕺山是「理學殿軍」的是他，說蕺山的言論「不如理」、「無實義」、「不免明末秀才故作驚人之筆」、「多滯辭」、「有駁雜」、「不通」的也是他，前後的評價矛盾不一，所以到底毛病出在什麼地方？從上段的引文來看，牟先生非但不能接受「言道分析」的統而一之，更對統合一切工夫的作法不以為然。當然，牟氏高超的思辨能力是近代所罕見的，但也不能因此就否決「合一觀」在成就蕺山「宋明理學殿軍」上的關鍵價值，並一概以「明朝秀才習氣」的故作驚人之語來一筆抹煞，這不見得就是相應的瞭解了。筆者倒是以為，之所以產生牟先生這種前後評價不一致的混亂情形，「理氣」與「心性」之間要如何適切定位是主要關鍵，尤其在「思路」（分「思辨進程」與「表述方式」兩個重點）這一方面，蕺山所採用的方式不夠清晰明確，或甚至範圍拓展過

〔註4〕　牟宗三：《從陸象山到劉蕺山》，第六章〈劉蕺山的慎獨之學〉，頁458～460。
〔註5〕　牟宗三：《中國哲學十九講》，第十八講〈宋明儒學概述〉，頁417～418。

了頭，而不爲牟先生所接受。

在這方面，我們勢必要回過頭去回顧第二章部分在談及蕺山思想的「合一觀」時，許多學者曾經在這一方面做過討論，而對此，筆者倒是要從更深一層的思考以及表述方式來看待這個問題，如此一來，陳立驤先生的解法應該是比較能深得我心的。陳氏以爲：

> 這是因爲他用了「分解的思路」下之「兩層存有論」的架構，來理解蕺山之學，而由於蕺山之學係「辯證的思路」及「全體論」的義理型態，與牟先生所用的並不相應或相符，因此，在無法對蕺山之學做一充分而圓滿的解釋下（儘管牟先生的語文分解、邏輯思辨與架構思維能力特強），他便對蕺山之學發出這樣的貶詞了。〔註6〕

正是因爲牟先生尚未掌握到蕺山思想的內在型態，所以才無法接受其無論在「本體」或「工夫」上都統而一之的辯證型思路。套用陳氏的說法，一般我們習慣將思想家相對畫分成「分解的思路」〔註7〕或「辯證的思路」〔註8〕兩種思維模式，但這兩者只有程度上的不同，並非絕對的非此即彼。因著語文表達的局限性，要表達「辯證」遠較「分解」難得多，因爲語文本就是爲著分析解構而設的，老子所謂的「道可道，非常道」，講的就是這個道理。並且，如果將程朱和陸王並列相較，則顯然程朱是「分解」，陸王是「辯證」；但若換個角度，把陸王與蕺山做個比較，則相對陸王成了「分解」，蕺山更進而爲「辯證」了。如此一來，相較於陸王，蕺山的表達自然相對困難得多，如果

〔註6〕 陳立驤：《宋明儒學新論》，〈劉蕺山哲學思想研究〉，頁53。（高雄：高雄復文圖書出版社，2005）

〔註7〕 所謂「分解的思路」，按照陳氏的看法是認爲這一類的思想家，「常會認爲：在天地萬物及人類的生命、社會、歷史與文化等之前、之上或背後，有所謂獨立自存、永恆普遍的本體存在。而這本體，可能是物質性的，如唯物論者所主張的宇宙原質；也可能是精神性的，如基督宗教所說的上帝。……而若將它（祂）放在宋明理學的脈絡中來立論，則它便是既超越、又內在的道德實體（或原理）。」若依照這種定義的方式來看，「分解的思路」明顯是偏向一般所謂的「理氣二元論」的。詳見陳立驤：《宋明儒學新論》，〈劉蕺山哲學思想研究〉，頁31～32。

〔註8〕 相對於「分解的思路」，「辯證的思路」剛好有與之相對反的思維模式：「具有這種思路的思想家，通常並不認爲在天地萬物及人類的生命、社會、歷史與文化等之前、之上或背後，有所謂獨立自存、永恆普遍的本體存在；相反地，他們往往是就實存的宇宙人生之總體存在與流行，來說本體。」可見相較於「分解的思路」，「辯證的思路」理應是較偏向於「理氣一元論」或「氣一元論」的。詳見陳立驤：《宋明儒學新論》，〈劉蕺山哲學思想研究〉，頁34～35。

要說蕺山「不如象山陽明之精熟與通暢」，這也是理所當然的想像中事，絲毫不足爲奇。更何況，「辯證合一」正是蕺山思想的一大特色所在，怎能以此就說他「故作驚人之語，帶有明朝秀才的習氣」。或許他並不如陸王的「簡易直截」，但蕺山論點的「綿密精緻」，比起陸王來，相信絕對有過之而無不及，否則，理學殿軍就不成爲「殿軍」了。所以牟先生雖然在蕺山學的研究上著有見地，蔚爲大家，但在「辯證合一」或「心學中的理氣論」等諸如此類思想特色的掌握上，就稍嫌主觀而片斷了。

　　除了牟宗三先生提出質疑，侯外廬先生也提出了另一個面向的思考維度，來批判蕺山的哲學內涵：

> 劉宗周的思想體系比較複雜，充滿矛盾。他一方面在本體論、人性論和認識論上，提出了與理學相對峙的有唯物主義傾向的新觀點；另一方面，又力圖恢復心學的地位，其「慎獨」、「敬誠」之說的提出，就是針對王守仁的心學危機而發的，旨在「補偏救弊」。劉宗周思想體系的矛盾現象，正是他處於明末這個新舊交替時期各種社會矛盾在思想上的反映。這時在社會經濟、政治和思想等方面都發生了某些變化。明王朝已腐朽敗壞，行將覆滅。作爲統治思想的理學已走向它衰頹沒落的階段，一個以提倡「經世致用」爲內容的早期啓蒙思潮即將來臨。劉宗周處於這樣一個新舊交替時代之前夜，自然形成他在思想上的獨創和因襲、活的和死的相交織的多重矛盾。
>
> 劉宗周雖未能擺脫心學的束縛，仍因襲「心學」的思想觀點，但也提出了一些與理學的傳統思想相違背的觀點，如「離氣無理」、「道不離器」的本體論、以「形氣爲本」的人性論和「良知不離聞見」的知識論等，而這些背離理學的思想觀點，後來被他的學生、蕺山學派的主要代表──黃宗羲、陳確等人所繼承和發展。他們對封建專制主義和封建蒙昧主義的抨擊，成爲明末清初早期啓蒙思潮的重要組成部分。劉宗周則是蕺山學派的創建者，他的某些背離理學的進步觀點，可以說是早期啓蒙思想的先驅。〔註9〕

在這裡有個前提，對於蕺山這位理學大師，除非我們在他的文本中明顯看出了錯亂或矛盾，否則就不應該以今非古，用自己既有的一套意識型態與理論

〔註9〕侯外廬、邱漢生、張啓之：《宋明理學史》下，第二十三章〈劉宗周的思想特徵及其「慎獨」、「敬誠」理論〉，頁641。

架構去強作解人，最後得出的結果竟然是「劉宗周的思想體系比較複雜，充滿矛盾」，這種純然是負面的武斷式個人臆測。當詮釋原典遇到瓶頸時，是該回過頭來反躬自省，是自己的理解不夠透徹，還是不負責任地一概歸咎爲古人思想矛盾，這是我們首先必須面對的一大課題，在此，侯先生就遇到了相同的考驗。基本上，侯氏用的是唯心主義或唯物主義這兩大系統框架的解構模式去檢測古人思想的，所以當他發現在蕺山思想的內涵，既有唯物主義傾向的新觀點，又保有唯心的「愼獨」、「敬誠」之說時，便期期然以爲不可，似乎這是不相容的兩造。

　　但殊不知蕺山重「氣」、重「客觀面」的思想傾向，除了不免有新時代「實學」的大勢所趨風向影響外，可說是蕺山苦心孤詣的特殊設計，他是要藉助挺立的客觀價值，來力挽陽明後學空疏與狂放的流弊。要說他思想中混雜著「唯心」和「唯物」而不純，倒不如說他是用客觀性來貞定既有的主觀價值，以補偏救弊，防止流弊的蔓延。若從這個角度來思考，「物」只是「心」的進一步衍生和第二序的附加物。唯有在心學的立場下，才能深入看出蕺山思想的眞正命義所在，也就是說，心學才是構築蕺山學術的基本底盤，其他任何有唯物主義傾向的主張，究其實，只不過是蕺山藉以推進思想及修正偏鋒的功能性客體，並沒有獨立價值在。再說清楚一點，只有在主體「心」的籠罩下，一切客體的「物」才有價值可言，何況在中國哲學，從來也不曾不存在過「唯心」、「唯物」兩相對立衝突的現象，更別說是同時存在於一人的思想架構中了。

　　再者，侯先生認爲蕺山的理學思想，「是一個充滿自相矛盾的體系」〔註10〕，而他所謂的「自相矛盾」，所提出的論據，無非只是《子劉子行狀》中梨洲所說的：「先生於新建之學凡三變；始而疑，中而信，終而辯難不遺餘力」〔註11〕這一段文字敘述罷了。但誠如我們在第二章所提到的，這只不過是蕺山對陽明心學態度的一個轉變過程而已，由懷疑到相信再到辯難，不同階段的成熟度產生不同形式的理解與接納，這在當下都是眞實而全面的，不能因爲昨非而今是，就要說蕺山的思想是自相矛盾的。隨著年歲閱歷的增長，思想也要一層層地蛻變，容或有前後不一致的地方，也不能逕自以爲這就是矛

〔註10〕侯外廬、邱漢生、張啓之：《宋明理學史》下，第二十三章〈劉宗周的思想特徵及其「愼獨」、「敬誠」理論〉，頁609。

〔註11〕《劉宗周全集》第六冊，附錄一，《子劉子行狀》，頁42。

盾的衝突，而全盤加以否定。更何況，「批判」與「辯證」正是蕺山思維方式的一大特色，不僅對前輩思想家如此，其本身思想，更因此而得到了進一步的發展契機，如果因沒有從一而終，就說蕺山自我前後矛盾，那將不會是一種公平得當的判斷。

還有一個啓人疑竇的地方，是延續以上的「自相矛盾」說，侯氏對它之所以產生的解讀是：「劉宗周思想體系的矛盾現象，正是他處於明末這個新舊交替時期各種社會矛盾在思想上的反映。」照這種邏輯來說，正因爲蕺山「處於這樣一個新舊交替時代之前夜」，所以才「自然形成」他思想上的「多重矛盾」。看來，社會矛盾是造成思想矛盾的前提，這種絲毫不考慮思想家個別情況，完全以下層社會結構來決定上層思想文化的一廂情願看法，看來是經不起歷史事實的證驗的。中國古代的亂世絕對不只明末而已，春秋戰國也罷，魏晉六朝也好，在舉世滔滔，社會轉型，新舊價值觀交替的大時代下，思想家們無不殫精竭慮，亟思有以改造之，爲社會謀求新的出路。無論他們是原創的孔孟，還是以述爲作的王（弼）、郭（象），呈現的都是一套套完整而縝密的思想體系，社會矛盾並沒有直接衍生爲思想的矛盾，可見這兩種並沒有必然的對應關係。

針對這個問題，陳立驤先生的看法就頗具參考價值：

> 在數學上，「決定」是可以用「多對一」與「一對一」的函數關係來表示的：若同一種社會狀況，恰好只產生一種思想型態，則它們之間是「一對一」的函數關係，此時我們便可說：社會「決定」了思想；但若同一種社會情況，卻產生了多種不同的思想型態，那麼這便是「一對多」的關係。既是「一對多」的關係，就不是函數，那又怎能說是「決定」呢？因此，說蕺山之學受明末社會的影響，這是可以的；但說它是「明末這個新舊交替時期各種社會矛盾在思想上的反映」，或說是「因爲明末的社會矛盾現象而『自然形成』他在思想上的矛盾」，則是有待商榷的。〔註12〕

除了「決定」之外還有「影響」，用「影響」和「決定」這兩個輕重不等的互動描述，來界定蕺山思想與明末大時代背景之間的關係，是有相當合理性的，很能被我們信服。其實順著這個議題來思考，有一個重點是我們須要注意的：誠如陳氏所言，社會背景和思想內容間並不可能是「一對一」的函數「決定」

〔註12〕陳立驤：《宋明儒學新論》，〈劉蕺山哲學思想研究〉，頁 51～52。

關係，頂多只是「多對一」的相對「影響」關係，思想家不可能無的放矢，時代性或多或少將呈現在哲學思考的背景因素中。雖不可能絕對影響，但也不可視而不見，過度的膨脹或刻意的漠視都不是治思想史者所應有的態度，唯有恰如其分的解讀才不致走上偏鋒。何況，到底什麼叫做「思想矛盾」？是前後不一致的層層推展，還是詮釋角度一直無法對焦，就可逕以「思想矛盾」稱之，這樣的不負責任作法別說是另有居心了。

但是之所以如此，蕺山思想的豐富多彩絕對是最主要原因，我們也不必太苛責於牟先生與侯先生了，畢竟蕺山「辯證合一」與「氣論為心學服務」的思想主軸，並非一般就可以得出相應的瞭解。除非入乎其中而深造自得者，否則不容易看出其中奧妙，也難怪他們要把它解讀為「故作驚人之筆」或是「活的和死的相交織的多重矛盾」。雖然如此，他們兩位詮釋蕺山思想的表現仍是有目共睹的，牟先生的卓然成家自不待言，就算侯先生也舉出了「補偏救弊」和「啟蒙思想」兩大重點來對蕺山學加以肯定。「補偏救弊」是針對王學危機而發的；「啟蒙思想」則展現在引發後學黃宗羲、陳確等人身上。有關陳確的進步思想，筆者在碩士論文階段時曾有過詳細的討論，在此不贅；至於黃宗羲對蕺山思想的把握則是有目共睹的，甚至連他自己都這麼認為。因此，對蕺山的理氣觀，便可從黃梨洲對其師的這部分評價來談起，而當真正釐清了「理氣論」在蕺山思想中的定位，就不致在「心本論」或「理本論」中舉棋不定，甚且做出一些無謂又不符歷史真相的負面評價來。

二、理為氣之理

黃梨洲在〈子劉子行狀〉，曾認為蕺山思想能「發先儒之所未發者」殆有四端：一曰「靜存之外無動察」；二曰「意為心之所存，非所發」；三曰「已發未發，以表裏對待言，不以前後際言」；四曰「太極為萬物之總名」。〔註13〕其中第四點關係到蕺山的理氣觀，相當值得我們注意，其具體的論述如下：

> 一曰「太極為萬物之總名」。謂：子曰：「易有太極。」周子則云「無極而太極」，無極則有極之轉語，故曰「太極本無極」，蓋恐後人執極於有也。而後之人又執無於有之上，則有是無矣，轉云無是無，語愈玄而道愈晦矣。不知一奇則太極之象，因而偶之，即陰陽兩儀之象。兩儀立，而太極即隱於陰陽之中，故不另存太極之象。於是

─────────────────
〔註13〕《劉宗周全集》第六冊，附錄一，〈子劉子行狀〉，頁39～42。

綜言之，道理皆從形氣而立，離形無所謂道，離氣無所謂理。天者，
萬物之總名，非與物爲君也。道者，萬器之總名，非與器爲體也。
性者，萬形之總名，非與形爲偶也。知此，則道心即人心之本心，
義理之性即氣質之性。〔註14〕

從《易傳》的太極講起，再到濂溪的「無極而太極」，無論是太極還是無極，
說的都是同一個本體，爲了避免讓後人執極於有而有無極之說，並不是在有
極之上另有一個無極，而是太極以「無」爲體，故又可以稱「無極」，兩者根
本是同義詞。然而因爲後人不能明瞭濂溪之意，硬是以爲「無極」在「太極」
之先，造成了疊床架屋的紛亂，所以「語愈玄而道愈晦」，可見得，蕺山是頗
有意來終結這種亂象的。在蕺山看來，太極是萬物之總名，也是宇宙的最高
本體，但它並非獨立出來的一物，而是隱藏於陰陽兩儀之中，並只是特別推
高一層來展現它的超越性而已。太極隱於兩儀之中，這大原則落實到道、理
與形、氣之間亦然，是一種對等的關係，所謂「道理皆從形氣而立，離形無
所謂道，離氣無所謂理」，既然無陰陽之氣即無太極之象，同理可證，無形、
氣，則道、理亦不能自存。

　　一般在傳統理學架構中相互對壘的理氣、道器、道心和人心、義理之性
與氣質之性，在蕺山「合一觀」大前提的價值重整之下，都一一地歸向統整
合流，甚至以現實面的「氣」爲首出，而提出了「道心即人心之本心，義理
之性即氣質之性」這樣既統合又重「氣」的反傳統命題。這是梨洲對蕺山思
想全面把握後所提出的總結，具有相當的眞實性與參考價值，所以在《年譜》
崇禎十六年（1643）條下也有相類似的說法：

先生平日所見，一一與先儒牴牾。晚年信筆直書，姑存疑案，仍不
越誠意、已未發、氣質、義理、無極太極之說，於是斷言之，曰：「從
來學問只有一個工夫，凡分內分外、分動分靜、說有說無，劈成兩
下，總屬支離。」又曰：「夫道，一而已矣！知、行分言，自子思子
始；誠、明分言，亦自子思子始；已、未發分言，亦自子思子始。
仁、義分言，自孟子始；心、性分言，亦自孟子始。動靜、有無分
言，自周子始。氣質、義理分言，自程子始。存心、致知分言，自
朱子始。聞見、德性分言，自陽明子始；頓、漸分言，亦自陽明子

〔註14〕　《劉宗周全集》第六冊，附錄一，〈子劉子行狀〉，頁42。

始。凡此皆吾夫子所不道也。嗚呼，吾舍仲尼奚適乎？」〔註15〕
明顯可以看出，蕺山對於統合圓融工夫的極度追求，所謂「從來學問只有一
個工夫，凡分內分外、分動分靜、說有說無，劈成兩下，總屬支離」，既然支
離不足取，所以從子思、孟子、濂溪、程子、朱子、陽明以來一直被認定的
「分解的思路」（借用陳立驤先生的說法）下的傳統價值，到蕺山手中一併要
統一爲一種工夫取向。這種作法，無論稱之爲「辯證的思路」也好，或「合
一觀」的價值取向也罷，都正足以成就其「理學殿軍」的集大成角色。在理
氣的關係上，尤其顯出這種特色來，值得我們細加探究。但是，須要注意的
是，蕺山這種既辯證合一又重「氣」的思想傾向，絕對不宜把它歸入所謂「氣
本論」的理解模式之中。因爲基本上，誠如長期以來學界對他的了解，蕺山
依然是固守在他心學的陣營裡，無論談陰陽、論氣還是說器，都是在其心性
之學底座下進一步發展，無疑是爲了解決心學中客觀性不足這一問題，甚至
說明白了，就是針對陽明後學流弊所產生的相應考量。東方朔先生對此，曾
有一段引人深思的論述，頗具參考價值。他說：

> 然而，蕺山理氣論所以常常會被人認爲是有氣本論的痕跡，在尚未
> 分析其正誤之前，至少這一說法不是無中生有，甚至也不是無源之
> 水，而有一定的資料論據。其間原委蓋與蕺山一生立學過程的複雜
> 性有關，同時一定程度上也與學術發展的大背景有關，更直接地說，
> 與學問系統之間的自然轉移與滲透有關。蕺山一生所處的時代背景
> 既不容許他放棄所取的心學立場，一任王學末流蹈空誤事（此亦可
> 理解爲學術使命使然），亦不容許其固守心學架構，同時不同系統的
> 學問風格及爲學之方本身亦有助於或者至少在學問邏輯上有助於堵
> 塞王學末流「束書不觀，游談無根」之詬病，凡此種種皆可說是鑄
> 成蕺山理氣論之複雜的直接原因。〔註16〕

本身的思想複雜性外加上「學問系統之間的自然轉移與滲透」，終究造成蕺山
理氣論的複雜表述，但「氣本論」望文生義的粗糙歸納，畢竟不可能是其最
後的結論所在。唯有從學術背景來考量，再加上對其一貫心學立場的切實把
握，如此雙管齊下，才有可能對蕺山的理氣論做出較接近事實的公允評估來。
再者，蕺山關於理氣的論述，大部分出現在其五十歲以後，尤其到了六十歲，

〔註15〕《劉宗周全集》第六冊，附錄二，《蕺山劉子年譜》下卷，頁147～148。
〔註16〕東方朔：《劉蕺山哲學研究》，第二章〈理氣論〉，頁69。

他更對太極、陰陽、理氣、道器等諸問題做出了明確的闡發，而為什麼是越到晚年才越對存有的問題感到興趣，而做出合於其理論系統的解釋。誠如上面東方朔先生所言的，蕺山一生中最大的學術使命，莫過於如何從理論上去徹底扭轉王學的流弊，這些讓他念茲在茲的課題，無論是四十八歲時提出的「慎獨論」，還是五十九歲建立的「誠意說」，都是偏向於內部發展的心性論問題，對於客觀存有界的注意力並沒有成為這個階段的焦點。

到了晚期，當自我的學術系統燦然大備之後，是有必要進一步對先儒所曾經論述過的問題提出回應，以確立自己的學術立場。其次是，對身為「宋明理學殿軍」這樣總其成角色的蕺山而言，如果一味談心論性而不對客觀存有的問題做出解釋來，無論如何都是一種缺憾。何況，重「氣」重「現實世界」的「實學」思潮已經悄悄地滲透到當代的每位哲學家的邏輯思路之中，蕺山當然不容自外於此。更有甚者，蕺山也是有意要藉由客觀主體的挺立與現實關懷的加深，來徹底導正陽明後學「玄虛而蕩」、「情識而肆」的缺失所在。因此之故，我們便在《年譜》中發現了以下的訊息：崇禎十年丁丑（1637）蕺山六十歲時，曾為文辨解太極之誤；崇禎十五年壬午（1642）蕺山六十五歲，著有《原旨》七篇；崇禎十六年癸未（1643）蕺山六十六歲，著有《讀易圖說》、《古文易抄》、《證學雜解》、《存疑雜著》等，〔註 17〕凡此皆為蕺山到了晚年思想成熟後的代表作品。可貴的是，蕺山在世的年光雖然迫促，其有關理氣的具體思想，卻大都呈現在這些作品中，引起了後學激烈的討論。底下，我們即主要從理、氣與道、器這兩個相對的範疇來討論蕺山的理氣觀。

（一）理與氣

在《年譜》崇禎十年丁丑（1637）先生六十歲條的「冬十一月，辨解太極之誤」下，有蕺山所謂的論學數十則，今多數載於《全集》第二冊語類十二的《學言中》（原為《全書》卷十一），這是他的論學筆記，對於太極、陰陽和理、氣間關係的論述，很能表達蕺山處理此類問題的基本立場。〔註 18〕這一段文字，跟我們先前所引的《子劉子行狀》幾乎是相彷彿，現在我們即以《學言中》為取樣資料，對蕺山的理氣觀做一番集中式的探討。蕺山說：

> 理即是氣之理，斷然不在氣先，不在氣外。知此，則知道心即人心

〔註 17〕　《劉宗周全集》第六冊，附錄二，《蕺山劉子年譜》下卷，頁 133～148。
〔註 18〕　《劉宗周全集》第六冊，附錄二，《蕺山劉子年譜》上卷，頁 120～121。

之本心，義理之性即氣質之本性，千古支離之說可以盡埽。〔註19〕

或問：「理爲氣之理，乃先儒謂『理生氣』，何居？」曰：「有是氣方有是理，無是氣則理於何麗？但既有是理，則此理尊而無上，遂足以爲氣之主宰。氣若其所從出者，非理能生氣也。」〔註20〕

盈天地間，一氣而已矣。有氣斯有數，有數斯有象，有象斯有名，有名斯有物，有物斯有性，有性斯有道，故道其後起也。而求道者，輒求之未始有氣之先，以爲道生氣。則道亦何物也，而能遂生氣乎？〔註21〕

在蕺山看來，其思想一以貫之的「合一觀」落實到理、氣的關係上，基本上二者是既同層又同質的存在，因此他會認爲：理不自外於氣，它只存在於氣之中，因而被稱爲「氣之理」，單純是個氣化流行的條理而已，去除了原有的濃厚形而上成分，所以理「斷然不在氣先，不在氣外」。從這我們可以理解，蕺山除了重現實層面而以「氣」爲首出外，與先儒最大的不同是，他更是獨創一格地以「條理」義來解讀「理」，袪除了傳統邏輯思維的「理型」考量，他當然可以大張旗鼓地以理爲氣所內攝，甚至反傳統地提出了「義理之性即氣質之本性」，將義理與氣質二者合而爲一，其實未嘗不是理氣合一觀在人性上的進一步衍伸。從此我們可以看出，蕺山無法接受傳統朱子以來的「理能生氣」主張，遂明確地提出「有是氣方有是理，無是氣則理於何麗」的側重現實層面看法。因爲既然理是氣之「條理」，有氣才可能有理，一旦沒了氣，理則絲毫沒有安頓掛搭之處，甚至可以說，失去了氣爲前提，理根本就無從存在的。

蕺山反對先儒「理生氣」之說，他不認爲有個先於氣的存在，無論是在氣之前或是氣之上，都不可能是「氣之理」，然後才由理生出氣來。在此，蕺山做出一個能自圓其說的假設企圖來說服自己：氣中有理，因爲理是從氣中歸納出的原理原則，地位受到尊重，先儒遂把它當作氣的主宰看待，「氣若其所從出者，非理能生氣也」，這種說法能調節人我，無論在現實上或是哲理解釋層面，都能得到相當的認可。事實上，朱子的理氣說原本也未嘗不做如此觀，只是後學人云亦云的強作解人扭曲了原義，讓他成了「理先氣後」、「理

〔註19〕　《劉宗周全集》第二冊，語類十二，《學言中》，頁410。
〔註20〕　《劉宗周全集》第二冊，語類十二，《學言中》，頁410。
〔註21〕　《劉宗周全集》第二冊，語類十二，《學言中》，頁407。

能生氣」的代罪羔羊，相信這絕對是朱子所始料未及的。然而，當我們再進一步地理解，我們會發現到，蕺山所反對的「理能生氣」，無論是否是朱子的原初意念，都可以從兩方面來進行解釋：一是發生時間上的先後，二是邏輯思辨上的先後。就發生時間上的先後而言，是認爲先存在的「理」，孕育發展了晚出的「氣」，而這時的理、氣，就如同母子間的關係，理先氣後，理能衍生氣，就如同母先子後，母能生育子，而這種單一字面上的理氣觀，才是蕺山所深不以爲然的。

　　另外就是邏輯思辨上的先後，也就是所謂「形而上」與「形而下」的孰先孰後問題。從形上、形下的對比來分，理是形而上的超越本體，氣則是形而下的經驗現象，如此一來，「理先氣後」或「理能生氣」則可以理解爲形而上的「理型」是第一序的，至於形而下的現象世界「氣」則若爲其所從出。正如蕺山所言的：「既有是理，則此理尊而無上，遂足以爲氣之主宰。氣若其所從出者，非理能生氣也。」這是從理性思辨上來考慮理、氣間的主從先後關係，反而容易被蕺山所接受。既是如此，他之所以反對先儒「理生氣」的既有價值觀，其目的倒不是在破解或顛覆傳統的價值體系，反倒是想進一步提出自我的重「氣」重「客觀層面」之新時代學風訴求，以求導正當代「玄虛而蕩」、「情識而肆」的學術頹風。因著這樣的緣故，蕺山堅決反對求道於「未始有氣之先」的虛妄作法，先有氣後有理（道），若反過來認爲道能衍生出氣，「則道亦何物也，而能遂生氣乎？」對重「氣」的他來說，根本是無法肯認的，因爲這是與他所認定的現實狀況背道而馳的。

　　在蕺山的思想架構，氣、數、象、名、物、性、道是一貫相承的順序發展，「有氣斯有數，有數斯有象，有象斯有名，有名斯有物，有物斯有性，有性斯有道」，在這一系列的相生相成中，「氣」顯然佔了最重要的首出地位。從氣一直到道（理），是先有氣最後才有道，因此，道是最後起的，就算不能牽強說是氣所生，起碼也不能說是道能生氣，那種一直認定在氣之先就有道存在的不符現象界主張，便無法爲蕺山所接受。蕺山以爲：「天地之間，一氣而已，非有理而後有氣，乃氣立而理因之寓也。」〔註22〕理、氣之間的關係，其實並非「理先氣後」，反倒是「氣立而理因之寓」的，理因氣而立，因此，「氣」乃是「理」存在的前提和先決條件，一旦沒了「形而下」的氣，「形而上」的理勢將無法存在。當推翻了傳統以來「理先氣後」的既定價值之後，

〔註22〕《劉宗周全集》第二冊，語類七，《聖學宗要》，頁230。

蕺山倒沒有一定要樹立個什麼「氣先理後」的反差革命新觀點，而是更如實地提出了「理在氣中」說法，來表達他一貫重「氣」與去玄理的理論訴求。

職此之故，蕺山說道：「盈天地間，一氣也。氣即理也，天得之以為天，地得之以為地，人物得之以為人物，一也。」〔註23〕天、地以及人物等都是氣之本體所衍生出來的，也就是說它們都是環繞在氣之下，以氣為最終根據的。換句話說，所謂的「天得之以為天，地得之以為地，人物得之以為人物」，就是在說氣是「天之所以為天之理，地之所以為地之理，人物之所以為人物之理」，而無論是天之理、地之理還是人物之理，都是同一不二的，都是一個「理」字。再根據蕺山「氣即理」的表述，這理無非就是一氣，這一氣就蘊涵著天地萬象的種種理源，而這理並非懸空抽象的理，也不是離氣獨存的理，乃是具體落實在所有天、地、人物當中的「條理規則」之理。而由這點正可以看出，蕺山對於一般思想家動輒侈談形上之理的作法是絕對無法苟同的，所以他才會刻意將「形而上」的「理型」轉化為「形而中」的「條理」來說明，甚至直接由「形而下」的實然之氣切入。這樣做，一方面可以從側面消極堵塞住王學末流一貫的侈蕩作風；一方面又可以從正面積極建立起形上之理尊而無上的客觀性，而這客觀的性天之尊，正是陽明以來逐步開發良知心體以至於無限擴充所遺落殆盡的。

從理氣關係可以回溯到心性之間，這是因為蕺山的存有論是為心性論而服務的。正因如此，當蕺山表達出「理即是氣之理，斷然不在氣先，不在氣外」的理氣合一論之後，接著又說道：「知此，則知道心即人心之本心，義理之性即氣質之本性，千古支離之說可以盡掃。」將道心、人心，義理之性與氣質之性等長期以來的區隔都融而為一，「宋明理學殿軍」的「合一觀」幾乎發揮到淋漓盡致的地步，千古以來的支離之說因之一掃而空。更值得玩味的，是接下來的幾句話：「而學者從事於入道之路，高之不墮於虛無，卑之不淪於象數，而道術始歸於一乎？」〔註24〕讓蕺山耿耿於懷的，是如何將理氣與心性融合為一，以加強心性之學的客觀性，避免重蹈陽明後學空泛虛無的弊端。所以他一直以來想要避免的是「高之不墮於虛無」、「卑之不淪於象數」，也就是說，即使談心論性的陳義再高，也因為有一定的標準理則，而不致流於虛無空泛，漫汗無歸；即使論氣論物的境界再低，再怎麼貼近現實人生，也仍

〔註23〕 《劉宗周全集》第二冊，語類十二，《學言中》，頁408。
〔註24〕 《劉宗周全集》第二冊，語類十二，《學言中》，頁410。

要以道德意識爲依歸，使不致淪於無稽的象數之學。這樣，長期以來的道術分裂，才能在客觀道德規準的前提下，復歸於一統了。

就蕺山來看，理、氣是二而一的表裡之間的密切關係，無氣則理無附麗駐足之地，無理則氣也相對沒有存在的理由與價值，理之與氣，同依共存。若依此原則，理抑只是氣之理，是氣的內在規律，勉強可視爲氣之主宰，但絕對不在氣之先氣之上。也就是說，對於氣而言，理並不是高高在上的另外一物，並不能生氣，否則將會導致理氣相對的現象，這就會不期然落入佛老的窠臼中去了。更何況，蕺山在意的，是一般學者高談現成良知卻不犯作手的老毛病，本體蹈空，工夫又掛零，這是蕺山所最不能忍受的。所以他說：

> 古今性學不明，只是將此理另作一物看，大抵臧三耳之說。佛氏曰：
> 「性，空也。」空與色對，空一物也。老氏曰：「性，玄也。」玄與
> 白對，玄一物也。吾儒曰：「性，理也。」理與氣對，理一物也。佛、
> 老叛理，而吾儒障於理，幾何而勝之？〔註25〕

講理、氣講到「古今性學不明」，可見理、氣和心、性間的密切相關，理既然就在氣中，就不能「將此理另作一物看」。如佛學將色與空相對，空即是性，性理就和萬物（空）相對了；道家老氏強調性即玄，玄之又玄，萬妙之門，但道（玄）先天地生，在一切萬物之上，這是在「白」之上另立一「玄」與之相對的作法。如果堅持傳統價值的儒門被佛老所影響，將理自外於氣而與氣相對的話，就跟自古所謂的「臧三耳」之說沒什麼區別了，佛老叛理，吾儒障於理，彼此間的錯謬只在五十步和百步間的差距罷了。這裏所謂的「性學不明」，有它理論內涵和時代背景交叉影響所產生的大環境助緣，如陽明後學即將「現成良知」推闡到極致，不但遺卻工夫體段，更刻意忽略客觀的性體天理，只一味強調心體的靈明覺照義，終致使儒學的外王理想性蕩然無存，更與佛學的一線之隔也被迫棄守，這是讓蕺山感到憂心忡忡的。

因此他特別藉由理氣觀來導正心性之學的偏失，透過凸顯客觀現實層的「氣」，使良知不再走向「任心而行」的異端。第一步，就是否定理的先在性，讓它由「形而上」的層級拉回到「形而中」的氣來討論。所以蕺山會說：「或曰：『虛生氣。』夫虛即氣也，何生之有？吾溯之未始有氣之先，亦無往而非氣也。」〔註26〕、「『天命流行，物與無妄』，言實有此流行之命，而物物賦畀

〔註25〕《劉宗周全集》第二冊，語類十二，《學言中》，頁419。
〔註26〕《劉宗周全集》第二冊，語類十二，《學言中》，頁407。

之，非流行之外，別有箇無妄之理也。」〔註27〕這樣看來，一般所謂「虛生氣」的說法，在蕺山的觀念中根本是不存在的，因爲虛就是氣，何來「生」之有？基本上，「氣」就是構成天地萬物的本體，連人都是由氣所組成，因此氣是瀰天蓋地，無所不包的，一切時空均不能自外。如果你問在氣之前或之上的到底有什麼？蕺山的回答很簡單，那還是「氣」。可見得，氣就是天地萬物的終極根源和最後依據，所以蕺山會認爲天命和物基本上是一體，並不是相對的，物物中都賦有此天命，並非可以在此天命流行之外，「別有箇無妄之理也」。

蕺山既主張「盈天地間一氣」，又說「理即在氣中」，這樣看來，氣爲首出，理即是氣，非理能生氣，理氣間基本上是不可分的一而二，二而一的密切關係。在明瞭了這個前提之後，我們也有必要對一些諸如「太極」、「太虛」、「陰陽」等用詞進行一併地討論，因爲有時蕺山會爲了行文的方便，而將這些觀念完全等同於理，既然理、氣同體不分，對這些同義詞探討，勢必會讓我們更清楚瞭解到蕺山理氣論的深刻內涵，具有相當的輔助價值。在這方面，蕺山曾說道：

> 或曰：「虛生氣。」夫虛即氣也，何生之有？吾溯之未始有氣之先，亦無往而非氣也。當其屈也，自無而之有，有而未始有；及其伸也，自有而之無，無而未始無也。非有非無之間，而即有即無，是謂太虛，又表而尊之曰太極。〔註28〕

> 「一陰一陽之謂道」，即太極也。天地之間，一氣而已，非有理而後有氣，乃氣立而理因之寓也。就形下之中而指其形而上者，不得不推高一層以立至尊之位，故謂之太極；而實本無太極之可言，所謂「無極而太極」也。使實有是太極之理，爲此氣從出之母，則亦一物而已，又何以生生不息，妙萬物而無窮乎？今曰：「理本無形，故謂之無極。」無乃轉落註腳。太極之妙，生生不息而已矣。生陽生陰，而生水火木金土，而生萬物，皆一氣自然之變化，而合之只是一箇生意，此造化之蘊也。〔註29〕

在此，延續前述的思考方向，蕺山首先反對「虛生氣」的觀點，他認爲虛本

〔註27〕《劉宗周全集》第二冊，語類十二，《學言中》，頁410～411。
〔註28〕《劉宗周全集》第二冊，語類十二，《學言中》，頁407～408。
〔註29〕《劉宗周全集》第二冊，語類七，《聖學宗要》，頁230～231。

身就是氣，「何生之有」？並沒有一個「虛」先在於「氣」之前，然後再經由它衍生出氣的道理，如此一來，先儒「理能生氣」的說法就根本不能成立了。而在「無往而非氣」的前提之下，氣的運作可造就天地萬物，基本上就有屈和伸兩個面向，屈是從無到有的過程，可是卻不執著在「有」上；伸則是反方向的從有到無，卻是不拘泥在「無」的位階上。就在這非有非無，即有即無的宇宙變化與生成的過程中，氣就因著它的虛無、變動和不執著的情狀，又被稱之為「太虛」，更因著它是整個創生過程的首出與最高本體，所以被「表而尊之曰太極」，可見得「氣」就是「太虛」也就是「太極」，三者異名而同實。

若再從《易傳》上「一陰一陽之謂道」的話來看，道就是太極，太極的內容就是陰陽，陰陽就是一氣而已。道（理）、太極、陰陽、氣，這四者同為一指，所以理、氣間的關係，並沒有先、後或生與被生的差別，乃是「氣立而理因之寓」的合一並生，甚至因氣屬於現象界，若就蕺山更側重客觀層面的角度出發，是要比理更為首出的。然而，氣不僅是形而下的實體，更具有形而上的實理，如果要從形下中指實其形上者，就不得不「推高一層以立至尊之位」，這時，「太極」之名就因而產生。但太極並非另有別物，就在陰陽氤氳之氣的運行變化中，所謂「無極而太極」，說明的正是太極這種若有實無、若無實有的辯證現象，因為它一方面無形無象，是形而上者；一方面又具體地寄寓在形而下的氣當中，而此種游移在形上、形下間的「左右逢源」特徵，筆者姑稱之為「形而中」。它並不像形而上「玄理」那樣的渺不可及，又不像形而下的氣所構組的具體物質那樣地缺乏理想性，它是一種截長補短的折中性產物，橫跨於形上與形下之間的形而中「物理」。

蕺山認為，事實上根本沒有任何一個形上超越，獨立自存的「太極」存在於「氣」之上或之前，因為它自然包涵在氣中，與氣同存並進，所以「實本無太極之可言」，所謂「無極而太極」，說的就是這個道理。蕺山再進一步反問，如果真有一能衍生氣的太極存在的話，那麼它也只不過是一個能生物的「物」而已。因為按照平常的邏輯判斷，無論是「雞生蛋」還是「蛋生雞」，生產的過程只能是物生物的物物相生而已，著力強調事物現實面的蕺山，似乎對「無生有」的創生義不特別感興趣，所以他對「生」，也只取「生產」而不取「創生」一面的說解。既然太極只是一個物，那又如何能生生不息地產生動能，無窮無盡地妙運天地來產生萬物呢？從這，我們也可以看出，蕺山對於宇宙萬物的變化生成是有著極高的評價的，如此紛然複雜的動態現象亦

唯有「氣」、「陰陽」、「五行」一系列下來地衍生交錯，才有可能擔此重任而使萬物生生不息，妙運無窮。

所謂的「理本無形，故謂之無極」，若按照筆者的分法，一般是用「形而上」的角度來推無極或太極，用「生」來區隔或聯結形上與形下的關係；蕺山卻是反其道而行，用「形而中」的切入點來檢視無極和太極，所以「理本無形」，形而中的物理既然在氣中，自然也無形無象，與形而上的玄理具備相同的特徵。也因此，「轉落註腳」中的「無」到底是主體的稱名還是客體的註腳，事實上並沒有定論，蕺山倒是一口咬定地認為反客為主的不當，無論是無極還是太極都稱不上主，唯一的主體就是「氣」，氣中有太極，氣能生陰生陽，陰陽交感而生水、火、木、金、土五行，五行再來生萬物，而這正是「一氣自然之變化」，是所有造化所蘊藏的無限生機。可以說，唯有複雜而豐富的氣、陰陽、五行才有擔任創造天地萬物的重責大任，純粹而單向的無極或太極只適合擔任配合與成全的附屬角色，若一味把它推究到創生本源的角度上去看待，這狀況是蕺山所絕對無法接受的。為此，他做了如下的澄清：

> 子曰：「易有太極。」（新本下云：「太極之說，夫子只就二四六八與六十四中看出，非實有一物踞其上也。」）周子則云：「無極而太極。」無極則有極之轉語，故曰：「太極本無極。」蓋恐人執極於有也。而（新本下有「為是轉語耳。乃」六字。）後之人又執無於有之上，則有是無矣。轉云「無是無」，語愈玄而道愈晦矣。……蓋《河圖》陽生於陰，而周子以為太極動而生陽；《河圖》陰生於陽，而周子以為太極靜而生陰，是《河圖》之二氣自相生，而周子皆以太極生之也。自相生則不必有太極，若以太極生兩儀，則太極實有一物矣。為此言者，蓋擬夫子贊易之說，而誤焉者也。毫釐之差，千里之謬也。〔註30〕

蕺山明確認定「易有太極」中的太極，只是孔子「就二四六八與六十四中」所歸納出的原理原則，是「形而中」的物理，而不是能衍生出陰陽與六十四卦的「形而上」獨立實體，所以說「非實有一物踞其上也」。再加上有極、無極之爭，在太極之上硬要安插個無極為其始，或有或無，說玄道虛，自然「語愈玄而道愈晦矣」，儒道之不明，自此來矣。為了正本清源，蕺山從對《河圖》的考察上去著手，周子的《太極圖》與《河圖》內外相反，雖各有取義，然

〔註30〕《劉宗周全集》第二冊，語類十二，《學言中》，頁405～406。

蕺山還是先入為主地要以《河圖》為正軌。因此，他認為《河圖》中陰陽兩氣自相生是正確的，相形之下，周子硬要把「太極」給插進來，且認定陰陽二氣皆太極所生，是完全誤解了孔子的原義，絕對是有待商榷的。因為基本上，蕺山根本無法接受有一形上太極能生形下陰陽二氣的說法，既然一是「形而上」一是「形而下」，怎能用「物生物」之間的平行關係來表態？蕺山對濂溪雖然推崇備至，卻在「太極」這一個觀點上分道揚鑣，可以明顯看出的是，蕺山「不以人廢言，不以言舉人」的客觀精神，並不因學術權威在前就放棄自己的專業執著，「理學殿軍」的稱號，絕對不是浪得虛名的。

（二）道和器

在理氣問題上，蕺山已經明確地表達出「有是氣方有是理」、「氣立而理因之寓」及「理在氣中，離氣無理」的重「氣」重「客觀面」立場，而太極、無極、太虛、陰陽等等的情況，也可以相應比照辦理。表面目的是在推翻朱子以來「理先氣後」的既定價值，骨子裏是想進一步藉由客觀面的呈現，凸顯陽明後學因過度強調主觀良知、任心而行所造成的缺失，而思有以導正之，這就是所謂的「歸顯於密」。在天道觀的另一個範疇上，道、器問題無疑也是另一個重點所在，相較於理氣觀的熱門，道器觀也不遑多讓。事實上，這二者經常是處在相互對應的關係之中，也就是說，學者們經常把道與器關係視為理氣在具體生活領域中的進一步開展。這種看法容或有相當程度的合理性，但真實的狀況是，在許多哲學家的體系，理和道根本是完全可以等同化約的同義詞，如此一來，氣和器之間的差異便在無形中被泯沒而降到最低程度。所以我們會說，「理氣」與「道器」這兩者，通常會具有相當密切的內在關係，所得出來的結論，幾乎也是八九不離十的高相似度。

這個結論若放到蕺山的體系也不例外，蕺山從「理在氣中見」、「離氣無理」的原則，推衍出「道不離器」、「離器無道」的理論，乍看之下似乎沒什麼不同，但事實上二者各有所出。理氣論有它自古以來一脈源遠流長的宇宙論背景，道器論則可以上溯自《周易·繫辭傳》的：「形而上者謂之道，形而下者謂之器。」以形上和形下來做為道、器間的區隔，通俗一點來說，是抽象和具體之分，或普遍與個體之別。只是我們必須注意的是，《易傳》在此是從整個宇宙生成變化的角度來看的，道和器該如何定位？彼此間的關係又要怎樣去具體發展？這些都是見仁見智的問題。不同的理論背景就可以做出完全不同的詮解，即如朱子就是從本身「理氣分離」和「理能生氣」的認知前

提出發，相對得出了「道本器末」的結論來；而同一時段的象山則並不同意朱子的看法，認爲道雖爲「天下萬世之公理」，卻也可直接落實爲「一陰一陽」之氣運流行，似乎已經把形上與形下混同爲一了。

到了陽明，則又更進一層，直接就把道、器二者收歸到心上來，讓心體無限擴張。陽明先以「知心則知道知天」爲前提，然後當學生問起：「名物度數，亦須先講求否？」他回答說：「人只要成就自家心體，則用在其中。如養得心體，果有未發之中，自然有發而中節之和，自然無施不可。苟無是心，雖預先講得世上許多名物度數，與己原不相干，只是裝綴，臨時自行不去。亦不是將名物度數全然不理，只是知所先後，則近道。」〔註31〕從這段話中，我們可以明顯看出，外在的名物度數與心體也就是道體相對，跟既有觀念的道、器二分幾乎是同一種表態。只是在此，陽明將「體先用後」的觀點套用到道器間的關係上，強調先掌握住道，要先「養得心體，果有未發之中，自然有發而中節之和，自然無施不可」。如果眞能「知所先後」，將心體即道先安頓好，一切名物度數自然會順勢就下，無施而不可。不言可喻地，在陽明的思想系統中，道、器不但二分，而且有著「道先器後」的順承秩序關係。

但對蕺山來說，雖然他的心性論點大致上是屬於陸王一派的，在天道觀的道器問題上，卻不見得完全依循陸王的路數，簡單地說，蕺山的道器論是從理氣論直接衍伸套用過來的。他反對長期以來「道先器後」、「道能生器」的傳統觀點，而是從「離氣無理」的側重客觀性考量中，推闡出「道不離器」的結論。因爲「有氣而後有道」，氣之自然流行即是道，並且萬物都是憑此一陰一陽之氣的周流造化而形成，而這就是器，進一步說，再來就成就了陽明所謂的「名物度數」。可見就蕺山的思考邏輯來看，正如同理即是氣之理一樣，道即是器之道，因此道寓在器中，一旦離器便無所謂道，這跟先前「理在氣中」的哲理如出一轍。值得注意的是，在蕺山的道器觀中有兩個重點是一直被我們所強調的：一是道、器可以上下言，不可以先後言；二是道乃萬器之總名。若從一般性的理解來看，「道乃萬器之總名」的重要性理應更勝於「道器可以上下言，不可以先後言」，但正因爲蕺山對道器的解讀有別於以往，當解決了道器間互爲表裏的密切關係之後，「道乃萬器之總名」的「理一分殊」理路就可以得到相應的疏通了。

對於第一個問題，蕺山在作於晚年的《學言中》曾經這麼說過：

〔註31〕《王陽明全集》，卷一，《傳習錄上》，頁21。

子曰：「形而上者謂之道，形而下者謂之器。」程子曰：「上下二字
截得道器最分明。」又曰：「道即器，器即道。」畢竟器在斯，道亦
在斯。離器而道不可見，故道器可以上下言，不可以先後言。「有物
先天地」，異端千差萬錯，總從此句來。〔註32〕

「形而上」者爲道，「形而下」者爲器，這是道器問題最爲究極的原始命題，
也是一切論點的最終前提預設。後人所要解決的，只是這形上、形下間如何
區隔，以及相對二者如何衍生的孰先孰後問題。秉持先前一貫「理在氣中，
離氣無理」的重客觀現實面原則，蕺山也相對地提出了「道在器中，離器無
道」的觀點，只是從觀念思考的角度來看，道、器雖爲一體仍可以有分。雖
然道就在器中，但道之爲氣之理仍不免要「推高一層」以言之，在思路的分
析上而有形上與形下之別。在此，蕺山極度肯定程子（明道）對道、器的獨
特看法，即使《易傳》上的說法已是「上下二字截得道器最分明」，那是純就
思考層面來說的，若就現實界來考量，「道即器，器即道」，二者同在不可分，
基本上，程明道所採取的一本之說是蕺山所推崇並遵循的。程明道除了認爲
「仁者以天地萬物爲一體」之外，在道器的問題上也用同樣的思考邏輯，雖
然一方面強調了形上與形下的區分，卻又從至道無外，其發用流行無上下、
內外之分的角度來看，道生器，器即道，道器之間終究是沒有什麼差別的。

對此，明道曾有一句名言是這麼說的：「《繫辭》曰：『形而上者謂之道，
形而下者謂之器』，……陰陽亦形而下者也。而曰道者，惟此語截得上下最分
明。元來只是此道，要在人默而識之也。」〔註33〕將感性的具體存在和理性
的抽象本質區別開來，《易傳》的分法無疑是「截得上下最分明」的，如陰陽
之氣所產出的萬事萬物是形而下的，是屬於「器」的部分；而形而上的「道」
並不是感性的直接存在，唯有藉助理性的思維才有可能掌握得到，所以他要
人「默而識之也」。這一本之說仔細推敲起來其實是在強調形上之道，然而在
蕺山看來似乎更爲看重器的先在性，所謂「器在斯，道亦在斯」，形上之道正
寓於形下之器中，而這正是蕺山所特別強調的一點。而明道在另一處也曾提
到過：「形而上爲道，形而下爲器，須著如此說。器亦道，道亦器，但得道在，
不論今與後，己與人。」〔註34〕即便認知的對象有抽象與具體之分，但就現

〔註32〕 《劉宗周全集》第二冊，語類十二，《學言中》，頁408。
〔註33〕 《二程遺書》，卷十一。
〔註34〕 《二程遺書》，卷一。

象的存在來說，道卻是無法脫離器而塊然獨存的，所以道不離器，器不離道，道是器之道，道就在器中存。須注意的是後一句：「但得道在，不論今與後，己與人。」「器」縱使在時空的變化下會有總總的更易，畢竟「道」是永恆不變的，不分古今，不論人己，這是在強調道的永久普遍性。然而蕺山卻轉換焦點到「道即器，器即道」的這一點現實趨向來舖陳他的道器觀。

和明道一樣，蕺山主張道、器是有形上、形下之分的，但卻絕對無法認同道是另外的獨立一物，或「道先器後」甚至「道能生器」的觀點。因為如此一來，道就成為掛空之物，與釋、道沒什麼差別了，這正是所謂的「道器可以上下言，不可以先後言」之最終意涵。蕺山除了力反釋、道之見，骨子裏所針對的更是程、朱一脈的道器觀。就我們的瞭解，朱子雖然說過「有道須有器，有器須有道」〔註35〕這樣道、器並重的話語來，但無疑的，在朱子的道器觀中，仍不免有其從理氣論承襲而來的邏輯先後觀點。在理氣觀上，朱子既有理先氣後之說，依同樣一個標準來看道器關係，難免不會有道本器末的說法。

所以當伊川說道：「離了陰陽更無道，所以陰陽者道也。陰陽，氣也。氣是形而下者，道是形而上者，形而上者即是密也。」〔註36〕朱子就順著這個話來講，認為有形有象而可以掌握的是器，而無形無象超乎感官的器之理，就是道之所在了。其實基本上，程朱一脈的說法，無論就理論或現實層面來考察，都是面面俱到的。但由於他們已然成為儒門中玄理的創始和箭垛型人物，因此，批評的矛頭就由此而起，尤其是他們針對邏輯分析所提出的「道先器後」、「道能生器」的觀點，更是蕺山所強力抨擊的對象。也的確如此，蕺山所反對的是「邏輯上」的先後觀，所強調的是「一體而二分」的道器論，而這一體，正可視為蕺山思想「合一觀」的再一次展現。至於「有物混成，先天地生」〔註37〕的說法則本來就是來自於道家的老子，如要歸咎於儒門後學，除非三教合流的說法真的甚囂塵上，否則還真是無妄之災。而歸根究柢，無非是蕺山用以表示自己的極度憂慮罷了，其實明眼人哪會儒、道不分呢？怕的是有心人借屍還魂，借儒家之「屍」以還道家之「魂」而已。

更是因為這種緣故，蕺山對宋儒，特別是程朱一派的道器說深有戒心，

〔註35〕《朱子語類》，卷七十五。
〔註36〕《二程遺書》，卷十五。
〔註37〕《老子》，第二十五章。

他說：

> 宋儒之言曰：「道不離陰陽，亦不倚陰陽。」則必立於不離不倚之中，
> 而又超於不離不倚之外。所謂離四句，絕百非也。幾何而不墮於佛
> 氏之見乎？〔註38〕

朱子一方面有著「道器不相離」的看法，認爲：「器亦道，道亦器也。道未嘗
離乎器，道亦是器之理。理只在器上，理與氣未嘗相離，所以一陰一陽之謂
道。」〔註39〕另一方面卻又從邏輯的先在性來凸顯「道」的超絕地位，認爲
它進一步是「超乎不離不倚之外」的，甚至還說：「蓋陰陽非道，所以陰陽者
道也。」〔註40〕正因爲一個「所以陰陽」，道的地位就更甚於氣，在一般有形
構的器之上，這高下之間，立即成爲蕺山所亟欲批判的對象。而程朱一派的
道器觀是從其理氣論衍伸而來的，這當中又可分爲兩個層次：若從現實層面
來考量，道不離器，道爲器之理，道就在器中；若從思辨邏輯的角度看，道
爲器之所以然，所以道爲本器爲末，甚至可以說道能生器。如朱子就曾經說
過：「未有君臣，已先有君臣之理；未有父子，已先有父子之理。」〔註41〕這
種從形上哲理來看待事物的態度，側重現實層面的蕺山是無法作出相應瞭解
的，無怪乎他要把朱子的道等同於老子的「有物先天地生」或佛家的「眞空
妙有」，事實上，此中絕對包涵著蕺山個人極大的偏見在。

　　以上是就「破」的角度來看蕺山的道器觀，也就是先從對先儒的批判中
看出蕺山的眞正命意所在；再就「立」的立場來觀察，蕺山的確有他一套獨
到的思維路線的。首先引起我們注意的是，當蕺山在解說「天圓地方」的道
理時，曾經這麼說道：

> 天積氣，氣渾然而運則圓；地積形，形塊然而處則方。此天地自然
> 之體也。有天地之體，斯有天地之道。易曰：「形而上者謂之道，形
> 而下者謂之器。」是也。〔註42〕

天由氣所積，地由形所累，這是自古以來就有的天地觀，然而這可見可觸的
具體形體卻是天地之道存在的先決條件，也就是說，有天地之體才有天地之
道存在的可能，若沒有天地之體，天地之道便毫無存在的理由和可能性。若

〔註38〕《劉宗周全集》第二冊，語類十二，《學言中》，頁407。
〔註39〕《朱子語類》，卷七十五。
〔註40〕《朱子語類》，卷七十四。
〔註41〕《朱子語類》，卷九十五。
〔註42〕《劉宗周全集》第一冊，《曾子章句》，〈天圓第十〉，頁594。

再從另外一個角度來看，天地之體至大無外，畢竟可以看作一個最大的「器」，就連這最大的器存在都先於其「道」──天地之道了，至於一般的道，又如何不在器的產生之後，才有存在的可能與運作的空間。所以可見，蕺山所謂的：「有天地之體，斯有天地之道。」是明顯具有相當宣示效用的，既然大到天地都是「器先於道」或說得正確一點，是「道在器中」的，那麼程朱一派所說的「道先器後」或「道能生氣」就根本是沒有任何發展空間的理論臆說了。蕺山不但反對了釋、老將道視為「先天地生」的形上玄理思維，他更是轉從現象界實物產生後乃有物理的務實角度去看道器問題的，所以他所區隔出來的形上和形下，是可以「上下」言，卻不可以「先後」言的。

　　也就是說，按蕺山的主觀認定，形上的「道」和形下的「器」是同時存在於一個具體物的，頂多在人「默而識之」的意識運作中，只有上下設定的空間差異而已，並沒有前後的時間之別，而這正是其所謂的「一體而兩分」：

> 夫心囿於形者也，形而上者謂之道，形而下者謂之器也。上與下一
> 體而兩分，而性若踞於形骸之表，則已分有常尊矣。故將自其分者
> 而觀之，燦然四端，物物一太極；又將自其合者而觀之，渾然一理，
> 統體一太極。此性之所以為上，而心其形之者與？即形而觀，無不
> 上也；離心而觀，上在何所？懸想而已。〔註43〕

這一段文字選自〈原性〉，原來是在談「心」論「性」，但它藉由「道、器」間的關係來類比，我們似乎可以回過頭去，用以檢視蕺山的道器觀。若從道、器的角度來看，心囿於形，是形而下者；性若踞於形骸之表，好像是「分有常尊」的，則是形而上者無疑。再者，人各有其心，俱皆燦然四端，這是「物物一太極」的表現；若再由人心透顯出普遍的人性來，則又渾然一理，而成為「統體一太極」的辯證表述。所以這樣看來，心、性之間，只有個別性和普遍性的差別而已，個別性的「心」中，隱涵著普遍性的「性」；而普遍的「性」，亦唯有藉助個別的「心」才能彰顯與發展。關鍵的是最後一句：「即形而觀，無不上也；離心而觀，上在何所？懸想而已。」在有形的心中，心、性並俱，上、下合一，你甚至可以說它是「無不上」的；然而當你「離心而觀」，既失了形而下，形而上自然掛空，一無所依，有的亦只不過是「懸想」而已。正如陳立驤先生所說的：「將『道』高遠化與實體化，其實只是『玄想』而已，

〔註43〕《劉宗周全集》第二冊，語類九，《原旨》，頁281。

只是一理智的遊戲與產物罷了！」〔註44〕心、性間的道理如此，道、器關係亦莫不然。

　　而既然否定單提「道」的懸想方式，現象界的「器」便成為唯一可能切進的入道門徑，更何況器就是所謂的「載道之器」，舉一可以括二，下學可以上達，形上就在形下中見也。蕺山對此曾說過：

> 形而上者謂之道。道不可言，其可言者皆形下者也。雖形下者，而形上者即在其中，故聖人之教莫非下，亦莫非上也，顧學者所聞何如耳！上焉者，悟其上者之機，雖居處恭、執事敬，亦上也，故可以語上。下焉者，無往而不滯於下，即一貫之傳，適以啓門人之惑矣，故不可語上也。是以君子之設教也，不執方而治，不凌節而施，時達其所已能，而不強其所未至。〔註45〕

道是形而上的，超越一切的形象與言說，故必須借助形下的器物才能彰顯出來，而這也就是牟宗三先生所常說的「形著原則」。道藉器來落實它的精神價值，因此道就在器中；反過來說，形而下的器並不因著有形有象，就失去了它在哲學思辨過程中的超越性和絕對性，因為「雖形下者，而形上者即在其中」，從這個角度來看，道與器、形上和形下，無疑是渾然一體，一體而二分，理應被一視同仁的。這道理落實到教育上來說，「故聖人之教莫非下，亦莫非上也」，聖人是藉著形而下的教法來凸顯形上的天道的。我們如果從聖人設教的外在儀式來看，無論是「居處恭」還是「執事敬」，都是可見可感的，當然是莫非下的；但如果我們能善體聖人之用心，這些形下可感的「器」，或是懿德善行，或是經典文本，卻全都蘊涵著無上的價值根源，也就是形而上不可感知的「道」。如此一來，「莫非下」的聖人之教，在在承載著「莫非上」的形而上道體，居處恭和執事敬，不僅是「器」的擴充，更是「道」的顯現；既是形而下，又是形而上；在「實然」的具體行為中，具備了「應然」的道德價值。

　　這道、器間渾然一體而不可分的表現，正可以說明孔子所謂「下學而上達」的道理，既是如此，無論是設教或是求學，皆應因才量力，決不貪功躁進。因此蕺山會說：「是以君子之設教也，不執方而治，不凌節而施，時達其所已能，而不強其所未至。」這教育的原則之中，隱約透露出蕺山「器中求

〔註44〕陳立驤：《宋明儒學新論》，〈劉蕺山哲學思想研究〉，頁82。

〔註45〕《劉宗周全集》第一冊，《論語學案二》，〈雍也第六〉，頁351。

道」的辯證思維，而這統合道、器的「合一觀」，長期以來，便是蕺山在接觸外在世界時的最大深層思考模式，心、性如此，理、氣亦然，道、器也不例外。也難怪蕺山會這麼說：「形即象也。象立而道、器分，一上一下之謂也。上者即其下者也，器外無道也。即變通、即事業，皆道也，而非離器以爲道也。」〔註46〕即便道、器是一上一下，可以先後言的，但是「上者即其下者也」，器外無道，道就在器中，形上與形下之間，根本是一體的兩面，渾然不可切割的，分不得孰先孰後。此即所謂「不可以先後言也」，而這正是由「合」的角度來說道、器彼此間關係的。

但畢竟道是道，器是器，二者必然有概念內容上的不同之處，而在此同與異、離與合之間，關鍵就在於「道乃萬器之總名」這樣的說法上。若按照朱子的構思，道、器間的關係，有所謂的「物物一太極」與「統體一太極」兩種。承前所述，「道器可以上下言，不可以先後言」，無疑就是在講「物物一太極」的道理；至於「道乃萬器之總名」，則是在進一步鋪陳「統體一太極」的觀念。道與器雖然有別，道是普遍原則，器是個別事物，然而這「總名」並不是虛無掛空的，而是可具體落實在萬事萬物之上的。蕺山曾說道：「天者，萬物之總名，非與物爲君也。道者，萬器之總名，非與器爲體也。性者，萬形之總名，非與形爲偶也。」〔註47〕天、道、性三者，都是形而上的，可以與形而下的物、器、形相對，雖然形而上的都是「總名」，卻不能自外於形而下者，必須藉助於形下的具體器物才能彰顯，所以二者是混然同體的，並不是互爲對象的兩個個體。因爲在任何的具體事物中，都有它各自的發展法則、運作規律，甚至就稱爲其主宰。這就「物」來講就是「天」，就「器」來講就是「道」，就「形」而言就是「性」，總歸起來說，就是所謂的「總名」。而這形上的總名與形下的萬物、萬器、萬形並非互爲對待的，主宰者就在所主之物之中，似乎說來不合邏輯，然而如果我們進一步細繹蕺山的思想內涵，會發現無論是「道」還是「器」，主宰卻落在人的一「心」中，基本上，道器論或是理氣觀，對蕺山來說，都是以心性論爲前提和理論的基座底盤的。

如當有人問起《中庸》首章的大旨時，蕺山便這麼回答道：

盈天地間皆道也，而統之不外乎人心。人之所以爲心者，性而已矣。以其出於固有而無假於外鑠也，故表之爲「天命」，云：「維天之命，

〔註46〕《劉宗周全集》第一冊，《周易古文鈔下》，〈繫辭下傳〉，頁234。
〔註47〕《劉宗周全集》第二冊，語類十二，《學言中》，頁408。

於穆不已，天之所以爲天也。」天即理之別名，此理生生不已處即
是命。以爲別有蒼蒼之天、諄諄之命者，非也。率此性而道在是，
道即性也。修此性而教立焉，性至此有全能也。〔註48〕

《中庸》首章有幾個特別的重要觀念，諸如天命、性、道、教等等，蕺山在
此，作出了極爲相應的鋪陳與解釋。如「人之所以爲心者，性而已矣」、「以
其出於固有而無假於外鑠也，故表之爲『天命』」、「率此性而道在是，道即性
也」、「修此性而教立焉」，雖然純然是依循傳統價值觀所作的說明，並無特殊
新義，但值得注意的是前後兩句：「盈天地間皆道也，而統之不外乎人心」、「性
至此有全能也」，前一句表現的是人心至大無外，包山包海，甚至還涵括了天
道的所有價值根源，充分表現蕺山不離心學矩矱的論述基調；後一句讓我們
看出的是，修性爲教的工夫訴求，長期以來，就是蕺山用以對治王學末流良
知現成派的一大利器，所以才會說「全能」，便是心性之學的最後歸結所在。
重要的是，無論是「道」是「器」，統之者不外乎人的「心」，唯有人心才是
主體，道、器不過是附帶衍生的客體而已。蕺山所謂：「學者須是見道分明，
見道後方知所謂道不可離者，不是我不可須臾離道，直是道不能須臾離我。」
〔註49〕、「有吾心之始，而天地萬物與之俱始；有吾心之終，而天地萬物與之
俱終。」〔註50〕這兩句話相互參照，就可以明顯看出：「道」是以主體爲歸結
點，而主體的人更是以「心」爲最終價值所在。有關道、器的天道觀雖能獨
立論述，卻絕對無法自外於道德主體的價值籠罩，這也是深入瞭解蕺山，必
須要首先把握到的一個思想前提。

三、心性與理氣的主從關係

從整體架構來看，對蕺山思想的詮釋，後世的看法不同，所作出的結論
和定位自然人言言殊。早在他的弟子輩，就發生了相當大的歧異，根據王汎
森先生的考察，由於理解蕺山學的進路不同，劉門弟子大約可歸爲三派：一
是程朱派，以劉汋、張履祥（號楊園，1611～1674）、吳蕃爲代表；二是獨樹
一幟的陳乾初；三是陸王派，以黃梨洲爲代表。〔註51〕如劉汋、惲仲昇等爲

〔註48〕《劉宗周全集》第二冊，語類十，〈中庸首章說〉，頁299。
〔註49〕《劉宗周全集》第二冊，語類十二，《學言中》，頁429。
〔註50〕《劉宗周全集》第二冊，語類十一，《問答》，頁327～328。
〔註51〕詳參王汎森：〈清初思想趨向與《劉子節要》——兼論清初蕺山學派的分裂〉，
　　　　刊於《中央研究院歷史語言研究所集刊》，第六十八本，第二分，頁417～447。

了配合朱子學，竟然淡化甚或隱去了蕺山特別強調的「意」的觀點，似乎有意曲解蕺山思想的原貌；而陳乾初則認為基本上整本《大學》是個思想有問題的偽書，所以並不著墨於由之所衍伸出的「誠意」一關，只獨尊蕺山早期所重的「慎獨」之旨，明顯是一種選擇性的部分繼承；至於梨洲則反而著力凸顯蕺山「意」的哲學，甚至將它與陽明的「良知」等量齊觀，而至如此說道：「先師之意，即陽明之良知；先師之誠意，即陽明之致良知。」〔註52〕對蕺山思想的繼承亦步亦趨，深入瞭解師說的程度，幾乎不作第二人想，而他自己也是這麼認為的。〔註53〕

梨洲的弟子全祖望先生曾經這麼說過：「蕺山之學，專言心性。」〔註54〕經由再傳弟子如此言簡意賅的歸納，「心性之學」幾幾乎要成為蕺山思想的全部內容。如早期學者們的研究著作，或一些博、碩士論文的產出，大部分是針對蕺山的「慎獨」、「誠意」之學，或本體或工夫方面的深入探討，至於其「理氣論」方面的研究，似乎被視而不見地冷落對待，在這方面，全祖望的評語無疑起到了相當大的後續效應。然而無庸諱言的，考諸文本，蕺山不僅高談理氣、道器、太極、陰陽等，他還進一步以氣來談心說性，從「盈天地間一氣」到「盈天地間一心」，有意地把自己的「心性論」與「理氣論」緊密牽連在一起，這又是個不爭的事實。於是乎，當年港、臺學者所不取的面向，遂引起深受意識型態影響下的大陸學者們的研究興趣，紛紛朝蕺山的理氣論一面去挖掘，可望把蕺山塑造成一位唯物主義「氣本論」的思想家，讓他能夠與張載、王夫之的氣論，葉適（人稱水心先生，1150～1223）、陳亮的事功說，李贄（號卓吾，1527～1602）、何心隱（本姓梁，名汝元，1517～1579）的反傳統思想相提並論。

（一）早期學界的態度

尤其對大陸學界來說，黃梨洲是十七世紀的開明思想家，陳乾初也是位道地的唯物主義思想家，他們兩位都是蕺山的高徒，到底蕺山是如何提供給他們思想養料的，這發展過程相當值得研究。其次，蕺山的「虛空即氣」主

（臺北：中央研究院歷史語言研究所，1997）

〔註52〕黃宗羲：〈董吳仲墓誌銘〉，《黃宗羲全集》第十冊，頁454。（杭州：浙江古籍出版社，1994）

〔註53〕這從《明儒學案》，〈自序〉中梨洲評惲仲昇語可見一斑。

〔註54〕全祖望：〈梨洲先生神道碑文〉，《鮚埼亭集》，卷十一。

張與張載的氣論之間，到底有沒有任何的繼承關係？甚至他跟明中葉以來盛行的重「氣」思潮有無關聯性？這些在在引起了廣泛討論，可見當時的蕺山之所以受重視，絕對是因為他的氣論思想所致。一開始，是張豈之先生發表於一九八○年的一篇名為〈論蕺山學派思想的若干問題〉的文章，在此文中，張氏指出了蕺山思想明顯帶有心、氣二元論的傾向。兩年後，張岱年先生在他的大作《中國哲學大綱》一書中，又特別標舉出蕺山「以氣為理之本」的思想特色，相當引人注目。而這之後的最大轉捩點，應該是一九八七年侯外廬等人所主編的《宋明理學史》一書，在這套書的下卷第二十三章〈劉宗周的思想特徵及其「慎獨」、「敬誠」理論〉中，作者特別提出了蕺山「氣本論」的殊勝處，以及其與「心本論」的慎獨、誠敬之間的矛盾性，誠如筆者前所引用並加以批判者。依筆者看，雖然侯氏的說法不見得符合歷史真相，〔註55〕但從此以後，有關蕺山重氣的所謂「進步」思想，與心、氣二元的矛盾性，便成為大陸學人們後續研究的焦點所在。

　　一直到現在，以唯物氣本論的視角來詮釋蕺山哲學，此一作法在大陸學界仍然方興未艾。如：鮑博的〈簡論劉宗周的心性思想〉和王鳳賢的〈評劉宗周對理學傳統觀念的修正〉這兩篇論文，基本上是以氣本論的觀點來評述蕺山思想的；再如：張立文先生所編之《氣》、葛榮晉的〈晚明王學的分化與氣學的發展〉和衷爾鉅的《蕺山學派哲學思想》，重點都在論述蕺山哲學中的氣論，明顯具有一面倒的傾向。特別值得注意的是《蕺山學派哲學思想》這本書，可說是大陸學者研究蕺山思想的第一部專著，更可說是繼一九八八年「劉宗周誕辰四一○周年學術研討會」〔註56〕之後的一大盛事。此書以「蕺山學派」為名，研究對象不僅有蕺山，還包含了他的弟子黃梨洲、張履祥和陳乾初等，由於其論述內容兼及於蕺山之前的明代思想背景介紹，所以有學者乾脆把它列屬於明代思想史研究之林。

　　至於近幾年來，大陸學界與外面的交流日益頻繁，由於受到某種刺激與

〔註55〕據瞭解，詹海雲先生對此便採取了與筆者不同的看法，基本上，他是認為蕺山的這兩部分思想的確也存在著矛盾。讀者可參看其〈大陸學者對劉蕺山學術思想的研究〉一文，收錄於鍾彩鈞主編之《劉蕺山學術思想論集》，頁595～604。

〔註56〕一九八八年十一月二十一日至二十四日，由浙江省社會科學院哲學研究所和浙江省中國哲學史研究會兩單位所合辦。會中所討論的主要有三個焦點：一為蕺山思想的特點，二為蕺山學說與王學的關係，三為蕺山思想的歷史地位。這在基本上，大致確定了此後大陸學界研究蕺山思想的走向。

激發，學者們開始去重新審視蕺山的氣論，並再度深入思考先前的詮釋走向是否正確，如：李振綱的〈論蕺山之學的定性與定位〉和于化民的《明中晚期理學的對峙與合流》，都是這種潮流下的產物。尤其讓筆者印象深刻的，是一九九五年四月，上海復旦大學博士生林宏星在潘富恩教授的指導下，以《劉蕺山哲學研究》為名所提出的博士論文，而這是大陸第一本關於蕺山思想研究的博士論文。兩年後，也就是一九九七年的三月，林氏再以東方朔為筆名，對此書加以進一步的增刪修補，並交由上海人民出版社出版，成為大陸近幾年來研究蕺山學相當具有代表性的經典鉅作。

從指導教授對這本書的推介中，〔註57〕我們看出了這本蕺山研究專書的專業度和具里程碑的重要特殊地位，更可看出一般學界對蕺山研究這塊領域進程的自我反省與表白。的確，早期的大陸學人對蕺山的研究，基於主、客觀因素所致，容或有些落後甚或扭曲的自我設限情況，但在東方朔先生理氣、心性並陳的客觀研究視域之下，不但能夠大格局地對牟宗三先生的既定看法提出了質疑，還能運用現代西方詮釋學的角度來重新審視古典文本，在「縱貫」和「橫攝」方面確實有了齊頭並進的突破性發展。再從筆者個人的角度來看，這本書是林氏積累多年的學術性論著，難免會有些興到筆隨的現象出現，再加上採用文白夾雜的書寫方式，讀來便稍嫌艱澀，難以立即掌握到重點。在這一點上，倒不如他後來為「中國思想家評傳叢書」系列所寫的《劉宗周評傳》，雖二者內容差距不大，但後者文字就流利多了。

相對於大陸方興未艾的蕺山學，港、臺學界雖然起步較早，然大多偏於內聖心性之學的部分，對於其理氣論，似乎研究的興趣不太大，這從早期相關的博、碩士論文極少談到蕺山氣論的現象中可略窺一斑。如果一定要說有，那也是被動提出，大都只是針對大陸學者的意見而加以回應的。如：胡森永的《從理本論到氣本論——明清儒學理氣觀念的轉變》，就以為蕺山思想明顯表現了明清之際心學與氣學相交融的現象，而此一時代思潮，是連身為「宋明理學殿軍」的蕺山都無法不正視的。又如：張永儁的〈劉蕺山心學之特質及其歷史意義〉、劉又銘的《理在氣中——羅欽順、王廷相、顧炎武、戴震氣本論研究》，都不約而同地認為蕺山思想乃是一種非唯物論的氣本論；莊耀郎的〈劉蕺山的氣論〉亦斬釘截鐵指出：「蕺山的氣論無論是其所指的內容或其理論體系的邏輯結構上說，都不能率爾斷言之為唯氣論的思想，這一點當可

〔註57〕詳見東方朔：《劉蕺山哲學研究》，〈序〉，頁1。

肯定。」〔註 58〕堅持護衛牟宗三、勞思光以來的心性觀點；李明輝的〈劉蕺山對朱子理氣論的批判〉則認為：蕺山之學非但不可歸入大陸學者所定義的「氣本論」，也無法用所謂的「情欲解放」論述來為其定位。

　　從近代學者的眾多討論中，我們似乎可以將蕺山「理氣論」的後續研究釐出兩個大脈絡來：一是港、臺學者習慣從心性的角度來看問題，客觀性的「氣」最後還是要歸諸於主觀的修養工夫，被獨立討論的空間不大；二是大陸學者慣常用意識型態來討論問題，所以從早期的刻意忽略到晚近的「處女地被開發」，可以唯物的氣本論加以套入，前後的地位馬上因氣論的加入而南轅北轍，而之所以造成如此殊異的現象，蕺山的思想特色絕對是一大主因。關於此，吳幸姬先生的說法就相當中肯，值得參考：

> 綜觀近二十年來學者對蕺山氣論的研究大曰不出兩條途徑：一是從哲學史的角度，探討蕺山氣論的思想內容，以判斷它在學術思想源流上的歸屬問題；一是純就哲學思辨來釐析蕺山氣論之意涵，以定其義理性格。在眾多討論之中，我們不難發現蕺山氣論是否是唯物的氣本論是其爭議點。這是因為蕺山學說之宗旨固然落在誠意慎獨上，然而，蕺山在表述其思想理路時，並不是純然鎖在心性論上立說，而是緊連著其理氣論來談，亦即蕺山在以氣言心性的論述中，凸顯了氣的重要性，致使其思想體系益形龐雜而難釐清之。因此，在討論這個問題時，難免有因個人哲學史觀的不同而有不同的論斷與詮釋。〔註59〕

誠如吳氏所言，蕺山在「以氣言心性的論述中，凸顯了氣的重要性」，讓「心性論」和「理氣論」綜合雜論，也因此當我們在思考蕺山「宋明理學殿軍」角色的同時，並不能單純地把這「宋明理學」歸位為只屬於心學系統的一脈而已，正因為他同時囊括了心性與理氣，這個「殿軍」的涵蓋層面就更形擴大了。只是在「合一觀」思考主軸之下，心性、理氣之間如何混然歸一，總有一個孰主、孰從的前後次序關係。這在早期，大陸學者僅把視域閉鎖於蕺山的氣論之上，或港、臺學者只專注於心性之學的圓熟密實時，涇渭分明，當然不會產生問題。然而當「閉門造車」和意識型態掛帥的學術導向越來越

〔註58〕莊耀郎：〈劉蕺山的氣論〉，頁 15。收錄於鍾彩鈞主編之《劉蕺山學術思想論集》，頁 19～33。

〔註59〕吳幸姬：《劉蕺山的氣論思想──從本體宇宙論之進路談起》，第一章〈緒論〉，頁 3。

經不起時代的考驗時，不同的聲音，將隨著研究視域的變寬變廣而從四面八方掩至。

（二）晚近學者的修正

我們知道，早期的大陸學者習慣於將蕺山的氣論歸入唯物的氣本論中，但也不是說沒有受到質疑與批評，如袁爾鉅先生的〈論劉宗周的哲學思想〉，就曾經對當時一面倒的唯物主義無線上綱說法提出了懷疑：

> 他（案：指蕺山）在理氣問題上、良知與聞見的關係上和人性論中都提出了有一定程度的唯物主義傾向的觀點。這些命題，在當時和以後一個時期都有一定影響和作用。因此，在哲學思想發展史上也有一定的意義。但是，我們並不能以此論證劉宗周就是一個徹底的唯物論者。他在某些哲學命題上，儘管具有一定程度的唯物主義傾向，但這不能掩蓋他思想體系中的唯心主義。他的唯心主義思想集中體現在他的「慎獨」學說中。〔註60〕

早期的大陸學者就看出了單純的唯物論，是不足以解讀蕺山思想的全部內涵的，因為他們也同時看到了氣論之外的「慎獨」之學，他的唯心主義更是個無法掩藏的事實存在。這也難怪後來的于化民先生，要把蕺山思想說成是「一幅矛盾的本體論圖象」：

> 劉宗周在論述理氣關係、心性關係、道器關係、義理之性與氣質之性的關係時，始終強調它們合的方面，即它們的同一性。他分別寓理於氣，寓性於心，寓道於器，寓道心於人心，寓義理於氣質，似乎是以後者為本原，為根據，但顯而易見的是，他又把主宰權和支配權賦予理、性、道、道心、義理。這就很難說他是唯物的，因此他展示給我們是一幅矛盾的本體論圖象。〔註61〕

在此，我們發現于氏已經能掌握到部分的真理，但卻又落入自己所設的矛盾推論之中。既然合一，它就不一定要或唯物或唯心的非此即彼，明顯可見，于氏還是以唯物為既定價值來評騭蕺山思想的。也因著這樣的「矛盾」，遂有學者乾脆將蕺山歸為所謂的「心、氣二元論者」〔註62〕，甚至是「氣本、理

〔註60〕文見於《中國哲學史研究》，第二期，頁76。（北京：1981）
〔註61〕于化民：《明中晚期理學的對峙與合流》（1988年山東大學博士論文），第五章〈晚明理學與心學的合流趨勢〉，頁175～176。
〔註62〕如前述張豈之的〈論蕺山學派思想的若干問題〉中即說道：「在他（案：指蕺

本、心本」三家理論的綜合。〔註63〕但無論是「心、氣二元」，還是「氣、理、心三本的融一」，都是看到一些現象的眞實面，但又不免落入各自主觀的貶義之中，如張懷承先生認爲蕺山將氣、理、心統而一之的作法，即是一種「牽強的過渡」，評價似乎顯得太過草率與武斷。而到底蕺山思想當如何歸屬，尤其在其氣論部分，關鍵就在如何瞭解其「氣」了。

李振綱先生在這點直接從文本上加以分析，頗有他獨到的一番見解。他首先對一般學者的陳陳相因說法提出了批判：

> 一些學者由於強調蕺山「盈天地間一氣」的命題，而認定蕺山哲學是唯物主義氣一元論。其實，將「盈天地間一氣」籠統地歸結爲氣一元論，並將氣論思想歸結爲唯物主義，在邏輯上是不周延的，起碼對於蕺山思想作此種判斷是不準確的。〔註64〕

接著，他從兩個語境爲線索，去分析蕺山的「氣」：

> 因爲蕺山講「盈天地間一氣」，在不同語境中有不同的涵義。他有時用「氣」指「浩然之氣」即「天地生生之氣」或「獨體不息之中而一元常運，喜怒哀樂四氣周流」的太和元氣。此種氣爲貫通天人的宇宙生命本體，它即動即靜，即主宰即流行，與其說是一種物質性的實體，不如說是一種精神性的存在，此種精神性的生命元氣在天支配著四時更替，在人支配著人的心情變化，故其言：「觀春夏秋冬而知天之一元生意周流而無間也，觀喜怒哀樂而知人之一元生意周流而無間也。……爲學亦養此一元生生之氣而已。」如以此種「生生之氣」爲化生萬物之本爲據，可以說蕺山哲學爲生命哲學，卻與唯物主義氣一元論不類。〔註65〕

山）看來，彷彿世界有兩個本原，一個是氣，由此產生自然界諸事物。另一個是「意」（或「心」），由此產生人性和人類的社會生活。這樣，他的哲學思想就帶有二元論傾向。」詳見《西北大學學報》（哲學社會科學版），第四期，頁15。（西安：1980）

〔註63〕如張懷承先生在前所引的《氣》一書中，就曾撰文道：「他（案：指蕺山）以氣（物）、理（道）、心（性）爲同等範疇，並力求三者的融合爲一。因此，他指出，「盈天地間一氣也，氣即理也」，「天下無心外之理」，又說，「人心一氣而已矣」。通過這些十分牽強的過渡，便完成了氣、理、心的融一。」文見於張立文所主編之《氣》，頁211。（北京：中國人民大學出版社，1996）

〔註64〕李振綱：〈論蕺山之學的定性與定位〉，載於《中國哲學》，第五期，頁94。（北京：1999）

〔註65〕李振綱：〈論蕺山之學的定性與定位〉，載於《中國哲學》，第五期，頁94。

因著「氣」對蕺山來說，有時是化生萬物之本據，不僅是一種物質性的實體，更是一種精神性的存在，所以絕對與唯物主義的氣一元論不相類，是應該區以別矣的。至於另一類語境中的氣則是：

> 蕺山有時用氣指形成萬物之物質性質料因，此種氣具有氤氳相蕩，屈伸往來的性質，屬於形下之氣。蕺山云：「盈天地間一氣而已矣。氣聚而有形，形在而有質，質聚而有官，官呈而性著焉」。這種能夠聚而為形質，構成人的物質機體的氣，與朱熹所說的「氣也者，生物之具也」顯然是同一種氣，它是萬物生成的物質性質料。如以此為根據，似可以說蕺山哲學是唯物主義氣一元論。問題在於，此種能夠聚為形質的形下之氣，不具有「本原」之優先性。這種氣蕺山有時稱為「蠢氣」，「粗氣」，「浮氣」，它是形成萬物的質料因，而不是萬物之所以能夠生成的主動者和動力因。〔註66〕

可以看出的是：形下的氣是構成萬物的質料因，用唯物主義的氣一元論來規範是行得通的。問題是，在蕺山的思想架構中，除了形下的氣，還有包含精神層面的形上之氣，甚至這二者之間，又無法那麼地截然劃分，因為據我們瞭解，中國傳統的「氣」，歷來就是一個兼具物質與精神的綜合體。所以如果我們硬要把蕺山的「氣」用唯物主義的氣本論一言以蔽之，又似乎不太周延。更何況，身為「宋明理學殿軍」的蕺山，除了氣論，他的心性之學才是最深邃精采的，理氣論如何在他的思想中定位？如何伴隨著「慎獨」、「誠意」的一貫思想脈絡而顯現出其特殊的關鍵地位？對此，李振綱先生又有所說明，他說：

> 又有學者認定蕺山哲學是心氣二元論。此種觀點同樣是值得商榷的。所謂心氣二元論，指心與氣是兩個相互獨立的實體。心指主觀性的精神實體，氣指客觀性的物質實體。物質實體的氣支配著自然界的生成過程，主觀精神之心支配人性和屬人的社會生活。這是對蕺山心氣關係的誤解。在蕺山哲學邏輯結構中，天地萬物只有一個生命本體，客觀超越地說此生命本體即「一元生生之氣」，主觀內在地說即「一團生意之心」。生命本體即超越即內在，所以心與氣是一不是二。〔註67〕

〔註66〕李振綱：〈論蕺山之學的定性與定位〉，載於《中國哲學》，第五期，頁94～95。
〔註67〕李振綱：〈論蕺山之學的定性與定位〉，載於《中國哲學》，第五期，頁95。

李氏在此指出了「生命本體即超越即內在」，「心與氣是一不是二」的辯證思維，頗合蕺山「合一觀」的一貫思想進路。然而，既非唯物氣本論，也不是心氣二元論，究竟應該如何正視其心、氣間關係的定位，才能對蕺山思想作出較合乎眞相的理解與詮釋？李先生所下的結論是：

> 在蕺山理氣心性的邏輯結構中，理氣論從屬於心性論。蕺山說理說氣，談道論器，贊述太極陰陽，大體上是爲其心性論作注腳，而不是單純論證宇宙創生之終極原理和萬物存在的共同本質。這正是理氣論在蕺山心學心性論系統中與在張載氣學宇宙論系統及程朱理本論形上學系統中不同處。

> 理氣論邏輯重心的下移，同時意味著心性論邏輯地位的提升。蕺山將理氣、道器、陰陽等客觀性範疇融入主體性範疇（心性論），其用心並不是要取消理氣論的客觀性，相反，恰恰是爲了借助理氣範疇的客觀性、必然性來充實和提升心性論的本體地位，使主體性範疇具有客觀必然的品格。這是蕺山心性論與陸王心性論差別之實質所在。〔註68〕

拿張載氣學的宇宙論系統、程朱理本論形上學系統和陸王的心性論作比較，正所以凸顯出蕺山心性、理氣緊密結合的與眾不同之處。從宇宙論的孤絕封閉，到形上之理的只存有不活動，再到極端唯心的虛蕩與情肆，走到極點，都是容易造成弊端的。蕺山思想承王學流弊而起，雖然不至改弦易轍地放棄掉心性之學的傳統矩矱，但思有以拯衰去弊，藉理氣範疇的客觀性來提升心性的本體地位。如此一來，以「心性論」為主，「理氣論」為輔，正可以鞏固其「宋明理學」甚或「王學」殿軍的既定角色，既非唯物，也不是心、氣二元，在此，李振綱先生的觀察與論述，相當具有事實的合理性，也把蕺山的心性與理氣間的關係，從原本的緊張對立歸向了和諧與統一，蕺山之學自始至終的一貫唯心色彩，更是不言而喻地掌握住了。

　　「唯心」是基座，「唯物」則是高級配件，如果從這個角度去理解蕺山思想中「理氣論」的地位，當是雖不中亦不遠的。問題是唯心與唯物二者間，似乎是涇渭分明，不可逾越的鴻溝，這樣的解說是否諦當？黃宣民先生倒不作此想：

〔註68〕李振綱：〈論蕺山之學的定性與定位〉，載於《中國哲學》，第五期，頁95～96。

筆者以為，哲學上誠有所謂唯物論和唯心論之分別，而此種分別——
亦如恩格斯所言：惟有在如何回答世界本原時才有意義。因此，我
們決不可以一見有言物言氣者，輒以唯物論目之。如上引蕺山所謂
「盈天地間皆物」一語，並不是他對世界本原的回答。儘管他說「天
地萬物一物也」，而他並不認為，此「物」即世界本原之「物」，他
說，「一物本無物也」；「無物者，理之不物於物，為至善之體，而統
於吾心者也」，最終將所有之物統歸於心。由此可見，在蕺山頭腦中，
心才是世界本原。〔註69〕

在此，黃先生釐清了一個很重要的關鍵，即是所謂唯心、唯物之別，亦唯有
在探討世界本原的問題時才有意義，絕不能動輒以言物言氣來作為歸屬的判
準，更何況，蕺山所謂的「物」不見得就是指「外物」而言，它是無物的至
善之體，是統之於吾心的。因此，照這個邏輯來看，蕺山思想應該是「唯心」
無誤的，因為，「在蕺山頭腦中，心才是世界本原」。只是，又要如何安頓他
的「氣」說呢？黃氏接著又說：

至於蕺山的氣說，雖然具有氣本論的特點，但也不可就此斷言蕺山
哲學是唯物論而非唯心論。在哲學史上，唯物論者與唯心論者之間
並沒有不可逾越的鴻溝。唯物論者常存有唯心論思想是眾所周知
的，然而唯心論者亦能包含若干唯物論思想成分，也是不可否認的
事實，如王陽明說，「食味之美惡必待入口而後知」，「路岐之險夷必
待身歷而後知」，肯定認識來源於實踐，具有唯物主義認識論的特
點。然而，時賢卻未因此而說陽明是唯物論者，否定其哲學的唯心
論性質。在哲學上信奉陽明心學的劉蕺山，其盈天地一氣說，似宜
當如是觀。〔註70〕

除了「盈天地一氣」，蕺山仍有「盈天地一心」的說法，可見黃先生的解析相
當具有合理性，主從之間作了適度的安排，以「唯心」為主，「唯物」為輔，
唯物純是為了救正心學末流的偏失，補強其客觀性，導正其或「虛玄」或「情
肆」的弊端，這便是蕺山用心良苦之所在。至於他是否一定信奉陽明心學，

〔註69〕黃宣民：〈蕺山心學與晚明思潮〉，收錄於鍾彩鈞主編之《劉蕺山學術思想論
集》，頁 211～261。

〔註70〕黃宣民：〈蕺山心學與晚明思潮〉，收錄於鍾彩鈞主編之《劉蕺山學術思想論
集》，頁 211～261。

一定要以陽明的情況來依此類推，筆者則持保留的態度。誠如第二章所言者，蕺山學是宋明理學在晚明這個大時代下的順勢發展，是心學的改革派，絕對不是陽明亦步亦趨的信奉者，即便他的思想成分中心學要大過於理學，也是當時時代脈絡下的必然發展，否則他就無法承當「宋明理學殿軍」這個頭銜的宏大格局了。

　　如果再按學術思潮的發展來看，明末清初有一個大勢所趨的時代走向，那就是所謂「客觀化」的追求，而從思想的內在邏輯來探討，這無疑是針對著當代王學末流所暴露的問題而發的。朝向「客觀化」，對當時的學者而言，可以有三條路作為選擇〔註71〕：一是面對王學的侈蕩，有的乾脆放棄了心性之學，而轉向經典考據去發展，這是外在的客觀化。二是有鑒於政治的腐敗，社會的亂象環生，亟思從現實層面的探索中進行改革，這是所謂「早期的啟蒙運動」，不僅是外在的，更是具體而實惠的客觀化。三是宋明以來即有之的心學心性論的客觀化，跟前二者比較，這一條路線卻經常被忽略，它的側重點在於主觀的心性如何被貞定，客觀的工夫如何被強調，是屬於思想內部的客觀化，而蕺山走的正是這條路數。

　　在持守「心性之學」的基調上，蕺山進一步自覺地尋求「客觀化」，而這所謂的「客觀化」又可分為兩個層面：一方面藉由主體的轉移，以「意根獨體」來與「良知」交換，避免不確定性的再度發生，又加上極度強調實踐工夫，企圖從內部作出一番徹底的體質改造；再一方面就是跨足於既定的「心性」範疇之外，對「理氣」又重新定位，趁機擴展其能見度及重要性，甚至吸收了某些「氣本論」的思想成分，從外面逐步為他「重氣」、「重客觀層面」的思想傾向提供理論基礎。這樣看來，蕺山思想便融合於「心」與「物」之間，更由於「合一觀」的聯結，使他的思想體系益形龐大，足以承載起「理學殿軍」的集大成和極特殊角色。誠如所謂的：「蕺山的理氣論乃是陸王心學路線的極度發展，正視萬化又收歸萬化。」〔註72〕一方面既保住了傳統「心學」的思維方式；再方面又更進一步肯定了「客觀層面」的價值所在。〔註73〕

〔註71〕此乃參考東方朔先生的說法，見氏著：《劉蕺山哲學研究》，第二章〈理氣論〉，頁115～116。
〔註72〕東方朔：《劉蕺山哲學研究》，第二章〈理氣論〉，頁115。
〔註73〕其實在蕺山「合一觀」的思想主軸之下，無論「性、情」、「理、氣」還是「道、器」，都可視為一體的多面向發展，全收束在一「心」的妙用之下，這是「心學」的一個大原則，也是蕺山某些重「氣」論述的最佳說明。楊祖漢先生在

尤其重點是，蕺山並不用當時已出現問題的「心」直接去收歸萬化，而是透過相對客觀性較強的「理氣」為中介去進行此一任務，最後甚至回過頭來對他的心性之學作了某種程度的改革。這種「客觀化」的扭轉效應，想是「理氣論」在蕺山思想體系中最大的貢獻與特色。

比較朱子、蕺山的思想之後曾這樣說道：「朱子用心在理，易忽略實存的氣，而蕺山是倒轉過來想，以為在氣中表現的才是真正的理，如此對於客觀世界就能比較重視。」（引自李慧琪：《劉蕺山的氣論研究》，第四章〈從「氣」看蕺山本體論〉，頁 92）這應該是對於蕺山「理氣論」較為合理的定位吧。

第六章 內聖之學工夫的具體呈現——《人譜》論

　　早年的蕺山以「主敬」為底，中年的他則專言「慎獨」，到了晚年，蕺山歸本於「誠意」，並高談理氣、道器、太極、陰陽等，期望藉由探索宇宙本源的契機，來加強心體的客觀性，尤其對道德工夫的強調，更是層層遞進，步步歸密。這一關一關的嚴謹過程，讓我們看到了蕺山的深刻用心之所在，也就是通過心性修養工夫，讓道德主體挺立，從而使先驗的道德理性，具體呈現在人外在的動作云為甚至內的經驗意識之中。難能可貴的是，先驗道德理性在人的經驗意識中呈現，就是人之所以為人的道德本體由「存在」走向「自覺」。當個體有了道德理性的自覺，就能察覺到自我人格圓滿自足的內在需求，所以更能在心靈上追求所謂「天人合一」的聖人境界。如何成聖成賢，一直是傳統儒者追求的最高目標，蕺山自然不例外，在他所倡導的「慎獨」、「誠意」諸道德工夫，我們看到的是一個接著一個的自我要求，要求自己真能成為人之所以為人，也就是所謂的「證人」之學。一旦成為人之所以為人，離聖人的境界也就不遠了，「聖人，人倫之至也」（《孟子‧離婁上》），說得不也就是這個道理嗎？

　　基本上，要瞭解蕺山的道德哲學與工夫論，《人譜》是一個不可或缺的重要環節。杜維明曾經因為牟宗三先生並不十分重視《人譜》，而認為牟先生對蕺山的認識「依然有隔」，〔註1〕這當然只是杜氏個人的一偏之見，牟先生何

〔註1〕 杜先生嘗言：「《人譜》是唯一的一本在他生前就已經出版，並且作過再三修改，甚至在他臨難的那一年還作過修訂的著作。但是，牟先生似乎對它並不

嘗不重視《人譜》？又何嘗對《人譜》的瞭解「依然有隔」？〔註2〕然而如此一來，卻又大大地提高了《人譜》的能見度與重要性。平心而論，《人譜》是蕺山最具系統以及最通行的一部著作，也是他具體展現其工夫理論的作品，透過《人譜》，我們可以充分瞭解到蕺山的道德哲學落實到工夫層面上，是如何的嚴密與緊實。這也就是爲什麼當我們探討完「愼獨」、「誠意」甚至「理氣」總總理論之後，再接以《人譜》的工夫實踐的原因之所在了。「表面上，劉宗周的《人譜》是某種圖表、譜系、單子或手冊，用來教人『遷善改過』，以求健全地成長爲有道德之人。然而，這篇文章的後設結構，乃是通過『愼獨』實踐修身的整體觀念。」〔註3〕

　　透過檢視蕺山文本底下的「後設結構」，我們可以對「愼獨」的道德修養工夫作出全盤的觀照和整體性的洞察；也因著它的表面圖像，有利於儒家思想向普羅大眾的推廣，尤其在善書大量刊行的社會風氣之下，更能凸顯出《人譜》的時代性來。至於《人譜》的創作動機，明顯是蕺山受到了袁了凡（名黃，號了凡，1535～1606）《功過格》的刺激，想要爲傳統的儒者另謀出路，找出一種道德修養的可能方向而作的。在〈自序〉裏頭，蕺山明白表示了對袁了凡功過思想的批判，以爲其雖本爲儒者卻篤信因果，實由於功利觀念作祟。因此《人譜》之作，除了傳遞儒者的「證人」之學外，還要作出與佛、老最大的區隔之處，也就是「言過不言功，以遠利也」。在崇禎六年（1633）蕺山寫給秦弘祐（字履思）的一封信中，就曾如此指實批評道：「大抵立教不可不愼，若了凡功過之說，鮮不以功爲過，以過爲功，率天下而歸於嗜利邀

　　　　十分重視，雖然他在書中也引用了《人譜》的許多原文，並認爲儒家的成德之教到宗周而有了一個更爲深度和更爲完備的發展，但是我似乎覺得牟先生對宗周的瞭解依然還有隔。」文見杜維明、東方朔：《杜維明學術專題訪談錄——宗周哲學之精神與儒家文化之未來》，〈劉宗周的哲學及其問題性〉，頁25。

〔註2〕　如牟先生就曾在《從陸象山到劉蕺山》一書中大費篇章地專門論述蕺山的《人譜》，並且還據以做出了如下的結論：「罪過，過惡，是道德意識中的觀念。道德意識愈強，罪惡觀念愈深而切，而且亦只有在道德意識中始能眞切地化除罪惡。儒聖立教自道德意識入。自曾子講守約愼獨後，通過宋明儒的發展，這道德意識中的内聖之學，成德之教，至蕺山而爲更深度更完備地完成。」（見該書537頁）單就這評價來看，非但不見「有隔」，而且幾乎是推崇備至的了。

〔註3〕　杜維明著，錢文忠、盛勤譯：《道學政——論儒家知識分子》，六〈劉宗周哲學人類學的主體性〉，頁116。

福之所，爲吾道之害有不可言者。」〔註4〕並寄望能建立一套「庶不落了凡窠套」的正統儒者修爲方式。次年（1634），弘祐仿效了凡功過冊著成《遷改格》一書，善與過對舉，陶石梁序而行之，當冊呈給蕺山時，蕺山不禁嘆道：「此害道之書也。」因此更確定了建立儒者一套專有的道德修鍊法門的重要性，《人譜》遂在這種因緣際會下產生了。〔註5〕

據瞭解，《人譜》作於崇禎七年（1634），蕺山時年五十七。再據其子劉汋的說法，蕺山對《人譜》甚爲重視，曾一再修訂，甚至到他順治二年（1645）去世前一個月仍是如此：

> 《人譜》作於甲戌（按：蕺山五十七歲時），重訂於丁丑（按：蕺山六十歲），而是譜則乙酉（按：蕺山六十八歲）五月之絕筆也。一句一字，皆經再三參訂而成。向吳巒稺初刻於湖，鮑長孺再刻于杭，俱舊本也，讀者辨緒，無負先君子臨岐苦心。乙丑孟秋，不孝男汋百拜謹識。〔註6〕

這是劉汋在《人譜》最後所加上的按語，由此我們可以知道：蕺山對於《人譜》是一句一字，再三斟酌而成。一般而言，蕺山對著作的態度相當嚴謹，是不輕易刊刻的，然而《人譜》卻不然，不但生前就刻了兩次，在絕食之時還不忘提醒劉汋道：「做人之方，盡於《人譜》，汝作家訓守之可也。」〔註7〕一方面可以刊刻藏之名山，傳諸其人；一方面又可傳之後代，作爲家訓傳家寶，蕺山對《人譜》的重視可見一斑。再加上他對《人譜》一再改訂，至死方休，我們稱之爲蕺山的「最後定見」，亦未嘗不可。

一、《人譜雜記》的相關問題

除了《人譜》，蕺山更有《人譜雜記》，它是根據《人譜》中所列的條目，再蒐集歷史上人物的嘉言懿行所分類編排的一個匯本。《人譜》作於蕺山五十七歲時，歷經六十歲和六十八歲的兩次修訂，最後一次修訂未完，蕺山即絕食而死。根據劉汋的記載，蕺山在第二次修訂《人譜》時，他同時也在進行

〔註4〕　《劉宗周全集》第三冊，文編三，〈答履思十〉，頁318。
〔註5〕　詳參《劉宗周全集》第六冊，附錄二，《蕺山劉子年譜》上卷「崇禎七年甲戌，先生五十七歲」條，頁106～107。
〔註6〕　《劉宗周全集》第二冊，語類一，《人譜》，頁20～21。
〔註7〕　《劉宗周全集》第六冊，附錄二，《蕺山劉子年譜》下卷「順治二年乙酉，先生六十八歲」條，頁170。

《人譜雜記》的寫作：「先生於《譜》中未當者再加改正。是書凡三易稿始定。又取古人言行，從〈記過格〉諸款類次以備警，名《人譜雜記》。」〔註8〕下面劉汋的案語又寫道：「《雜記》尚未畢草。先生臨絕，命汋補之，敬受命成書。」〔註9〕從文字的敘述我們可以推測：蕺山對於《人譜雜記》的重視程度，絕對不在《人譜》之下，他甚至是把《人譜雜記》當作是《人譜》的續篇或姊妹作來看的，否則他也不必「又取古人言行，從〈記過格〉諸款類次以備警」，如此之慎重其事了。

　　依照廖俊裕先生的看法是：「蕺山此亦應還是和他重視道德實踐的歷史性有關，總是從具體的現實面出發立論，因為在〈記過格〉都還是抽象地論述諸過的名目，故再取古人言行，依類編輯以『備警』，是用來警惕自己免犯過錯之用的。」〔註10〕這種說法雖然有他獨特的出發視點，但合情合理，容易被人所接受。但並非所有的研究者對《人譜雜記》都能與對《人譜》一樣等量齊觀的重視，有的甚至刻意表示忽略，如黃敏浩先生就說：「儘管《人譜雜記》充滿著許多古人的事蹟，內容豐富，但沒有顯著的哲學意涵，所以並非我們要討論的對象。」〔註11〕到底哲學意涵是什麼？它包不包涵既成事實的佐證？那麼說來，《人譜》又有多少哲學意涵？黃先生並不太能自圓其說。承接這種看法而來的還有袁光儀先生，他說：「《人譜雜記》載於《遺編》，顯與《人譜》各自成書，且以古人言行為主，不涉理論，故不列入討論。」〔註12〕同樣的盲點造成相同的選取態度，以為歷史和哲學是可以毫不相涉，各行其是的，然而真的是如此嗎？筆者倒不這樣認為。

　　從歷史事實上看，蕺山六十八歲時第二次修訂《人譜》，又再編輯《人譜雜記》，臨終時尚念念不忘，遺命劉汋補寫完成，蕺山的重視程度於此可見。

〔註8〕　《劉宗周全集》第六冊，附錄二，《蕺山劉子年譜》下卷「順治二年乙酉，先生六十八歲」條，頁164。

〔註9〕　《劉宗周全集》第六冊，附錄二，《蕺山劉子年譜》下卷「順治二年乙酉，先生六十八歲」條，頁164。

〔註10〕　廖俊裕：《道德實踐與歷史性——關於蕺山學的討論》，第三章〈證量要求下的蕺山內聖學之道德實踐歷程論〉，頁119。

〔註11〕　黃敏浩：《劉宗周及其慎獨哲學》，第四章〈慎獨哲學的實踐——《人譜》的分析〉，頁174。

〔註12〕　袁光儀：《晚明之儒家道德哲學與世俗道德範例研究——劉蕺山〈人譜〉與〈了凡四訓〉、〈菜根譚〉之比較》，第四章〈劉蕺山之思想與《人譜》〉，頁104，註101。

即便《人譜》偏在道德實踐的理論，《人譜雜記》則偏在古人嘉言懿德的記錄，但二者實在可以相輔相成，一則能引起道德行爲的動機，一則引導具體實踐的方法策略，同樣是證人之所以爲人所須具備的，因此理應等量齊觀。若不是《人譜》成之在前，我們還分不出孰輕孰重呢。因此，我們不應蹈循一般學者的態度，刻意忽略《人譜雜記》，以爲它的哲學深度不夠，反倒應將之視爲《人譜》的續編或姊妹作，使二者相互參看、引證，藉以窺見蕺山道德理論之全貌。何況，理論與實際一視同仁、並行而不悖的「合一觀」，正是造就蕺山成爲「宋明理學殿軍」的最主要思想主軸，這觀念落實到《人譜》與《人譜雜記》之間，亦莫不然。底下我們就先從《人譜雜記》談起，再循序進入到對《人譜》規模系統的討論。

　　據瞭解，《人譜雜記》又稱《人譜類記》，版本甚多，其中因牽涉到蕺山弟子對其師學說的詮釋立場與刪改問題，再加上刊刻時材料多寡的增減，其中的曲折並不是三言兩語可以說得清的，我們也無意去說它。再加上一般定名爲《人譜類記》的，其中雜有相當多因果、報應的怪誕之說，與蕺山強調儒、釋之辨與一貫重視現實的精神相違背，所以我們不擬採取。而是使用《劉子全書及遺編》中的《人譜雜記》爲定本，這也就是後來《劉宗周全集》所根據的版本。至於它的編排方式到底如何？基本上，它是完全依照《人譜》中的〈記過格〉來排定的，所以它分爲〈體獨篇〉、〈知幾篇〉、〈定命篇〉、〈凝道篇〉、〈考旋篇〉、〈作聖篇〉等六個篇目，分類以從。從「體獨」到「作聖」，一關關深入，其分類其實是按照實踐次第推展開來的，並非漫無目的而然。其實從傳統儒家的角度來看，道德實踐本就是一個「體道」的過程，二者是緊密相關的，實踐的次第就等同於體道的階段何所在。所以蕺山在《人譜雜記》的每一個分類，不只是摘錄古人的嘉言懿行而已，他還必須對每個事件作出道德評價，判斷出這是屬於哪一個體道階段，才能顯現出它的價值來。

　　如此一來，《人譜》的理論和《人譜雜記》的實際相互配合，彼此參看，就可以爲後人的「體道」需求，提供出有價值的參考資料，猶如一把登高用的梯子，可藉以階而升，進而一窺成聖成賢的堂奧。蔣年豐先生就曾提到：

> 張高評先生在其《黃梨洲及其史學》中提到劉蕺山時，說：「所著有人譜一書，統貫性命德性之理，推尋古人言行，附麗排比以成類記，是其雖昌理學，要亦有得於史也。」這個洞見是難得的。的確，劉蕺山在其《人譜雜記》中，擷取〈證人要旨〉中的「體獨」、「知幾」、

「定命」、「凝道」、「考旋」為標題，而在其下博採歷史人物各種的
美德懿行，作為典範。值得史家注意的是，此中每個事蹟皆可說是
個小型的人物傳記。從整套體系來看，劉蕺山的《人譜》系列乃是
要建立「精神現象學式的人學」（a phenomenological anthropology），
而且其導向是內聖道德的。這種人學重視人之個體在具體的生活當
中對道的體現，以之為歷史記述的重心，因此歷史的意義即在於個
人體道的見證。劉蕺山所開啟的史學精神對他的門人黃梨洲的史學
導向應該是有實質性的影響的。〔註13〕

由史學的觀點出發，而將《人譜》與《人譜雜記》歸為一個體系，姑不論這
在史學觀上是否真的影響到後來的黃梨洲，蕺山確是已然建立起一種「精神
現象學式的人學」。這種強調「內聖」道德的人學，重視的是人在具體生活中
對「道」的體現，這不但成為他歷史記述的重心，更重要的是，事件當下所
呈現出來的外在「現象」就是內在「精神」（按傳統的說法，就是「道」或「天
理」）的外顯，而這種種外顯行為，就又成為我們判斷一個人「體道」深淺的
重要依據。這些個案，說它是歷史記述，若進一步借用佛家的術語，倒不如
說它是一個個體道的「公案」。而它跟當時一般「善書」最大不同之處，在於
善書只有勸善改過的社會教化功能，《人譜雜記》雖然也同樣是「袞纂」文體，
將一篇篇的歷史故事與名人嘉言輯錄下來，用以增強讀者的興趣。但它卻已
超出一般「賞善罰惡」的輪迴果報世俗價值觀，堅持儒家的傳統壁壘，將德
行提升到是否與「道」相合的較高層次來作判準。

　　一提到「公案」這個議題，因為事涉儒、釋之辨，比較敏感，對此，蕺
山自己的看法是：「古人公案，有用著用不著時，苟其得之於心，無往而非坐
下之公案，不然其如孔、孟何？要不佞則竊以自鞭焉。」〔註14〕以能否「得
之於心」才是用著或用不著的關鍵，可見選擇的標準不一而足，端視個人的
情況而定。如果真能得之於「心」，使公案和個體之間發生互相交流的認同感，
就可以讓這些古人的言行事蹟成為「自鞭」（自我鞭策）的對象，藉以使自己
走上自我修鍊的「體道」過程，而進一步與道合一。值得我們注意的是，「公

〔註13〕蔣年豐：〈從朱子與劉蕺山的心性論分析其史學精神〉，收錄於其《文本與實
　　　　踐（一）：儒家思想的當代詮釋》，頁249～278。（臺北：桂冠圖書股份有限公
　　　　司，2000）
〔註14〕《劉宗周全集》第三冊，文編三，〈與履思〉十二，頁318。

案」雖來自於佛家，「苟其得之於心」，就可以不必避諱地採用之，因爲孔孟之道才是最大的取決標準，舉凡可用，都可以收編在儒家的旗幟之下爲我所用。單就這點而言，蕺山即再度表現出他大開大闔，不囿於一般門戶之見的「合一觀」殿軍氣勢。

至於記載古人的「公案」又如何能鞭策我們的言行？蕺山認爲可以從內、外兩方面加以進行：

> 古人不過先得我心同然耳，是以千言萬語，只是欲人將已放之心，約之反覆入身來，便能尋向上去，則所謂學問之道，如斯而已矣。故學而不求諸心則已，學而求諸心，則於古人橫說豎說、是同是異、是合是分、是虛是實、是偏是全，皆有用處，正如因病立方，隨病尋方，兩兩比對，有何彼此？〔註15〕

這是一個原則問題，就古人的前言往行來說，其中的表現，無論是橫是豎，是同是異，還是分是合，是實是虛，只要能先求諸心，就能掌握到那古人「先得我心同然耳」，如此一來，便與古人沒有人我彼此之分。按孟子的說法，學問之道無他，「求其放心而已」，這放失的本心，絕對可以在古人的歷史教訓中尋得，當然關鍵並不在事件的外緣，而在主體間心與心的相得，藉以「因病立方」或「隨病尋方」，使自己終能「尋向上去」，尚友古人，並向古人看齊。有個古人的具體楷模在前作引導，這在道德實踐的初期是有相當必要性的，並且它是就外在的對治與引導來說的。若再進階於內在相互印證的功效上，蕺山則又主張：「學必以古爲程，以前言往行爲則，而後求之在我，則信諸心者斯篤，乃臻覺地焉。世未有懸空求覺之學，凡言覺者，皆是覺斯理。」〔註16〕就內在的心路歷程來說，古人的前言往行跟我心互相印證，可以讓我更相信、更確定自己的信念，而達到最後階段的「覺地」。這覺地覺的是心之理，心之理不能夠懸空而來，要靠古人嘉言懿行的「公案」來作印證，這在「體道」後期重視自覺的階段更是如此。

所以即使一般學者對《人譜雜記》的研究興趣不大，但我們從蕺山念念不忘的初衷，和對照其言論的偏重情形，再加上蕺山理論、實際並不偏廢的「合一觀」思想基調，可以讓我們相信：《人譜雜記》在道德實踐意義上的重要性，絕對不在《人譜》之下。然而由於長期受到忽略，特別提到《人譜雜

〔註15〕《劉宗周全集》第三冊，文編三，〈答趙君法〉，頁325～326。
〔註16〕《劉宗周全集》第二冊，語類八，〈證學雜解〉，頁268。

記》並對它進行研究的論文並不多，目前我們所能看到的，只有劉師人鵬的那篇〈聖學道德論述中的性別問題──以劉宗周《人譜》為例〉〔註17〕較有份量，相當具代表性。劉師文中特別是把《人譜》和《人譜雜記》合觀，以見其全面性，尤其令人津津樂道的，是它的女性主義切入觀點。一個特別令人印象深刻的例子是，劉師在文章中所引的一則有關司馬溫公和其妾的故事：

> 司馬溫公中年無子，夫人為置一妾，公殊不顧。夫人疑有所忌。一日，夫人歸寧，令妾捧茶以進。適公方讀書，妾乘間請曰：「此何書也？」公拱手正色曰：「《尚書》。」而讀書自若。妾逡巡而退。〔註18〕

劉師在這之前給了一個標題「『妾婦之道』的困境」，的確如此，司馬溫公因為中年無子，司馬夫人無奈地為他安排了「妾」，為什麼說「無奈」，因為有誰願意和其他的女人分享自己的丈夫？但在古代，「不孝有三，無後為大」，與其溫公自己主動納妾，還不如自己安排個能聽話的心腹，以免後來反客為主，這溫公也接受了。在《人譜雜記》中，溫公屢屢出現，口吐聖人之言，形象端正，而他對這位年輕貌美的妾，卻也持守一貫原則，「殊不顧」，換句話說，就是視而不見，有當做沒看見。當然，溫公夫人看在眼裏，滿意也不滿意，關鍵都在「疑有所忌」上。有所忌，表示溫公對夫人的情深意重；有所忌，也代表了生子的任務遙遙無期。當夫人歸寧，溫公可以無所顧忌之時，與妾共處一室，妾更是主動地提供了彼此互動的機會，「捧茶以進」，噓寒問暖，甚至問起了「此何書也？」期望引起話題。沒想到溫公根本沒把她看在眼裏，依舊「拱手正色」、「讀書自若」，滿懷好意的妾被碰了一鼻子灰，只好尷尬地「逡巡而退」了。

對於這一段小故事，或許我們看了不以為意，頂多莞爾一笑，甚至對司馬溫公的遠女色態度肅然起敬，這是我們慣常沒有從女性的角度來看問題。但劉師對它的解讀則是：

> 作為妾，社會告訴她：她的正當功能即是服事與產子，但當她履行這項功能時，卻要遭到將她納進家門的作聖賢功夫的讀書人的輕視。從這段文字中，我們看不見這位「妾」在聖賢自己認可的「德

〔註17〕收錄於林慶彰、蔣秋華主編之《明代經學國際研討會論文集》，頁485～516。（臺北：中央研究院中國文哲研究所，1996）

〔註18〕此條並不見於《遺編》本，只見於《人譜類記》（廣文書局），卷四，頁38。

行」上有何缺失——「妾者，接也，適可接事君子」，但她卻要在讀
「《尚書》」的司馬公面前，尷尬地逡巡而退。我們可以想見：她若
不是因為身在男權社會一夫多妻的制度之下，加上家庭社會階級的
限制，也不會輕易成為妾，作為純粹被剝削的對象。然而一旦為妾，
她竟然在道德上也失去了頂天立地的尊嚴。而羞辱她的是誰？正是
理直氣壯利用她的司馬公。此妾若是不「捧茶以進」、卑屈自己事奉
相公，會有道德語言譴責她不盡職；但是，當她兢兢業業克盡職責，
卻成全了既得利益者的階級劃分。難道，聖賢是以鄙夷女子為道德
修養的工夫？而德行本身是有階級性的？〔註19〕

小小的一則故事，竟引發了如此多的聯想，從社會、婚姻、道德修養種種的
角度去看問題，會有許多值得探討的空間等待我們去挖掘，而這正是跨領域
研究古代文獻資料有趣的地方。引人深思的是，「然而一旦為妾，她竟然在道
德上也失去了頂天立地的尊嚴。而羞辱她的是誰？正是理直氣壯利用她的司
馬公」，的確，在物欲和道德修養之間，司馬溫公選擇了持守崗位，不讓妾有
絲毫越雷池一步的機會。但，「人皆可以為堯舜」，不也是儒家的傳統信念嗎？
「人」除了男人之外，當然也包括了女人，溫公「拱手正色」的嚴正態度所
為何來？除了鄙夷女性，嚴防階級之分，根本不認為身為女性的妾會有讀書
成聖賢的可能，這明顯違反了傳統儒家對所有人群的尊重，哪怕只是原則上
的高調亦然。還有一點更重要的是，廖俊裕先生在他的文章中特別與劉師對
話，強調對異性要有所謂的「敬」，〔註20〕但在這我們只看到「敬鬼神而遠之」，
深怕自己的聖賢修養被影響、被玷汙而保持距離的「敬」；並沒有夫妻間相互
扶持，相敬如賓的「敬」，即使只是地位次一級的「妾」，也不須要如此嚴防
男女之別，甚至帶有鄙夷對方的自我優越感。這難道就是他所謂的「將對方
推出而尊重對方為一獨立個體」嗎？答案相信並非肯定。

　　當然，蕺山的《人譜雜記》，其價值絕對不只在提供「男女平等」的反面
教材而已，它的原始立意，是想藉由《人譜》所列的條目，分類蒐集歷史人
物的嘉言懿行，以作為後學者道德修養的參考，是理論之後的現實例證，用
以具體說明蕺山對嚴密道德工夫的重視。更沒想到附加價值，竟是進一步呈

〔註19〕劉師人鵬：〈聖學道德論述中的性別問題——以劉宗周《人譜》為例〉，頁21。
〔註20〕詳參廖俊裕：《道德實踐與歷史性——關於蕺山學的討論》，第三章〈證量要
　　　　求下的蕺山內聖學之道德實踐歷程論〉，頁122。

現了蕺山的歷史觀和兩性觀，這自然是他所始料未及的，也相對提供了後人學術研究的新視野及新方向，值得我們再接再厲。而正因為是「理學殿軍」，能見度大、指標性強，就不單只有肯定，有時候也會招致批判，但所謂「泰山不讓土壤，河海不擇細流」，如此一來，才足以顯現其地位的特殊跟角色的重要性，不是嗎？

二、《人譜》略述

接著，我們進入到《人譜》結構上的考察。據瞭解，《人譜》前有〈自序〉，主要在說明寫作的緣由和目的，正文則可分為三大部分：〈人譜正篇〉、〈人譜續篇一〉和〈人譜續篇二〉。在〈人譜正篇〉中，有「人極圖」與「人極圖說」，明顯可見的是，蕺山有意模仿濂溪的「太極圖」及「太極圖說」，將「太極」轉化為「人極」，從本體宇宙論一變為道德工夫論，且收歸入自己的「慎獨」體系之中。並且，周敦頤的「太極圖」原本有五，但蕺山的「人極圖」卻將「太極圖」之第二，即陽動陰靜之圖區分為二，把陽動之圖置於陰靜之圖前，如此，原本的五圖遂變而為六圖。

蕺山自己這麼說道：「此第二、第三圖，即濂溪太極圖之第二圖。然分而為二，自有別解，且左右互易，學者詳之。」〔註21〕這裏透露出一個「左右互易」的訊息來：「太極圖」中的第二圖，原本代表陰靜者，到了「人極圖」卻變成了陽動之象；原為陽動部分，卻倒過來成為陰靜之圖，如此的乾坤大挪移，蕺山並沒有詳加說明。不過後人的推測是：

> 宗周以陰、陽之圖互易，是要表示即陰即陽，二者實無法真正分開之意，所謂『陰陽互藏其宅』是也。「人極圖」中的陽動之圖，是表示無而未始淪於無，即無而有之「中」；而陰靜之圖，則表示有而未始著於有，即有而無之「和」。至於置陽動之圖於陰靜之圖之前，是因為在道德修養上要以中為本。當然，陽動之動是「動而無動」之動，陰靜之靜是「靜而無靜」之靜，而即陰即陽，即中即和，在其妙合無間中，中便是本體、獨體、心體（心一天也之心）、性體、天或太極，凡此皆以第一圖來表示。〔註22〕

〔註21〕《劉宗周全集》第二冊，語類一，《人譜》，頁3。
〔註22〕黃敏浩：《劉宗周及其慎獨哲學》，第四章〈慎獨哲學的實踐——《人譜》的分析〉，頁174～175。

陽動之「中」與陰靜之「和」，原本是即中即和的，中、和之間若以蕺山的「合一觀」來看，原本是毫無差別的一體。但若從側重現實層面，工夫先於本體的角度切入，「中」自然要先於「和」的，這和蕺山向來秉持的觀念是一致的，我們可以接受。然而在「妙和無間」中，「中」又一併囊括了本體、獨體、心體、性體，甚或天及太極，這些都可以由第一圖來表示，都可以收束到「性天之尊」的超越性與普遍性之中，用以相對貞定工夫的客觀價值，本體、工夫相互爲用的效應，在此又進一步地呈現出來。

「人極圖」後繼之以「人極圖說」，對「人極圖」六圖的每一圖都有扼要的說明：

> 無善而至善，心之體也。繼之者善也。成之者性也。繇是而之焉，達於天下者，道也。放勳曰：「父子有親，君臣有義，夫婦有別，長幼有序，朋友有信。」此五者，五性之所以著也。五性既著，萬化出焉。萬化既行，萬性正矣。萬性，一性也。性，一至善也。至善，本無善也。無善之眞，分爲二五，散爲萬善。上際爲乾，下蟠爲坤。乾知大始，吾易知也；坤作成物，吾簡能也。其俯仰於乾坤之內者，皆其與吾之知能者也。大哉人乎！無知而無不知，無能而無不能，其惟心之所爲乎！易曰：「天下何思何慮？天下同歸而殊塗，一致而百慮。天下何思何慮！」君子存之，善莫積焉；小人去之，過莫加焉。吉凶悔吝，惟所感也。積善積不善，人禽之路也。知其不善，以改於善。始於有善，終於無不善。其道至善，其要无咎。所以盡人之學也。〔註23〕

誠如我們所知的，蕺山的「人極圖說」是相應於濂溪的「太極圖說」而來的，所不同的是，「太極圖說」是從宇宙論的太極下貫到人身上，「人極圖說」反而是倒過來，先立人極，最後才來涵攝太極。而人極的最重要關鍵，就在於心體的挺立上，無怪乎「人極圖說」的第一句開宗明義就要說「無善而至善，心之體也」。心體的建立，在於天道的下貫，當無限價值根源的天道貫注到有限的人心之上，人心就能「形著」天道，成爲一切價值所從出的心體，雖有限卻是無限的。藉著不斷地體現價值，心體「繼善成性」，影響力不斷向外推擴，終於形成了所有的萬事萬物。這價值從五倫開始向外延伸發展，所謂「此五者，五性之所以著也。五性既著，萬化出焉。萬化既行，萬性正矣」，因爲

〔註23〕　《劉宗周全集》第二冊，語類一，《人譜》，〈人譜正篇〉，頁3～4。

五性各有專屬，再配以木、火、水、金、土五行，讓人道和宇宙論合而爲一，通貫上下，用人倫價值來助長萬化的生成，再進一步貞定萬性。

（一）「無善無惡」的爭議

然而萬性在「合一觀」的統籌之下，都能成爲一性，「萬性，一性也。性，一至善也。至善，本無善也」，特別値得注意的是，蕺山在此用「本無善」來解釋「至善」，而謂「無善而至善，心之體也」，似乎容易引起爭議，以爲有釋、道的思想成份雜揉在其間，因而引來他人的問難。對於此，蕺山做出如下的回應：

> 有讀《人譜》，疑無善二字者。曰：「人心止有好惡一機，好便好善，惡便惡不善，正見人性之善。若說心有箇善，吾從而好之，有箇不善，吾從而惡之，則千頭萬緒，其爲矯揉也多矣。且謂好惡者心乎？善惡者心乎？識者當辨之！」〔註24〕

人性之善是從「好善惡惡」而來的，這就是所謂的「至善」，是「一機而互見」的，而非「兩在而異情」，更不是用超越相對的善惡來說的，因爲它善惡分明，絕對不在打迷糊仗。也不是所謂的「矯揉」，故意在心外設個善或不善的標準，然後才去好惡之，畢竟好惡在心，從心而發，善惡在外，是被心所評判的價値結果。從這個角度來看，心的善是更高一層的「至善」，是「無善而至善」的。

梨洲對此，也下了一段案語於後：

> 《人譜》謂「無善而至善心之體也。」與陽明先生「無善無惡者心之體」之語不同。陽明但言寂然不動之時，故下即言「有善有惡意之動」矣。先生此語，即周子「無極而太極」也，以「至善」換「太極」二字，更覺親切。人本無善，正言至善之不落跡象，無聲無臭也。先生從至善看到無善，善爲主也；周海門言「無善無惡，斯爲至善」，從無強名之善，無爲主也。儒、釋分途於此。〔註25〕

先將蕺山和陽明做個比較，蕺山的「無善而至善」是從濂溪的「無極而太極」來的，但又讓人更覺親切，因爲它有道德的價値判斷在裡面。陽明的「無善無惡者，心之體」是從超越善惡來說的，而蕺山的「無善而至善」卻是先肯

〔註24〕 《劉宗周全集》第二冊，語錄十四，《會錄》，頁516。
〔註25〕 《明儒學案》卷六十二，〈蕺山學案〉，頁1544。

定「至善」的存在，只因為其不落跡象，無聲無臭，所以才說「無善」。而周海門的「無善無惡，斯為至善」與蕺山是反向思維的，先超越善惡才說是「至善」，切入點不同，前提有異，這就是所謂的儒、釋之別。事實上，對於心體或性體，蕺山是以「善」的價值肯定為前提的，更因為它的超越性，所以又稱為「至善」，即使超越善惡也只能用「無善而至善」來形容，絕對不能用「無善無惡」以名狀。因為在蕺山的認知，諸多陽明後學的流弊都來自於「無善無惡者，心之體」一句的「無善無惡」之玄蕩，甚至我們可以說，「無善無惡」這些字眼對於蕺山，是相當礙眼和避諱的。

甚至蕺山也曾言：

> 愚按：四句教法，考之陽明集中，並不經見。其說乃出于龍溪。則陽明未定之見，平日間嘗有是言，而未敢筆之於書，以滋學者之惑。至龍溪先生始云四有之說，猥犯支離。勢必進之四無而後快。既無善惡，又何有心意知物？終必進之無心、無意、無知、無物而後元。如此，則「致良知」三字，著在何處？先生獨悟其所謂無者，以為教外之別傳，而實亦併無是無。有無不立，善惡雙泯，任一點虛靈知覺之氣，縱橫自在，頭頭明顯，不離著於一處，幾何而不蹈佛氏之坑塹也哉！夫佛氏遺世累，專理會生死一事，無惡可去，並無善可為，止餘真空性地，以顯真覺，從此悟入，是為宗門。若吾儒日在世法中求性命，吾慾薰染，頭出頭沒，於是而言無善惡，適為濟惡之津梁耳。〔註26〕

一談到「無善無惡」，就不禁讓人想到王龍溪的「四無說」，起頭的「若悟得心是無善無惡之心」雖可以溯源到陽明，但陽明頂多只在口頭上說，尚不敢真正筆之於書，以造成後學者的疑惑。直到龍溪確立「四無說」，「無善無惡」的話頭才正式成為其所自視的「教外別傳」。但是這種「有無不立」、「善惡雙泯」的一點虛靈知覺之氣，勢必對傳統的「致良知」造成絕大的殺傷力，因為他並不肯定「善」的道德價值，超越善惡就是沒有善惡差別相，甚至無所謂善惡，這根本離儒家的傳統價值越來越遠，而陷入佛家的坑塹之中。重點是，同樣的「無善無惡」，在佛家根本不存在著問題，因為他們「遺世累，專理會生死一事」，只求來世，不顧今生，一切的人倫物理都不成為現實的羈絆，性空之下，「無善無惡」的超塵絕俗，自然有必要而且說得通的，這是蕺山所

〔註26〕《明儒學案》，〈師說〉，〈王龍溪畿〉，頁8。

理解的佛家，想來只是指與大乘相對的小乘佛學。

　　但對儒家而言，「在世法中求性命」是他們的最終使命，立基於現實世界，肯定道德的價值標準，是就是，非就非，善惡分明，不容淆亂。如果要說「無善無惡」，飄忽不定，沒有一定的價值觀，就很容易成為「濟惡」的津梁，為王學末流的「玄虛而蕩」、「情識而肆」尋找理論的破口。無怪乎當時一些行為備受爭議的讀書人，都會以龍溪弟子自名，這種現象說明了「無善無惡」容或是一種高的精神境界，卻無法成為一個經得起考驗的現實教法。甚至被當代的東林諸子（包括爾後影響蕺山甚深的高攀龍）以及蕺山所深惡痛絕，必欲去之而後快。既然陽明的「致良知」下一個「良」字，早就肯定了「善」的必要存在，蕺山便有藉口將「無善無惡」改動一字，回歸傳統而成為更沒有爭議性的「有善無惡」：

> 先生（按：指陽明）每言：「至善是心之本體。」又曰：「至善只是盡乎天理之極，而無一毫人欲之私。」又曰：「良知即天理。」錄（按：即《傳習錄》）中言天理二字，不一而足。有時說「無善無惡者理之靜」，亦未曾徑說「無善無惡是心體」。若心體果是無善無惡，則有善有惡之意又從何處來？知善知惡之知又從何處來？為善去惡之功又從何處來？無乃語語絕流斷港？快哉四無之論，先生當於何處作答？〔註27〕

從文獻上的考訂，讓蕺山認定「無善無惡是心體」一句並非出自陽明，這就顯現了它的來源有問題，只是龍溪個人的私見而已，並非普遍的真理。若再由「合一觀」的角度來看，「心、意、知、物」只是一物，既然「心」是「無善無惡」，那同一主體的幾個面相「意、知、物」，豈不比照辦理，也是「無善無惡」的。如此一來，又將置「有善有惡」的現實意向、「知善知惡」的道德感知與「為善去惡」的工夫修為此三者於何處呢？這就是所謂的「絕流斷港」，一不通百不通，即使「四無」可以說得興會淋漓，不亦快哉，彼此間的道理聯結，又如何能自圓其說呢？

　　至於所謂的上根、下根，心、意二分之說，蕺山也做出如下的回應：

> 卻又有上根、下根之說，謂「教上根人只在心上用工夫，下根人只在意上用工夫」，又豈大學八目一貫之旨？又曰：「其次且教在意念上著實，用為善去惡工夫，久之心體自明。」蒙謂繞著念時，便非

〔註27〕《劉宗周全集》第五冊，《陽明傳信錄三》，〈王畿記〉，頁91。

本體。人若只在念起念滅上用工夫，一世合不上本體了，正所謂南
轅而北轍也。先生（按：指陽明）解大學，於「意」字原看不清楚，
所以於「四條目」處未免架屋疊牀至此。及門之士一再摹之，益失
本色矣。先生他日有言曰：「心意知物只是一事。」此是定論，既是
一事，決不是一事皆無。〔註28〕

誠如筆者前述，在蕺山的觀念，心體即等同於意體，本體既然合一，又何有
「教上根人只在心上用工夫，下根人只在意上用工夫」的工夫二分之說？若
按照大學八目一貫之旨，「心、意、知、物」只是一事，「修、齊、治、平」
亦不容有二，本體不分，工夫也是一貫，同樣是修為聖賢，又怎能說上根之
人只用「心」，下根之人專攻「意」呢？何況「意」並不是「念」，若專在念
起念滅的念念遷流上用工夫，求道之途也只是漸行漸遠，南轅而北轍了。再
說，工夫既是一，本體自不容有二，「心意知物只是一事」既是不容撼動的前
提定論，怎可逕自將「心」歸入「無善無惡」，而使其他「意、知、物」三者
全盤盡墨，一事皆無呢？於是乎，蕺山即更動了一個字作為解套方式，以求
合於其一貫的「合一」之旨，並且也不違背傳統「性善」的儒家價值：

蒙因為龍溪易一字，曰「心是有善無惡之心，則意亦是有善無惡之
意，知亦是有善無惡之知，物亦是有善無惡之物」，不知先生（按：
指陽明）首肯否？或曰：「如何定要說個有善有惡？」曰：「《大學》
只說『致知』，如何先生定要說個『致良知』，多這『良』字？」其
人默然。學術所關，不敢不辯。〔註29〕

從《大學》的「致知」再到陽明的「致良知」，其實並不必然有順承的聯結關
係，只是陽明為了提高「致良知」在經典上的依附地位，才刻意做出了如此
的平行比對。所謂「前修未密，後出轉精」，「致知」沒有凸顯出的「性善」
意味，在「致良知」中得到了進一步的強調和推展。也正因為正面肯定了「良
知」中「良」的性善價值，王龍溪「無善無惡」的打迷糊仗說法就變成無謂
與倒退，倒不如將「無」易「有」，用「有善無惡」來代替「無善無惡」，更
能符合傳統價值而不偏離。甚至當有人提出「無善無惡，斯為至善」的說法
時，蕺山亦曾大加撻伐道：「無乃多此一重之繞乎？善一也，而有有善之善，
有無善之善，古人未之及也。即陽明先生亦偶一言之，而後人奉以為聖書，

〔註28〕《劉宗周全集》第五冊，《陽明傳信錄三》，〈王畿記〉，頁91～92。
〔註29〕《劉宗周全集》第五冊，《陽明傳信錄三》，〈王畿記〉，頁92。

無乃過與？」〔註30〕苛察繳繞，多此一舉，善就是善，哪有什麼「有善之善」或「無善之善」之別呢？

　　總之，蕺山「人極圖說」上開宗明義的「無善而至善，心之體也。」其中「無善而至善」可以從濂溪的「無極而太極」去理解，「善」是不落跡象的，以至善為前提的，而跟陽明後學諸如周海門的「無善無惡，斯為至善」，混同儒、釋，以「無」為前提，二者是截然不同的。甚至可以這麼說，蕺山對於「無善無惡」這個話頭，是相當忌諱而不以為然的，正因為有這種理論的支持，才造成了王學末流的「虛玄而蕩」及「情識而肆」。如果要望文生義地以龍溪的「無善無惡」來解釋蕺山的「無善而至善」，是絕對不諦當的。既然「無善而至善」是在講「善」的超越性，而非「無善無惡」的為小人為惡留餘地，那是否蕺山此後就再也絕口不提「無善無惡」了呢？那也不盡然。因同樣在《學言下》，蕺山又曾說過：「心是無善無惡，其如動而為好惡，好必善，惡必惡，如火之熱，水之寒，斷斷不爽，乃見其所為善者。孟子性善之說本此。故曰：『平旦之氣，其好惡與人相近也者幾希。』此性善第一義也。」〔註31〕、「心可言無善無惡，而以正還心，則心之有善可知。意可言有善有惡，而以誠還意，則意之無惡可知。」〔註32〕這又要作如何解？關於此，廖俊裕先生的說明相當值得參考：

　　　　在蕺山這段引文中（按指前引「心是無善無惡」那段），如果用熊十
　　　　力先生的著作習慣的話，在「乃見其所為善者」下要加註曰：「從『心
　　　　是無善無惡』一氣貫下讀之至此為句，吃緊」。蕺山的說法顯然是跟
　　　　上文「無善而至善」一致，雖剛開始說「心是無善無惡」，但馬上就
　　　　說到「好善惡惡」以見「善」或「至善」義。換言之，蕺山這樣說
　　　　簡直是為了對治從陽明而來的「無善無惡心之體」的說法，重點是
　　　　在後面的至善而起的遮撥作用，前面說的「心是無善無惡」正是要
　　　　被用來加以釐清的對象。不可以輕易地就拿出一句「心是無善無惡」
　　　　而說蕺山是直接以「無善無惡」來形容「心」的。〔註33〕

這麼說來，蕺山是「以其人之道還治其人之身」了。當然，用「至善」遮撥

〔註30〕《劉宗周全集》第二冊，語類十二，《學言下》，頁439。
〔註31〕《劉宗周全集》第二冊，語類十二，《學言下》，頁440。
〔註32〕《劉宗周全集》第二冊，語類十二，《學言下》，頁443。
〔註33〕廖俊裕：《道德實踐與歷史性——關於蕺山學的討論》，第三章〈證量要求下的蕺山內聖學之道德實踐歷程論〉，頁133。

「無善無惡」是後人的詮解，重點是，只要能肯定「至善」為前提，「無善無惡」就不那麼地必去之而後快了。和一般的東林學者諸如顧（憲成）、高（攀龍）一樣，蕺山也認為陽明後學的許多流弊都來自於「無善無惡」這四個字，蕺山的思想架構很多也是應運時弊而起的。然而在「批判性」的背後，蕺山思想的「辯證性」也是不可忽略的一大要項，「無善無惡」雖會釀成禍端，在思想的深度上卻是無庸諱言的不容小覷。以至於讓蕺山在取捨之間大費周章，「捨」是為了防弊，「取」則有他的思想深化考量，正因為如此，才造成蕺山文本中既批判又保留的看似矛盾現象存在。而這種具高度包容力的現象，似乎正足以說明，身為「理學殿軍」的蕺山，「批判」與「辯證」同時存在，所造成的並不是矛盾和混亂，而是思想架構的堂廡特大甚而面面俱到。

（二）正反兩面的成聖工夫

在「人極圖說」之後，接著是〈人譜續篇一〉，內容主要是「證人要旨」，將道德修養區分為六大步驟，就是所謂的「六事功課」。基本上，這六大步驟是跟「人極圖」中所展現的六個圖像相對應的：相應於第一圖「無極太極」，第一步驟是「凜閒居以體獨」；再相應於第二圖的「動而無動」，第二個步驟是「卜動念以知幾」；相應於第三圖「靜而無靜」，第三個步驟是「謹威儀以定命」；再相應於第四圖的「五行攸敘」，第四步驟為「敦大倫以凝道」；相應於第五圖「物物太極」，第五個步驟則為「備百行以考旋」；最後則是第六圖的「其要無咎」，相應的第六步驟便是「遷善改過以作聖」。其實嚴格說起來，最後的第六步驟應該不是獨立自主的，而是統貫在前五個步驟中的工夫主軸。

再來就是〈人譜續編二〉，又可分為「紀過格」、「訟過法」、「改過說一」、「改過說二」和「改過說三」。特別值得注意的是，這時「紀過格」已經成為「證人要旨」的負面，表現的是道德出現了瑕疵再加以步步檢視的過程。它們分別是：一曰「微過，獨知主之」，二曰「隱過，七情主之」，三曰「顯過，九容主之」，四曰「大過，五倫主之」，五曰「叢過，百行主之」，六曰「成過，為眾惡門，以克念終焉」。至於相對於「證人要旨」中正面的六圖，它們各自成為的負面圖像，由一至六依序是：「物先兆」、「動而有動」、「靜而有靜」、「五行不敘」、「物物不極」以及「迷復」。為了正反兩面可以相互明白參看，曾錦坤先生曾製作一簡表﹝註34﹞，茲徵引如後，以見二者之關係：

﹝註34﹞曾錦坤：《劉蕺山思想研究》，第三章〈蕺山學說的內容〉，頁127。

染淨	性質	項目	範圍
＋	無極而太極	凜閒居以體獨	誠意
－	物先兆	微過，獨知主之	
＋	動而無動	卜動念以知幾	正心
－	動而有動	隱過，七情主之	
＋	靜而無靜	謹威儀以定命	修身
－	靜而有靜	顯過，九容主之	
＋	五行攸敘	敦大倫以凝道	齊家
－	五行不敘	大過，五倫主之	
＋	物物太極	備百行以考旋	治平
－	物物不極	叢過，百行主之	
＋	其要無咎	遷善改過以作聖	改過
－	迷復	成過，爲眾惡門	

曾先生在表後接著說：

> 工夫分成六大項目，而每項各有正反兩面工夫。正面遷善，反面改
> 過。其實善非外來，無所謂遷，只是順著心體行之而已。過惡無根，
> 改過只是復歸心體而已，並非有一成不變的過可改。善不可見，因
> 此可見的工夫只是不斷地改過，無過便歸至善。然若能順承心體行
> 事，則亦無過可改，正面工夫尤其根本。整個人譜工夫的超越根本
> 在於獨體，這獨體即意體即誠體。〔註35〕

由此可見，就工夫而言，只要順著心體行之，不斷地改過，終使無過以歸於
至善；再就本體來說，一切工夫的超越根據即在於「獨體」，只要能保住持守
此獨體（意體或誠體），從正面切入，成聖成賢之路就不再遙不可及。就正面
來說，以契證體悟此超越而至善的「獨體」爲首要工夫，「閒居」是指閒居獨
處時，外物不來感應摻雜，當眞能脫離人事紛紜的現實生活，用「凜」所呈
現的嚴正修爲，使心靈保持極度的平靜安穩。如此一來，一切妄念不發，這
時工夫只在體證獨體，使這先驗的道德理性本體，如實地呈現在人後天的經
驗意識中，主宰念頭，而不被念頭牽著鼻子走。根據蕺山的原文是這麼說的：

> 學以學爲人，則必證其所以爲人。證其所以爲人，證其所以爲心而
> 已。自昔孔門相傳心法，一則曰慎獨，再則曰慎獨。夫人心有獨體

〔註35〕曾錦坤：《劉蕺山思想研究》，第三章〈蕺山學說的內容〉，頁127～128。

焉，即天命之性，而率性之道所從出也。慎獨而中和位育，天下之
能事畢矣。然獨體至微，安所容慎？惟有一獨處之時可爲下手法。
〔註36〕

學習的關鍵在學做人，至於前提，則在證其所以爲人，重點又在於「證其所
以爲心」，這工夫就完全落到「慎獨」之上了。慎獨的工夫，我們之前曾經有
專章討論過，簡單地說，就是保住並挺立自己心中的「意根獨體」，讓它在不
睹不聞的潛意識狀態中，始終保持著內在精神的平靜與專一，以歸於渾然至
善。而此一先驗超越的道德本體，將具體落實於主體的經驗意識之中，使「存
在」的道德理性進一步轉化爲「自覺」的道德意識，再轉化爲一切無施而不
可的道德行爲。既有道德理性的自覺外化，吾人心體在未發時可以「中」，已
發後則是「和」，順承而下，而天地位，而萬物育，這便是理所當然的持續發
展了，此即所謂「天下之能事畢矣」。但值得注意的是，這至精至微的獨體，
「慎」的工夫將如何下手？蕺山提醒我們，「獨」除了「獨體」、「獨知」還有
「獨處」，閒居獨處時的「體獨」工夫是歷來對「慎獨」的一般性解釋，無疑
卻又成爲蕺山「證人」的第一要義。蕺山接著說道：「夫一閒居耳，小人得之
爲萬惡淵藪，而君子善反之，即是證性之路。蓋敬肆之分也。敬肆之分，人
禽之辨也。」〔註37〕說的正是「凜閒居以體獨」的道理。

其次，「卜動念以知幾」，獨體既已挺立爲主宰，當外物來感，念起念滅，
念念遷流，絲毫不會影響到主體，甚至甫一動念即能「知幾」，對種種念頭「當
下廓清，可不費絲毫氣力」。誠如前述，對蕺山來說，意爲心之所存，念爲心
之所發，因爲所發，所以可善可惡，有善有惡。所謂「卜」者，預知也，才
一動念，心中獨體即能在「惡」尚未萌芽時及時加以省察，而做出適當的處
置。善念足以葆任，惡念則一一克治，相對於「凜閒居以體獨」的未發前置，
而這正是視察已發的一段工夫。蕺山所謂：「獨體本無動靜，而動念其端倪也。
動而生陽，七情著焉。念如其初，則情返乎性。動無不善，動亦靜也。轉一
念而不善隨之，動而動矣。是以君子有慎動之學。」〔註38〕先天的獨體本來
是超越動靜的，至於一般的念頭則有起滅的更迭。蕺山特別提出了「慎動之
學」，是要在已發的念起念滅時嚴加簡擇，將不善者懲窒於動念之初，這樣一

〔註36〕《劉宗周全集》第二冊，語類一，《人譜》，〈人譜續篇一〉，〈證人要旨〉，頁5。
〔註37〕《劉宗周全集》第二冊，語類一，《人譜》，〈人譜續篇一〉，〈證人要旨〉，頁5。
〔註38〕《劉宗周全集》第二冊，語類一，《人譜》，〈人譜續篇一〉，〈證人要旨〉，頁6。

來，即使七情紛呈，抑能返乎性初，使動無不善，動亦能歸於靜，雖動亦靜。

　　第三是「謹威儀以定命」，之前的「凜閒居以體獨」和「卜動念以知幾」都是針對心體本身而言，心體內在並超越於形軀，既然內在，就不能不考慮到外在形軀的問題，「形著原則」遂因此而起。外在形軀有動靜，有威儀，威儀都有一定的軌則可依，既能「體獨」，又能「知幾」，端本澄源之後，誠於中形於外，其容貌辭氣必能順此軌則而無差池，若一旦符合這當然之則，便稱之為「謹威儀以定命」。所謂：「如足容當重，無以輕佻心失之；手容當恭，無以弛慢心失之；目容當端，無以淫僻心失之；口容當止，無以煩易心失之；聲容當靜，無以暴厲心失之；頭容當直，無以邪曲心失之；氣容當肅，無以浮蕩心失之；立容當德，無以徙倚心失之，色容當莊，無以表暴心失之。」〔註39〕凡此種種，就是禮記上的「九容」，就蕺山看來，「天命之性」是不可見的，只能表現在人的容貌辭氣之間，若能符合個別的當然之則，就是所謂的「謹威儀」了。

　　再從工夫的角度來看，「凜閒居以體獨」是未發時的存養，「卜動念以知幾」是已發時的省察，透過這兩層工夫的貞定，才能使獨體（也就是性體）朗現在主體的經驗意識之中，再將此自覺的道德理性，直接下貫於日常生活的動作云為，使人的一切視聽言動，都能符合道德理性（也就是「當然之則」）的標準。性不可見，可見者只有容貌辭氣之合軌範者，人內在的修為確定可以影響外在的容貌辭氣。但反過來說，刻意要求並且合宜的容貌辭氣，也能相對從外來的角度漸漸影響並形塑出道德主體來，內外同時進行，兩者相輔相成，所達成的功效更快也更大。蕺山又說：「昔橫渠教人，專以知禮成性、變化氣質為先，殆謂是與？」〔註40〕說得含蓄，卻也是肯定，「知禮成性」、「變化氣質」雖是外鑠的要求，若配上原本已有的「慎獨」及「慎動」之學的端本澄源，絕對能達到最高的收效，「威儀所以定命」，就是一種逆推而上的說法。

　　第四為「敦大倫以凝道」，人人皆有形軀，「定命」工夫既為人所必須，然而形軀從父母而來，又將再衍生為子女，無論對上對下，最起碼的「五倫」都是無所逃於天地之間的人際關係。五倫各有不同的要求標準，一旦能做好「慎獨」工夫，必能「根心聲色，暢於四肢，自當發於事業」，使五倫各得其敘，這就叫做「敦大倫以凝道」。蕺山曰：

〔註39〕　《劉宗周全集》第二冊，語類一，《人譜》，〈人譜續篇一〉，〈證人要旨〉，頁7。
〔註40〕　《劉宗周全集》第二冊，語類一，《人譜》，〈人譜續篇一〉，〈證人要旨〉，頁7。

人生七尺墮地後，便為五大倫關切之身。而所性之理，與之一齊俱
到。分寄五行，天然定位。父子有親，屬少陽之木，喜之性也；君
臣有義，屬少陰之金，怒之性也；長幼有序，屬太陽之火，樂之性
也；夫婦有別，屬太陰之水，哀之性也；朋友有信，屬陰陽會合之
土，中之性也。此五者，天下之達道也，「率性之謂道」是也。然必
待其人而後行。故學者工夫，自慎獨以來，根心生色，暢於四肢，
自當發於事業，而其大者先授之五倫。於此尤加致力，外之何以極
其規模之大？內之何以究其節目之詳？總期踐履敦篤。慥慥君子，
以無忝此率性之道而已。〔註41〕

人一出生就處在五倫中，而這五倫與主體之間關係至為密切，其「所性之理」，
亦與之一齊俱到。然亦必待其人率性然後行，操存涵養，然後再發於事業，
這最大的事業則莫過於五倫了。只有在五倫中常懷不盡之心，黽勉從事以趨
於至善，使父子有親，君臣有義，長幼有序，夫婦有別，朋友有信，才會真
正讓自己無忝於君子，無悔於做人。值得我們注意的是：在此之前的三個階
段，無論是「凜閒居以體獨」，還是「卜動念以知幾」，抑或是「謹威儀以定
命」，都只是偏向於個人的道德實踐，到此，才開始注意到主體在社會關係中
的存在。在社會上，道德主體不只是單一的直線發展而已，它已經是個彼此
關係相牽扯的複雜現象，雖然萬物一體，但彼此又都是一個個成熟的個體，
存在且自覺的道德理性主體，這其中的複雜互動，就不只是單純搞好自我修
德就能畢其功的。蕺山所謂：「外之何以極其規模之大？內之何以究其節目之
詳？」內在的節目即使複雜，也只是運用之妙，存乎一心；至於外在人際的
包羅萬象，所要考慮的種種面向，就不單是一言可以蔽之的了。難怪昔人有言
曰：「五倫間有多少不盡分處。」〔註42〕正因為規模龐大，所以更不容易盡分。

　　第五是「備百行以考旋」，從五倫各得其敘，再推極到個體與群體間的種
種關係，使天地之間都是五倫關係的衍伸，如能「知之明、處之當，無不一
一責備於君子之身」，一定能達到百行皆敘、物物付極的果效。這果效照蕺山
的話說便是：「故君子言仁則無所不愛，言義則無所不宜，言別則無所不辨，
言序則無所不讓，言信則無所不實。至此乃見盡性之學，盡倫盡物，一以貫

〔註41〕　《劉宗周全集》第二冊，語類一，《人譜》，〈人譜續篇一〉，〈證人要旨〉，頁7
　　　　～8。
〔註42〕　《劉宗周全集》第二冊，語類一，《人譜》，〈人譜續篇一〉，〈證人要旨〉，頁8。

之。」〔註43〕既然萬物皆備於我，身爲君子者，理當無時無刻，處處皆要以自覺的道德理性爲指南，來竭盡自己的倫理義務。凡事皆要以五倫的精神推而廣之，將仁、義、別、序、信的精蘊推闡到極致，事無大小，一以貫之，因爲「細行不矜，終累大德」。除了有萬物備於我的信念，更要有民胞物與的萬物一體人道關懷，舉凡任何一處有缺陷，便如一體傷了一肢一節，非痛及腹心而後止，可見這是一種以天下爲己任的倫理精神，不但成己，更能成物。不僅只在人的社會關係上，更擴大到自然界的萬事萬物上，說是儒家的一種「生態倫理學」亦無不可。

最後則是第六的「遷善改過以作聖」，如同蕺山所反對的「良知現成」一樣，自古就沒有現成的聖人，且唯有透過不斷的遷善改過，才有成爲聖人的可能：

> 自古無現成的聖人，即堯、舜不廢兢業。其次只一味遷善改過，便做成聖人，如孔子自道可見。學者未歷過上五條公案，通身都是罪過。即已歷過上五條公案，通身仍是罪過。纔舉一公案，如此是善，不如此便是過。即如此是善，而善無窮。以善進善，亦無窮。不如此是過，而過無窮。因過改過，亦無窮。一遷一改，時遷時改，忽不覺其入於聖人之域，此證人之極則也。〔註44〕

所謂的聖人，就是證人之極則，而如何要達到這種工夫的最高進境，便要不斷地自我反省，以培養起自己遷善改過的高度自覺性。「通身都是罪過」，蕺山的這套證人工夫無疑是相當嚴謹的，他甚至要求人從無過中看出過來，「過無窮」，「因過改過，亦無窮」，這是一種相當嚴屬的修養工夫，改而又改，不斷嚴格自省，更不斷改過遷善。久而久之，在一遷一改，時遷時改的持續推進過程中，終於，性善獨體已完全呈現在人的經驗意識和具體的道德實踐中，這就自然而然地達到了圓滿自足的聖人之境。可見，在蕺山的理念中，聖人不是現成的，也不是一蹴可幾的，是要靠長期的艱難惕勵才有可能修成正果，而這正是「君子無所不用其極」這句引言的深刻命意所在。另外，從「凜閒居以體獨」到「遷善改過以作聖」，一共六個階段，一階段一階段的進展，至此已到達了「聖」的最高層級，是無以尚之的了。對蕺山來說，「聖」的標準只在「遷善改過」而已。

〔註43〕《劉宗周全集》第二冊，語類一，《人譜》，〈人譜續篇一〉，〈證人要旨〉，頁8。
〔註44〕《劉宗周全集》第二冊，語類一，《人譜》，〈人譜續篇一〉，〈證人要旨〉，頁9。

　　若從「合一觀」的視角來看，「遷善改過」的工夫是最大的原則，它涵蓋了以上的五個階段，每個階段都不能脫離「遷善改過」，因爲它是最重要的工夫主軸，提振並貫串了前此六個階段。值得玩味的是以下的一段話：「學者未歷過上五條公案，通身都是罪過。即已歷過上五條公案，通身仍是罪過。」正是在凸顯「遷善改過」的關鍵地位，可是「才立便掃」，到了第六階段仍是要從零開始般的兢兢業業，改過即是遷善，就像天理與人欲之間的拔河一樣，減得一分人欲即增多一分天理，改一分過也能遷一分善。但身爲一位嚴謹的道德修鍊者，明瑩通澈的本心讓他對過惡異常敏感，甚至時常會有「通身都是罪惡」之感，這時所要秉持的原則就是「無所不用其極」，藉著不斷的努力，兢兢業業，夙夜匪懈地從事「愼獨」工夫。一旦「量」到達一定的程度，就有可能產生「質」變，「一遷一改，時遷時改，忽不覺其入於聖人之域」，所以，求聖之途是一條永不間斷的路程，千萬不能「今日已是見得如此如此，而即以爲了手地也」〔註45〕正因爲有這樣不斷的自我要求，「遷善改過以作聖」才能成爲「證人之極則」。

　　再就反面說，蕺山在〈人譜續編二〉的「紀過格」中特別指出了六過，由「微過」到「成過」，將人一般容易犯的過惡區分爲六種相互聯屬的形式，且正好與前面的六個成聖階段相對反。一是「微過」：

> 一曰：微過，獨知主之。妄（獨而離其天者是。）
>
> 以上一過，實涵後來種種諸過，而藏在未起念以前，彷彿不可名狀，故曰「微」。原從無過中看出過來。「妄」字最難解，直是無病痛可指。如人元氣偶虛耳，然百邪從此易入。人犯此者，便一生受虧，無藥可療，最可畏也。程子曰：「無妄之謂誠。」誠尚在無妄之後。誠與偽對，妄乃生偽也。妄無面目，只一點浮氣所中，如履霜之象，微乎微乎。妄根所中曰「惑」，爲利、爲名、爲生死；其粗者，爲酒、色、財、氣。〔註46〕

「微過」來自於「妄」，所謂妄，是「獨而離其天者」，同樣是獨，一個合乎天，一個離其天，關鍵之差，天南地北，就像天使與魔鬼一樣，所以「妄」是最微密也是最難察覺的。因爲妄無面目可見，只是意根獨體所夾帶的「一點浮氣」，甚至嚴格地說，它根本不是「過」，而是一種「從無過中看出過來」

〔註45〕《劉宗周全集》第二冊，語類一，《人譜》，〈人譜續篇一〉，〈證人要旨〉，頁9。
〔註46〕《劉宗周全集》第二冊，語類一，《人譜》，〈人譜續篇二〉，〈紀過格〉，頁10。

微不足道的浮妄之氣。但重點是，它卻是嗣後一切種種過犯的根源，如果從中醫的醫理來解釋，就像一個元氣偶虛的病人，雖然表面上看不出什麼症狀，但各種病因（百邪）卻極容易乘虛而入，而造成後續的所有病症。這就是爲什麼中醫要強調補元氣，因爲氣血不足便容易生病，就如同人一旦犯了「妄」，百邪從此易入，一生受虧，是最須要謹愼小心的。而且，在一般道德修鍊的歷程上，「誠」是相當重要的一個關鍵，程子將「妄」與「誠」相對，心一眞便是誠體，一虛便生妄根浮氣；一誠便見意根獨體之明，一妄便將惑於僞而流於惡。

可見，意根獨體以「誠」爲最可貴，卻亦以「妄」爲最可畏，因爲它只是無面目的一點浮氣，隱微而不可見，但有時將惑於名、利、生、死的道德關卡，有時則表現在酒、色、財、氣的追求與困頓中，無一不是肇因於妄根的不察而造成的「微過」所導致。蕺山曾經這麼解「妄」：

> 天命流行，物與無妄，此所爲「人生而靜」以上不容說也。此處并難著「誠」字，或「妄」焉亦不容說。妄者，眞之似者也。古人惡似而非。似者，非之微者也。道心惟微，妄即依焉，依眞而立，即托眞而行。官骸性命之地，猶是人也，而生意有弗貫焉者。是人非人之間，不可方物，強名之曰妄。有妄心，斯有妄形，因有妄解識，妄名理，妄言說，妄事功，以此造成妄世界，一切妄也，則亦謂之妄人已矣。妄者，亡也。故曰「罔之生也幸而免」，一生一死，眞罔乃見，是故君子欲辨之早也。〔註47〕

所謂妄者，是「眞之似者也」，因爲它跟眞極爲相似卻又相當隱微，所以能「依眞而立」甚至「托眞而行」，是一種「是人非人之間」的混淆狀態，且是「不可方物」的渾沌不清。從妄心發展到妄形，再到妄名理、妄事功，最後形成了妄世界，順勢而下，銳不可當，都是起因於這隱密難治的妄根，它是眾惡之門，也是諸過之源，斷妄復明的方法唯用「證人要旨」的首要策略：「凜閒居以體獨」，一反一正，正所以凸顯此證人工夫的重要性。

「紀過格」的第二種過稱爲「隱過」，七情主之。這七情依次是：溢喜、遷怒、傷哀、多懼、溺愛、作惡、縱欲。爲什麼稱爲隱過，因爲都是內在於心，藏而不露，秘而不宣的。當前述的「微過」沒有處理好，就會進而滋長爲「隱過」，微過只藏存在人的潛意識中，是未發意根的同體物，故不可見；

〔註47〕 《劉宗周全集》第二冊，語類八，〈證學雜解〉，頁261～262。

隱過則已嶄露在意識層面，甚而只依附在已發的「七情」中，亦不可得而見。同樣不可見，一曰「微」；一稱「隱」，所不同的是：「微過」未發；「隱過」則已發。如同「微過」要用未發的「凜閒居以體獨」加以對治一樣，相對「隱過」也要用已發的第二步驟「卜動念以知幾」來進行抗衡，二對二，又再一次地展現了「正、反、合」的辯證模式。

　　相對於「隱過」，第三爲「顯過」，九容主之。誠於中，必形於外，相同的道理，有過於中，也必然會形諸於外。一旦內心不能中和，發之於外者必定爲「九容」所主之「顯過」，而這九容，照蕺山的說法是：「箕踞、交股（大交、小交）、趨、蹶（以上足容；）擎拳、攘臂、高卑任意（以上手容；）偷視、邪視、視非禮（以上目容；）貌言、易言、煩言（以上口容；）高聲、謔、笑、詈罵（以上聲容；）岸冠、脫幘、搖首、側耳（以上頭容；）好剛使氣、怠懈（以上氣容；）跛倚、當門、履閾（以上立容；）令色、遽色、作色（以上色容。）」〔註48〕以上種種，舉凡從足容到色容者，都是表現在外的、不合禮儀的行爲，乃是由前面未發的「微過」及已發的「顯過」而來，所以蕺山稱之爲「一過積三過」。一個有趣的現象是，「九容」的表現是由上面的「七情」穿插其中的，甚至每容都有七情或多或少隱伏在其中，如蕺山所言，「箕踞」是「喜」也會箕踞「怒」也會箕踞的，可見二者關係之密切。並且，「顯過」的九容之失，是相對於「證人要旨」的第三步驟「謹威儀以定命」，正反相對，正所以救其失也。

　　第四稱爲「大過」，五倫主之。「大過」從「顯過」而來，當人的內在道德無法專主凝定，發之於外顯行爲，就成爲「威儀不謹」的「顯過」。若再無法即時修正，讓它漸次擴大，甚至危及到人倫之大的「五倫」，而形成了五倫失序的現象。使父子失其親，君臣失其義，長幼失其序，夫婦失其別，朋友失其信，因爲這些都是過在家國天下者，所以稱爲「大過」。而這大過是從前面的微過、隱過、顯過，一關一關地累積而來的，所以是「一過積四過」。蕺山又說：「諸大過總在容貌辭氣上見，如高聲一語，以之事父則不孝，以之事兄則不友。其他可以類推，爲是心上生出來者。」〔註49〕高聲語是一種「顯過」的聲容表現，一旦發生，則容易造成了「非道事親」或「非道事兄」的

〔註48〕《劉宗周全集》第二冊，語類一《人譜》，〈人譜續篇二〉，〈紀過格〉，頁 11～12。

〔註49〕《劉宗周全集》第二冊，語類一，《人譜》，〈人譜續篇二〉，〈紀過格〉，頁 13。

不孝與不友，是「大過」的兩個犖犖大者，大過都是從顯過而來，兩者間的密切接續關係，可見一斑。再者，蕺山在此再度提醒了我們：五倫中的種種「大過」，無論是「非道事親」、「非道事君」、「交警不時」、「非道事兄」還是「勢交、利交、濫交」，都是從主體的「心」上發出來的，正本清源，我們首要對付的就是「心」，心正然後一切行為皆可正，這又回歸到蕺山極度強調的「愼獨」工夫來了。而對於五倫不當的處置，最好是使用「證人要旨」之四的「敦大倫以凝道」來加以對治，四四相對，正反相成。

「紀過格」的第五類稱為「叢過」，百行主之。當五倫的大節處置不當，其它種種行為細節自然不可能達到標準，尤其當人之所以為人的大本達道都散滅無主了，一切立身處世的日用常行就鮮有能得其正者。過與不及皆是惡，這些惡表現在「百行」之中，蔓延擴大，數不勝數，所以稱之為「叢過」。為何稱為叢過，據蕺山的說法是「自微而著，分大而小，各以其類相從，略以百為則，故曰『叢』」〔註50〕那又如何「以類相從」呢？再據後人統計分析後的分法是：「在百行所主的『叢過』中，有無意識的行為和有意識的行為。無意識的行為，如『夢游』（按：原本為『游夢』）、『戲動』、『漫語』（按：原本為『謾語』）等，有意識的行為又分為自我行為與人我關係之間的行為。人我關係間的行為如：『有恩不報』、『拒人乞貸』、『獻媚當途』等。個體性行為又可分滿足物質欲望的行為和滿足精神欲望的行為，前者如『輕赴人席』、『深夜飲』、『衣冠異制』等，後者如『博弈』、『流戀花石』（按：原本為『流連』）、『輕刻詩文』等。」〔註51〕

蕺山臚列了那麼多的大小過失，除了讓我們明白到各種行為過猶不及的缺失與表現外，我們更容易從其中看到當時一般士人的生活圖象，而成為後人研究中晚明社會現象的一項重要參考資料。如當中所提到的：挾妓（新本作「挾娼妓」）、俊僕（新本作「養俊僕」）、畜優人、拜僧尼、假道學，這些都是在當時特定社會背景下的特殊產物，從道德的角度來看期期不可為，從社會學的觀點來看則另有一番新的觸發了。總之，「叢過」從百行而來，幾乎是把人日常行為中的不道德部分給舉發出來了，但不容否認的，之所以如此，並非一朝一夕所造成的，由未發的「微過」到已發的「隱過」，到九容的「顯

〔註50〕《劉宗周全集》第二冊，語類一，《人譜》，〈人譜續篇二〉，〈紀過格〉，頁 14。
〔註51〕李振綱：《證人之境——劉宗周哲學的宗旨》，第四章〈「證人」工夫論〉，頁 147。

過」再到五倫的「大過」、百行的「叢過」，前因後果，一關一關，環環相扣，所以到此，一過就積了五過了。蕺山又說：「百過所舉，先之以謹獨一關，而綱紀之以色、食、財、氣，終之以學而畔道者。大抵者皆從五倫不敘生來。」〔註52〕誠然，百行之「叢過」縱使林林總總，不一而足，但仔細畫分起來，亦不外只是「色、食、財、氣」這四關而已，人一生所要對付的慾念亦不過是如此，而對治之道，唯有「證人要旨」之五的「備百行以考旋」，才能真正地對症下藥。

最後的第六類稱為「成過」，為眾惡門，以克念終焉。為了跟之前的五過（微過、隱過、顯過、大過、叢過）相應，蕺山特別標出五門來：崇門、妖門、戾門、獸門、賊門、聖域。至於其具體的說明則是：崇門（微過成過曰微惡，用小訟法解之，閉閣一時。）、妖門（隱過成過曰隱惡，用小訟法解之，閉閣二時。）、戾門（顯過成過曰顯惡，用小訟法解之，閉閣三時。）、獸門（大過成過曰大惡，用大訟法解之，閉閣終日。）、賊門（叢過成過曰叢惡，輕者用小訟，重者大訟解之，閉閣如前。）、聖域（諸過成過，還以成過得改地，一一進以訟法，立登聖域。）從這我們可以明顯地發現一件事實，即是「過」與「惡」的不同，先有過才有惡，過而不改斯為惡矣，這是我們先前就已有的認知。蕺山又刻意凸顯出一個「成」字，表現出從「過」到「惡」間是一個建立成型的過程，甚至可以這麼說，「過」只是為了落實工夫所樹立的一個假設對象，並非存在的現實，一旦累積成視而可見的現況，那就不是過而是「惡」了。

也就是說，「過」與「惡」之間的差別不僅在程度上，更在存在的形式上。「問題在於，劉宗周並非因為過不是現實的，便對它掉以輕心，而是相反，他十分強調將工夫落實在『過』而初萌時，不使諸種『過』成為現實的惡。由此可見，蕺山提出遷善改過的思想，根本目的不是針對現實的過惡，而是為了樹立防微杜漸、遷善改過的自覺道德意識。」〔註53〕正因為蕺山特別強調自覺的道德意識，使過不至成為惡，不斷藉由防微杜漸、遷善改過的方式使主體日遠於過惡，既日遠於過惡，就距修鍊成聖不遠了，可見，「人人可以為堯舜」的儒家傳統信念，在蕺山心目中一直被堅強護衛著。甚至當人犯了

〔註52〕　《劉宗周全集》第二冊，語類一，《人譜》，〈人譜續篇二〉，〈紀過格〉，頁14。
〔註53〕　李振綱：《證人之境——劉宗周哲學的宗旨》，第四章〈「證人」工夫論〉，頁147。

極惡大罪時，他仍然樂觀地不肯放棄。「人雖犯極惡大罪，其良心仍是不泯，依然與聖人一樣，只爲習染所引壞了事。若纔提起此心，耿耿小明，火然泉達，滿盤已是聖人。」〔註 54〕只要提起此不泯的良心，以「克念」的慎獨工夫孜孜矻矻做去，克服後天的物蔽習染，利用正面的道德修鍊「遷善改過以作聖」，就可以如火之始燃、泉之始達，擺脫「眾惡門」而悠入聖域。

「證人要旨」和「紀過格」的內容剛好相反相對，一正一反，正所以成就道德工夫的架構。曾錦坤先生對此有所解說：

> 六組工夫，兩兩相對。有善，便可能有惡；改過，仍復歸於善。正
> 面工夫推到百行已經至極，然現實存在不可能無氣質之雜，故立第
> 六項遷善改過工夫，以爲負面工夫先導。負面工夫凡六，既經改過，
> 仍復歸正面，故以克念終之。工夫頭腦在體獨，故知人譜實即誠意
> 慎獨教的工夫規模。就現實生活指點慎獨工夫，消極地絕惡，積極
> 地成善。行爲有小大，工夫有原委。上根直契本原，下根檢點行止。
> 小大有濟，不必乞靈於袁氏功過格。〔註 55〕

有正有反，有絕惡亦有成善，兩兩相對，不僅如此，這工夫除了針對個人而設，還可以放諸四海而皆準，無論上根或是下愚亦皆可通，都有實質的幫助，也因此，袁了凡《功過格》以功抵過的作法就成爲無謂而沒有需要了。因爲善惡並陳，同時並進，對道德的檢視無疑是更爲全面的，與袁氏的功利心態，箇中高下，不言自明。蕺山爲了與袁氏《功過格》相抗衡而有《人譜》之作，善惡、正反、上下，一齊俱透，並同時收束在誠意、慎獨的工夫規模中，面面俱到，無所不至，此正可以佐證「宋明理學殿軍」內聖工夫的「合一觀」與「堂廡之大」，若非蕺山，又有誰人能及？

牟宗三先生在略敘《人譜》大要之後，就曾針對「證人要旨」與「紀過格」的一正一反道德修鍊法，讚譽有加，並說道：

> 以上證人要旨依圖所說的六步實踐即是成聖底歷程，即，通過格致
> 誠意使心意知物順適調暢地一體呈現也。然於六步實踐中必隨時有
> 反面之過惡以隨之。化此反面者，正面者始顯。故紀過格即依圖而
> 檢查六重過惡。根本處是獨體，獨體處之過曰微過。由微過而外轉
> 曰隱過，顯過，大過，叢過，以及最後之五惡門。此一正反兩面所

〔註 54〕《劉宗周全集》第二冊，語類一，《人譜》，〈人譜續篇二〉，〈紀過格〉，頁 15。
〔註 55〕曾錦坤：《劉蕺山思想研究》，第三章〈蕺山學說的內容〉，頁 128～129。

> 成之實踐歷程爲從來所未有，而蕺山獨發之。此大類於佛家之修行
> 位次以斷無明也；而獨體處之微過即有類於同體無明所謂根本惑
> 也。蕺山於此微過體會甚深，言之最切。斷無明不易，化此微過亦
> 不易。此足見蕺山誠意愼獨工夫之深也。儒家內聖之學成德之教之
> 道德意識至此而完成焉。〔註56〕

成聖成賢本就是儒者的最高理想，蕺山藉由六步實踐的步驟，具體呈現出心、意、知、物四者的順適調暢，但又不會忘掉隨之而來的反面過惡，一正復一反，反後始歸正，彼此環環相扣，正所以用來成就最高的成聖理境。「此一正反兩面所成之實踐歷程爲從來所未有，而蕺山獨發之」，牟先生看出了蕺山在內聖之學上的獨到之處，正因爲他對過惡的體會甚深，所以才能言之最切，而又因這種正、反同學的修鍊方法是前所未有的精密與周延，由蕺山獨發之，不僅在理論，就算在實踐上，「宋明理學殿軍」的稱號都是當之而無愧的。我們也發現到，在正面工夫上，「獨體」是其最高的超越根據；而在反面的工夫上，「治念」則是最根本的基礎，這兩者同時並進，層層切入，誠意、愼獨工夫亦一齊俱透，儒家內聖之學的成德之教至此始得完成，牟先生對蕺山的推崇，不可謂之不高。

（三）「訟過」與「改過」

〈人譜續篇二〉包括三個部分：「紀過格」、「訟過法」和「改過說」三篇。「紀過格」已詳說如前，接著的「訟過法」又稱「靜坐法」，主要是教人如何藉由靜坐的方式來反省自己的過錯。接下來的三篇「改過說」，「改過說一」是主張改過應在微處得力；「改過說二」則在強調人心有明有暗，工夫主力應在明上提醒，而不在暗中除暗；「改過說三」則又借用陽明「知行合一」的道理，認爲知過即是改過，並沒有什麼所謂的「知過非難，改過爲難」的問題。在這些篇章中，最值得我們注意的是「訟過法」，因爲已往的學者在討論蕺山的道德工夫時，往往不會忘記去引用這當中的片段，去凸顯出蕺山改過去惡過程的嚴整矜莊，甚至藉由靜坐的修爲，眞實面對自我，還特別安排了一個超自然實體的鑑臨，來爲他的道德哲學，增加了幾分神祕的宗教色彩。這在「不語怪、力、亂、神」的傳統儒家中或許不足爲訓，但如果撇開客觀，從神祕經驗的角度去看，卻又不能抹煞個人體悟過程的個別歧異，更何況自陽

明「龍場悟道」以來，這種有關個人特殊經驗的描寫就史不乏書了。

對於這種靜坐式的道德修鍊工夫，蕺山的具體描寫是這樣的：

> 一炷香，一盂水，置之淨几，布一蒲團座子於下，方會平旦以後，
> 一躬就坐，交趺齊手，屏息正容。正儼威間，鑒臨有赫，呈我宿疚，
> 炳如也。乃進而敕之曰：「爾固儼然人耳，一朝跌足，乃獸乃禽，種
> 種墮落，嗟何及矣。」應曰：「唯唯。」復出十目十手，共指共視，
> 皆作如是言，應曰：「唯唯。」於是方寸兀兀，痛汗微星，赤光發頰，
> 若身親三木者。已乃躍然而奮曰：「是予之罪也夫。」則又敕之曰：
> 「莫得姑且供認。」又應曰：「否否。」〔註57〕

一炷香、一盂水、一蒲團座子，諸如此類的排場跟一般僧人的靜坐沒什麼不同，而儒者藉此作為視察內心的道德修鍊方式，可見儒、釋之間的會通，在明末的當代已經是習以為常的一種「文化現象」了。在「交趺齊手，屏息正容」的架勢之中，赫然神明降臨，炳如地呈現出自我的「宿疚」，就如同一般的宗教經驗一樣，基督教說會在大審判到來的那一天，個人之前所說的每一句話沒有不被追究的，所以每天都要向神認罪悔改，而蕺山所強調的這種靜坐方式與其未嘗沒有異曲同工之妙。儒家的道德修鍊，講靜坐，講上帝鑒臨，講悔改認罪，訴諸個人的神秘經驗，既是超越又內在的，就不必去避諱它的宗教性，凡事都要以理性的方式去解說。如袁光儀先生就曾把它解為一個「形上的道體」：

> 首先須說明的是，在靜坐訟過時鑒臨的「上帝」，吾人不能將之理解
> 為人格神的意義，而僅代表一形上之道體。此「上帝」並不能以其
> 賞善罰惡之能力為人所懼，且實際上其亦不涵有此種能力，他僅是
> 一至善的實體，乃儒者經由道德實踐之體證而證得者。因此，在面
> 對此一至善道體之鑒臨，儒者所畏者，實在於自身道德修養若未臻
> 完美，竟不能與之同體至善之深切的罪惡感，故其道德為純粹之自
> 律而非他律。〔註58〕

儒家的道德本就沒有在自律之外，只是一律要把這體道過程中的「上帝」轉

〔註57〕《劉宗周全集》第二冊，語類一，《人譜》，〈人譜續篇二〉，〈訟過法〉，頁15～16。

〔註58〕袁光儀：《晚明之儒家道德哲學與世俗道德範例研究——劉蕺山〈人譜〉與〈了凡四訓〉、〈菜根譚〉之比較》，第四章〈劉蕺山之思想與《人譜》〉，頁109。

換成形上至善的實體，就未免有些矯枉過正了，道體只存在於哲學思辨的玄想中，又怎會與主體間產生如此精彩而生動的對話？佛家的禪定靜坐都可以拿來爲我所用了，又何必去避諱那「人格神」的上帝呢？只是內在上帝的「賞善罰惡」不重要，儒者自我深切的「罪惡感」才是所該凸顯的焦點。尤其是蕺山與「上帝」的那段對話，咄咄逼人，尖銳而深刻，相當引人注目。「爾固儼然人耳，一朝跌足，乃獸乃禽，種種墮落，嗟何及矣。」像一位高高在上的審判官，手拿著呈堂供證，厲聲斥責罪犯，讓罪犯無地自容，只能唯唯諾諾，甚至十目所視，十手所指，都在指責著你，讓你「方寸兀兀，痛汗微星，赤光發頰」，臉紅心跳，汗流浹背，終致俯首認罪。還要你不只姑且敷衍應付而已，要痛切反省，切實做到，一下「唯唯」，一下「否否」，「上帝」雖不見得能「賞善罰惡」，但在主體內心所造成的翻騰與掙扎卻是不容置疑的。

接著，所造成的最後效應，是一股清明之氣徐徐吹來，與伴隨而來的特殊體驗：

> 頃之，一線清明之氣徐徐來，若向太虛然，此心便與太虛同體。乃知從前都是妄緣，妄則非眞。一眞自若，湛湛澄澄，迎之無來，隨之無去，卻是本來眞面目也。此時正好與之葆任，忽有一塵起，輒吹落。又葆任一回，忽有一塵起，輒吹落。如此數番，勿忘勿助，勿問效驗如何。一霍間，整身而起，閉閣終日。〔註59〕

要心與太虛同體，前提是要除妄還眞，讓「一眞自若，湛湛澄澄」，使恢復本眞面目，然後一而再，再而三不斷地葆任，這就跟禪宗所謂的「時時勤拂拭，莫使惹塵埃」一樣了。值得注意的是：「訟過」表面上是反省過惡的負面工夫，到頭來卻又回歸到涵養獨體的正面工夫，一正一反的形式，和前述「證人要旨」與「紀過格」之間的密切配搭，幾乎如出一轍，這也是蕺山思想「合一觀」在這個議題上的再一次重現。

正因爲強調「靜坐」，就難免會有「近禪」的疑慮，關於此，蕺山並不是沒有想到，所以他說：

> 或咎予此說近禪者，予已廢之矣。既而思之曰：此靜坐法也。靜坐非學乎？程子每見人靜坐，便歎其善學。後人又曰：「不是教人坐禪入定，蓋借以補小學一段求放心工夫。」旨哉言乎！然則靜坐豈一無事事？近高忠憲有靜坐說二通。其一是撒手懸崖伎倆，其一是小

〔註59〕《劉宗周全集》第二冊，語類一，《人譜》，〈人譜續篇二〉，〈訟過法〉，頁 16。

心著地伎倆，而公終以後說爲正。〔註60〕

本因近禪而曾經一度想放棄，接著又想起了前儒對靜坐法的肯定，如程子（伊川）每見人靜坐便歎其善學，又如某後人的說法，表面上爲坐禪入定，事實上是用以補小學一段「求放心」工夫，這就讓蕺山覺得深得我心了。尤其是高忠憲（名攀龍，諡忠憲）所提出的靜坐有兩種：一是「撒手懸崖」，一是「小心著地」。前者看來比較隨性，也看不到底限；後者小心翼翼，比較強調工夫，腳踏實地，攀龍畢竟是要以後者爲正了，因爲在相較之下，它是比較符合儒家本色的。講「靜」不可不講到「動」，這就又不免會牽扯到「存養省察」的老議題了：

> 今儒者談學，每言「存養省察」，又曰「靜而存養，動而省察」，卻教何處分動靜？無思無爲，靜乎？應事接物，動乎？雖無思無爲，而此心嘗止者自然嘗運；雖應事接物，而此心嘗運者自然嘗止。其嘗運者，即省察之實地；而其嘗止者，即存養之眞機。總是一時小心著地工夫。故存養省察二者，不可截然分爲兩事，而并不可以動靜分也。陸子曰：「涵養是主人翁，省察是奴婢。」今爲鈍根設法，請先爲其奴者，得訟過法，然此外亦別無所謂涵養一門矣。故仍存其說而不廢，因補注曰靜坐法。〔註61〕

先前我們曾經提過，就「靜而存養，動而省察」這一傳統，若放在蕺山「合一觀」思想架構去審視，「雖無思無爲，而此心嘗止者自然嘗運；雖應事接物，而此心嘗運者自然嘗止」，靜中有動，動中也免不了靜，在動靜之間並沒有絕對的單一歸屬，所以存養與省察是不容切割的一個整體，是應該齊頭並進的「小心著地」工夫。陸九淵以涵養爲主，省察爲奴，似乎已建立了個先後的價值標準，但眞正的利根者，世亦難逢，芸芸眾生中大部分都是資質平庸的鈍根者。權宜之計，唯有先從省察的「動」這一面切入，而將涵養的「靜」這部分蘊涵其中，這就是爲什麼表面上是「訟過法」，私底下又稱之爲「靜坐法」的原因之所在了。而且，『訟過』就字面看來雖是反省過惡之負面工夫，然而蕺山卻由負面之反省過惡，終歸於正面之涵養獨體；故蕺山前說『凜閒居而體獨』，亦以靜坐爲法門，其工夫並無二套也。蕺山愼獨之工夫合存養與

〔註60〕 《劉宗周全集》第二冊，語類一，《人譜》，〈人譜續篇二〉，〈訟過法〉，頁16。
〔註61〕 《劉宗周全集》第二冊，語類一，《人譜》，〈人譜續篇二〉，〈訟過法〉，頁16～17。

省察爲一，且說『省察只是存養中最得力處』，由〈訟過法〉之內容，恰可作一眞切的註腳。」〔註62〕又再一次證明了蕺山化正反、動靜、存養、省察，去過、養善……諸對立面爲一的「合一觀」價值主軸，是如何淋漓盡致地滲透到其思想的每一層面上，幾乎可以說是另一個層次的「放諸四海而皆準」。

　　我們更可以這麼說，由於蕺山對於道德的「過惡」這一面向特別敏感，所以會有極其深刻的體會與重視，除了正面道德的成就，負面工夫的對治也是他所關注的重點，因此在一連串所謂「紀過」、「訟過」之後，又有三篇「改過說」，各有訴求不同，然都是針對學者病根之所在而做出的回應。在「改過說一」中，蕺山專注於論述過惡產生的緣起，過因偏離獨體而產生，過惡則來自於妄念，而妄念更是「一點浮氣所中」，肇端甚微，所以君子實當「愼防其微」：

> 天命流行，物與無妄，人得之以爲心，是謂本心。何過之有？惟是氣機乘除之際，有不能無過不及之差者。有過而後有不及，雖不及，亦過也。過也而妄乘之，爲厭心病矣。乃其造端甚微，去無過之地，所爭不能毫釐，而其究甚大。譬之木，自本而根而幹而標；水，自源而後及於流，盈科放海。故曰：「涓涓不息，將成江河；綿綿不絕，將尋斧柯。」是以君子愼防其微也。〔註63〕

既然人心得之於天命，是超越的至善，然則現實的過惡由何而生？蕺山自始即主張「過」來自於「氣機乘除之際」的一點妄念，或是過，或是不及，都可以造成心病。所謂失之毫釐，差以千里，像木自本而標，像水自源而海，防微杜漸的工作是君子所不能絲毫懈怠的。先要知過才能改過，過有不同的類型，防治的對策也有所不同：

> 防微則時時知過，時時改過。俄而授之隱過矣，當念過便從當念改；又授之顯過矣，當身過便從當身改；又授之大過矣，當境過當境改；又授之叢過矣，隨事過隨事改。改之則復於無過，可喜也。過而不改，是謂過矣。雖然，且得無改乎？凡此皆卻妄還眞之路，而工夫喫緊，總在微處得力云。〔註64〕

〔註62〕袁光儀：《晚明之儒家道德哲學與世俗道德範例研究——劉蕺山〈人譜〉與〈了凡四訓〉、〈菜根譚〉之比較》，第四章〈劉蕺山之思想與《人譜》〉，頁109。
〔註63〕《劉宗周全集》第二冊，語類一，《人譜》，〈人譜續篇二〉，〈改過說一〉，頁17。
〔註64〕《劉宗周全集》第二冊，語類一，《人譜》，〈人譜續篇二〉，〈改過說一〉，頁17。

從「隱過」到「顯過」到「大過」再到「叢過」，各有不同的發生原因及情狀，當機立斷，對症下藥，隨事過隨事改，既已改過，就不再有錯，這自是可喜可賀之事。但如果再不知悔改，只一味因循苟且，就真的一去不復返了。特別是蕺山所強調的「工夫喫緊」處，總在最細微處得力，因著這個原則，他又格外推崇孔子的「毋意、毋必、毋固、毋我」，因為它是真能謹微的修心工夫。相形之下，顏氏的「克己」、原憲的「克、伐、怨，欲不行焉」，工夫就稍嫌粗而不夠徹底了，甚至，張子花了十五年還學不成的「恭而安」，都只是「徒求之顯著之地耳」，還不能真正做到「謹微」的地步。但無論如何，蕺山一再強調的一個大原則是「真能改過者，無顯非微，無小非大」，這裏呈現出兩個面向來：一是「無顯非微」，也就是說任何的過錯，無論有多顯著，莫不來自於隱暗細微之處，若只從外在顯處改過是不夠的，唯有逆推至根源上的隱處（妄念）而加以化除，才是正本清源之道；二是「無小非大」，無論是多小的過，都要以面對大過的謹慎態度來處理它，絲毫不得鬆懈放過，而這二者正所以表現出蕺山誠惶誠恐，極其嚴格的道德主義精神。以上是其第一篇的「改過說」，主要在強調「謹微」的態度。

至於第二篇的「改過說」，則在強調另一個關鍵「學在去蔽，不必除妄」。首先他便對「妄」做出解釋：

> 人心自真而之妄，非有妄也，但自明而之暗耳。暗則成妄，如魑魅不能晝見。然人無有過而不自知者，其為本體之明，固未嘗息也。一面明，一面暗，究也明不勝暗，故真不勝妄，則過始有不及改者矣。非惟不改，又從而文之，是暗中加暗、妄中加妄也。故學在去蔽，不必除妄。孟子言：「君子之過，如日月之食。」以喻人心明暗之機，極為親切。〔註65〕

真與妄相對，就如同明和暗相對一般，並非真有個妄、暗另外存在，而是在真、明消退之後，妄和暗乃現。但在妄、暗呈現的同時，「其為本體之明，固未嘗息也」，明暗、真妄始終是互相消長的兩對組合，只有當明不勝暗、真不勝妄的以邪勝正情況下，才有須要改過，過一改，就成了無過，可回復到初始的本真狀態。若非但不知改過，又從而文飾之，那暗與妄的情況就更加倍重複了。所以蕺山提出了一個新的觀點：「學在去蔽，不必除妄」，妄與真相

〔註65〕《劉宗周全集》第二冊，語類一，《人譜》，〈人譜續篇二〉，〈改過說二〉，頁17。

對，都是人心的一種表現，人心是一切爲善的根據，又何能除之？須要除的，只是「妄」所產生的外在緣由——人氣質之雜與私欲之蔽而已。接著，蕺山又進一步說明：

> 蓋本心嘗明，而不能不受暗於過。明處是心，暗處是過。明中有暗，暗中有明。明中之暗即是過，暗中之明即是改。手勢如此親切。但嘗人之心，雖明亦暗，故知過而歸之文過。病不在暗中，反在明中。君子之心，雖暗亦明，故就明中用箇提醒法，立地與之擴充去，得力仍在明中也。乃夫子則曰：「內自訟」，一似十分用力，然正謂兩造當庭，抵死讎對，止求箇十分明白，纔明白便無事也。如一事有過，直勘到事前之心果是如何？一念有過，直勘到念後之事更當如何？如此反覆推勘，討箇分曉，當必有怡然以冰釋者矣。〔註66〕

人心在明、暗之間，「明中之暗即是過，暗中之明即是改」，所以並不貴於無過，而貴於能改過，如果不改過反而藉辭文過，那就不成其爲君子了。「病不在暗中，反在明中」，若一直活在暗中就不自覺爲過了，就怕是明中有暗，爲了推諉卸責而一味「文過」，這就極爲令人不齒了。所謂的「君子之心，雖暗亦明」，正在說明「改過」的重要性，在明中用個「提醒法」，關鍵仍在於「明」，所以無論是「文過」或「改過」，得力皆不出於「明」，可以說是運用之妙，存乎一心。至於改過的提醒法，就是孔子所謂的「內自訟」，具體作法是：「兩造當庭，抵死讎對，止求箇十分明白，纔明白便無事也」，善惡在內心互相交戰，直爭個你死我活，否則不肯罷休，直到內心十分明白才算無事，簡直是十足的道德自我盤算與道德自律。就蕺山的話來講是：「如一事有過，直勘到事前之心果是如何？一念有過，直勘到念後之事更當如何」，如此反覆推敲，從事前的用心到事後的具體行事，無一不細細斟酌，討個分曉，做個交代，如此一來，心體自然渙然冰釋，無有掛慮了。

　　改過的重點在「去蔽」，但如果去得不夠徹底，仍會產生「文過」的毛病。所謂「若只是皮面補綴，頭痛救頭，足痛救足，敗缺難掩，而彌縫日甚，仍謂之文過而已。」〔註67〕據我們一般的瞭解，「文過」只是「文過飾非」，是

〔註66〕　《劉宗周全集》第二冊，語類一，《人譜》，〈人譜續篇二〉，〈改過說二〉，頁18～19。

〔註67〕　《劉宗周全集》第二冊，語類一，《人譜》，〈人譜續篇二〉，〈改過說二〉，頁19。

過而不改的推諉塞責，但對蕺山嚴格的道德主義來說，若只在表面上改，頭痛醫頭，腳痛醫腳，不能從根本處轉化，過仍然沒有改。改得沒有誠意和一開始就沒有誠意改，對蕺山來講都是半斤八兩的「文過」，一樣離道甚遠。另外，改過要先知過，除了自知其過，外人的提醒告知也是不可或缺的要素。如「子路，人告之以有過則喜」（《孟子·公孫丑上》），孔子甚至還說道：「丘也幸，苟有過，人必知之。」（《論語·述而》）人不可能全知全能，尤其對於自己的過錯，常是當局者迷的。若能借助外來的旁觀者，再加上自己虛心遜志，時時察言觀色，「以輔吾所知之不逮」，這自然是改過的一大前提，絕對刻不容緩。蕺山對知過改過思慮的周延，各方面都能面面俱到，從此亦可窺見一斑。

最後第三篇的「改過說」則特別集中在討論改過的知、行問題，在這個議題上，蕺山認為「致知為要」，不但要知過，而且要徹底改過。當時一般人普遍以為：「知過非難，改過為難。」蕺山因而提出了傳統陽明「知行合一」的觀點來加以反駁：

> 或曰：「知過非難，改過為難。」顏子有不善，未嘗不知，知之未嘗復行也。有未嘗復行之行，而後成未嘗不知之知。今第曰知之而已。人無有過而不自知者，抑何改過者之寥寥也？曰：「知行只是一事。知者行之始，行者知之終；知者行之審，行者知之實。」故言知，則不必言行；言行，亦不必言知，而知為要。夫知有真知，有嘗知，昔人談虎之說近之。顏子之知，本心之知，即知即行，是謂真知。嘗人之知，習心之知。先知後行，是謂嘗知。真知如明鏡當懸，一徹永徹；嘗知如電光石火，轉眼即除。學者繇嘗知而進於真知，所以有致知之法。〔註68〕

顏子之所以特別值得後人推崇，乃在於他「有不善，未嘗不知，知之未嘗復行」，可見可貴的不僅在知，尤在於行。因而蕺山會說「有未嘗復行之行，而後成未嘗不知之知」，在其一貫「合一觀」思想主軸的鑑照下，知、行是無法兩分的一體，而可以「行」為先發的切入點，正如本體、工夫原不可分，而要以工夫為先導的訴求一樣。然而知、行既是一體，就不能刻意去分彼此，「行」為先發，「知」亦為要，甚而可以說「言知，則不必言行；言行，亦不必言知」，

〔註68〕《劉宗周全集》第二冊，語類一，《人譜》，〈人譜續篇二〉，〈改過說三〉，頁19～20。

如此陽明以來的一貫「知行合一」舊調來。值得注意的是，蕺山又把「知」按照程度區分為「眞知」和「嘗知」兩種，所謂「本心之知，即知即行」，眞見過虎然後談虎變色，這才是「眞知」；而一般的「習心之知」，先知後行，只在口耳之間聽聞過老虎的可怕，人云亦云，想當然爾，就僅只是次於眞知的「嘗知」而已。「眞知如明鏡當懸，一徹永徹；嘗知如電光石火，轉眼即除」，僅有知識的火花，當然比不上具體實踐所激發的眞知灼見，可見知而不行的「嘗知」，一定要進入到知行合一的「眞知」而後乃止，這便是所謂的「致知」，並且跟蕺山一貫重視工夫甚於本體的思想基調是若合符契的。

　　而「致知」落到「改過」這一議題上的具體作法為何？蕺山接著又說：

> 誰謂知過之知，非即改過之行乎！致此之知，無過不知；行此之行，
> 無過復行。惟無過不知，故愈知而愈致；惟無過復行，故愈致而愈
> 知。此遷善改過之學，聖人所以沒身未已，而致知之功，與之俱未
> 已也。昔者程子見獵而喜，蓋十二年如一日也。而前此未經感發，
> 則此心了不自知，尚於何而得改地？又安知既經感發以後，遲之數
> 十年，不更作如是觀乎？此雖細微之惑，不足為賢者累，亦以見改
> 過之難，正在知過之尤不易矣。甚矣，學以致知為要也。〔註69〕

根據蕺山的思考邏輯，知過之知，即等同於改過之行，知、行二者不容切割。非但如此，「致此之知，無過不知；行此之行，無過復行」，正因為無過不知，所以知愈致；又因為無過復行，故而更能愈致而愈知，這知、行之間的關係密切，環環相扣，從知到行，再從行回過頭來成就知，這種辯證法則，相當具有思想的高度。尤其展現出蕺山在「改過」這議題上，強調知、行並重，雖然不免要以「知過」為首出，卻還是顧全現實地以「改過」為行的切入點，及進一步推展知的關鍵觸媒。如此一來，知過與改過就可以完全掛在「致知」這知行一體的大前提之下，且是聖人沒身未已的最大目標所在。如程子的見獵而喜，雖然只是細微之惑，但對其人格修養不啻為一大阻礙。未經感發之前，不知過也無從改過；既經感發之後，若不痛下決心，痛改前非，即使經歷了數十年，我依然是那個老舊的我，絲毫沒有長進。可見「改過」難，「知過」亦非易事，總之，學特別是改過，當以「致知」為要也，說它是「行到然後知到」亦無不可。

──────────

〔註69〕《劉宗周全集》第二冊，語類一，《人譜》，〈人譜續篇二〉，〈改過說三〉，頁20。

　　而關於蕺山這三篇的「改過說」，袁光儀先生有一段總結可以看出它們共同的特性來：

> 三篇〈改過說〉，皆本蕺山慎獨與治念之工夫論而來，透過此三篇〈改過說〉，更可見蕺山「治念」工夫之深微，唯有經歷謹微、去蔽之治念（徹底改過）工夫，方能彰顯獨體之靈明，亦唯有獨知之明，方能保證其改過（治念）工夫之徹底。故慎獨與治念之工夫，亦如存養與省察，「不可截然分為兩事」也。〔註70〕

可以這麼說，「慎獨」和「治念」工夫是一正一反的相互對應，這跟之前「證人要旨」與「紀過格」的正反相對，剛好也是同一個思考系統下的產物。不但如此，反面「治念」的通透，可以凸顯正面獨體之靈明；而正面獨體之挺立，也才能夠保證「治念」工夫的一體成型，正、反之間，甚至本體與工夫的密切關係，達到了前所未有的統一階段。如同靜時「存養」和動時「省察」的「不可截然分為兩事」一樣，都是蕺山思想架構中「合一觀」基本面的高度呈現，正反環環相扣又彼此推進，互為一體，甚至到最後已然分不出何者為「正」何者為「反」了。而這種辯證思維的高度發展，正進一步印證了蕺山「宋明理學殿軍」的高規格與大格局，並將儒家的內聖之學推向了一個極致的巔峰。

三、極度嚴密的道德工夫

　　就蕺山而言，「慎獨」與「誠意」是他的理論層，《人譜》則是將理論納入具體實踐的工夫層，兩者相輔相成，同為一體的兩面。蕺山身為「理學殿軍」，內聖之學的深入細密自然不在話下，所呈現出來的工夫歷程當然也不遑多讓，從蕺山一再刪定《人譜》，甚至到臨終前仍然念茲在茲的情況，可見《人譜》在其心目中所佔的重要地位。而到底是什麼使蕺山那麼在意，或是說《人譜》所能展現出什麼特色來讓蕺山能寄託其意的？首先是我們所要考察的重點。筆者則認為《人譜》在工夫論上主要表現的特色有二：一是嚴辨動機；二是密察過惡。〔註71〕以下茲分述之：

〔註70〕袁光儀：《晚明之儒家道德哲學與世俗道德範例研究——劉蕺山〈人譜〉與〈了凡四訓〉、〈菜根譚〉之比較》，第四章〈劉蕺山之思想與《人譜》〉，頁115。

〔註71〕黃敏浩先生在考察了《人譜》一書的特色後，也提出了相類似的分類：一是「去惡即是為善的嚴正道德意識」，二是「對過惡深微的洞察」。相當具有說服力，值得參考，筆者即照其脈絡而做出論述來。詳參氏著：《劉宗周及其慎

（一）嚴辨為善動機

　　這個議題又可分為內外兩個層面來說，一是外在通俗學風的挑戰，再來則是內在儒家本位思想的鞏固。如我們前面所述，蕺山之所以寫作《人譜》，很大的部分是受到袁了凡《功過格》一書的刺激，這現象可在其〈自序〉中得到清楚的說明：

> 友人有示予以袁了凡功過格者，予讀而疑之。了凡自言嘗授旨雲谷老人，及其一生轉移果報，皆取之功過，鑿鑿不爽，信有之乎？予竊以為病於道也。子曰：「道不遠人。人之為道而遠人，不可以為道。」今之言道者，高之或淪於虛無，以為語性而非性也；卑之或出於功利，以為語命而非命也。非性非命，非人也，則皆遠人以為道者也。然二者同出異名，而功利之惑人為甚。〔註72〕

袁了凡的《功過格》以功可以抵過，強調的是行善求福的果報，明顯受到佛教因果輪迴思想的影響，這對一向嚴辨儒、釋的蕺山，是期期以為不可的。既然「人之為道而遠人，不可以為道」，或淪於虛無的性，或出於功利的命，皆非人道，都已經脫離了人之所以為人的本質了，這種批評是嚴厲而深刻的。更何況此二者「同出而異名」，同出於何者？那就是惑人的「功利」。在蕺山看來，甚至一般傳統儒者皆以為佛家講功利、自私自利，為求福而行善，為懼業報而去惡，即使表面上做盡好事，骨子裏也是因相信「輪迴果報」所做出的行為，並不同於儒家傳統為道德而道德，所謂「正其誼不謀其利，明其道不計其功」的表現。即便說佛教「功利」，並不一定會受到一般學者的認同，尤其是深入其中的佛學研究者，因為「苦業意識」才是佛學對世界諸法的認知，追逐功利只是後學人云亦云所造成的誤導。但畢竟儒家強調純粹的「道德意識」，無論如何，一旦要講道德，從裏到外，儒家絕對是強項，絕對會勝於佛家的。

　　接著蕺山又進一步說：

> 老氏以虛言道，佛氏以無言道，其說最高妙，雖吾儒亦視以為不及。乃其意主於了生死，其要歸之自私自利。故太上有感應篇，佛氏亦多言因果，大底從生死起見，而動援虛無以設教。猥云功行，實恣邪妄，與吾儒惠迪從逆之旨霄壤。是虛無之說，正功利之尤者也。

了凡學儒者也，而篤信因果，輒以身示法，亦不必實有是事。傳染
至今，遂爲度世津梁，則所關於道術晦明之故，有非淺顯者。予因
之有感，特本證人之意，著《人極圖說》以示學者。繼之以六事功
課，而紀過格終焉。言過不言功，以遠利也。總題之曰人譜，以爲
譜人者莫近於是。〔註73〕

佛、老從宗教的角度著眼，是爲解決人生死的問題而然，自然跟儒家觀點有
所出入，一則言空，一則言無，雖然其說高妙爲儒者所自嘆不如，但就蕺山
看起來，只不過是自私自利的表現罷了。因爲從民間通俗信仰的觀點來看，
此生一切的行善，無論是修橋鋪路或賙濟窮人，是爲來生的果報累積作準備，
絕對不是純粹的惻隱之心，或爲道德而道德的單純意念而如此行的，蕺山正
是從這個方向來了解佛、老的，特別是佛家。然而就道德行爲而言，其本身
就是目的，絕不能參雜其他的動機，否則就不成其爲道德了，哲學和宗教最
大的差別正在於此。任何夾雜其他非道德的目的，尤其是蓄意爲將來的「功
利」或「自私自利」所做的行爲表現，即便表面上還是「爲善去惡」，似乎與
道德無差，但終究已經背離了「道德所以爲道德」的本質，而這也正是蕺山
大力撻伐的最大關鍵所在。因爲道德本身就是一種「應然」與「當然」，若還
夾雜著其他功利的目的，就違反了「純粹意識」的自律精神了。

而對於了凡來說，他本是學儒出身，卻篤信「因果」，且用因果福報的價
值觀以身示法，籠罩在其所著的《功過格》之中。一般通俗的善書固不足訓，
重要的是這種人云亦云的思想取向成爲了度世津梁之後，一定會影響所謂的
「道術晦明」，讓儒家傳統的思想價值受到扭曲。其實「功利」還不是眞正的
重點，儒家亦未嘗一味反功利，只是當道德主體建立的同時，還要以利益考
量爲附加條件，就不免會引起一些不必要的負面效應。「因此蕺山對了凡的反
對，不只是在反對言利，而是在於純粹道德之超越與絕對性的建立，若不能
排除經驗層之利害計算與因果報應之考量，則純粹意志之自我立法永不能達
成，道德主體亦不能徹底建立。」〔註74〕當然最合於一般人的理想狀況是，
既不違背道德，又兼顧到功利，兩者之間並不一定要視如水火，更何況蕺山
一貫秉持的「合一觀」，從理氣、天理人欲、人心道心等相對範疇的對立與統

〔註73〕《劉宗周全集》第二冊，語類一，《人譜》，〈自序〉，頁1～2。
〔註74〕袁光儀：《晚明之儒家道德哲學與世俗道德範例研究──劉蕺山〈人譜〉與〈了
　　　　凡四訓〉、〈菜根譚〉之比較》，第四章〈劉蕺山之思想與《人譜》〉，頁123。

一上早已有前例可援，道德和功利之間未嘗不可以等同視之。

　　然而我們須注意的是，身爲「宋明理學殿軍」的蕺山，爲了思想建構的大開大闔，也爲了反對朱子以來「分解的思路」，更爲了彰顯現實層對生命的重要意義，他儘可以處處推展其「合一觀」，而將本體與工夫、現實和理想等綰合爲一，但在更重要的儒、釋之辨上，卻是唯一的例外。即便從陽明以來，思想家「陽儒陰釋」的現象一直在理學界中有不斷的發展，然而既然是所謂的「理學殿軍」，在這方面就不能不有所講究了。「道德」不見得要跟「功利」水火不容，但因著佛家所代表的「功利報應」、「因果輪迴」，爲了維護儒家既有的價值營壘，蕺山的《人譜》特別揭櫫了「言過不言功，以遠利也」的批判標準來，一方面是爲要維繫儒家門庭，以便跟佛家有所區隔；再方面是爲了對準當代「虛無」（玄虛而蕩）與「功利」（情識而肆）的學術傾向，而這也正是蕺山學術興起的一個重要基礎；三方面則一再強調「過」與「功」與「利」的嚴格區分，十足彰顯出蕺山對道德純粹性的要求和高度嚴密的把關，而這更所以成就其「理學殿軍」的集大成地位。

　　就外部來說，是佛學甚或通俗學風的挑戰；就內部而言，則又是儒學思想偏差的重整。有一段記載是我們不容忽略的，《年譜》上有一段案語如此說：

> 是時秦弘祐訪袁了凡《功過冊》著《遷改格》一書，善與過對舉，一理性情，二敦倫紀，三坊流俗，四廣利濟。陶先生序而行之，因以冊呈先生。先生曰：「此害道之書也。」乃與弘祐書曰：「來冊『廣利濟』一格宜除，此意甚害道。百善、五十善等格，書之無消煞處，不如紀過則無善可稱。無過即是善，若雙行，便有不通處。有過，非過也。過而不改，是謂過矣。有善，非善也，有意爲善，亦過也。此處頭路不清，未有不入於邪者。至於過之分數，亦屬穿鑿，理無大小多寡故也。平日所講專要無善，至此又說箇爲善。僕以爲論本體決是有善無惡，論工夫則先事後得，無善有惡可也。」因有感而著人譜。〔註75〕

當我們把焦點從袁了凡轉移到秦弘祐身上，就幾乎等於是從佛教的外來挑戰落實到儒學本身價值體系的重新省思上。了凡再不濟事，也不過是由儒轉佛的特例罷了，但弘祐畢竟是一介儒生，其《遷改格》所代表的，正是當時儒

〔註75〕《劉宗周全集》第六冊，附錄二，《蕺山劉子年譜》上卷，「崇禎七年甲戌，先生五十七歲」條，頁106。

學界所瀰漫的一股價值錯亂的歪風。他們先將善與過對舉，然後又認為行善可以抵過，但就傳統儒家思想來說，善惡雖然相對但卻不能「雙行」，以做分別的處理，尤其更不能相抵。善自善矣，是人之所以為人的本分，故無可說者；至於過惡，則是道德工夫所要解決的最大問題。因著這個前提，人不貴無過，而貴於能改過，「過而不改，是謂過矣」，說的就是這個道理。而再講到對善的定位，既然道德主要在處理惡的問題，所以一旦沒有了惡，就成了善，此消彼長，道德工夫在此正可凸顯出其存在意義，「有善，非善也」，本然的善並不足貴，改過遷善才是可貴，本體與工夫之間，蕺山無疑是較措意於工夫的，這也是他向來慣有的思想模式。然而如果有意為善，刻意或有目的地為善，這善的價值就會被抵銷掉，反而成為過惡了。

「平日所講專要無善，至此又說箇為善。僕以為論本體決是有善無惡，論工夫則先事後得，無善有惡可也。」很明顯地，蕺山在此主要是針對體制內的秦弘祐，尤其是深染佛學思潮，卻又高舉著儒家旗幟的白馬山房一派的老同志們。他們一方面從「功利」的角度出發要人行善以求福，另方面在「無善無惡」的境界追求中，竟然還要以具體行善為籌碼來祈福消災，這種工夫和本體之間的錯亂矛盾，正為當時學界或「虛無」或「功利」的兩大弊端，提供了最佳的具相說明。因為「依宗周，如果作為上上義的無善無惡說能正確地被理解及實踐，則功利的觀念便沒有滋長的餘地。然而〈遷改格〉中正含有功利思想，這便意味著秦弘祐等人的無善無惡說只是『玄虛而蕩』的虛無，適為『情識而肆』的功利的基礎。」〔註76〕一般「玄虛而蕩」讓我們想到龍溪，「情識而肆」則讓我們想到泰州，然而在〈遷改格〉中，卻巧妙地把二者的缺失結合為一，以作為當時偏差學風的整體代表。對此，蕺山的回應具體展現在《人譜》的論述過程中，善與惡涇渭分明，沒有重疊，更不可能相抵，道德本身自成價值，沒有其他目的或預設立場可以替代。若落實到本體、工夫的相對關係上，本體是「有善無惡」的，工夫則是「無善有惡」（先事後得）的，這種種的宣示，對當時業已混亂的價值觀，無疑是具有相當大的澄清作用的，且更能顯現出蕺山嚴辨善惡，特別是為善動機的高規格道德標準來。

〔註76〕黃敏浩：《劉宗周及其慎獨哲學》，第四章〈慎獨哲學的實踐——《人譜》的分析〉，頁178。

（二）深入密察過惡

　　既然，道德工夫主要是在處理「惡」的問題，蕺山便集中大部份精力在過惡的論述上，勢必遠遠超過於「善」，終致成了《人譜》內容的一大特色。也正因爲蕺山有一種極爲嚴正的道德感，形成爲意識之後，對過惡就特別的敏銳，甚至還會有「通身都是罪惡」的感覺。在一般儒家的著述中，對過惡能作出如此細緻而深入的描述，《人譜》幾乎可以說是絕無僅有的。從他「紀過格」中所臚列的洋洋灑灑的諸過：如獨知的「微過」、七情的「隱過」、九容的「顯過」、五倫的「大過」、百行的「叢過」，一直到最後爲眾惡門的「成過」，內容包羅萬象，涵蓋層面之廣，幾乎到了讓人嘆爲觀止的程度。可見蕺山不只停留在空口說白話的理論階段而已，他面對或處理過惡，已經具備了相當的具體化和系統性，這在傳統只重視個人體悟，不強調客觀分析的儒學界是相當少見的。

　　如蕺山對於一般過惡的分析就相當的精準，不只將人日常生活中許多司空見慣、習以爲常的負面行爲或觀念，都能指陳其過錯並加以分析歸納。尤其值得注意的是，他還把一切過錯的由來，都上推到所謂「一點浮氣」的「妄」之中，從未起念之前來探討人過錯的發生，這就相當地引人注目了：

> 以上一過，實涵後來種種諸過，而藏在未起念以前，彷彿不可名狀，故曰「微」。原從無過中看出過來者。

> 「妄」字最難解，直是無病痛可指。如人元氣偶虛耳，然百邪從此易入。人犯此者，便一生受虧，無藥可療，最可畏也。程子曰：「無妄之謂誠。」誠尚在無妄之後。誠與僞對，妄乃生僞也。妄無面目，只一點浮氣所中，如履霜之象，微乎微乎。妄根所中曰「惑」，爲利、爲名、爲生死；其粗者，爲酒、色、財、氣。〔註77〕

第二次引用到這段文字，可見其重要性之一斑，這是對六過之一「微過」起因「妄」之描寫。進入人心最隱微最深入的層面，從主體未起念之前，從無過中看出過來，不僅僅只是陳述理論而已，若不是本身對道德實踐有極其深刻的體悟，要做出這番歸納來恐怕相當不容易。蕺山習慣用「微」來形容獨體，因爲這是「獨而離其天」的開始，所以無巧不巧的，也以「微過」稱之。可見，「微過」即是「妄」，跟超越的「獨體」間只是一線之隔而已，且是相

〔註77〕《劉宗周全集》第二冊，語類一，《人譜》，〈人譜續篇二〉，〈紀過格〉，頁 11 ～12。

對立的個體。從超越層落入經驗層，在「氣機乘除之際」，就會產生或過或不及之弊，但這還不是真正的「過」，只停留在「妄」的層次而已，如同一個人元氣偶虛，稍一受風寒則百病易入，種種形而可見的過惡遂因之而起。可見與「獨體」相對的「妄」是一切「過」的肇因源頭，也是最隱微最抽象的，故謂之「妄無面目」、「微乎微乎」、「直是無病痛可指」，而正因為它隱微，所以才更容易為人所忽略。

針對此，牟宗三先生曾將之與佛家的「同體無明」作比對：

> 此中言微過之妄最為深透，蓋與獨體並行，「獨而離其天者」即是「妄」。「妄無面目，只是一點浮氣所中」，「直是無病痛可指」，「原從無過中看出過來者」，故曰微過。蓋即「同體無明」也。誠與妄對，一真便是誠體，一虛欠便是妄根浮氣。其旨深矣。誠體深至何處，妄浮隨之；誠體達至無限，妄浮隨之；誠體是終極的，妄浮隨之為終極。此其所以為「同體無明」也。〔註78〕

當然，沒有任何證據顯示，蕺山受了佛家「同體無明」思想的影響而有「獨」、「妄」之辨，事實上，人同此心，心同此理，對真理的追求與了悟，是異地異時而皆然的，倒不必然要以佛學為真是非。牟先生之說，只是引以為切入和說解的方便「法門」而已，兩者之間，必然有差異，更何況身為「理學殿軍」的蕺山，是相當在意地緊守住儒、釋之別的。對於這個問題，我們倒可以從道德工夫的「一正一反」的思索與運作角度去看它，牟先生說「誠體深至何處，妄浮隨之；誠體達至無限，妄浮隨之；誠體是終極的，妄浮隨之為終極」，負面的妄與正面的獨體既是如影隨形，互為終始，自然「最可畏也」。起碼到目前為止，我們很少看到有其他儒者，能對過惡的產生，進行如此深入又貼己的反省，在這一點上，蕺山絕對是空前絕後的。

另外，我們須注意的是，蕺山說妄、獨並行並不就表示善、惡自始即同在，否則，這就跟儒家的本意不合了。「依宗周，微過或妄之為惡的根源，究其實，不過是心體呈現時所積聚之餘氣或浮氣，並不是存有論上的究極的存在。但吾人必須時時戒慎恐懼，避免心體中餘氣的積聚，即使性體或獨體朗現，偶一不慎，仍可為一點浮氣所中，百邪由此而生。」〔註79〕正面的獨體

〔註78〕牟宗三：《從陸象山到劉蕺山》，第六章〈劉蕺山的慎獨之學〉，頁532。

〔註79〕黃敏浩：《劉宗周及其慎獨哲學》，第四章〈慎獨哲學的實踐——《人譜》的分析〉，頁191～192。

建立，仍時時不可忽略負面的餘氣積累，因為即使「妄」並非存有論上的究極存在，單在現實工夫這一層上，它仍是要時時保持戒慎恐懼狀態的，沒有任何人能夠保證，一旦獨體朗現就不會再有為非作歹的念頭產生，甚至化為現實的可能。

從這個角度來看，我們可以發現蕺山的道德工夫有三大特色是為常人所不及的：一是「追根究柢」，將過惡之由來窮本溯源，直勘到未起念之前的一點浮氣之「妄」，若非其道德自我反省能做到極點，又如何能有此體驗？二是「一正一反」，道德原本就有為善和去惡的兩個面向，若非二者雙管齊下，是不可能達到預期目標的。而在這點上，蕺山從「證人要旨」到「紀過格」，再從「體獨」到「察妄」，無論是理論或工夫，都是面面俱到，不致有所偏廢的。三是「念茲在茲」，無時或忘的，即或建立了獨體，仍不能保證邪妄從此不產生，隨時要保持兢兢業業、戒慎恐懼的備戰狀態。儒家強調「天行建，君子以自強不息」，在蕺山看來，這道德事業無疑也是一種永無休止的自我轉化過程。

在《人譜》中，蕺山對過惡的分析與反省，其程度之深入、細微，幾乎到了令人嘆為觀止的地步。除了直探到過惡的源頭「妄」而發人之所未發者外，我們在「紀過格」裏洋洋灑灑的舉例說明中，不但看出了「過、惡兩分」的大原則，是為了彰顯儒家所謂「人非聖賢，孰能無過」，不強求人無過，只要人知過改過，如此一來，則又成就了「知過能改，善莫大焉」的傳統價值；但反過來說，若有過而不改，才會是真正的「惡」，才應該被共同唾棄的。另外，同樣是「過」，從小到大，就會有「妄念與情緒之過」、「言行舉止之過」、「待人處世之過」與「對時人風俗的反省」等等，〔註80〕有縱向的自我深入，更有橫向的社會思索，蕺山因著高度的道德意識所產生的罪惡感是相當強烈並且敏銳的。牟宗三先生對《人譜》的這一部分即抱持著相當肯定的態度：

> 依劉蕺山之人譜，可清楚地使吾人見到心體性體之真與過惡之妄皆在誠意慎獨之道德實踐中被意識到，抑且不只被意識到，而且心體性體之真可實踐地被呈現，過惡之妄可清楚地被照察到而且可實踐地被化除掉。自孔子提出改過一觀念後，人皆說改過，說過惡，蓋

〔註80〕詳見袁光儀：《晚明之儒家道德哲學與世俗道德範例研究——劉蕺山〈人譜〉與〈了凡四訓〉、〈菜根譚〉之比較》，第四章〈劉蕺山之思想與《人譜》〉，頁117～120。

> 過惡是日常現實生活中很容易意識到者，然大皆是就現實生活之皮
> 面現象學地說此改，說此過。自劉蕺山之人譜始能完整地徹底而透
> 體地說之，因而可使吾人有一確定之概念。從氣質之偏說過惡亦將
> 收於此而確定之。〔註81〕

牟先生一方面在整個儒學的大架構下來看蕺山《人譜》的知過改過，說它能「完整地徹底而透體地說之，因而可使吾人有一確定之概念」，而不只是皮面現象地說說而已；另一方面也從蕺山思想的整體架構來加以聯結，「可清楚地使吾人見到心體性體之眞與過惡之妄皆在誠意愼獨之道德實踐中被意識到」，誠意愼獨之「知過」與《人譜》之「改過」，相互配搭，融合無間，從理論建構到實際操作，終使「過惡之妄可清楚地被照察到而且可實踐地被化除掉」，這些有機的組合不但融通了蕺山思想大格局，更進一步穩固了蕺山在宋明理學界中特殊地位。特別是蕺山對過惡深入而精密的考察，強調知過、改過同時並進的「知行合一」訴求，凡此種種，皆將蕺山的道德哲學，推向了前所未有的高峰。

　　不僅從中國儒學的本位角度，就算從西方對東方世界「羞恥文化」（shame culture）〔註82〕的認知來看，蕺山《人譜》所提供出的改過思想，對人性過惡的透視是極爲深入的，張灝先生就稱之爲「幽暗意識」在儒學中的一個空前發展：

> 這種生命的感受，在晚明劉宗周的思想裏有更明顯的流露，造成幽
> 暗意識在宋明儒學裏一個空前的發展。例如他在《人譜》一書中，
> 把成德的實踐過程分成六步，每一步都有罪咎的潛伏，都有陷溺的
> 可能。他在總結第六步──「遷善改過以作聖」時，曾有這樣的話：
> 「學者未歷過上五條公案，通身都是罪過，即已歷過上五條公案，
> 通身仍是罪過。」接著在《人譜續篇・紀過格》裏，他對這「通身
> 的罪過」有極詳盡的抉發和分析。他把罪過分成六大類，每一大類
> 再細分成各色各種，其中第一大類，劉宗周稱之爲「微過」，最足以

〔註81〕牟宗三：《從陸象山到劉蕺山》，第六章〈劉蕺山的愼獨之學〉，頁536。

〔註82〕「羞恥文化」（shame culture）與「罪惡文化」（guilt culture）相對，一般西方的早期學者認爲西方社會價值立基於基督教文化之上，道德強調懺悔和贖罪，是一個側重絕對價值標準的社會，可稱之爲「罪惡文化」；而東方世界則相對沒有提供令人懺悔的宗教資源，在惡行不爲人知的情況之下，東方文化特別強調人的內在羞恥心，由痛苦的產生來促成改過遷善的行爲動力。

表現他對罪過勘查的細微：「以上一過實涵後來種種諸過，而藏在未起念之前，彷彿不可名狀，故曰微，原從無過中看出過來者。『妄』字最難解，直是無病疼可指。如人之氣偶虛耳，然百邪此易入。人犯此者一生受虧，無藥可療，最可畏也。」《人譜》裏面所表現的罪惡感，簡直可以和其同時代西方清教徒的罪惡意識相提並論。宋明儒學發展到這一步，對幽暗意識，已不只是間接的映襯和側面的影射，而已變成正面的彰顯和直接的透視了。〔註83〕

所謂「幽暗意識」，是跟「超越意識」相對的兩股思想潛流之一，是「發自對人性中與生俱來的陰暗面和人類社會中根深柢固的黑暗勢力的正視和警惕。」〔註84〕張灝先生從西方基督教的角度出發，來檢視中國思想史的發展內涵，特別是儒學對人性陰暗一面的反省，發現到了蕺山的《人譜》，已經是空前的突破性躍進。雖然前有所承，但其中所展現的罪惡感，卻是之前的思想家所不能及的，甚至還可以與同時代的西方清教徒相提並論。以往「幽暗意識」在思想界的呈現，基於儒家終極的樂觀精神，也只是「間接的映襯和側面的影射」而已，發展到蕺山階段，竟順勢而成「正面的彰顯和直接的透視」。無論如何，這是一種思想的躍進，對成聖艱難的體悟，對人性深層的瞭解，對過惡細微的照察，凡此種種，皆足以凸顯《人譜》在中國傳統儒學界的特殊地位。也更因為它的空前絕後，進一步證成了蕺山「宋明理學殿軍」的總其成角色，印證在「幽暗意識」這一層面的發展中，的確有其相當的合理性在。

〔註83〕　張灝：《幽暗意識與民主傳統》，〈超越意識與幽暗意識──儒家內聖外王思想之再認與反省〉，頁 69。（北京：新星出版社，2006）

〔註84〕　張灝：《幽暗意識與民主傳統》，〈超越意識與幽暗意識──儒家內聖外王思想之再認與反省〉，頁 59。

第七章 學術風氣的轉向──
蕺山和他的兩位弟子

　　蕺山思想的影響力並不隨其身歿而後止，甚至還形成了一股學術勢力稱之為「蕺山學派」，根據王汎森先生的考察，「蕺山學派」在其死後因著詮釋師說宗旨的不同一分為三：第一派是以劉汋、張履祥、吳蕃為代表，思想傾向於程朱一派；第二派人物以陳確為主，思想上特別與眾不同，獨樹一幟；第三派則是以黃宗羲為代表的陸王一系。〔註1〕從這一傳承過程，明顯可以看出蕺山之後的思想演變，所謂「這正是劉宗周思想內部兩種傾向及這兩種傾向產生的矛盾各自獨立發展的結果」〔註2〕。但身為「理學殿軍」的蕺山，思想上在在可見的「合一觀」模式和「集大成」格局到底會不會產生「矛盾」也許還有待商榷，然而這「兩種傾向」（程朱、陸王）各自獨立發展卻是個不爭的事實，並且更進一步凸顯出蕺山在此學風轉變之際的關鍵地位。可以這麼說，若要闡述蕺山在宋明理學界中的特殊重要性，他的兩位弟子黃宗羲與陳確絕對是不容忽略的兩個部分。因為傾向程朱一派的弟子們把握了蕺山較為嚴謹密實的實踐作風，卻對師說心學的相關論述採取了視而不見甚至刻意迴避的消極態度，如此一來，便與蕺山的心學本色漸行漸遠而脫鉤了。至於梨洲對蕺山思想的推崇與繼承自不在話下，就算是獨樹一幟的陳乾初，基本上也是從心學立場出發再向前推進的。

〔註1〕 詳參王汎森：〈清初思想趨向與《劉子節要》──兼論清初蕺山學派的分裂〉一文，載於氏著：《晚明清初思想十論》，頁 249～289。

〔註2〕 何俊、尹曉寧：《劉宗周與蕺山學派》，第八章〈蕺山學派〉，頁 222。（北京：中國人民大學出版社，2009）

黃宗羲是清初三大思想家之一，他所撰寫的《明儒學案》，是研究明代學術思想史的經典與入門之作。爲了表彰師門，他甚至在書的卷尾別立〈蕺山學案〉，來深入闡述其師蕺山的思想內涵，他對蕺山思想承繼的亦步亦趨是可以想見的。而他自己也嘗自許爲同門中唯一能繼承師說的人，甚而劉述先爲了突出梨洲的地位，而把「宋明理學殿軍」的角色由蕺山下推到他身上，是因爲「他（案：指梨洲）代表了一個時代的終結，卻又在無意之中，促進了另一個時代的開始。」〔註3〕當然，筆者並不贊同這樣的改置，理由已如前面第二章所述，只是在他促進另一個時代開始的同時，更豐富了自己思想的種種面相，除了傳承心學的系統外，梨洲思想中有的是更多的「外王」成分，諸如：政治思想、歷史意識、文學理念甚至科學觀，都成爲梨洲思想內涵的重要部分。所以我們可以這麼說，「梨洲的學問規模卻不局限於蕺山的藩籬，他甚至將蕺山之學加以轉化，向另外的方向發展，使他的學術思想在某些層面表現出超越前儒的成就，表現了另一個時代的思想特色」〔註4〕。

正因爲他們師徒二人在學風和思想內容上的不同，爲了有所區隔，我們一般稱蕺山爲「宋明理學殿軍」，梨洲則爲「經世思想家」，他們同出於王學系統，思想上的臍帶關係又是那麼緊密，但最後卻走上兩個截然不同的學術面貌，這誠然是頗值得探討的一個議題。如果簡單地說，爲師的蕺山極度強調「內聖之學」，將心學的內涵盡其可能地開發到極致，成爲所謂的「理學殿軍」自然當之無愧；而身爲最佳傳人的梨洲，卻在一方面繼承一方面改造的轉化過程中，舊瓶裝新酒，除了「理學」，又加上了「實學」的內容，〔註5〕除了保住了心性之學的矩矱，更將歷史文化與經世取向鎔鑄其中，而這已經

<hr>

〔註3〕 劉述先：《黃宗羲心學的定位》，〈緒言〉，頁1。

〔註4〕 林師聰舜：〈劉蕺山與黃梨洲──從「理學殿軍」到「經世思想家」〉，收錄於《晚明思潮與社會變動》一書中，頁177～219。（臺北：弘化文化事業股份有限公司，1987）

〔註5〕 這也並不是說蕺山的學術中絲毫沒有所謂「實學」的內容，如詹海雲先生就曾寫過一篇名爲〈劉宗周的實學〉的論文，刊載於《劉蕺山學術思想論集》一書，頁433～456。詹先生從蕺山的「仕宦經歷」及「奏疏內容」中深入剖析其問政風格與政治見解，具有相當的參考價值。只是還是那句老話，在比例原則或是理論的成熟度上，蕺山即便有「實學」，還是遠遠比不上後起的梨洲的。更何況在文章的第四、第五節上，詹氏用「從劉宗周學術成就談其實學傾向」、「從劉宗周仕途的蹭蹬談儒者外王事業實踐的可能性」爲標題，從「傾向」和「可能性」的措辭中，明顯可見，作者對於蕺山的「實學」也是持相當保留態度的。

展現出新時代的特殊學風走向了。這趨勢發展到陳確身上更見淋漓盡致，對理學傳統來說，乾初扮演著批判甚至摧毀的角色，在許多既有的議題上，都能發前人所未發。一方面是他並不喜歡傳統理學家的玄妙空言，一方面也是他想代之以當時已經漸漸蔚為風氣的修己治人之「實學」。在性善、理欲、知行以及葬論為代表的禮論思想中，乾初都能獨抒己見，充分展現了新時代側重形下經驗界的新思維方式與核心價值，這與傳統的宋明理學已經是分道揚鑣甚而大異其趣了。無怪乎早期的大陸學者，會慣常以「反傳統」、「反理學」或「反封建」的社會主義革命先鋒來看待陳乾初了。

底下，我們就從對這兩位蕺山大弟子的檢視中來看學術風潮的轉向，藉以討論蕺山「宋明理學殿軍」的歷史意義及時代性。

一、蕺山與梨洲

蕺山和梨洲之間的師生關係，起源於梨洲的父親黃尊素（1584～1626），尊素與東林黨人關係匪淺，亦與蕺山過從甚密，對其學問、人品皆甚為推崇，所以會在臨終前將兒子的學業託孤給蕺山，間接成就了這一段師生之誼。而這一對師生互動關係良好更為後人所津津樂道，不但梨洲對蕺山原本就推崇備至，甚至在《明儒學案》中首標〈師說〉以明學術源流，尤其是在許多關鍵問題的討論上，梨洲明顯是以蕺山說法為判準，並且他還是堅守陽明以來一貫的心學立場。由於梨洲的著作卷帙浩繁，且又並非本文的直接研究對象，故退而求其次，縮小範圍，僅以《孟子師說》為例，藉以說明梨洲的心學內容，及其與蕺山思想的密切繼承關係。

（一）《孟子師說》內容述要

基本上，《孟子師說》是黃梨洲的作品，值得注意的是它特別標舉出「師說」來，其「師」指的就是梨洲的老師蕺山。梨洲也在〈題辭〉上清楚地說道：「先師子劉子於《大學》有統義，於《中庸》有慎獨義，於《論語》有學案，皆其微言所寄，獨《孟子》無成書。羲讀劉子遺書，潛心有年，麤識先師宗旨所在，竊取其意，因成《孟子師說》七卷，以補所未備。或不能無所出入，以俟知先生之學者糾其謬云。」〔註6〕相當巧合的是，《孟子》原本就有七篇，而《孟子師說》也同樣有七卷，經比對的結果，還真是《孟子》有

〔註6〕《劉宗周全集》第五冊，補遺六，《孟子師說》，〈題辭〉，頁531。

一篇，《孟子師說》就有一卷，二者若合符契。重點是，梨洲的《孟子師說》到底是否真的完全繼承了蕺山對孟子的解法，若按上文「潛心有年，驫識先師宗旨所在，竊取其意」的說辭，至少梨洲是這麼自我認為的。但真實情況如何，本身身為學者的梨洲，不可能在解讀過程中絲毫不摻入自己的思想成分，這也就是他為什麼含蓄地說「或不能無所出入，以俟知先生之學者糾其謬云」，其本身絕對會有這種自覺與認知的。

我們先從理氣關係來切進《孟子師說》的思想內涵，如在〈浩然章〉中就有這麼一段文字是來形容「氣」的：

> 天地間只有一氣充周，生人生物。人稟是氣以生，心即氣之靈處，所謂知氣在上也。心體流行，其流行而有條理者，即性也。猶四時之氣，和則為春，和盛而溫則為夏，溫衰而涼則為秋，涼盛而寒則為冬，寒衰則復為春。萬古如是，若有界限於間，流行而不失其序，是即理也。理不可見，見之於氣；性不可見，見之於心；心即氣也。心失其養，則狂瀾橫溢，流行而失其序矣。養氣即是養心，然言養心猶覺難把捉，言養氣則動作威儀，旦晝呼吸，實可持循也。佛氏「明心見性」，以為無能生氣，故必推原於生氣之本，其所謂「本來面目」，「父母未生前」，「語言道斷，心行路絕」，皆是也。至於參話頭則壅過其氣，使不流行。離氣以求心性，吾不知所明者何心，所見者何性也。〔註7〕

《孟子》的「知言養氣」章，梨洲遵照蕺山師說做出了如上的氣說，開頭即說「天地間只有一氣充周，生人生物」，乍看之下，頗有「氣本論」的味道，因為即便是心，也不過是「氣之靈處」，是在上的知氣，仍然不脫「氣」的籠罩。然而，心、性、理又如何加以定位？「心體流行，其流行而有條理者，即性也」；氣「流行而不失其序，是即理也」，兩者互相交叉比對的結果，可以發現「心、氣」是一個層級，「性、理」又是另一個層級，而彼此的互動關係則是：「理不可見，見之於氣；性不可見，見之於心」，這無疑是蕺山一貫「合一觀」與「形著原則」在孟子學上的又一展現。只是不同的是，在此，心幾乎等同於氣，氣甚至比心更為首出，因為氣比心更為具體，更好掌控，以至於到最後終於逼出了「離氣以求心性，吾不知所明者何心，所見者何性也」這樣特重「氣」的說法來。如此，不但抽象的「性、理」是具體的「心、

〔註7〕 《劉宗周全集》第五冊，補遺六，《孟子師說》卷二，〈浩然章〉，頁544～545。

氣」的內在實然條理，甚而心也在氣的統攝之下，舉凡「心、性、理」都是「氣」的部分展現，「氣本論」的說法似乎呼之欲出。然而這並不同於我們對蕺山「心本論」的角色認定，所以這樣看來，梨洲對蕺山的思想繼承是否出現了誤差？這不禁引起我們的好奇。

　　而接下來的引文，可能會讓我們有些許的改觀：

　　　　人身雖一氣之流行，流行之中，必有主宰。主宰不在流行之外，即
　　　　流行之有條理者。自其變者而觀之謂之流行，自其不變者而觀之謂
　　　　之主宰。養氣者使主宰常存，則血氣化爲義理；失其主宰，則義理
　　　　化爲血氣，所差在毫釐之間。黝在勝人，舍在自勝，只在不動心處
　　　　著力。使此心滯於一隅，而堵塞其流行之體，不知其主宰原來不動，
　　　　又何容費動手腳也。只是行所無事，便是不動心。〔註8〕

孟子講「不動心」，曾舉出北宮黝與孟施舍養勇的前例，北宮黝「不膚撓，不目逃」，務在勝人；孟施舍「視不勝猶勝也」，勇往直前，無懼於敵，則是一種自勝的表現。照梨洲的講法，眞正的不動心，是要行所無事，並不是要無所事事，而是要凡事依照「心」的指令來行，不受其他外物的干擾，使心成爲人身眞正的「主宰」。所謂「自其變者而觀之謂之流行，自其不變者而觀之謂之主宰」，氣化流行是變動不居的，人心則是靜觀的主宰，一動一靜，若從這樣看來，心就是氣的主宰，絕對高過於氣。然而接著卻又說：「主宰不在流行之外，即流行之有條理者」，心不在氣之外，只是氣之有條理的一種表現，所以如此說來，心一方面主宰氣，另一方面又不外於氣。二者歸納起來的說法便是：「氣」循著一不變的規則而變化流行，而這規則就是「心」；「心」即便能掌控一身之氣，在本質上仍不脫「氣」的範疇。心內在於氣而主宰氣，心就算不等同於氣，也並非異質的兩層，同樣表現出經驗或實然的意義。

　　　底下又是一個翻轉，「養氣者使主宰常存，則血氣化爲義理；失其主宰，則義理化爲血氣，所差在毫釐之間」，這是相當饒富興味的一句話，既然心在氣中，養氣的工夫卻又要刻意凸顯出心高於氣的道德價值來。一有主宰則血氣化爲義理，一失主宰則義理化爲血氣，血氣固然不見得壞，義理則更能突出人之所以爲人的特殊意義，至於所差，就在這毫釐的「心」上了，心似乎不該一直被埋沒在氣之中的，即使它始終不能自外於氣。這一點，〈道性善章〉中也有提到，所謂：「孟子『性善』，單就人分上說。生而稟於清，生而稟於

<hr>

〔註8〕　《劉宗周全集》第五冊，補遺六，《孟子師說》卷二，〈浩然章〉，頁545。

濁，不可言清者是性，濁者非性。然雖至濁之中，一點眞心埋沒不得，故人為萬物之靈也。」〔註9〕正因為人有此「一點眞心」，所以才能成為萬物之靈，然而這稟性或清或濁的「氣」跟眞「心」之間總該有所不同。那麼，到底「心」有何特殊性是一般的「氣」所不能及的？〈牛山之木章〉中也曾經這麼說道：

> 天心生生之幾，無時或息。故放失之後，少間又發，第人不肯認定以此作主宰耳。認得此心便是養，若火之始然，泉之始達，自不能已。
>
> 旦晝牿亡，未嘗非此心為之用，而點金成鐵，迷卻當下矣。〔註10〕

照梨洲的說法，心是一種「生生之幾」，更是一種無時或息的主宰，即便偶然地放失之後，「少間又發」。在道德的存養過程中，「心」的超越性和潛存性一直具有主導功能，它等同於良知善性，一旦操持存養，則沛然莫之能禦，「若火之始然，泉之始達」；但若旦晝牿亡，也「未嘗非此心為之用」，不能因其沒有顯現就說它不存在，這也是對孟子性善說的一種肯定。值得注意的是下一句，「點金成鐵，迷卻當下矣」，若一時迷卻，就只剩「點金成鐵」的錯置了，既有金和鐵的不同，心與氣之間似乎存在著差距，至少心不能完全等同於氣。若完全從「心、氣」間關係的角度來看，梨洲應該不是一位所謂的「氣本論」者。晚近的一般學者，尤其是大陸學者，就習慣把梨洲和蕺山思想都化歸為「氣本論」或「氣一元論」，當然，經過我們的多方辯證與申述，蕺山接續陽明思想而來的心學傳統，即便理氣論在他的思想系統中，因著補偏救弊的時代需要而佔居著一定的重要地位，但這只是權宜要求「客觀性」的變通，「心性」的論述仍是蕺山思想的最主要焦點，「心本論」的歸結依然是他「宋明理學殿軍」頭銜下的最佳副標題。

　　至於身為蕺山傳人與最佳代言人的梨洲，是否仍然延續其師「心本論」的傳統，好像是頗值得爭議的。因為從以上的論述來看，「氣」在梨洲的思想系統中無疑佔了一定的主導地位，時代的需求讓思想家們逐漸往「客觀化」的方向推移，已經是不爭的事實，從蕺山到梨洲，可以看出這樣的轉變痕跡。蕺山尚能守住心學的基調，到了梨洲身上，「經世」的實學之風已是銳不可擋的大勢所趨，客觀性的「氣」在梨洲思想中越發凸顯出其重要地位，只是是否就可以將梨洲遽歸為「氣本論」者，似乎還有待商榷。因為即使梨洲講「天

〔註9〕　《劉宗周全集》第五冊，補遺六，《孟子師說》卷三，〈道性善章〉，頁563～564。

〔註10〕　《劉宗周全集》第五冊，補遺六，《孟子師說》卷六，〈牛山之木章〉，頁633。

地間只有一氣充周」，看來像是一個標準的「氣一元論」者，然而他的「心」和「氣」之間，不僅不同，而且是像「金」與「鐵」般的差距，非但不是同質的不同，更是異質上的不同。正因著有這樣的關鍵，我們會認為梨洲思想絕不能單單只是個純粹的「氣本論」者，「心」在其中扮演著極重要的地位。就梨洲看來，「氣」與「心」雖不離卻也不雜，二者間是一種辯證的密切關係，從「心即氣也」到「心即氣之靈處」，一方面強調彼此之「不離」，再方面凸顯其間之「不雜」，箇中消息，不言而喻。

「心」、「氣」間的關係，在〈浩然章〉又另從「志」的角度切入：

孟子以為義理即心，而是以心之主宰而言曰「志」，有主宰則不患不流行。「志至焉，氣次焉」，次，舍也，易之「旅即次」、「師左次」，周禮之「掌次」，是也。志之所至，氣即次於其所，氣亦無非禮義矣。〔註11〕

志即氣之精明者是也，原是合一，豈可分如何是志，如何是氣！「無暴其氣」，便是持志工夫，若離氣而言持志，未免捉捏虛空，如何養得？古人說九容，只是「無暴其氣」。「無暴其氣」，志焉有不在者乎！更無兩樣之可言。〔註12〕

先從下面的這一句引言來看，這是用來解釋孟子「持其志，無暴其氣」此一觀點所下的案語。就梨洲來看，「志」和「氣」是合一的，志只是「氣之精明者」，進一步就工夫來說，「持志」就能「無暴其氣」，因為持志只是虛說，無暴其氣才是工夫的切入點。關鍵就在「離氣而言持志，未免捉捏虛空」，志、氣二者原只是一體，但氣較志更為具體而明確，這重「氣」重「客觀性」的傾向，不僅梨洲如此，根據我們的認知，就連其師蕺山思想中也有這類型的呈現。再就上一句而言，「心」被提高到義理的層級，這固然是孟子「以心論性」的原義，而「志」更是心的主宰，具有引導心的作用，如果要說「志」即是「心」亦未嘗不可。所謂「次，舍也」，梨洲用「舍」來解釋「次」，姑不論是否真的符合孟子原義，蓋心志所至，氣即舍於其所，一先一後，二者無論如何都不是一種等同的關係。

即便「氣亦無非禮義」，氣符合心的義理要求，那是就「不離」來說，若就「不雜」的角度來看，「志至焉，氣次焉」才能說得通。也就是說，在梨洲

〔註11〕 《劉宗周全集》第五冊，補遺六，《孟子師說》卷二，〈浩然章〉，頁 545～546。
〔註12〕 《劉宗周全集》第五冊，補遺六，《孟子師說》卷二，〈浩然章〉，頁 546。

的解讀中，「心」與「氣」的關係，一方面既是合一，一方面又有所區別，就「氣」爲首出，「心、性、理、氣」一體平鋪，皆是一氣之流行的視角切入，心、氣自然也是辯證的合一，而這「合一觀」無疑是繼承自蕺山而來的；然而心、氣之間一前一後，一主一從的表現，又似乎透露出彼此間的異質關係。也正因爲有這種差別性的呈現，使梨洲在極端強調「天地間只有一氣充周」的同時，並沒有被拉到「氣一元論」的陣營上去，因爲他早爲「心」的特殊與優先性預留了空間，即使他並不像其師蕺山那樣地高談「愼獨」、「誠意」，明白凸顯自我的心學立場，我們也可以從這些蛛絲馬跡的觀察中，從而作出較合事實的判斷。

以上是我們從「氣」與「心」的對比，所構築出來的梨洲「氣論」特色，基本上「氣」先出，並且是「心」得以呈現的最基礎物質條件，也就是說，一旦離了氣，心失了憑藉遂無可言者。但心是氣的主宰，一是「金」，一是「鐵」，又顯然有價值論上的先後次序，不可能完全等同。就生成論的角度說，「氣」或許是「心」存在的先決條件；但若從價值論的觀點出發，則沒有了「心」的指導原則，「氣」的價值意義便無從彰顯與進一步開發。因著思考面的不同就產生了不同的措置，表面上，心、氣合一，氣貫天地；事實上，這只是辯證或理論上的統合，並不能完全等同，也正因爲如此，我們是不宜把梨洲直接劃歸爲「氣一元論」者的。

既解決了「心、氣」問題，進一步我們再來看看梨洲對「理、氣」間關係的定位如何。基本上，梨洲也是延續陸王以來「心即理」主張的：

> 仁無跡象可言。孟子於無跡象之中，指出跡象，人人可以認取，如「仁、義、禮、智根於心」，「惻隱之心，仁之端也」云云，「仁，人心也」，不一而足。蓋人之爲人，除惻隱、羞惡、辭讓、是非之外，更無別心，其憧憧往來，起滅萬變者，皆因外物而有，於心無與也。故言「求放心」，不必言「求義理之心」；言「失其本心」，不必言「失其義理之心」，則以心即理也。孟子之言明白如此，奈何後之儒者，誤解人心道心，歧而二之？〔註13〕

這一段是梨洲在解釋孟子「學問之道無他，求其放心而已矣」此一觀念而來的論述，而其前提則是「仁」爲人心，「義」爲人路。「仁、義、禮、智」本無跡象，孟子則從無跡象之中指出跡象來，從人心的「惻隱、羞惡、辭讓、

〔註13〕《劉宗周全集》第五冊，補遺六，《孟子師說》卷六，〈仁人心也章〉，頁635。

是非」來推論出人心有「四端」，是「以心善論性善」的展現。至於其他「憧憧往來，起滅萬變」的惡，都因外物而起，與超越的良知本心無與，這基本上就預設了「心」與「善」與「義理」之間的對等。本心就是義理之心，失其本心就等於失其義理之心，以這樣的邏輯來說，「心」即是「理」，如此一來，就不必有「人心」與「道心」間的區隔了。而同樣屬於「即」的相對關係，「心即理」就遠較「心即氣」單純多了，心即理是心等於理，心即氣則是在「合一觀」的原則下「道通爲一」，是一種主、客之間的辯證統合，但這種細微的差異在字面上是絕對看不出來的。

　　由「氣」與「心」進入「心」與「理」，再由「心」與「理」考察「理」、「氣」之間的關係，梨洲對此二者有如下的表述：

> 無氣外之理，「生之謂性」，未嘗不是。然氣自流行變化，而變化之中，有貞一而不變者，是則所謂理也性也。告子唯以陰陽五行化生萬物者謂之性，是以入於儱侗，已開後世禪宗路徑。故孟子先喻白以驗之，而後以牛犬別白之。蓋天之生物萬有不齊，其質既異，則性亦異，牛犬之知覺，自異乎人之知覺；浸假而草木，則有生意而無知覺矣；浸假而瓦石，則有形質而無生意矣。若一概以儱侗之性言之，未有不同人道於牛犬者也。假使佛氏而承孟子之問，必將曰「犬之性猶牛之性，牛之性猶人之性」也，其譸張爲幻，又告子之罪人也。〔註14〕

告子的「生之謂性」引起了孟子的極大反駁，「生之謂性」既不是「白之謂白」，「白羽之白」亦不完全等於「白雪之白」，「犬之性」更不等於「牛之性」，這是孟子駁倒告子的一步步推論過程。既然天之生物萬有不齊，本質不同，性自然也有異。從瓦石到草木到牛犬再到有知覺的人，如果一概稱之爲性，則凸顯不出人爲萬物之靈的獨特性了。告子以「生之謂性」爲前提，所強調的是凡物與生俱來的本質，告子看到了萬物的共通性，孟子則特別突出個體的差別性，而這也正是他們彼此間的爭論焦點所在。甚至到了後來，禪宗不僅不如告子的詞窮語塞，更進一步大剌剌地說「犬之性猶牛之性，牛之性猶人之性」，這種不按牌理出牌的機鋒獨出現象，即便蘊涵著佛學深奧的「萬物一體」宇宙觀，在傳統的儒者梨洲看來，也是不足爲取的異端邪說。

〔註14〕《劉宗周全集》第五冊，補遺六，《孟子師說》卷六，〈生之謂性章〉，頁626
　　　～627。

　　然而若不考慮傳統，單就「生之謂性」的字面上來說，實際上也頗能符合「理、氣」間不離與不雜的密切互動關係，因為它不只從人性，而是從普遍的性理來指實的，故可說「未嘗不是」。梨洲指出在氣的變化流行之中，自有一「貞一而不變」的性理存在，此理不在氣外，可是又不完全等於氣，因為他也不同意如告子所為將「陰陽五行化生萬物」者統稱為性。一方面理不在氣外，所以是「不離」；另一方面理並不等於氣或附屬於氣，這就是「不雜」，既不離又不雜的理氣觀相對於蕺山，是更凸顯「理」的獨立性了。因為根據我們之前的考察和解讀，蕺山的理氣定位偏在「理為氣中之理」，筆者甚至把這種重氣重客觀的思想傾向歸結為「形而中者之謂理」，似乎是一種對抽象思維面的刻意貶抑，也是對傳統朱子以來「理在氣先」、「理能生氣」的重本體趨向的一種反動。

　　然而到了梨洲，思想反動看來有少許趨緩的傾向，甚至還能對理氣關係作出較合中道的持平判斷，此「不離不雜」的界定就是最明顯的例子。在理、氣關係上，梨洲一方面為顧及時代潮流，而有重「氣」的客觀考量；另一方面也不忽略形上思維，對「理」這一面相也給予了相當的獨立空間，這就是所謂的「變化之中，有貞一而不變者」這句話的深刻涵義所在。然而在很多的文本敘述當中，梨洲卻極少強調這種「不離不雜」的理氣二元關係，反倒是常常以「氣本論」的姿態出現：

> 形色，氣也；天性，理也。有耳便自能聰，有目便自能明，口與鼻
> 莫不皆然，理氣合一也。〔註15〕

雖然講的是「理氣合一」，但他的前提是「有耳便自能聰，有目便自能明」，「氣在理先」的傾向昭然若揭。好在他後來又補充道：「心是形色之大者，而耳目口鼻其支也。『聖人踐形』，先踐其大者，而小者從之。」〔註16〕以心之「理」為大為主，最後的畫龍點睛，才保住了從蕺山以來一脈相承的心學格局，若單看前提，是很容易讓人產生「氣一元論」的聯想的。再看下一例：

> 天以氣化流行而生人物，純是一團和氣。人物稟之即為知覺，知覺
> 之精者靈明而為人，知覺之麤者昏濁而為物。〔註17〕

先有氣化流行然後有人、物，就在這「一團和氣」之中，人稟氣之清者而知

〔註15〕　《劉宗周全集》第五冊，補遺六，《孟子師說》卷七，〈形色章〉，頁654。
〔註16〕　《劉宗周全集》第五冊，補遺六，《孟子師說》卷七，〈形色章〉，頁654。
〔註17〕　《劉宗周全集》第五冊，補遺六，《孟子師說》卷四，〈人之所以異章〉，頁602。

覺靈明，物則受氣之濁者而知覺粗糙，甚至沒有絲毫知覺感應。依此看來，「氣」在造化生物的過程中，起著相當重要的關鍵地位，而「理」的作用似乎被刻意排擠、忽略掉了。然而接下來的一句：「人之靈明，惻隱羞惡辭讓是非，合下具足，不囿於形氣之內；禽獸之昏濁，所知所覺，不出於飲食牝牡之間，為形氣所錮。」〔註18〕人禽之辨就在於感知靈明與否，人的感知具體表現為「惻隱、羞惡、辭讓、是非」的道德理性，可視同為「理」，雖然來自於「氣」，但「合下具足，不囿於形氣之內」，就不完全等同於氣了。從人存在的角度看，理應該先在於氣，可是若沒有這一句的參看幫補，我們甚至會以為這是一種「氣一元論」的表述。因為根據我們的瞭解，一般的氣一元論者是把理收納在氣中，氣不但是首出的第一序，甚至理、氣之間還無法釐出清楚的界線。

如梨洲下面的這段陳述，即是相當容易讓人產生這種聯想的：

> 四時行，百物生，其間主宰謂之天。所謂主宰者，純是一團虛靈之氣，流行於人物。故民之視聽，即天之視聽，無有二也。〔註19〕

主宰萬物的就是天，天就是天理，然而這個天理卻「純是一團虛靈之氣」，流行於人與物之間，不但生人生物是氣，就算主宰的理層也是一團氣，字面上看起來，幾乎是與「氣本論」無異了。如果我們沒有進一步地詳細推究，相信就會逕自將梨洲歸為「氣一元論」者，可見他的思想歸趨一直是在理、氣的「一元」與「二元」中游移的。一方面從朱子以來的傳統就是理氣二元，甚至到他的老師蕺山身上，即便理在氣中，二者還是有基本上的差異，恪遵師說的梨洲並沒有理由反對這種理、氣「不離又不雜」的客觀界定。另一方面從蕺山以來，思想上的一股重「氣」傾向，藉以導正王學末流的「玄虛而蕩」、「情識而肆」，已經漸次浮上檯面，梨洲不可能不嗅到這種時代趨向。因著傳統，也因著時代風尚，更由於其師蕺山的思想啟發，所以梨洲的理氣觀顯現出來的是一種看似重「氣」，事實上又對「理」對「心性」抱持著一定的尊重，不忍割捨撇棄的維護傳統態度，看似矛盾，卻有他不得不然的時代考量。相較於其師蕺山的標舉「慎獨」高談「誠意」，梨洲的心學色彩明顯黯淡了許多，但他有關心、性的思維並沒有因之而減少，有關具體實學在他思想體系中卻更佔有相當份量，這是一個明、清之際思想發生劇變的時代，從蕺

〔註18〕《劉宗周全集》第五冊，補遺六，《孟子師說》卷四，〈人之所以異章〉，頁602。
〔註19〕《劉宗周全集》第五冊，補遺六，《孟子師說》卷五，〈堯以天下與舜章〉，頁616。

山的「宋明理學殿軍」到梨洲的「經世思想家」，師生之間確有許多思想的傳承或轉變的痕跡，這在《孟子師說》中明顯可見。

對於理、氣，梨洲有側重「氣」的傾向，而對於心、性，他的看法又是如何？是否仍是依循蕺山路數，仍然維護心學的傳統呢？梨洲在〈鈞是人也章〉明顯表達了他對心的定義：

> 耳主於聽，目主於視，皆不離事上。心以思爲體，思以知爲體，知以虛靈爲體，不著於事，爲發於本體之自然，而未嘗有所動者，所謂照心也。「先立」者，立此而已。世人之心，離了事物，更無泊處，只得徇於耳目。耳目非小，徇事物則小矣。

> 「此天之所與我」者，與湯誥之「惟皇降衷」，劉康公之「民受天地之中以生」，皆謂此心也。集註以耳目心三者，爲天之所與，失之矣。〔註20〕

這是梨洲用來解釋《孟子》〈告子上篇〉中公都子「鈞是人也，或爲大人，或爲小人，何也？」之問，而孟子則答以：「從其大體爲大人，從其小體爲小人。」、「耳目之官不思，而蔽於物；物交物，則引之而已矣。心之官則思，思則得之，不思則不得也。」這一段文獻所使用的思考呈現。在梨洲看來，孟子所舉的「耳目之官」和「心之官」是相對的倒反，耳目主於視聽，必須呈現在具體的事物上；而心卻是一種所謂的「照心」，以思爲體，以知爲體，再以虛靈爲體，其實虛靈又何嘗有體？它已經超越具體物象而到達「本體」的階段了。而這心更是個不離氣而存在的超越的本心，它雖然超越，但是「離了事物，更無泊處」，再一次重複如同理、氣之間「不離又不雜」的那種密切的互成關係。耳、目是「形色，天性也」（《孟子·盡心上》），是天性之「理」的具體呈現，更是主體接觸外在事物的重要管道，其實並不見得就是「小體」。只是當耳目「不思而蔽於物」，「物交物，則引之而已矣」，被外物所引誘而去時，它不但失卻了彰顯道的主體性，更成了阻礙道德發展的「小體」，關鍵就在耳目容易被外物所誘，有不確定性的風險。

耳目雖然也能顯現天性，畢竟在本質上跟「心」不同，只有心是純粹來自於天的，雖不離事物卻又不著於事物，應事接物而「本體」未嘗有動，是「天之所與我」者。稱爲「照心」，一方面有「覺照」的意義，一方面更能顯

〔註20〕《劉宗周全集》第五冊，補遺六，《孟子師說》卷六，〈鈞是人也章〉，頁 636～637。

現出其雖出於「氣」，卻不爲萬物所囿限的超越性，在相當的程度上是與蕺山所稱述的「心」有著相似之處的。「心」既是超越的又是天之所與我的，就跟「性」有極大相通之處了，正如同心體、性體在蕺山看來是同體的一樣，梨洲所強調心的「超越性」正是最大的關鍵。《尚書》〈湯誥〉上說「惟皇降衷」，《左傳》上劉康公說「民受天地之中以生」，這些都是在強調「心」的超越性，然而大體和小體之別，讓心和耳目之間做出了區隔，至少梨洲是這麼認爲的。

　　但在朱子的《集註》上，卻將心與耳、目三者都冠上了不同層次的定位，所謂：「此三者，皆天之所以與我者，而心爲大。若能有以立之，則事無不思，而耳目之欲不能奪之矣，此所以爲大人也。」〔註21〕在朱註的觀念中，是認爲：耳、目、心皆源於天之所命，而心最爲大。先立心後，縱使耳目有欲也不能奪之，而大人之「大」即所以源於此。然對梨洲來說，只有「心」具備源之於天的超越性，其餘「耳、目」並不如此，即使「耳目非小，徇事物則小矣」，這種不可靠，容易徇於外物的變動性，是無論如何都不可能和道德主體的「心」相提並論的。在此，梨洲用「失之矣」這類完全否定的語氣來用力批判朱註之非，對於當時「此亦一述朱，彼亦一述朱」〔註22〕陳陳相因的學術風氣來說，是相當少見的。然而此一借釋孟以反朱的作法在《孟子師說》卻是屢見不鮮的，這現象相當值得注意。〔註23〕

　　並且，在「心」的超越性上，有一段文字更能凸顯其爲價值源頭之所在，梨洲在〈不失赤子之心章〉中如此解心：

> 赤子之心，只知一箇父母，其視聽言動，與心爲一。視聽言動在此，心便在此，無有外來攪和，雖一無所知，一無所能，卻是知能本然之體。逮其後來，世故日深，將習俗之知能，換了本然之知能，便失赤子之心。大人無所不知，無所不能，不過將本然之知能擴充至乎其極，其體仍然不動，故爲不失，猶夫子云：「知之爲知之，不知爲不知，是知也。」有知之，有不知，知之量也；以爲知之，以爲不知，知之體也。人以爲事事物物皆須講求，豈赤子之心所能包括？

〔註21〕朱熹：《四書集註》，〈孟子集註〉卷十一，〈告子章句上〉，朱子註語。
〔註22〕《劉宗周全集》第五冊，補遺六，《孟子師說》，〈題辭〉，頁531。
〔註23〕黃俊傑、古清美兩位先生均曾爲文對此問題進行了深入的探討，頗值得參考。詳見黃俊傑：〈黃宗羲對孟子心學的發揮〉、古清美：〈黃宗羲的《孟子師說》試探〉，二文皆收錄於林慶彰、蔣秋華主編：《明代經學國際研討會論文集》（臺北：中央研究院中國文哲研究所，1996）一書中。

　　不知赤子之心是個源頭，從源頭上講求事物，則千紫萬紅，總不離
根；若失卻源頭，只在事物上講求，則剪綵作花，終無生意。〔註24〕

孟子說：「大人者，不失其赤子之心者也。」〔註25〕所強調的是成德的君子，
絕對不可失卻初始赤子純真無偽的真心，因為這正是道德修養最基本的前
提。朱子的註上這麼說：「大人之心，通達萬變；赤子之心，則純一無偽而已。
然大人之所以為大人，正以其不為物誘，而有以全其純一無偽之本然；是以
擴而充之，則無所不知，無所不能，而極其大也。」〔註26〕大人之心從赤子
之心而來，看似矛盾，其實有它不得不然的道理在。梨洲針對此加以發揮，
從赤子最初的視、聽、言、動與心為一，所以才有知能本然之體；到了後來，
世故日深，漸失本然之知能，就失去了所謂的「赤子之心」。而真正的「大人」，
不過是將赤子原本「一無所知，一無所能」的知能本體擴充至極，終使自己
到達「無所不知，無所不能」的最高境界。而這其中最主要的關鍵就在於「心」，
尤其是赤子之心，是最高的超越本體，也是一切價值之所從出。

　　而當掌握了此心體之後，就如同「赤子之心」一樣，既是一無所知，一
無所能，但同時也是無所不知，無所不能的，這中間有一個飛躍的過程，重
點就在「有知之，有不知，知之量也；以為知之，以為不知，知之體也」此
一句上。如果我們從知或不知的現實數量來看，人心固然不可能無所不知；
但如果改由「以為」知之或「以為」不知的價值源頭來看，掌握了根源事實
上就已經擁有了一切知識的關鍵鑰匙，這已經不是「量」而是「質」的問題
了。更何況，此「心」並非指的經驗層的認知心而言，無所不知，無所不能，
所指稱的根本就是「萬物皆備於我矣」的價值內蘊，是從根柢上去認識萬事
萬物，物來心應，「總不離根」。如果斷然切去心、物之間的聯繫，只著眼於
外在的萬事萬物，則「剪綵作花，終無生意」。由此可以看出，唯有「心」才
是一切價值的根源，所有外物也需要經由它的接觸與認定始有價值可言，這
是一貫心學的精神取向，也是梨洲經由蕺山去認知陽明所產生的基本立場。
而這種「無所不知，無所不能」所產生的來源途徑，自然與朱子「求理於外」、
「今日格一物，明日又格一物」的求學方式大相逕庭，明顯可見的，梨洲所
謂的「若失卻源頭，只在事物上講求，則剪綵作花，終無生意」，完全是針對

〔註24〕　《劉宗周全集》第五冊，補遺六，《孟子師說》卷四，〈不失赤子之心章〉，頁
　　　　　599。
〔註25〕　《孟子》〈離婁下〉。
〔註26〕　朱熹：《四書集註》，〈孟子集註〉卷八，〈離婁章句下〉，朱子註語。

朱子而發的一種思想反動。

　　既然「心」同「性」一樣具有相當的超越性，則對於「心」，我們將如何識取與體認便成了一門重要的功課。關於此，梨洲也有其解套方式，他說：「滿腔子是惻隱之心，此意周流而無間斷，即未發之喜怒哀樂是也。遇有感觸，忽然迸出來，無內外之可言也。先儒言惻隱之有根源，未嘗不是，但不可言發者是情，存者是性耳。擴充之道，存養此心，使之周流不息，則發政施仁，無一非不忍人之心矣。」〔註27〕對孟子而言，惻隱、羞惡、辭讓、是非之心，就是所以證成「性善」的根據，但嚴格說來，惻隱只是一種「情」，是心之所發。而梨洲卻特意凸顯了「惻隱」的關鍵重要性，它不但佔滿於人心之中，周流而不間斷，更具備了超越而先在的性格。如同未發之喜、怒、哀、樂一樣，一旦「遇有感觸」，就會「忽然迸出來，無內外之可言也」，不分內外，沛然莫之能禦，讓我們無從忽略惻隱之心的影響力度。可以這麼說，「惻隱」已經可以被視為是超越的本心或本性的全幅朗現了，是道德發動的源頭，它既是情，也是心，更是性。如果要像朱子一樣，將性、情做出切割，稱所發是「情」，所存是「性」，這對梨洲是無法接受的，而這種對傳統朱學的顛覆，更讓我們聯想起他的老師蕺山，不也是將歷來被視為負面角色的「意」，解為「心之所存，非所發」嗎？

　　從情到心，再由心到性，梨洲皆不認同可以用「體用」的關係來做切割與分析的：

> 先儒之言性情者，大略性是體，情是用；性是靜，情是動；性是未發，情是已發。程子曰：「人生而靜以上不容說。纔說性時，他已不是性也。」則性是一件懸空之物。其實孟子之言，明白顯易，因惻隱、羞惡、恭敬、是非之發，而名之為仁、義、禮、智，離情無以見性，仁、義、禮、智是後起之名，故曰「仁、義、禮、智根於心」。若惻隱、羞惡、恭敬、是非之先，另有源頭為仁、義、禮、智，則當云心根於仁、義、禮、智矣。是故性情二字分析不得，此理氣合一之說也。體則情性皆體，用則情性皆用，以至動靜已未發皆然。〔註28〕

傳統程朱以來的價值觀就是認為：性與情之間可以用體用、動靜、未發已

〔註27〕　《劉宗周全集》第五冊，補遺六，《孟子師說》卷二，〈人皆有不忍人之心章〉，頁554。

〔註28〕　《劉宗周全集》第五冊，補遺六，《孟子師說》卷六，〈公都子問性章〉，頁629～630。

發……等等相對的範疇來加以界定，甚至從理氣的觀點來看，性是理，情是氣，而這種區分的規格對梨洲來說是無法接受的。基本上，梨洲反對理、氣分立，理不在氣之外，它就在氣中，二者是「既不離又不雜」的交融關係。相對於理、氣的密切互動，性與心（或情）的關係也是如此，既然理不能從氣外求，抽象的「性」也不可能在「情」之外。誠如程子所言：「人生而靜以上不容說。纔說性時，他已不是性也。」性只是一種「不容說」的玄虛之物，孟子因心見性，而心亦不過是惻隱、羞惡、恭敬、是非之「情」的展現而已，正因為有此「情」此「心」，才有仁、義、禮、智之善「性」的進一步被肯認。為了正視並反對朱子「理在氣先」特別強調形上超越層的論點，梨洲甚至不惜提出了「仁、義、禮、智是後起之名」的說法，其實哪有什麼誰先誰後的問題，根本就是即「情」即「心」即「性」的一體三面向罷了，基本上「心」才是一切價值的源頭，而梨洲心學的立場於此便昭昭可見。

所以最後他又下了一個總結：「是故性情二字分析不得，此理氣合一之說也。體則情性皆體，用則情性皆用，以至動靜已未發皆然。」既是性、情分析不得，性、心之間當然也就同理無法可分，即性即情，即情即心，即體即用，即動即靜，即已發即未發，這種對立的統一觀點甚至可以追溯到他向來持守的「理氣合一」之說，難怪吳光要將梨洲的孟子學逕稱之為「理氣心性統一論」。吳先生說：

> 但劉宗周在其著作中儘管無數次地討論過理氣、心性關係，但沒有建立心性理氣統一論。這或許在黃宗羲看來是美中不足，於是特著《孟子師說》以追述師說，而實際上是在發展師說了。這突出地表現在該書〈浩然章〉。…………在這裏，黃宗羲論述了氣、理、心、性的複雜關係。他認為，氣是最根本的，萬物皆由氣變化而生；理是氣的運動變化（流行）的規律（序）的體現，它不能離了氣而獨立存在；人的形體也是由氣變化來的，人的生命本體（心）是一種特殊的、包含著知覺的氣，而在這心內流行著的「理」（條理）就是性，性包含著自然秉性（血氣）和道德修養（義理）兩個方面，它不能離開生命本體（心）而獨立存在，但又對生命本體的流行方向起著規定（主宰）作用。由此可見，當黃宗羲討論心性與理氣的關係問題時，他是心性理氣統一論者。〔註29〕

〔註29〕吳光：〈黃宗羲與清代學術〉，收錄於氏著：《儒道論述》一書，頁207～235。

說實在，吳氏的發現具有相當的文獻根據與原創性，一些後代學者甚至就直接承續這種「內在一元」的思路來認知並描述梨洲的孟子學，如黃俊傑先生就是一個最富代表性的例子，〔註30〕可見這一說法在學術界幾乎已經成了共識。問題是既名之爲「師說」，除了發展，必然有它思想繼承的成分在，同樣在心性之學的大纛之下，蕺山爲求強調客觀性的救治而有「重氣」的傾向，這種思想衍生到梨洲身上更是不遑多讓，「氣」已然被視爲萬物演變發展的最基本質素。再者，從陽明思想的辯證因素接續而來，蕺山把這對立而統一的「合一觀」推展到方方面面，幾乎是一種淋漓盡致的地步，也因此把自己推上了「宋明理學殿軍」的高峰。接踵而至的梨洲，遂搭上了這班順風車，甚而更上層樓地，終致統一了心、性和理、氣，一方面穩住了心學的步履，一方面也爲其實學理論鋪路。若專就這兩點來說，蕺山思想在其中，實際上扮演了極爲重要的啓迪與誘導角色，絕對不可等閒視之。

（二）實學思潮意義下的梨洲

中國學術的發展，依一般學界的認知，是「宋明理學」之後發展爲明末清初的「經世致用」之學（又稱爲實學），再由實學進入到清代中期的「訓詁考據」之學。一個有趣的現象是，師生之間一脈相承，蕺山談心論性，高舉「慎獨」、「誠意」之說，將心性之學發展到無以復加的超高境界，單就這點來說，稱他爲「宋明理學殿軍」是一點也不爲過的事。又到了他的學生黃梨洲身上，從《孟子師說》裏的點點滴滴來看，雖然並不至於亦步亦趨地完全遵循師說，在某些特定的問題焦點上，梨洲也有他相當程度的突破和發展。但這對他維護傳統的心學立場於不墜是不致造成威脅的，難怪劉述先先生也要稱他爲「理學殿軍」來製造一個「雙胞事件」，因爲在「心性之學」的理論格局上，似乎這一對師生是可以分庭抗禮的。然而殊不知在「實學」這塊領域上，梨洲所浸染的色彩絕對要比他的老師「青出於藍，而更勝於藍」。即便研究「實學」甚力的葛榮晉先生，在其《中國實學文化導論》一書中有意將蕺山與梨洲這一對師生並列而論，〔註31〕這在我們看來，就有點過度解釋了。

（臺北：東大圖書股份有限公司，1994）

〔註30〕詳情讀者可參閱黃俊傑：〈黃宗羲對孟子心學的發揮〉一文，收錄於林慶彰、蔣秋華主編：《明代經學國際研討會論文集》，頁 199～231。

〔註31〕詳參葛榮晉：《中國實學文化導論》（北京：中共中央黨校出版社，2003），第十章〈晚明王學的分化與氣實體論的發展〉，其第三節部分即命名爲「劉宗周、黃宗羲的『盈天地間一氣』的思想」，似乎有意將「實學」納入他們師生的傳

畢竟心學的精神取向即使有朝「客觀性」推移的時代需求，也不能跟實學直接劃上等號，因為它們二者的訴求內容原本就不是同質的。

那到底「實學」具有何種學術性質，特別是明清的實學跟「宋明理學」的差別處到底何在？它們是相互牴觸的兩個不同個體嗎？關於此點，葛榮晉先生也有其一番相當持平之論：

> 由此，我們可以說，中國實學思想既是對宋明理學的經世傳統及其蘊涵的實學思想的繼承，同時又是對它特別是理學末流的空談心性之學的否定。中國實學來源於宋明理學而又對立於宋明理學，既是「接著講」，又是「對著講」。宋明理學是中國實學思想賴以產生和發展的重要的思想文化來源之一。把理學與實學完全等同起來固然不妥，但是否認它們之間的內在思想聯繫也不符合客觀實際。只有從對立統一的角度去認識與把握理學與實學的關係，才符合中國實學發展的歷史實際。〔註32〕

按照葛氏的說法，實學從理學「虛、實二重性」中的「實」這一面發展而來，它們之間既有繼承又有對立，這是純粹從內在思想的角度來看。若要由外在的格局規模去切入，我們也就會產生像王家儉先生那樣的理解：

> 就在同一時期之內，明代的學術思想也跟著產生一項引人注目的發展。向來以國計民生為終極關懷的知識份子，眼看著王學末流的日趨空虛，甚者流為狂禪。深感惟有扭轉此一偏頗的傾向，重建一種新的學風，方能挽救當前國家所面臨的困境。於是他們遂不約而同地從事於各種倡導實學的活動：或者著書立說，或者奔走呼號，或者留心於科學工藝，因之風氣日開，逐漸蔚為一股新的思潮，也即是實學思潮。
>
> 不過，在晚明學人的著述之中，對於實學卻沒有一個明確的定義，而所涉及的範圍也相當地遼闊，上自天文地理，下至國計民生，幾乎包羅萬象。可是在他們的言論裏，我們仍可歸納幾點共同的特色，那就是：反玄學、重實用，黜性理、崇功利。實際上即是針對明末時期玄學思想的一大反動。〔註33〕

承內容之中，這一點筆者認為有進一步商榷的必要。

〔註32〕 葛榮晉：《中國實學文化導論》，第一章〈中國實學引論〉，頁19～20。
〔註33〕 王家儉：〈晚明的實學思潮〉，刊於《漢學研究》第7卷，第2期，頁279～302。

二者的說法雖然表面看似矛盾，卻在某個程度上有相當的一致性，即在「理學」和「實學」之間實際上維持著一種「藕斷絲連」的微妙關係。要說它「斷」，實學確實也是承理學（尤其是心學）之弊而興起的學術思潮，上自天文地理，下至國計民生，包羅萬象，一切皆以「實用」為鵠的，又豈是之前理學的「理氣」、「道器」、「體用」、「已發未發」甚至是「心性」、「人心道心」等等的重要議題所能囊括的，所以若單從表面上看，實學幾乎可以說是「明末玄學思想的一大反動」。但任何一個思潮絕對不可能毫無憑藉，無自而起，外在的動因固然重要，內在的依附條件也絕不可無，正如同余英時先生所提出的「內在理路」說〔註34〕一樣，不可否認，儒家思想一以貫之，無不以承體達用為最終目標，在理論上固然有「虛」的一面，在理想和實際建構上絕對不乏「實」的一面，明清實學是如此，宋明理學亦莫不然。更何況我們又怎能以末流的「玄學」弊端來概括「理學」的所有內涵呢？因此，從這個角度來看理學到實學的過渡，除了「對著講」，更有「接著講」的理解線索可循。

　　所謂的「接著講」，是指「理學」的經常性議題到了「實學」就產生了一些本質上的改變，而這些發展主要又是環繞著重視「客觀性」（也就是與「虛」相對的「實」）這個訴求主軸來進行的。我們若拿梨洲思想做探樣，即可以明顯看出這一點特色，特別是他的「理氣說」，從蕺山承襲而來卻又比蕺山更具有獨立性，甚至還進一步聯繫到「天道觀」、「人性論」、「工夫論」等等個別論點上。對蕺山來說，理氣的關係是以「氣」為首出的切入點，理在氣中，二者分不得孰先孰後，這樣一來，不但推翻了朱子以來「理先氣後」的思辨性定位，更為他向來所採行的「合一觀」做出一貫性的合理安排，即氣即理，理氣合一。而「氣」的先發則又提供了他思想中「客觀性」的發展向度，為要彌補一般陽明後學「玄虛而蕩」、「情識而肆」，因過度任心而行所造成的主觀缺失。可以這麼說，「理氣」這一塊對蕺山而言只具有「補偏救弊」的工具性功能，他的思想主軸基本上還是放在「內聖」的心性之學方面。所以，即便蕺山的「合一觀」是成就他「宋明理學殿軍」角色的最大推力之一，但其「理氣」與「心性」的各自合一卻是有緩急輕重之別的，「心性」的合一遠在於「理氣」合一之上，也就是「氣」對蕺山來說不見得有獨立價值的。

　　然而這對黃梨洲就不只是如此了，時代需要造成「實學」風潮的發生與

〔註34〕參閱余英時：〈清代思想史的一個新解釋〉一文，刊載於《歷史與思想》，頁121～156。（臺北：聯經出版事業公司，2001）

向前推展，不但思想上有「客觀性」的要求，在知識上更有「實用性」、「系統化」、「制度化」甚至「改革性」的經世之學趨向，這就爲什麼吳光先生要說：「劉宗周在其著作中儘管無數次地討論過理氣、心性關係，但沒有建立心性理氣統一論。這或許在黃宗羲看來是美中不足，於是特著《孟子師說》以追述師說，而實際上是在發展師說了。」〔註35〕梨洲繼承師說又進一步發展師說，可以看做是從「宋明理學」推向「明清實學」前進的一個具體事例。理論上，是「心性」、「理氣」的各自相對「合一」，進展到所謂的「心性理氣統一論」，「氣」不但有獨立的空間，它還可以與傳統價值的「心」、「性」、「理」平起平坐，所以即使梨洲也強調「一本萬殊」的道理，這「一本」除了是「心」，也可以用「氣」來代替。「氣」的地位被推展到一個極致，甚至會讓我們誤以爲梨洲根本就是一個「氣本論」者，如他把「氣」視爲宇宙萬物的本源，就很容易讓我們產生這種錯覺。

從「通天地，亙古今，無非一氣而已。」（〈太極圖講義〉）到「草木之榮枯，寒暑之運行，地理之剛柔，象緯之順逆，人物之生化，夫孰使之哉？皆氣之自爲主宰也。」（《明儒學案》卷三《崇仁學案》三〈魏校傳〉）再到「四時行，百物生，其間主宰謂之天。所謂主宰者，純是一團虛靈之氣，流行於人物。」（《孟子師說》卷五），在在說明了「氣」是第一序的價值之所從出，也是創生宇宙萬有的最初根源。這不僅和程朱的「理本」劃清了界限，更與陸王的「心本」做出了區隔，如果我們就不再細加追究他的學術系譜，直接望文生義，就很容易產生「氣本」的結論，而這也正是爲什麼梨洲給人家的印象會從「理學家」直接跳到「經世思想家」的最大原因之所在了。因爲「氣」在他的思想內涵中，已然由工具轉變爲主體，而且還可以和外在的客觀世界相互接軌，這無疑是葛榮晉先生所謂「理學」到「實學」間，可以「接著講」也可以「對著講」，一體有兩面的一種具體說法了。

若再從「對著講」這一面而言，梨洲的學術規模其實是有異於其師蕺山甚至傳統理學的地方，對於這一點，全祖望（學者稱謝山先生，1705～1755）曾經明白指出道：

> 公（按：指梨洲）謂明人講學，襲語錄之糟粕，不以六經爲根柢，束書而從事於遊談，故受業者必先窮經。經術所以經世，方不爲迂腐之學，故兼令讀書史。又謂讀書不多，無以證斯理之變化，多而

〔註35〕詳見吳光：〈黃宗羲與清代學術〉，收錄於氏著：《儒道論述》一書，頁219。

> 不求於心，則爲俗學。公以濂洛之統，綜會諸家，橫渠之禮教，康
> 節之數學，東萊之文獻，艮齋止齋之經制，水心之文章，莫不旁推
> 交通，連珠合璧，自來儒林所未有作也。〔註36〕

梨洲一方面推崇明人的理學，所謂「牛毛繭絲，無不辨晰，眞能發先儒之所
未發。」〔註37〕另一方面也批判這種束書遊談，沒有根柢的口耳之學所造成
的缺失，爲了避免迂腐，他用經術應世的方法來加以解決。「謂讀書不多，無
以證斯理之變化，多而不求於心，則爲俗學」，巧妙地將「尊德性」與「道問
學」融合爲一，想藉此來泯除「理學」和「心學」間長期以來的理論隔閡，
用心不可不謂之良苦。尤其是他綜會諸家的氣魄，「橫渠之禮教，康節之數學，
東萊之文獻，艮齋止齋之經制，水心之文章，莫不旁推交通，連珠合璧」，其
規模氣勢，已經不是一般傳於統談心論性的理學家所能規範得了的。「自來儒
林所未有作也」，除了表示謝山對梨洲的一種推崇備至外，更顯出梨洲學術格
局的與眾不同，特別是在經史之學這塊領域上。

　　不但全祖望從客觀的角度上做出如此的評介，梨洲本人也有相同的自覺
與自我期許，並對當時的理學末流提出了批判：

> 儒者之學，經緯天地，而後世乃以語錄爲究竟；僅附答問一二條於
> 伊洛門下，便廁儒者之列，假其名以欺世也。治財賦者，則目爲聚
> 斂；開閫扞邊者，則目爲麤才；讀書作文者，則目爲玩物喪志；留
> 心政事者，則目爲俗吏。徒以生民立極，天地立心，萬世立太平之
> 闊論，鈐束天下。一旦有大夫之憂，當報國之日，則蒙然張口，如
> 坐雲霧。世道以是潦倒泥腐，遂使尚論者以爲立功建業，則是法門，
> 而非常儒者之所與也。〔註38〕

誠如葛榮晉先生所言，自來儒家思想就兼有「實」和「虛」兩個部分，二者
相輔相成，才有可能促使理論與實際，個人內在修養以及外在處世應務的同
時並進，缺一不可，更不能偏廢。然而到了後來，理學發展到極致，卻一味
走向偏鋒，口口聲聲「爲天地立心，爲生民立命，爲往聖繼絕學，爲萬世開
太平」（張載語），胸懷大志，但對於具體的從政能力卻是茫無所知，甚有貶
爲負面意義者。「治財賦者，則目爲聚斂；開閫扞邊者，則目爲麤才；讀書作

〔註36〕全祖望：《鮚埼亭集》卷十一，〈梨洲先生神道碑文〉。
〔註37〕黃宗羲：《明儒學案》，〈發凡〉，頁14。
〔註38〕黃宗羲：《南雷文定》後集，卷三，〈牟玉吾君墓誌銘〉。

文者，則目爲玩物喪志；留心政事者，則目爲俗吏」，一旦國家有難，則又「蒙然張口，如坐雲霧」，這和顏習齋（名元，號習齋，1635～1704）所嘲笑的宋明儒無能醜態「無事袖手談心性，臨危一死報君王」（《存性編》卷一）又有何差別？所以當有了這樣的自覺，梨洲就不會再滿足於那種「以語錄爲究竟」的理學末流，反倒是特別留心「治財賦」、「開闔扦邊」、「讀書作文」等等具體的政務操作，在實、虛的對立之後，另有一番新的開拓。所謂「上自天文地理，下至國計民生，幾乎包羅萬象」的「反玄學、重實用，黜性理、崇功利」的種種訴求，一言以蔽之，就是時代需求造就下的一股「經世學風」，而這些「實學」內容絕對不是蕺山以心性爲思想主軸的「理學」所能範圍並統括之的。

既然如此，我們就可以知道，梨洲除了在理學層面承繼其師蕺山的心學立場，是個陽明學派的思想傳人之外，他的學術成就更多表現在符合時代精神的「實學」（或稱「經世致用」之學）的內容上。可以這麼說，蕺山是個政治人物，在學術界的身分是思想家，理學的集大成者，所謂「宋明理學的殿軍」；相較而言，梨洲雖然實際從事政治活動的時間不長，但在學界的身分認定上卻是較多元的，他不僅是哲學家、文學家、史學家，更是個政治思想理論家和自然科學理論家。如此多元的身分源自於他長期從事著書講學的活動，一方面也是他的現實感特別強，學術觸角特別廣所致。如果我們把它的一生分爲兩個階段，前期可以一六五三年，也就是魯王監國八年或清順治十年爲底線，基本上他一面讀書一面也參加了實際的抗清行動。等到這一年（時年四十四歲）浙東抗清徹底失敗後，他才完全死心，幡然改悟，投入於或講學授徒或著書立說的學術報國行列中，一直到他高齡八十六歲過世，將近四十三年的人生精華盡瘁於此，難怪能取得那麼多的學術成就。

其中最爲人所注目的，也最能彰顯梨洲的「實學」家角色的，應該非其政治學與史學上的表現莫屬，〔註39〕而在政治思想方面最爲人所津津樂道

〔註39〕吳光先生認爲，梨洲的學術成就，主要表現在三大方面：一是「他在《留書》和《明夷待訪錄》中，提出了一個系統批判封建專制制度，實行社會改革的具有民主啓蒙性質的政治思想綱領」，二是「他通過孜孜不倦的著書活動，爲保存歷史文化遺產、豐富中國史學理論作出了重要貢獻」，三是「在哲學上，他沿著劉宗周批判理學、修正心學的路子，創立了『理氣心性』相統一的世界觀和以『一本萬殊』爲指導、以『會眾合一』爲方法的哲學史觀，從而爲批判地繼承中國哲學遺產開拓了新路。」（吳光：〈黃宗羲與清代學術〉，收錄於氏著：《儒道論述》一書，頁207～235）就第三點來講，當然是他承繼自蕺

的，莫過於《明夷待訪錄》一書了。其實，根據吳光先生的考證結果，《明夷待訪錄》是在《留書》的基礎上擴充改寫而成的，〔註40〕其寫作目的就是要藉著總結明亡的歷史教訓，來爲後代留下治國的參考寶典，甚至具體設計出未來社會的藍圖，且無論是《留書》還是《明夷待訪錄》，都對明代的政治制度，提出了毫不留情的批評。尤其我們都知道：自從明成祖誅胡惟庸廢相權後，皇權由於缺乏適當的制衡，遂使得明代的君主極權幾乎到達歷朝歷代以來的最高峰，梨洲便對這個問題提出了深刻的反省，具有相當高的歷史前瞻性。如他在《留書》上還意有所指地說道：「自三代以後，亂天下者無如夷狄矣！」（〈封建〉）但夷狄爲何會亂天下，是因爲廢除了封建，廢封建則是中央集權的前奏曲，時代的針對性隱約可見。到了《明夷待訪錄》則是大鳴大放，火力全開，直接針對君主專制對人民所造成的傷害下手，甚而語出驚人，第一次喊出了「爲天下之大害者，君而已矣」的革命性口號，可說是發人所未發，言人所不敢言的。

　　林師聰舜對《明夷待訪錄》的政治革命精神，就曾有一段相當具有代表性的概括與分析，成爲我們瞭解它的最方便指引：

> 全書的基本精神主要懷繞著「以人民爲本位」的反專制理念而展開，文中經常透過古與今的對比，批判專制政體中不合理的現象，提出很多具有突破性的見解，諸如：一、公然以人民能夠自私自利爲政治理想，認爲「向使無君，人各得自私也，人各得自利也。」亦即不容許統治者利用任何道德性的藉口，抹殺人民自然的欲望要求。二、以專制政體的統治者爲屠毒（按：應爲「荼毒」）萬民的劊子手，對專制政體的合理性提出嚴屬挑戰。原君謂：「凡天下之無地而得安寧者，爲君也。是以其未得之也，屠毒天下肝腦，離散天下之子女，以博我一人之產業，曾不慘然。……其既得之也；敲剝天下之骨髓，離散天下之子女，以奉我一人之淫樂，視爲當然。……然則爲天下之大害者，君而已矣。」〔註41〕

　　山而有所發展的「理學家」本色，至於他的一、二兩點，則明顯展露出梨洲理學家之外的「實學」精神了。

〔註40〕詳見吳光：〈黃宗羲與清代學術〉，收錄於氏著：《儒道論述》一書，頁210～211。

〔註41〕林師聰舜：〈劉蕺山與黃梨洲——從「理學殿軍」到「經世思想家」〉，收錄於《晚明思潮與社會變動》一書中，頁201。

以上兩點是就專制君權的無限坐大，以致影響或排擠到一般百姓的生存權所做下的批判，主要由〈原君〉一篇出發爲討論內容。接下來又從「法」的角度來看君臣之間的關係：

> 三、認爲專制帝王所立的法，屬於壓榨人民的一家之法，故判爲「非法之法」；主張革除此一私心自用的法，代之以公天下的法。由此原則出發，不難接受近代法治中由人民立法的觀念。所以這種公天下的立法精神，以及將制度的重要性置於人才之上的「有治法而後有治人」的主張，拉近了儒學傳統與近代法治的距離。四、認爲君臣關係是暫時且有條件的，絕不同於「固不可變」的父子關係，劃清了政治倫理與親情倫理的界線，徹底打破君尊臣卑的理論基礎，鼓舞人們向專制帝王挑戰的勇氣。五、主張「工商皆本」，爲新興的工商業提供理論根據。〔註42〕

總之，在梨洲爲未來社會所設計的藍圖之中，人民的需要和聲音是被尊重的，政治的主體從君主轉移到人民的身上，孟子以來「民貴君輕」的民本精神被發揮到淋漓盡致的地步，所以有「天下（人民）爲主，君爲客」（〈原君〉）的說法，對一向專制的政治傳統不啻是一種石破天驚的痛擊；而在君臣關係上，他更去除了「主僕」的既定思考模式，用「朋友」之交的原則，提出所謂「君與臣，共曳木之人」（〈原臣〉）的平等主張，試圖顛覆長期以來的角色設定。歸根究柢，梨洲的政治理念是要求平等共治的，且要借助客觀的「法」來保障它運作的正當性並能行之久遠。就「平等」來說，「貴不在朝廷，賤不在草莽」（〈原法〉），在政治上只要是主體就應該被一視同仁，沒有天生的貴賤差別；再就人的自然「欲望」來說，理應用天下之「公法」來替代君主一家之「私法」，用以保障「人各得自私自利」（〈原君〉）的合理需求。在分權的前提上，梨洲還進一步主張由宰相和政事堂共治天下，以避免行政權的壟斷（〈原相〉）；甚至當遇到有所爭議無法解決，還可「公其是非於學校」（〈學校〉），以訴諸公斷，凡此總總，都可約略看出現代議會政治在梨洲政治思想中的萌芽，並「反映了黃宗羲政治思想的民主主義傾向」〔註43〕。

　　附帶值得一提的是，除政治思想外，梨洲在《明夷待訪錄》中也提到了

〔註42〕林師聰舜：〈劉蕺山與黃梨洲——從「理學殿軍」到「經世思想家」〉，收錄於《晚明思潮與社會變動》一書中，頁201～202。

〔註43〕吳光：〈黃宗羲與清代學術〉，收錄於氏著：《儒道論述》一書，頁212。

一個較爲特殊的經濟主張，那就是「工商皆本」（〈財計三〉）的新時代進步思想。從漢代鼂錯的〈論貴粟疏〉以來，傳統讀書人「重農抑商」的觀點已經根深蒂固，牢不可破，很少有人特別去注意工商業的重要性，並給它合理的定位。特別是明代中晚期以來，商品經濟日漸發達，工商業也逐步興起，商人地位擡頭，「經濟」已成爲刻不容緩、絕不容忽視的一個新興議題。而梨洲和他的老師蕺山的一個最大的不同處就在於，當蕺山這位「宋明理學殿軍」還在嘗試著一般傳統儒者慣用的模式，試圖用道德來解決政治問題，認爲政治、社會不清明原因總出在人心上，特別是身爲一國之君的道德有瑕疵，才會造成總總後續的實際亂象時，梨洲卻能出乎其上，針對現實問題深入思考，就政治論政治，再就經濟論經濟，絕對不會無限誇張道德的功效，模糊了「內聖」與「外王」的區隔界線。這就是梨洲這位「經世思想家」，不能只是用傳統理學家的稱號名之的最大原因所在。

　　魚宏亮先生曾經用「實學」（經世之學）的角度來探討《明夷待訪錄》中的政治與經濟思想，而做出了如下的結論可供參考：

> 綜上所述，我認爲《明夷待訪錄》正是黃宗羲晚明從事反對閹黨和
> 清初從事反清鬥爭中所累積的政治經濟的總結，他完全站在明朝的
> 立場上來總結當時政治舉措的得失，他本人堅持了不仕清朝的政治
> 立場，堅守了遺民的身分。黃宗羲在書中處處都以「今」、「我朝」、
> 「有清」來指代所處時代，因此他的《明夷待訪錄》是一部爲了挽
> 救明朝、反對清朝而作的政治策略著作。南明的反清鬥爭失敗後，
> 其著作之目的則在於「期之於後王」，等待天下進入「治世」後有王
> 者起而用之。而其中提出的政治方案也是基於對晚明政治問題的反
> 思而發的，其範圍不出於儒家傳統的「重民」和「民本」思想。所
> 以《明夷待訪錄》並沒有爲我們提供啓蒙話語，也很難說其與工商
> 階層甚至資本主義萌芽有關。這是我們在認識明清之際經世之學的
> 思想實質時應當注意到的。〔註44〕

到底《明夷待訪錄》中有沒有「啓蒙話語」或是「資本主義的萌芽」，至今似乎還沒有定論，然而梨洲的實學精神卻在此表露無遺。他親自參與了這個劇烈變動的大時代，並且從實際的政治鬥爭中獲取心得，對現象加以深入反思，

〔註44〕魚宏亮：《知識與救世：明清之際經世之學研究》，第六章〈實踐與影響〉，第二節〈啓蒙的限度：以黃宗羲爲例〉，頁218。（北京：北京大學出版社，2008）

以求「期之於後王」，這是有明確目標與相當針對性的。雖然誠如魚先生所說的，梨洲的政治精神基本上並不脫儒家傳統的「重民」或「民本」思想取向，也可以說只是孟子政治主張的一種老調重彈罷了。但魚氏沒注意到的是，經過了一兩千年的沉埋，即便孟子的「民貴君輕」只是「民本」而非西方真正政治精髓的「民主」，在一個接著一個專制帝王的淫威之下，若不是「無欲則剛」，不求祿位，抱著良心說誠實話，又有誰敢讓孟子學說「借屍還魂」，徹底打破長期以來君尊臣卑的既定價值觀，鼓勵人們向高高在上的專制帝王下戰帖。甚至在經濟上突破「以農立國」的單向思維，用「工商皆本」的聳動標題，為大時代鋪上了全體動員以顛覆傳統生產關係的嶄新跑道。凡此種種，都是在傳統理學框架下所看不見的，它絕對是一個大突破，是使中國邁向近代世界的一大突破，當然不再僅限於「內聖」的心性之學而已，它更有「外王」方面的具體行政舉措，相較於蕺山內攝型的學術規模，這「外拓」的發展，是突破也是一種超越。

而若從「外王」的角度來看梨洲，我們會發現：他除了在政治思想的革新上頗有建樹外，舉凡文學、曆算、地理、水利……等方面也都有相當的成就，尤其為後世所津津樂道的，是他在史學方面的努力與造詣，凡此皆足以成就其經世「實學」上的地位。無怪乎全祖望會稱他是「自來儒林所未有作也」（〈梨洲先生神道碑文〉），因為在「理學家」之外，他更具有「經世思想家」的身分。吳光先生在總結梨洲一生的學術成就時，就曾將它歸結為三大部分：一是「政治思想」，二是「史學理論」，三是「哲學發展」。〔註45〕三者鼎立而論，可見經史之學在梨洲學術中佔有舉足輕重的重要地位。他不但發展了蕺山的「理學」，更從其《人譜》中得到「史學」精神的啟發，之後又經後學開拓成「浙東史學」，這一脈相承、不絕如縷的發展，梨洲可謂當中最重要的中繼站。當我們細數梨洲的史學著作：《明儒學案》、《宋元學案》、《明史案》、《續宋文鑑》、《元文抄》、《宋元文案》（今佚）等等，在保存前代的文獻史料上，他絕對是功不可沒的。中國古代學科分類的觀念並不清楚，文、史、哲不分家，梨洲用寫史的方式來完成學術鉅著（如：《明儒學案》）或保留古人詩文（如：《續宋文鑑》），在在展現出他對於「歷史文獻」的收集與整理方面的用心良苦與具體成績，「史」已不單純是史而已，其中有「哲」又有「文」，也相對成就了他在文學和思想界上的地位。

〔註45〕吳光：〈黃宗羲與清代學術〉，收錄於氏著：《儒道論述》一書，頁210～224。

　　梨洲不僅留下了爲數可觀的史學相關著作，他的史學理論更是突出，也因著這一系列的理論和原則，我們可稱之爲浙東史學派的創始掌門人而當之無愧。對於「史」的重視其來有自，梨洲是有家學淵源的，早年其父黃尊素就曾經叮囑過他「學者不可不通知史事」〔註 46〕，再加上他所尊崇的陽明心學有獨特的「五經亦史」的思想源流，〔註 47〕因此，年輕時的梨洲早就遍覽史籍，並且對歷史有一番新的認知。首先他強調歷史在學術研究上的重要性，他說：「學必原本於經術，而後不爲蹈虛；必正名於史籍，而後足以應物。」（全祖望〈甬上證人書院院記〉引）在這，經與史相輔相成，讀「經」是爲了彌補先前的蹈虛歪風，而讀「史」更能夠有一番「經世應務」的附加價值在。因而，歷史不再只是單純的歷史而已，「夫二十一史所載，凡經世之業，亦無不備矣。」（〈補歷代史表序〉）研讀歷史的價值，就在於它是所謂「經世之業」的發揮，藉由歷史經驗的教訓，來爲現實政治作服務。既然六經之道皆寓於古史之中，學者一方面可以研經，一方面也可以讀史，二者相互爲用，收效更大。

　　然而研經可以防時弊，成就只在消極面；讀史卻可進一步「經世應務」，從對古代「治亂之故」的總結上，提供鑑古以知今的積極效應。而這些主張的建立，並不只在理想的認知層面而已，梨洲確實有他自己親手操作所形成的理論歸結。「如他通過對漢唐棄史窮經的考察，證明其經學必流於章句之學；讀經忘史者亦必流於空談性命之學；通過對唐、宋歷朝宦官的考辨，證明『奄宦之禍』；通過對東漢太學的考察，證明他的『公其是非於學校』觀點的正確；通過《深衣考》，證明滿族強迫漢人『易服』之荒謬，借以喚起漢人的民族意識。」〔註 48〕值得注意的一點是，在經、史並排敘述比對之下，史

〔註 46〕徐定寶：《黃宗羲年表》，「崇禎四年，辛未（1631），二十二歲」條：「父冤既白之後，益肆力於學。昔父被逮時遺命：『學者不可不通知史事，可讀《獻徵錄》。』梨洲遂自明十三朝實錄，上遡廿一史，每日丹鉛一本，遲明而起，雞鳴方已，兩年而畢。」附於氏著：《黃宗羲評傳》，頁 335。（南京：南京大學出版社，2002）

〔註 47〕當學生徐愛問曰：「先儒問六經，以春秋爲史。史專記事，恐與五經事體終或稍異。」陽明當即回答說：「以事言謂之史，以道言謂之經。事即道，道即事。春秋亦經，五經亦史。易是包犧氏之史，書是堯、舜以下史，禮、樂是三代史；其事同，其道同，安有所謂異？」（《傳習錄》卷一）由此可見，章學誠的「六經皆史」並非一時的孤鳴獨發而已，而是有相當的歷史淵源的。

〔註 48〕萬榮晉：《中國實學文化導論》，第十四章〈清初的經世實學思想〉，頁 301。

的地位明顯高過於經，因為「經」或有可能流於章句之學，或有可能導向空談性命之弊，這些都是歷史上昭昭可見的事實呈現，唯有側重歷史，不但可以「借古喻今」，更有糾正偏鄙學風的調適功能。一方面也相對預告著，時代巨輪不斷地向前跑，「經」的階段性任務已經達成，現在是一「史」獨大的時代，甚至經也可以納入史的絕大範疇來進行考察。

正因為深入歷史，梨洲可以旁徵博引，左右逢源地形塑他的政治思想與原則，從古人的生活經驗中，資取未來的正確走向，這便是所謂「以史經世」的意義和具體作法。而在此原則之下，近代去古未遠，尤其宋、元、明三代便容易成為取資的對象，特別是前朝明代的政治背景與思想內容，更是身為後人的他極為關注的焦點。然而，藉由研究歷史來「經世應物」，是否過度流於功利導向，而不是真正的為學問而學問？針對這樣的質疑，梨洲倒是回應得相當理直氣壯：「道無定體，學貴適用。奈何今之人執一以為道，使學道與事功判為兩途？事功而不出於道，則機智用事而流於偽；道而不能達之事功，論其學則有，適於用則無。」（《黃梨洲文集》）學道與事功是不可判然分為兩途的，兩者更須相互為用，因為「道無定體，學貴適用」，儒家學問本就有「虛」、「實」兩個面向，梨洲在此便試圖將這二者統合為一，尤其更強調「事功」之「實」的一面以應時代變遷的潮流趨勢，如此才能達到所謂「真儒」的資格要求，而這也正是他藉政治學、史學等來「經世應務」的最重要價值訴求。

而梨洲的「史學經世」思想，除了有記取前朝歷史經驗，為當下的現實政治服務的功能性意義外，特別是，它還有「寓褒貶於史」的道德意涵，為梨洲的理學家傳承，藉由「揚善懲惡」的具體作法來得到進一步的彰顯。對於他來說，忠、奸不辨，善、惡不分，其社會責任應當歸咎於史，如果「為史而使亂臣賊子得志於天下，其不如無史之為愈也。」（《留書》〈史〉）基於這樣的認知，他有兩方面的作法：一是透過口誅筆伐使「亂臣賊子懼」：「大奸大惡將何所懲創乎？曰：苟其人之行事載之於史，傳之於後，使千載而下，人人欲加刃其頸，賤之為禽獸，是亦足矣！孟子所謂『亂臣賊子懼』，不須以地獄蛇足其後也。」（《破邪論》〈地獄〉）無須藉助宗教的力量，而是透過史書的記載來譴責那些大奸大惡之人的行事，這對向來重視死後千載名的傳統中國人來說，是具有相當嚇阻犯罪效用的。二是正面地表彰氣節，極力為歷史上的忠烈之士寫墓誌銘、行述、哀辭、傳記……等，讓他們的具體事蹟長留青史，更重要的是精神層面的作用，使這些「可歌可泣之精神長留天壤」（〈張

節母葉孺人墓誌銘〉），爲後人建立學習的行爲規範。在這一褒一貶之間，梨洲對歷史現實功能性的強調於此可見。

如此一來，「寓褒貶於史」便成爲梨洲治史的一項精神主軸，甚至還逐項做出了詳細的規定：「如認爲『列傳』體必須貫徹『善善惡惡』的原則，而『言行錄』雖然是『善善之意長』，但應當記載那些品德高潔、可奉爲後世楷模的人的言行（〈明名臣言行錄序〉）；認爲地方志與正史雖有不同，但都應寓以褒貶，所謂『史則美惡俱載，以示褒貶；志則存美而去惡，有褒而無貶，然其所去，是亦貶之之例也』（再辭張郡侯修志書）；認爲即使是碑銘，也應當寓以褒貶：『夫銘者，史之類也。史有褒貶。銘則應其子孫之請，不主褒貶，而其人行應銘法則銘之，其人行不應銘法則不銘，是亦褒貶寓於其間。』（與李杲堂陳介眉書）」〔註49〕總之，一切史事的纂述，無論是正史列傳、言行錄、地方志或是碑銘等，正式或非正式，群體或是個別的，一應都當以「善善惡惡」的褒貶精神貫串其間，甚至他還將注意力轉移到婦女這一區塊，主張在爲女性身後寫碑傳時要特別注重感情，以「一往情深」的態度將她們那些可歌可泣的壯烈事蹟記載下來，使長留天地之間。一方面鉅細靡遺地貫徹他「寓褒貶於史蹟」的嚴謹史學精神，另一方面同時也可以看出他對異性的尊重，相較於蕺山在《人譜》中所表現對於婦女「反道德」的一種標籤性主觀臆想，梨洲的視野與胸襟相對開闊得多了。

再則，談到梨洲的史學，就會讓我們不禁聯想到清代的浙東學派。浙東學派雖然以史學爲著，卻是一個綜合經學、史學、文學、自然科學……等爲主的一支學術流派，從研究內容來看，林林總總，不一而足，已非傳統理學所能規範，而開風氣之先的，就是梨洲本人。若就浙東學派的研究對象來考察，有關自然科學者自不待言，就算是經學、史學、文學，也深染了極其濃厚的「實學」樣貌。再就精神內涵來說，其以「經世致用」爲思想的主軸，更是令人津津樂道的最大特色。就中，以史學名家的後進集大成者——章學誠（字實齋，1738～1801），就有一段相當引人深思的話是這麼說的：

> 天人性命之學，不可以空言講也。故司馬遷本董氏天人性命之說，而爲經世之書。儒者欲尊德性，而空言義理以爲功，此宋學之所以見譏於大雅也。夫子曰：「我欲託之空言，不如見諸行事之深切著明也。」此春秋之所以經世也。聖如孔子，言爲天鐸，猶且不以空言

〔註49〕吳光：〈黃宗羲與清代學術〉，收錄於氏著：《儒道論述》一書，頁215。

> 制勝，況他人乎？故善言天人性命，未有不切於人事者。三代學術，
> 知有史而不知有經，切人事也。後人貴經術，以其即三代之史耳。
> 近儒談經，似於人事之外，別有所謂義理矣。浙東之學，言性命者
> 必究於史，此其所以卓也。〔註50〕

雖然講的是浙東學術，其實這一脈相承的精神底蘊，無一不是從梨洲而來。
所謂「故善言天人性命，未有不切於人事者」，就是浙東史學的思想指標，由
天人性命落實到人事，再由史學歸納出「經世應物」的實用性原則，梨洲開
風氣於前，浙東諸將（如：萬斯同、邵廷采、全祖望、章學誠）承續於後，
言性命必究於史，言史必切於人事，可以「經世」，可以「應物」，而這也正
是「浙東史學」所以卓爾不群，甚而以顧炎武為代表的「浙西經學」也難望
其項背的最大原因。〔註51〕也因此，章氏對史學的認知，其實就是浙東學派
的共同訴求，也正是從梨洲以來一直被實踐著的史學定義，這應該是無庸置
疑的：

> 史學所以經世，固非空言著述也。且如六經，同出於孔子，先儒以
> 為其功莫大於《春秋》，正以切合當時人事耳。後之言著述者，舍今
> 而求古，舍人事而言性天，則吾不得而知之矣。學者不知斯義，不
> 足言史學也。〔註52〕

藉《春秋》來凸顯出「史重於經」的「應世」精神，而「史」的最大意義則
在於「今」在於「人事」，而不在「古」不在「性天」，鑑古以知今，經世以
應物，這正是梨洲史學的最簡要歸納。單就政治與史學這兩個面向來考察梨
洲，就足以呈現其學術思想的「實學」導向，已非長期以來偏向「內聖」的
理學傳統所能羈絡的了，這是時代的大勢所趨，也是學風的一種轉向和導向。
關於此，梁啟超先生（號任公，1873～1929）有一個鳥瞰式的結論，相當值
得參考：

> 大抵清代經學之祖推炎武，其史學之祖當推宗羲；所著《明儒學案》，
> 中國之有「學術史」，自此始也；又好治天算，著書八種，全祖望謂

〔註50〕 章學誠：《文史通義》卷五，〈浙東學術〉。
〔註51〕 即使章氏在文中說道：「故浙東、浙西，道並行而不相悖也。浙東貴專家，浙
西尚博雅，各因其習而習也。」（〈浙東學術〉）表面上各取所需，事實上通讀
全文，我們可以發現，他所推崇的理應是跟他站在同一陣線的，既「通經服
古，絕不空言德性」，又「重視經世，以切合人事」的浙東學術風範。
〔註52〕 章學誠：《文史通義》卷五，〈浙東學術〉。

「梅文鼎本《周髀》言天文，世驚爲不傳之秘，而不知宗羲實開之。」
其《律呂新義》，開樂律研究之緒；其《易學象數論》，與胡渭《易
圖明辨》互相發明；其《授書隨筆》，則答閻若璩問也，故閻胡之學，
皆受宗羲影響；其他學亦稱是。

清初之儒，皆講「致用」，所謂「經世之務」是也，宗羲以史學爲根
柢，故言之尤辯；其最有影響於近代思想者，則《明夷待訪錄》也。
其言曰：……又曰：……。此等論調，由今日觀之，固甚普通甚膚
淺；然在二百六七十年前，則眞極大膽之創論也，故顧炎武見之而
嘆，謂「三代之治可復」；而後此梁啓超、譚嗣同輩倡民權共和之說，
則將其書節鈔，印數萬本，秘密散布，於晚清思想之驟變，極有力
焉。〔註53〕

大致上還是沿著章學誠的說法而來，以浙西經學歸諸炎武，而浙東史學則歸
諸梨洲，從《明儒學案》的「學術史」首創地位講起，再到天算、樂律、易
學、尚書學，以致歸結到清初的「經世致用」之學，其中尤以《明夷待訪錄》
的政治啓蒙地位最爲人所矚目，所謂「於晚清思想之驟變，極有力焉」。非但
如此，「不僅對晚清反封建民主革命運動有所啓迪，而且對近現代中國批判封
建專制主義的思想解放運動同樣產生了積極的影響。」〔註54〕有時代性，而
且歷久彌新，《明夷待訪錄》所代表的政治思想是一種現代思維的建構，但須
要注意的是，它與其他的「實學」一樣，同由史學而來，卻又同樣開發了新
的時代價值。時代一直在往前走，蕺山或許有所察覺，但他的理學基調並不
允許他做出太多的改弦更張，所以仍持守一代的「宋明理學殿軍」；梨洲的時
代包袱已在明亡的天搖地動中受到摧毀，再加上時代風氣的不得不然，經世
「實學」在他的思想架構中大大發酵，於是乎，相應於時代思潮的推進，一
個「經世思想家」就這麼產生了，即便他在理學的造詣上，跟蕺山比起來是
不遑多讓的。

二、蕺山和乾初

在蕺山的一群學生中，陳確可能是較爲奇特的一位。他既不像黃宗羲事
事以師爲尊，以發揚師說爲己任，終於成就了本身在理學界的傳承地位；又

〔註53〕梁啓超：《清代學術概論》之六。
〔註54〕吳光：〈黃宗羲與清代學術〉，收錄於氏著：《儒道論述》一書，頁235。

不像張履祥那樣中途倒戈，棄甲投效程朱，最後落了個背叛師門，爲德不卒的歹名。只因著好友祝開美的引薦，乾初才能有機會從遊於蕺山門下，雖然親炙的時間不長，卻留下了深厚的師生情誼和長遠的學術影響。「我們有絕對的理由相信：陳確的從學於劉蕺山，不僅是他有生以來一個徹頭徹尾的轉機，更是他真正潛心學術的一個起跑點。」〔註55〕筆者之所以持這樣的看法，是因爲單就理學思維來看，蕺山對乾初的影響主要在思想方法上，而不在思考內容與對象上，因此成就了乾初獨樹一格的批判思維，直接針對理學傳統而來。「理學殿軍」的集大成老師促成了「終結理學」使學風轉向的學生，這毋寧是一個有趣並且值得觀察的學術個案。

（一）源自蕺山的思想啟發

可以這麼說，蕺山不但是個學術格局堂廡特大、思想周延嚴密的「宋明理學殿軍」，設壇講學，廣佈道術以求扭轉時風，也是他的志業之所在。尤其，因材施教，針對學生不同的資質來加以啟發開導，更是有他獨到、一般常人所不能及的地方。乾初就曾經這樣推崇其師的教法道：「其言學也，大抵如孔子之言仁，不循一指，或言本體，或言工夫，而要之未始不合，期以開示來學，發明道要而止。」（〈別劉伯繩序〉）這樣看來，蕺山不只是個道貌岸然的理學家，更是一位善用教材教法，循循善誘而富有耐心的大教育家了。就在蕺山的極力薰陶、用心指導之下，乾初也能潛心向學，痛改前非，「自奉教蕺山後，一切陶寫性情之技，視爲害道而屏絕之，向之勇於一往，遇不平而輒發者，亦視爲任氣而融釋之。杜集講會，以爲無益身心，每婉辭不赴。」（〈陳氏理學乾初先生傳〉）正因爲瞭解到真理價值之所在，乾初做出了前所未有的改變，這影響不得不歸功於蕺山。乾初對理學的認知，其批判思維的建立和開展，亦無一不是得力於蕺山的潛移默化所致。

晚年的蕺山，除了「慎獨」、「誠意」的既有主張之外，他又提出了一系列反程朱理學的命題，如在理氣關係上，他認定「離氣無理」；在知識與道德的互動上，他則提出了「良知不離聞見之知」的見解；而在性論的定義上，他又一反傳統，主張所謂的「義理之性即氣質之性」〔註56〕，凡此種種，皆

〔註55〕拙著：《陳確批判傳統理學的思想探究》，第四章〈師承及其重要學術論辯〉，頁104。

〔註56〕所謂「義理之性即氣質之性」的「即」並非單純的「等同」之意，按照楊師儒賓的解法是：「依中國的體驗形上學的表達模式，『A 即 B』的『即』字不

透露出一股重「氣」重「知」，正視客觀價值的思想傾向。如在「氣論」上，依照程朱一脈的二元論思考基模，自來即將理、氣這一組定位爲「理先氣後」或「理能生氣」的分析性關係，這是從形上邏輯的角度切入，再營造成時間先後的位階序次。因爲「理」是物之本，「氣」則爲物之具，從本、末的價值定位來考察，「有理然後有氣」。就如同朱熹所說的：「未有天地之先，畢竟是先有理。」（《朱子語類》卷一）也因著「理先氣後」，才進一步衍生出「理能生氣」的概念，「理」是首出的第一因，「氣」相對爲接續的第二序，所以在此，「生」還依舊是先後的邏輯思辨關係，從本體論的思維角度出發，將「理」界定爲早於「氣」的本始價值根源。說得更簡單一點，若從形上、形下的體用關係去區隔，「理」是「形而上」的「體」，「氣」則是「形而下」的「用」，形而上的「理」絕對高過於形而下的「氣」。

對於這種程朱以來的傳統理氣二分觀，蕺山始終無法接受，誠如我們一直強調著的，蕺山思想底蘊的「合一觀」基調讓他反對任何對立式的割裂型態，轉而立足於現象界，從逆向的思考方式中歸納出「離氣無理」的嶄新價值觀。首先，蕺山特別凸顯「氣」的空間佔有性，認爲「盈天地間，一氣也。氣即理也，天得之以爲天，地得之以爲地，人物得之以爲人物，一也。」〔註57〕試圖藉由「氣」瀰天蓋地的事實，來拉近其與「理」之間的落差，甚而將「氣」認定爲組成天地萬物的最基本質素。儘管世間萬象紛然雜陳，但觸目所見，莫不是由「一氣之變，雜然流行」所造成。既然「氣」本身就能自我作主，生天生地生萬物，自然再也無須受「理」的支配、掌控，起碼還可以維持住一種平起平坐的對等關係。去除了「主從」、「先後」或「生與被生」的既定格局，蕺山提出了「氣即理也」的初步訴求。不僅如此，在「氣」和

能作『同一』解，而只能是『等於』與『不等於』的矛盾統一。佛教說：『煩惱即菩提，生死即涅槃』，這樣的語句意味菩提不能離開煩惱，但菩提不等於煩惱。涅槃不能離開生死體證，但涅槃也不等於生死。」照這種說法，「義理之性即氣質之性」遂成了「義理之性」是離不開「氣質之性」的形著彰顯的，但卻又不完全等於「氣質之性」，雖似說得通，但蕺山後來又完全推翻「義理之性」的正當性，認爲是一種「疊床架屋」式的重複說辭，基本上只有「氣質之性」於義可通，又好像是種「非A是B」架構，應該是其中的一種特例。詳見楊師儒賓：〈兩種氣學，兩種儒學〉，頁17，刊載於《臺灣東亞文明研究學刊》，第3卷第2期（總第6期），2006年12月，頁1～39。不過該文將一般傳統的「氣學」區分爲「先天型」和「後天型」兩種，而將蕺山劃歸爲「先天型」，倒是發前人之所未發，相當值得參考。

〔註57〕《劉宗周全集》第二冊，語類十二，《學言中》，頁408。

「理」已經是對等的關係之後，蕺山又進一步大膽假設說，「氣」是世界的最基本質素，既可以在不斷地運動變化中生成萬物，成為萬有的根源，那是否也包含「理」在內，「理」也是「氣」之所從出呢？

如此一來，脫去了傳統以「形而上」的創生、主宰義為既有色調，蕺山「離氣無理」的創新說法，便在此一以「理」為物理、事理的現實主義立足點下應運而生了。所謂：「理即是氣之理，斷然不在氣先，不在氣外。」〔註58〕「『天命流行，物與無妄』，言實有此流行之命，而物物賦畀之，非流行之外，別有箇無妄之理也。」〔註59〕「有是氣方有是理，無是氣則理於何麗？但既有是理，則此理尊而無上，遂足以為氣之主宰。氣若其所從出者，非理能生氣也。」〔註60〕從否定「理能生氣」，到界定「理為氣之理」、「理不在氣外」，再進一步到肯定「有氣方有理」，這都是針對朱子以來「理能生氣」說的層層擊破。在蕺山理氣觀的推論中，一方面而言，「理」就落實在具體的氣化流行，是「氣」內在原理原則的表現；另一方面來說，「氣」是形塑現實世界的根本，「理」則只附麗在其上，即使在一定程度上具有引導甚或支配的作用，我們卻不能因此直指為「理能生氣」，因為「氣」本然固存，「理」既不先「氣」而生，又不在「氣」之外，自然斷無「生氣」的可能。

甚至若純粹站在感官經驗的立場上，我們還可以做這樣的推斷：唯有藉由「形而下」的「氣」，才能具體呈現「形而上」的「理」。由此看來，蕺山的「離氣無理」，不但有批判朱子以來「理能生氣」、「理在氣外」的反割裂「合一觀」意圖，更明顯有突出現實界客觀價值的特殊意涵。當然，重「氣」重「工夫」重「客觀價值」，未嘗不是從「理學」過渡到「經世實學」的一種學風導向，是大勢所趨，勢不可挽的，但蕺山導之於前，乾初發揚於後，師生之間的傳承竟能如此吻合時勢，倒也相當令人嘆為觀止。並且，當側重現實客觀面的考量進一步落實到人性議題上時，「義理之性即氣質之性」的辯證說法，遂成為蕺山重「氣」前提下的自然發展。身為「理學殿軍」的他，從不曾懷疑歷來「性善」的儒家傳統信仰，但卻又別開生面地提出所謂「一性也，自理而言，則曰仁義禮智；自氣而言，則曰喜怒哀樂。」〔註61〕的說法，將

〔註58〕《劉宗周全集》第二冊，語類十二，《學言中》，頁410。
〔註59〕《劉宗周全集》第二冊，語類十二，《學言中》，頁410～411。
〔註60〕《劉宗周全集》第二冊，語類十二，《學言中》，頁410。
〔註61〕《劉宗周全集》第二冊，語類十二，《學言上》，頁391。

「性」區分爲「理」、「氣」兩部分，表面上看來，似乎與程朱一派論性的「理、氣」二部規模有異曲同工之妙，但事實卻在爲他「義理之性即氣質之性」的論點預設鋪墊。

張載以來即將人性劃歸爲「義理之性」與「氣質之性」，藉此用以說明，理論上的「善」和現實世界的「惡」並不相互衝突矛盾的最重要因素，或許於理可通，但對向來「反割裂」、「正視客觀界」的蕺山來說卻是無法接受的。甚至，他還從「離氣無理」的自然律中，開出了「義理之性即氣質之性」的反傳統命題。如同「理、氣」間的關係一樣，「氣質之性」是「義理之性」的基礎，「義理之性」的眞價值唯有藉著「氣質之性」才能得到展現，一旦脫離了具體的「氣質之性」，「義理之性」就根本無從談起了。若照蕺山的話說，就是所謂的：

> 性只有氣質之性，而義理之性者，氣質之所以爲性也。〔註62〕

> 凡言性者，皆指氣質而言也。或曰：「有氣質之性，有義理之性。」亦非也。盈天地間止有氣質之性，更無義理之性。如曰「氣質之理」即是，豈可曰「義理之理」乎？〔註63〕

在傳統理學家的概念，性一直有著「義理之性」和「氣質之性」的差別，「義理之性」純粹至善，「氣質之性」則有善有惡，一方面可以持守住「性善」的總原則，一方面又可以解答現實世界所以善惡紛呈的最主要原因。一個偏在「理」，一個偏在「氣」，雖然都隸屬在「性」的範疇之下，但基本上是不不等的，「義理之性」理當爲主，「氣質之性」則不過是被克制、被修整的負面角色而已。到了蕺山手上則形成了一個主客易位的大翻轉，由於重「氣」重「客觀面」的訴求，他特別標出「氣質之性」作爲首出的第一序，而使「義理之性」成爲被附載的後續性原理原則。照蕺山的話說，就是所謂的：「義理之性者，氣質之所以爲性也。」如果硬要分爲二造，豈不是如同「義理之理」一詞般地疊床架屋，因此他便提出了「氣質、義理只是一性」的嶄新觀點。藉此，不但相對否定了傳統宋儒的人性二元論，值得注意的是，它更深層隱涵了側重客觀經驗的新視野，與試圖統合對立面的新價值觀，而後乾初人性論中「正視氣稟」與「反對割裂」的思想主軸，無疑是從蕺山的價值體系所援引而來的。

〔註62〕　《劉宗周全集》第二冊，語類十四，《會錄》，頁520。
〔註63〕　《劉宗周全集》第二冊，語類十二，《學言中》，頁418。

如乾初對人性即有一段相當具有代表性的說辭：

> 一性也，推本言之曰天命，推廣言之曰氣、情、才，豈有二哉！由性之流露而言謂之情，由性之運用而言謂之才，由性之充周而言謂之氣，一而已矣。

> 性之善不可見，分見于氣、情、才。情、才與氣，皆性之良能也。

> 天命有善而無惡，故人性亦有善而無惡；人性有善而無惡，故氣、情、才亦有善而無惡。〔註64〕

性固然是善不可懷疑，但「性善」並非現象層不可親眼目睹，只能藉助於具體的氣、情、才使得以呈現，這也就是所謂的「形著原則」，因而，氣、情、才便是抽象性體的推擴與外顯。一言以蔽之，氣、情、才就是人所承受於天命的「氣稟」。分開來說，「氣」是性之充周，心之所以有思，耳目之所以有視聽，都要憑藉此一形質；「情」則是人性的自然流露，當然也包括了好善惡惡的道德情感在其中；而「才」更是性的進一步運用，是人思之能睿，視聽之能聰明的材質，也是人生而具有的才能。乾初將「氣、情、才」三者歸之於「性」，不但正視氣稟的彰顯功能，更泯除割裂而統合在一個形上的最高價值「性善」之下，由前引所見，理應或多或少受到了蕺山的思想感召。

另外一個值得注意的焦點命題，就是蕺山所謂的「良知不離聞見之知」。同樣在王門尊心、重良知的傳統之下，一變為蕺山的「德性之知」與「聞見之知」的齊頭並重，再變為乾初的重積學、重聖人之教的「道問學」傾向，甚而還對「致良知」提出種種懷疑和不安，都在顯示了主觀的「良知」與客觀的「聞見之知」相互消長的時代學風導向。針對陽明的「良知」說，蕺山始則堅信不移，但到了晚年，竟表現出了些許的鬆動，甚至還公然否定，這跟乾初自始即力反「致良知」，同時刻意加以曲護改造，一前一後，幾乎是若合符契的。我們知道，陽明的「良知」說是直接傳承自孟子「不學而能，不慮而知」的道德先驗觀，因為它獨立於外在環境與一切教育手段，所以益發凸顯其不假外求的直覺性、先在性，是純粹發自內在的「是非之心」，當然無需後天的刻意養成，更不靠「聞見之知」的外鑠和幫補。因此，在王學特別側重道德理性的價值體系，「聞見之知」與「德性之知」直被視為相互對立的兩造，至少也維持著一種分別獨立、彼此不相往來的態勢，陽明之所以會

〔註64〕《陳確集》下冊，別集卷四，〈氣情才辨〉，頁451～452。（北京：中華書局，2009）

提出諸如「不睹不聞是良知本體」（〈傳習錄〉下）、「良知不由見聞而有」（〈答歐陽崇一〉）如此摒棄「聞見」而以「良知」為至上的命題，也就不難理解了。

到了晚年的蕺山，並不十分滿意陽明的「良知」說，因為他明白看到了流弊：「及其弊也，往往看良知太見成，用良知太活變，高者玄虛，卑者誕妄，其病反甚於訓詁」〔註65〕，因此蕺山要用「良知不離聞見之知」的反命題，來試圖彌補後學因過度任心而行所造成的後遺症。其作法無非是想藉由「德性之知」與「聞見之知」的建構統合，來達到泯除彼此對立和牽制主觀「良知」過度膨脹的效果。我們若進一步深入探索，會發現當陽明說：「良知不由見聞而有」，接著又說道：「而見聞莫非良知之用，故良知不滯於見聞，而亦不離於見聞。」（〈答歐陽崇一〉）表面上看來似乎「良知」與「見聞」並重，事實上在儒家傳統的道德掛帥之下，「良知」極容易被高度哄擡，而客觀的「聞見之知」卻容易被排擠成為追求的第二順位，甚至被統攝或排除在「良知」的既定範疇之外，終致形成「聞見」、「良知」兩者相互對立的局面。如陽明後來又說：「大抵學問功夫只要主意頭腦是當，若主意頭腦專以致良知為事，則凡多聞多見，莫非致良知之功。蓋日用之間，見聞酬酢，雖千頭萬緒，莫非良知之發用流行，除卻見聞酬酢，亦無良知可致矣。故只是一事。」〔註66〕

雖然說「致良知」和「見聞酬酢」只是一事，體用之間看似並重，但畢竟一切都要在「主意頭腦」的指揮引領之下才能妥當，所以即使「多聞多見」，也是要為「良知」來做服務的。「良知」為首掌握得住，「聞見」始能真正發用流行，產生出功效，二者間之主從輕重，也就不言可喻了。這道理如同陽明始終認為：見孺子將入於井，而產生「怵惕惻隱」之心，這就是「良知」。如果只由單純的客觀認知而瞭解到井水會淹死人的道理，這是發自後天「見聞」的經驗知識，無論如何都算不得是「良知」的延伸。而對於此一將「良知」與「見聞」刻意做出區分的作法，蕺山是深不以為然的，他反而是從正視客觀價值與泯除對立的角度出發，提出了「良知不離聞見」的特殊命題：

> 蓋良知與聞見之知，總是一知，良知何嘗離得聞見？聞見何嘗遺得心靈？〔註67〕

> 文成云：「聞見非知，良知為知；踐履非行，致良知為行。」言約義

〔註65〕《劉宗周全集》第四冊，文編六，〈重刻王陽明先生傳習錄序〉，頁30。

〔註66〕《王陽明全集》上冊，卷二，〈答歐陽崇一〉，頁71。

〔註67〕黃宗羲：《明儒學案》卷六十二，《蕺山學案》，〈語錄〉，頁1534。

　　精，真足以砭後學支離之弊。然須知良知之知，正是不廢聞見；致

　　良知之行，正是不廢踐履。〔註68〕

屢屢強調「聞見之知」，藉由「良知」與「聞見」統合並重的初步作法以漸次
達成，除了有刻意凸顯諸如「聞見」、「踐履」等客觀價值的訴求外，並且有
局部修正王學的意義。他並不像乾初那樣從基本處去否定「良知」的先驗意
義，只不過他更強調客觀「聞見之知」對成就主觀「良知」面的重要地位，
認為唯有立足於後天智性認知的既成基礎上，才有可能進一步展現落實道德
後的具體成效，「良知」、「聞見」二者非但不牴觸，甚至互為根基，相輔相成。
而就在蕺山這一試圖修正歷來側重「良知」（德性之知）的重新洗牌效應下，
「聞見之知」的嶄露頭角，勢必成為順水推舟的後續發展。其後，乾初思想
中一直蘊涵著的重積學、重聖人之教的「道問學」傾向，無疑會從蕺山處得
到相當的思想挹注，而這一脈相承的重點式推展，時代學風所趨，也是一種
不得不考量的重要因素。

（二）乾初對理學的批判與改造

　　如果說乾初對理學的大幅度批判，其精神導源於蕺山的思想啟發，但從
「宋明理學殿軍」到「理學終結者」，這中間必然有一個極大的技術關鍵，才
能造成師生二者的絕大差異。我們以為同樣是從「理學」到「實學」，梨洲對
蕺山的思想繼承亦步亦趨，而他所開出的「經世」格局與其說是對理學革新，
倒不如說是心學的一種推展與擴充，「梨洲哲學系統最獨特的地方，就在舉世
非議心學時，獨能於心學中另闢蹊徑，透過對『心』的地位與功能所作的特
殊詮釋，重建心性學系統，使他的心性之學成為融攝經世之學的偉大體系。」
〔註69〕然而對乾初來說，他卻是透過批判的手法來達到新學風的改造，其中
最富代表性的，莫過於《大學辨》一書了。既然《大學》是承載所有「理學」
架構的總源頭，苦心孤詣地判定其為偽書，再與其作理論切割，這是就「破」
的一面來「反理學」、「反傳統」。另一方面，其「葬論」係完全針對時弊而作，
是在學風轉向下經世「實學」的一種展現，更是突破傳統以來「內聖」格局
的「立」的面向。從這些考察中，我們可以發現他跟梨洲的不同，尤其與蕺
山的相異處更能夠凸顯所謂「理學殿軍」的特殊時代意義。

〔註68〕《劉宗周全集》第一冊，經術七，〈大學雜言〉，頁657。

〔註69〕林師聰舜：〈劉蕺山與黃梨洲──從「理學殿軍」到「經世思想家」〉，頁205，
　　　　收錄於《晚明思潮與社會變動》一書中，頁177～219。

　　即如《大學》原爲《禮記》中之一篇，早在漢、唐時，並未受到學界的特別重視。到了北宋，經二程子的表彰，認爲是「孔子之遺言」、「學者由是而學，則不迷於入德之門也。」（〈論書篇〉）這才開始普遍受到注意。一直到南宋的朱子，將《大學》與《論語》、《孟子》、《中庸》合爲《四書》，並爲它們重新作註解，甚至還舉《大學》爲《四書》之首，所謂「務講學者，固不可不急於《四書》，而讀《四書》者，又不可不先於《大學》。」（《大學或問》）相對於《五經》，《四書》由於成爲科舉考試的範本，地位更形重要；又相較於《論語》、《孟子》、《中庸》，因爲《大學》是「入德之門」，所以受到前所未有的推崇也就無以爲怪了。從這樣的歷史來考察，我們不難發現，在宋儒中與《大學》關係最密切的非朱子莫屬了，他不但紹述二程之意寫成〈格致補傳〉，作爲其心性修養論的理論架構；並將《大學》畫分爲「經一章，傳十章」，設定爲所謂的「聖經賢傳」〔註70〕，藉此成爲儒門與佛、老兩家爭勝的思想利器。

　　再加上科舉考試必考的關係，使得《大學》成爲讀書人必讀的經典，其影響力幾乎到了無以復加的地步，儒者們競相講論、推尊無已的盛況也是預料中事。如眞德秀（1178～1235）即稱《大學》爲「百聖傳心之要典」、「聖學之淵源，治道之根柢」（〈大學衍義序〉），蕺山更是對對《大學》推崇備至，說是：

> 縱言之，盈天地間無一人可廢此學，無一時可廢此學，無一事可廢此學。自有天地，便有此道場，自有人生，當有此學問，而是篇特中天下而立，永爲學問鵠，雖六經可以盡廢。嗚呼！人而甘爲小人與異端曲學則已，如欲爲大人，請從事大學而可。〔註71〕

即使在此之前，反抗朱學甚烈的陽明，因不滿「即物窮理」之說而改創了「致良知」，基本上還是不脫《大學》的八條目規格。而蕺山目睹王學流弊，爲了對治「玄虛而蕩」、「情識而肆」的學術亂象，工夫向內縮緊，以「愼獨」和「誠意」來補「致良知」的不足，卻也是針對《大學》的原有符碼再重新做詮釋。所以，不論所謂的「永爲學問鵠，雖六經可以盡廢」是不是蕺山人云亦云的場面話，他的學問系統跟《大學》之間的密切關係，卻是不言可喻的。

〔註70〕朱熹：《大學章句》：「右經一章，蓋孔子之言，而曾子述之；其傳十章，則曾子之意而門人記之也。」

〔註71〕《劉宗周全集》第一冊，經術六，《大學古記約義》，頁641。

若依此論，從朱子的「格物致知」，到陽明的「致良知」，再到蕺山的「誠意」，一貫而下，非但各自構築了自己的理論系統，更充分表現出整個宋明理學六百多年的發展，幾乎是巧妙地與《大學》的八條目維繫著一種相當緊密的相互依存關係，始終無法脫離開《大學》這一脈的學問範疇而自外。當然，從宋明時代有關《大學》的著述汗牛充棟的現象來看，《大學》是宋明儒者，特別是朱子後學極其重視的一部經典，這說法一點也不誇大。

但是無庸諱言的，《大學》事實上也存在著一些難以解決的問題，諸如：作者不明、文本不確定、解釋人言言殊……等，雖然問題層出不窮，一般宋明儒卻仍死守不放，箇中原因，是頗為耐人尋味的。牟宗三先生即曾指出：「《大學》只列舉出一個實踐底綱領，只說一個當然，而未說出其所以然，在內聖之學之義理方向上為不確定者，究往哪裏走，其自身不能決定。」〔註72〕正因為它只是一個「方向不確定」，不能自我做主的「空殼子」，諸家竟或「自覺或不自覺地持『六經注我』態度，以與自己的思想相調適。」〔註73〕而這種我們現在看來似是而非的矛盾現象，在當時的理學界卻是相當普遍的，其中尤以蕺山最具代表性。蕺山對《大學》的推崇已如上述，他也身體力行地寫了四本有關《大學》的著作：《大學雜言》、《大學古記》、《大學古記約義》和《大學古文參疑》。而《大學古文參疑》更是蕺山自定的改本，完成在其為國殉死的那一年（順治二年乙酉三月）。

在《大學古文參疑》的〈序〉中有一段文字，很能夠表現出一般學者對《大學》的那種疑信相參的矛盾心結：

> 余嘗為之解其略，見者疐之，而終不敢信以為定本。於是後之儒者人人而言大學矣。合而觀之，大學之為疑案也久矣。古本、石本皆疑案也，程本、朱本、高本皆疑案也，而其為「格致」之完與缺、疏格致之紛然異同，種種皆疑案也。嗚呼，斯道何繇而明乎！宗周讀書至晚年，終不能釋然於大學也。積眾疑而參之，快手疾書，得正文一通，不敢輕為之解，聽其自解自明，以存古文之萬一，猶之乎疑也，而滋尨矣，因題之曰參疑。〔註74〕

〔註72〕 牟宗三：《心體與性體》第一冊，〈綜論〉，頁18。

〔註73〕 王瑞昌：《陳確評傳》，第八章《大學》之辨〉，頁315。（南京：南京大學出版社，2002）

〔註74〕 《劉宗周全集》第一冊，經術四，《大學古文參疑》，〈序〉，頁608。

既然《大學》爲疑案由來已久，蕺山又必須借助它來說理闡道，一方面無法
不重用，一方面又不能說服自己，這種始終無法釋然的心態在他心中盤旋不
去，這是蕺山的思想困境，當然也是當時讀書人共同的心聲。也難怪，蕺山
在臨絕時還認爲這個改本「過於割裂」，與古小學通記並命刊削之，〔註75〕但
基於維護理學甚至是儒學傳統的立場，他不能有更大的動作出現。但這顧忌
到了乾初身上就不成其爲問題了，基本上，乾初是把是非問題看得比維護傳
統更重要的。五、六百年來的讀書人一直將《大學》視爲儒學理論的基礎寶
典，但卻在作者、文本和格致問題上呶呶不休，無法達成共識，甚至影響到
乾初所特別重視的「躬行實踐」，對他來說，是相當要不得的反末爲本作法：

> 至於有宋，學者庶幾近古。而程、朱又立爲大學之教，一旦出戴記
> 而尊之論孟之上，於是知行遂分。而五百年來，學士大夫復相與揣
> 摩格致之說，終日捕風捉影，尚口黜躬，浮文失實，是何異魏晉之
> 清言，癡禪之空悟乎？陽明子雖欲合知行，然諄諄言致良知，猶未
> 離格致之說。傳之後學，益復荒唐。非揣摩之不工，其所以揣摩者
> 失其道也。〔註76〕

關鍵就在於《大學》把知、行兩分，重點又落到「格物致知」這一面上，這
對跟他老師蕺山一樣，「反對割裂」、「側重實踐」的乾初而言，當然「是可忍，
孰不可忍」，而要直斥爲晉之清談或禪之空悟了。而他之所以要辨《大學》，
並不只是爲了個人的學術偏見，他所在乎的，如同其師蕺山一樣，更是整個
學術風氣的導向。既然超潔者「蕩之以玄虛」，猖狂者又「參之以情識」，在
蕺山看來，這些都是陽明後學過度信任「良知」，而無客觀遵循標準所造成的
浮泛弊端。進一步到了乾初身上，正本清源的解決方法便是是跳過陽明，「直
搗黃龍」，直接從理學的理論基礎也就是朱子的《大學》入手，所謂「一欲黜
大學，還戴記，以息宋以來五百餘年學人支離附會、紛紜爭辯之端」〔註77〕。
這是乾初在前面蕺山所積累的思想背景下，所做出的進一步革命性發展，基
本上蕺山還維持著「宋明理學殿軍」的既定格局，到了乾初這一階段，就連
此最爲根柢的堅持都要加以推翻，由「理學」轉移到「實學」的時代趨向，
在此便明顯展露無遺。

〔註75〕《劉宗周全集》第六冊，附錄二《蕺山劉子年譜》下卷，頁164。
〔註76〕《陳確集》上冊，卷十一，〈揣摩說〉，頁263。
〔註77〕《陳確集》下冊，卷十七，《大學辨四》，〈答蕭山來成夫書〉，頁612。

　　當然，我們無意再對《大學辨》的詳細內涵做出進一步的介紹，我們在乎的，更是它所呈現的新學風走向。關於此，余英時先生的一段論述可說相當具有代表性及參考價值：

> 劉宗周的弟子陳確在清初寫了一篇轟動一時的大文章，叫做「大學辨」。「辨」即辨偽的意思。他列舉了許多項理由，證明「大學」這篇經典不是聖賢的經傳，而是秦以後的作品。這些理由中當然有很多是哲學性的（他稱之為「理」），但是也有好幾項是歷史考證方面的（他稱之為「跡」）。後來他又寫了許多書信，和同志輩繼續討論這篇「偽書」的問題。從這些信裏，我們清楚地看到，他之所以對「大學」的真偽發生興趣，主要是要解決義理系統上的困難。陸、王一派從來不滿意朱子的格物補傳，從王陽明到劉宗周尤其為了「大學」的問題傷透了腦筋。王陽明的「大學古本」已是一種校刊的工作，而劉宗周一直到晚年仍然對「大學」一篇不能釋然無疑。現在陳確則用快刀斬亂麻的手段，乾脆斷定「大學非聖經」，乃後世的偽作，把這個複雜的問題簡單地解決了。他的是非得失是另一問題，但他這篇著作卻清楚地把理學兩派的爭鬥從義理的戰場轉移到考證的戰場。〔註78〕

值得注意的是，乾初《大學辨》最主要目的是為了要解決「義理系統上的困難」，雖然用的是「考據」上的方法步驟，但如果就要驟然將之定位為「乾嘉考證」一派，好像也未必盡然，頂多只能說它是一個雛形的萌發，或是一種對「理學」傳統的批判、革新與反動罷了。然而，從另外一個角度看，若要說它屬於一種從「理學」到「考證學」之間的過渡型態「實學」，又並非如同經史、政治、天文、輿地那般地典型，若論真正從「內聖」走向「外王」，從心性義理的思辨轉移到貼近國計民生的實際走向，倒不如說乾初的《葬論》較為名副其實，且較能符合「實學」的真正時代精神。

　　正如我們所知，在中國民間，堪輿風水之說由來已久，它們有一個前提是，親人葬地的山水走勢、墓地的深淺高下，甚至下葬是否良辰吉時，都能決定後代子孫的命運和發展。從漢代到魏晉六朝以至於隋唐，人們講究「葬術」的記載可謂史不絕書，到了宋朝依然盛行不衰。比較具有代表性的，是司馬光（1019～1086）在〈葬論〉文中的一段敘述：「今之葬書乃相山川岡畎

〔註78〕余英時：《歷史與思想》，〈清代思想史的一個新解釋〉，頁146。

之形勢，考歲月日時之支干，以爲子孫貴賤、貧富、壽夭、賢愚皆繫焉。非此地非此時不可葬也，舉世惑而信之，於是喪親者往往久而不葬。問之，曰：歲月未利也；又曰：未有吉地也；又曰：遊官遠方未得歸也；又曰：貧未能辦葬具也。至有終身累世而不葬，遂棄其屍柩不知其處者。嗚呼！可不令人沉嘆愍哉！」（《溫國文正司馬公文集》卷七十一）這種令人怵目驚心的歷史圖像，對於生長在現代的我們來看，絕對是不可思議的，但在古代極重視風水迷信，沒有衛生習慣又不具備科學常識的情形下，卻是司空見慣的一種常態，尤其官宦富貴之家更是如此。

　　發展到明清時代，講究風水的流風所及，不但方興未艾，而且與日俱增。其中多山多水、風土溫潤的江南一帶，據《浙江通志》、《杭州府志》的記載即知民俗多重風水，生長在浙江海寧的乾初不可能不受到任何影響。如乾初的族姪陳世儔在爲張楊園《喪葬雜錄》所做的引言中就曾提及：

> 世俗之人往往勤於養生而怠於送死，至有停親之棺積年歲而不葬者，甚有積數世至於朽敗而不葬者，豈盡由於既貧且賤，無財以資其窆穸之費乎？大約爲子孫者，惑於風水，惕於禍福，始於擇地，繼以擇日。東西南北，此言吉，彼言凶；年月日時，此云利，彼云不利。眾口紛紛，茫無定見，遂致日復一日，年又一年，遷延既久，子姓愈繁，禁忌愈密，至使先人體魄，永無歸葬之期也。如此薄習，何分貴賤，何分貧富，沿而成俗，牢不可破。〔註79〕

這是一種牢不可破的社會風俗，相較於司馬文正公所處的北宋時代，它還多了一層新的困擾，那就是風水師的標準不一，「眾口紛紛，茫無定見」，終使先人永遠無法入土爲安，這將不僅是一個單獨的社會問題而已，所附帶衍生的倫理、經濟、政治甚至環保影響都不可小覷。「有數十年不葬者，有數世不葬，數十棺不葬而終於不可知者。一朝失火，朽骨灰飛；或遇水災，漂流天末。崇禎之戊辰，浮棺蔽河，子孫莫能辨焉。其入大海者，更浩淼不知其所往矣。」〔註80〕這簡直是一場浩劫，一場人倫悲劇，說它是天災，倒不如說是人禍所造成。除了現實那些已浮上檯面的困擾，針對其理論也有加以摧毀廓清的必要，而據所知，這些葬師（風水先生）之所以如此受到尊重、禮遇，一方面是由於人們趨吉避凶的心理作祟，另一方面也是因爲《葬經》（一名《葬

〔註79〕　《楊園先生全集》，卷五十一，〈喪葬雜錄小引〉。
〔註80〕　《陳確集》下冊，卷六，《葬書上》，〈葬論〉，頁477。

書》）由來已久，爲種種風水之說提供了堅實的理論基礎。世傳的《葬經》是風水的開山經典，其作者相傳不是別人，正是大名鼎鼎的東晉學者郭璞（276～324）。對此，乾初用他所擅長的考據方式來提出質疑：

> 諸妖異之術，皆有其書，苟信而行之，必爲天下之大妄人矣。葬書無慮數十種，大抵以璞爲權輿。弟觀璞傳，戴璞之文賦箋疏與其行事詳矣，所謂註更數十萬言，皆有篇名，而不及葬經。其譎詭幻迂之術，亦時發露，並未言其能相葬地也。但云爲其母卜葬，人以近水爲疑，璞曰「此地不久將變爲陸」；又爲人卜葬，謂不出三年，能致天子之問：後無不驗。其言葬者，止此二事，要皆卜筮前知之學，非謂地形宜有此應也。後人遂以其工葬術，緣飾成書，謂璞所作，大可笑矣。璞博聞宏藻，爲中興詞賦之冠。葬經鄙陋，有目共見。後此之作，抑又何云！〔註81〕

首先是《晉書》的〈郭璞傳〉並無有關《葬經》的記載，這是從信史上來考訂；再來是郭璞葬母及爲人卜葬的情形，只是一種「卜筮前知之學」，並非後世所謂的堪輿相地之說，這是從理路上去推敲；最後則又從文采相應的道理加以類推，既然《葬經》鄙陋無文，世所共見，又豈能將之劃歸爲「博聞宏藻」，身居「中興詞賦之冠」的郭璞手下的作品，這應當是不合情理的。據此，乾初認定傳統以爲郭璞所著的《葬經》根本不足採信，何況其爲「僞書無疑」〔註82〕，再就其理論內涵來說，其實也是站不住腳的。根據古《葬經》的基本理論，是認爲生發萬物的五行之氣也就是「生氣」流行於地土之中，如果能夠選擇融匯生氣的風水寶地，將親人的屍體埋葬其間，屍體就可以吸納此生氣。而正因父母與子孫之間本爲一氣相通，當死去父母的骸骨受到生氣的滋潤，就會相互感召，鬼使神差地將此福祉傳遞給後人。這種「感應」說強調的是，祖先葬地的好壞直接影響著後代子孫的福禍、壽夭、貴賤、賢愚。乾初身受其害，所以極度不以爲然，在其《葬論》中就曾嚴加批駁道：

> 夫形家之言，謂地有不善，謂天亦有不善耶？天無私覆，故雨露之施不擇物。物之才不才，自爲枯榮焉，非天有意枯榮之也。地承天施，亦猶是耳。人之善不善，自爲禍福焉，非天與地能禍福之也。何不善地之有！藉曰有之，於艸木則有之。艸木本乎地，非得土氣

〔註81〕　《陳確集》下冊，卷六，《葬書上》，〈與同社書〉，頁484～485。

〔註82〕　《陳確集》下冊，卷七，《葬書下》，〈葬經〉，頁498。

> 則不生，故不無瘠美之地之異焉。人本乎親，故善人常生善，不善
> 人常生不善，地安能爲！譬植稂莠於腴土，不能使爲嘉禾；種梧梓
> 於磽土，不能使爲荊棘也。艸木且然，而況人乎！〔註83〕

天與地是相聯而爲的，天無私覆，地亦無私載，何獨只有地能枯榮物之能耐，
這於理是絕對說不通的。再來，人跟草木是有所差別的，草木本乎土氣，地
的或肥美或貧瘠直接影響生長；至於人，跟他相關的只有所從出的長親，「善
人常生善，不善人常生不善」，遺傳和後天的環境、教養才能成就人的善，絕
對與土地無關，土地也不可能有任何作爲於其中。究其實，人與草木基本上
是不等同或不能相通的，所以地土和人之間的關係絕對相異於其之於草木，
這道理相當通曉易懂，不辯自明。就如同乾初所舉出的一個譬喻，「植稂莠於
腴土，不能使爲嘉禾；種梧梓於磽土，不能使爲荊棘」，草木之間都如此了，
何況是人與草木，相差不啻千里？在此我們可以看出，乾初不囿於迷信，用
相對科學的態度來區分人跟自然物間的差別，所謂「艸木本乎地」、「人本乎
親」，草木是自然物，毫無意識；人則凌駕乎其上，非但能駕馭自然，更有自
主意志與道德能動性，能分辨是非善惡。父母將善行、惡行分別傳給子孫，
就形成後人的善終與惡果，可見得善或不善是人爲所造成，跟風水、葬地根
本沒有關係。

然而，民間普遍流傳著一種信仰，是認爲生長的自然環境會影響一個人
的性格發展，如此看來，土地和人之間難道真的沒有任何糾葛嗎？對此，接
下來乾初倒是另有一套說詞：

> 或曰：「地能移人，如北人常強，南人常弱，非地氣然哉？」應之曰：
> 「若子之言也者，生人之地也。吾昔之所言，死者之地也。譬之艸
> 木，當其發榮，則瘠美之地無不異態；及乎黃萎，歸之泥土，則均
> 之朽腐耳，又何瘠美之異之有哉！」〔註84〕

明顯這是一種反迷信之說，姑不論風土自然環境對人的體格或氣質能產生多
少影響，但那都是針對「活人」來說的，至於「死者」的先輩，葬於何地，
地的風水如何，都跟死屍同歸於寂滅，和後代的「生人」是屬於兩個沒有交
集的平行線，絕對不能混爲一談。就如同自然界的草木一樣，當它發榮滋長
時，所生長的土地不論瘠美，勃發的生機是沛然莫之能禦的；等到一旦生長

〔註83〕《陳確集》下冊，卷六，《葬書上》，〈葬論〉，頁 477～478。
〔註84〕《陳確集》下冊，卷六，《葬書上》，〈葬論〉，頁 478。

期限屆滿，枯萎發黃，落於塵土，腐朽破敗，即便是多麼肥美的泥土也不能使它起死回生。在這，乾初用淺白的生活譬喻，巧妙性地回應了時人預設的前提，也就是草木的榮枯跟花期直接相關，卻與泥土的瘠美不完全相應和，就如同他並不同意「地能移人」的說法一樣，因為缺乏直接的驗證。也正因為他重視的是具體的生活經驗，相對於當時人的盲從迷信，無疑是有更多的科學精神，而科學、實用、時效，再加上批判的精神，肯定把乾初的這一套「葬論」推向「實學」的時代潮流中，而與傳統「理學」所側重的「內聖」面向是漸行漸遠了。

　　至於乾初的「葬論」到底有什麼「實學」價值，值得我們特別舉出來深入探討？關於此，詹海雲先生的看法便相當具有代表性：

> 筆者據中國哲學史、無神論史、堪輿學史知歷代反風水較著者以呂才為始，其後有司馬光、王廷相、趙汸、項喬、丁芮樸、陳確、黃宗羲、張楊園、熊伯龍、萬斯同、吳敬梓、袁枚、洪亮吉等，而其他筆記、小說零星記載反風水者亦代不乏人（較著者，如壯者《掃迷帚》，李汝珍《鏡花緣》、王治梅選《今古奇聞》，無名氏《破除迷信全書》……等），然其中能從天人、形神、虛實、義利、理欲、力禮、知行、地質等學理上的角度討論風水之害、風水形成之原因、對治風水之方法者，實以陳確為最。所以如從歷代反風水理論史的廣角度看，陳確的「葬論」不論在整個反風水史上或祇在明末清初反風水的潮流中，都有很重要的地位。〔註85〕

詹先生多方援引資料，詳細地做出考證，在這塊「論葬」的研究領域上，理應是帶領風潮的權威人士，〔註86〕從「反風水」的初步角度出發，再進一步從「天人、形神、虛實、義利、理欲、力禮、知行、地質」等等方面從事細部理論的建立，詹先生能看到此點，相信他對乾初的高度評價理當不是空穴來風，是經過深入研究與評估所做出的審慎論斷，絕對值得肯定。而乾初的

〔註85〕詹海雲：《清初學術論文集》，四、〈陳確葬論探微〉，頁 173。（臺北：文津出版社，1992）

〔註86〕這可從詹氏的註語：「此資料將擇其要者梓行，次要者則註明出處，以供學術界研究反風水之參考。」中得到佐證，相信詹先生是研究此一議題數一數二的重量級人物，手中掌握不少相關資料，相對地，他的說法也具有相當的可信度才是。詳見詹海雲：《清初學術論文集》，四、〈陳確葬論探微〉，註119，頁 197。

「葬論」跟當代逐漸成形的「實學」（經世之學）思潮之間，又有什麼相關的
脈絡可尋呢？詹先生接著又透露出訊息來：

> 如果我們綜合陳確整個葬論所顯示的學術意義，可見出一種「崇實
> （實理、實益的經世之學）棄虛（虛知、妄見的俗學）」、「恢復孔孟」、
> 「讀經研禮」、「求理學於經學」、「融經學（禮學）於理學（指心學，
> 它包含於廣義的理學）」的觀點在形成中，而陳確無疑的是開創這種
> 新風氣中的人物，因此，吾人怎可說陳確「葬論」的學術水準不高
> 或祇將其定位在無神論自然觀上。〔註87〕

誠然，「崇實棄虛」的學術風潮已經是一種大勢所趨的轉向，乾初的「葬論」
如此，《大學辯》亦莫不然。再往前看，同一時代、同一師門的梨洲在政治思
想與史學研究的表現上，也在在透露出強調「實學」的共同取向。從極度看
重「內聖」修為的「宋明理學殿軍」，到開展出「外王」界域的「經世思想家」，
甚至到以批判傳統為鵠的「反理學」思想家，時代一幕幕向前推展，思潮也
一階段一階段演進變化，在這師生三人之間，恰好得到了充分的印證。

〔註87〕詹海雲：《清初學術論文集》，四、〈陳確葬論探微〉，頁175。

第八章 結 論

　　宋明理學從周敦頤到明末六百年的發展，到了劉蕺山身上算是劃上了一個完美的句點。而說它是句點，倒不是理學的發展到此便戛然而止、杳然無蹤，而是它已經到了頂峰，似乎再也開創不出更新的格局，並且，時代的大勢所趨，學風的轉向使得傳統「理學」無法獨當一面，逐漸加上一些所謂「經世」實學的內容，這就改變了長期以來「內聖」關懷可以扛起一片天的局面。從此之後，「外王」不只是「繪事後素」的必然後續效應而已，先從事「心性」修養而後「治國、平天下」便能水到渠成的傳統信念終於被打破，也使得「外王」在思想家心目中的比重逐漸加大，甚至成為獨立思考的對象，以至於蔚為大國，蕺山的兩個弟子——梨洲與乾初，正說明了這種時代趨向。學術風氣的轉變，從「理學」走向「經世之學」，由「內聖」漸被「外王」所取代，這是蕺山被稱為「宋明理學殿軍」的時代精神所在，也是我們的觀察重點之一。

　　楊國榮先生在通體考察了蕺山的心、性之辨後，曾做出了如下的結論：

　　　心學演變至晚明，心即理往往流而為以心說性，個體的情意以不同的方式沖擊著普遍的理性原則。劉宗周以化心為性而挺立性體，表現了重建理性原則的歷史意向。這種理論努力對恢復理性的尊嚴、抑制情意的僭越、抗衡意志主義等無疑具有不可忽視的意義，但它同時亦潛含著過強的理性主義及本質主義傾向，後者在某種意義上可以視為心學向程朱的回歸。劉宗周在心性之辨上以歷史地回歸為進路而未能開出新的思維方向，這一現象表明，在心學的論域之中，已很難超越心體與性體、理性與非理性、存在與本質等的緊張與對

峰。思想發展的內在邏輯，已蘊含了走出心學的歷史要求。〔註1〕
蕺山「化心爲性」誠然是爲了挺立性體，更是爲了對治當時王學末流「玄虛
而蕩」、「情識而肆」的時代頹風而發的，目標明確，方法也似乎頗能對症下
藥、因病立方，但它是否眞如楊氏所言，「潛含著過强的理性主義及本質主義
傾向」，甚至在某種程度上「可以視爲心學向程朱的回歸」，則是有待商榷的。
那豈不又走回頭路，陸王「心學」又走回程朱「理學」的老路了。問題的關
鍵，就在於蕺山所挺立的性體是否完全等同於程朱的性體？若根據牟宗三先
生的考察，程朱的「性即理」是「只存有而不活動」的；陸王的「心即理」
則是「即存有即活動」的，〔註2〕原本兩者對心、性的體認就有所不同，蕺山
即就原先所缺乏的「客觀性」部分補充加强，頂多只能說是屬於心學內部的
修正派而已，彼此的基調不同，卻要說它是朝向另一個陣營的倒戈或回歸，
無疑是太過於沉重。但話又說回來，這又不是不能討論的，蕺山因補偏救弊
所著意挺立的「性體」，跟傳統程朱一貫彰顯的「性理」到底有何異同，也未
嘗不是一個值得繼續深入探討的議題。

　　另外，附帶也讓我們想到「情」在蕺山思想架構中的定位，而這也正是
本論文尚未涉及卻又相當重要的部分。在心、性之辨後，除了「意」轉換爲
具本體價值的「意根獨體」外，心更不免有情感的流露，所謂「喜、怒、哀、
樂」四情，自《中庸》提出之後，〔註3〕就成爲歷來一般思想家所不能忽略的
一項議題，蕺山當然不能例外。我們試看他是如何安頓「四情」的：

> 中庸言喜怒哀樂，專指四德言，非以七情言也。喜，仁之德也；怒，
> 義之德也；樂，禮之德也；哀，智之德也。而其所謂中，即信之德
> 也。一心耳，而氣機流行之際，自其盎然而起也謂之喜，於所性爲
> 仁，於心爲惻隱之心，於天道則元者善之長也，而於時爲春。自其
> 油然而暢也謂之樂，於所幸爲禮，於心爲辭讓之心，於天道則亨者

〔註1〕 楊國榮：《心學之思——王陽明哲學的闡釋》，第十章〈心學的分化與演變〉，
　　　　頁293～294。（上海：華東師範大學出版社，2009）

〔註2〕 關於此一議題的深入研究，牟先生有《心體與性體》一書可供參考，至於一
　　　　般概念的釐清，讀者還是可以參閱氏著：《中國哲學十九講》，第十八講〈宋
　　　　明儒學概述〉部分，尤其是頁398～400。

〔註3〕 《中庸》第一章上的原文是：「喜怒哀樂之未發，謂之中；發而皆中節，謂之
　　　　和。中也者，天下之大本也；和也者，天下之達道也。」朱熹則註曰：「喜怒
　　　　哀樂，情也。其未發，則性也。」可見這是一組「性」與「情」間的對應關
　　　　係。

家之會也，而於時爲夏。自其肅然而斂也謂之怒，於所性爲義，於
心爲羞惡之心，於天道則利者義之和也，而於時爲秋。自其寂然而
止也謂之哀，於所性爲智，於心爲是非之心，於天道則貞者事之幹
也，而於時爲冬。〔註4〕

這種「四四相配」的作法，雖然看似刻意牽扯並且也頗爲複雜，卻是蕺山上
天下地，從天道、四時以至於人性、人心、人情，最具概括性的天人相應系
統介紹，跟朱子的〈仁說〉，將天之「元、亨、利、貞」比配人之「仁、義、
禮、智」，有異曲同工之妙。有趣的是，這一整套具有相當哲學意涵的系統，
卻被誤解爲漢儒氣化宇宙論的再現。如東方朔先生即曾批判蕺山這種將喜、
怒、哀、樂與四德、四端和四時，甚至與天道之元、亨、利、貞相配的作法
「顯得幼稚」，〔註5〕好像相當不以爲然似的。但他也似乎察覺到當中必有深
意存焉，所以在後面竟又補上一句：「此語若作細考，恐未必無一點根據。」
〔註6〕的確，如果能提高理論的深度，轉換一個角度來重新審視蕺山所謂的
「情」，理當會有全新的詮解與斬獲。這其中，林月惠先生算是表現相當傑出
的佼佼者，她的研究做出了如下的結論：

蕺山之前的宋明理學家，殫精竭思於《中庸》「已發未發」的深究與
辨明，從未正式對「喜怒哀樂」提出「別解」。但蕺山卻拆解朱熹以
來「性情」對舉二分的主流看法，強調「情」作「情實」解的古義。
並以「即性言情」的進路，界定「喜怒哀樂」爲「性之情」；進而「指
情言性」，以「喜怒哀樂」知周流不息（貞下起元、哀樂相生），來
具體化天道性體心體之義蘊。如是，「喜怒哀樂」乃脫離一般作爲感
性之情的日常語言之含義，成爲一本體宇宙論之哲學概念。它既是
「四氣」，也是「四德」；既是動態的「實現之理」，也是「存在之理」。
而在蕺山本體宇宙論的論述模式下，「喜怒哀樂」將心性論、天道觀、
宇宙論諸哲學意涵融而爲一，意謂天道性體心體之「於穆不已」的
創生活動。蕺山對「喜怒哀樂」所作的創造性詮釋，可謂「發前人
所未發」。〔註7〕

〔註4〕 《劉宗周全集》第二冊，語類十二，《學言中》，頁414～415。
〔註5〕 詳參氏著：《劉蕺山哲學研究》，第三章〈心性論〉，頁149。
〔註6〕 東方朔：《劉蕺山哲學研究》，第三章〈心性論〉，頁150。
〔註7〕 林月惠：〈從宋明理學的「性情論」考察劉蕺山對《中庸》「喜怒哀樂」的詮
釋〉，頁212。載於《中國文哲研究集刊》，第二十五期，頁177～218。（臺北：

若跟蕺山對「意」的新解比較起來，因爲泰州的王一庵早有「心之所存」之說，所以即便二者間並無明顯的思想繼承關係，也說不上是「發前人所未發」。至於其性、情之辨，若落實到對《中庸》的「喜、怒、哀、樂」來看，不僅與傳統以來的朱子看法不同，也與陽明的思考路數有異，〔註8〕這樣看來，的確是「發前人所未發」。然而無論是否眞是「發前人所未發」，我們可以發現蕺山思想一向有一種「一以貫之」的基調，那就是挺立「性天之尊」來對治時風流弊的偏差，或是「玄虛而蕩」或是「情識而肆」，都需要相對客觀的規準來加以補偏救弊、因病立方。從「獨體」、「意根」、「性體」、「心體」到對「氣」的看重，甚至在《人譜》中對主體的道德要求，幾乎到了一種前所未有的高度，再從他對「情」的別解，不管是「存在之理」或是「實現之理」，都不同於前人向來對「喜、怒、哀、樂」的「形而下」定位，更是「性天之尊」的一種再度強調，「宋明理學殿軍」的一個思想基調在此宛然可見。

　　而若再就「即性言情」或「指情言性」這兩條路向來說，不禁讓我們想到蕺山的兩句名言，所謂「天非人不盡，性非心不體」〔註9〕，形上原則必須藉重形下實體，才能彰顯其眞正價值所在；反過來說，一般形而下的物質若沒有形而上的思想內容做後盾，物也僅只是「表相」而已，開發不出本體性的終極價值來。「天、人」如此，「心、性」如此，就「性、情」這兩造的關係來講亦莫不然，即使「情」的位格在蕺山的思想架構中，已經脫離一般日常感性之情的涵義，而成爲一種本體宇宙論的哲學概念，到達了前所未有的歷史新高點，我們也一樣要從這個角度來考察。因爲就蕺山的另一個思想基調來說，「形上」與「形下」之間是絕對不容切割爲二的，也就是其子劉汋所說的：「先儒言道分析者，至先生悉統而一之。」〔註10〕而照勞思光先生的說法便是所謂的「合一觀」，這正是筆者在前面幾章的敘述中一直強調的一個思想特色，也正因著此一辯證式的「合一觀」自始至終，如影隨形地貫串在蕺山的整個思想脈絡中，才成就了他「宋明理學殿軍」前所未有的宏大格局，這一重點，我們是絕對無法忽略的。

　　但如果要像前述楊國榮先生所言，「在心學的論域之中，已很難超越心體

　　　中央研究院中國文哲研究所，2004 年 9 月）
〔註 8〕　詳參林月惠：〈從宋明理學的「性情論」考察劉蕺山對《中庸》「喜怒哀樂」的詮釋〉，頁 213。
〔註 9〕　《劉宗周全集》第二冊，語類四，〈易衍〉，頁 138。
〔註 10〕　《劉宗周全集》第六冊，附錄二，《蕺山劉子年譜》下卷，頁 148。

與性體、理性與非理性、存在與本質等的緊張與對峙」〔註11〕，所以才要從心學出走，以此來看蕺山在宋明理學史中的地位，這態度未免太負面與消極了。筆者倒認爲：容或外在的學術取向有更新的發展需求，單就思想的內在邏輯而言，所有對立的兩造，無論是「心、性」、「性、情」、「人心、道心」、「氣質、義理」、「已發、未發」、「聞見、德性」，都能在辯證的前提下，「統而一之」，而成爲一個涵蓋本體工夫、動靜、前後、內外，幾乎無所不包、無所不至的龐大思想架構，又哪來的「緊張與對峙」？也正因爲蕺山能「泯除」（注意：非爲「逃避」而出走）歷來「心體與性體、理性與非理性、存在與本質等的緊張與對峙」的一般現象，才能成就他「宋明理學殿軍」的集大成地位。所不同的是，如前第七章所引，吳光先生指出，蕺山成立了「理氣統一論」，梨洲以爲仍有所不足，所以在其基礎上進一步發展師說，建立了所謂的「理氣心性統一論」。〔註12〕如此看來，似乎是梨洲較其師來更勝一籌，所謂「理學殿軍」之名是否又得重新思考易位了？

　　但筆者卻不做如此想，因爲，梨洲的理學思想本就是在蕺山所奠定的基礎下的進一步發展，《孟子師說》如此，其他的亦莫不然，可見梨洲的「合一觀」基本上源自於蕺山。所謂「前修未密，後出轉精」，在前後一脈相承的進展關係上，梨洲本來就有更大的揮灑空間。他儘可以這麼說：「理不可見，見之於氣；性不可見，見之於心；心即氣也。」〔註13〕將心、性、理、氣四者明顯融合爲一，但蕺山不是也曾說過：「盈天地間，一氣而已矣。」〔註14〕表面看來像是相當「唯物」的主張，然而在另一處他卻又說道：「盈天地間皆道也，而統之不外乎人心。」〔註15〕兩相對照，不言可喻，如果對蕺山思想有一定程度了解的人必能看出箇中奧秘來，心、性一體，理、氣一如，且都涵蓋在「心體」、「性體」、「意根」、「獨體」等總總異名而同實的最大範圍之下，充分展現出蕺山思想的「心學」色彩來。對此，東方朔先生曾經指出：

　　　　蕺山理氣論之學術歸向乃是爲了說明心性論，服務心性論，進至照

〔註11〕楊國榮：《心學之思——王陽明哲學的闡釋》，第十章〈心學的分化與演變〉，頁294。
〔註12〕詳見吳光：〈黃宗羲與清代學術〉，收錄於氏著：《儒道論述》一書，頁218～221。
〔註13〕《劉宗周全集》第五冊，補遺六，《孟子師說》卷二，〈浩然章〉，頁545。
〔註14〕《劉宗周全集》第二冊，語類十二，《學言中》，頁407。
〔註15〕《劉宗周全集》第二冊，語類十，〈中庸首章說〉，頁299。

察心體性體，爲其闡發以心著性之論作客觀本體之鋪墊。顯然蕺山是以心學心性論作爲其立學系統。系統既立，則理氣論中的一切分疏解説皆是一心造作。〔註16〕

李振綱先生也持同樣的看法：

當知在蕺山理氣心性的邏輯結構中，理氣論從屬於心性論。蕺山説理説氣、談道論器，贊述太極陰陽，大體上是爲其心性論作注腳，而不是單純論證宇宙創生之終極原理和萬物存在的共同本質。這正是理氣論在蕺山心學心性論系統中與在張載氣學宇宙論系統及程朱理本論形上學系統中不同處。〔註17〕

如此看來，既然「理氣論」是蕺山「心性論」客觀本體的鋪墊，在其思想體系中，「理氣論」完全從屬於「心性論」，可見「心、性」和「理、氣」不是二分，而是完整的一個系統。如果説蕺山的「合一觀」是一個徹頭徹尾、一以貫之的思想軸心，心、性可以合一，理、氣也無法劃爲二截，在談心論性的大前提之下，理應是可以發展爲「心性理氣統一論」的。並且蕺山的「理氣」基本上是「心性」補偏救弊的幫補與導正，藉由其客觀性來避免因過度任心而行所造成的主觀偏鋒，所以它的獨立性不同於張載的「氣學宇宙論」及程朱的「理本論形上學」。從這個角度，我們可以理解，蕺山學術和梨洲學術的不同之處，倒不是蕺山完全不關心「外王」事業，只是他相信先「內聖」，然後才能水到渠成開出「外王」來，所以他的內聖之學是在前賢的基礎上所建構的完整體系，精緻無比，理論與實際相輔相成，幾乎到了無以復加的地步，至於經世「實學」部分的比重，蕺山似乎是力有未逮了。

但這情況到了其弟子梨洲身上卻產生了很大的逆轉，時代典範的轉移，使得「理學」逐漸讓步於後起的「經世之學」，也更使得梨洲思想中除了傳承自蕺山有關「內聖」諸「師説」並加以發展外，更多是精彩的「外王」學相關表述。雖然我們沒有證據顯示梨洲在這兩方面上的開發孰先孰後，但有一點是絕對可以確認的，那就是對梨洲來説，「理學」與「經世之學」各有其自己的發展空間，它們是各自獨立的，因此就展現出來的成績和比重而言，蕺山的「內聖」部分即或自成天地，「外王」方面的論述就相對遜色了。原因無

〔註16〕 東方朔：《劉蕺山哲學研究》，第二章〈理氣論〉，頁113。
〔註17〕 李振綱：《證人之境——劉宗周哲學的宗旨》，第五章〈蕺山哲學的定性與定位〉，頁154。

他，就純粹在於「理氣論」這個關鍵上，蕺山的「理氣」從屬於「心性」，梨洲則是二者齊頭並觀。所以若從邏輯發展的線索去推，「合一觀」發展到極致是上天下地無所不至、無所不包的「全體大用」，可是落實到現實層面，因著對「理氣論」的定調不同，蕺山就差那麼臨門一腳就可以建立起所謂的「心性理氣統一論」，當然也因此，他的「外王」論述相對沒有太多的發展空間。而這也正是爲什麼，梨洲成了「經世思想家」，而蕺山卻仍保有他「宋明理學殿軍」頭銜的原因之所在了。

正因爲，「蕺山之後，在心性論造詣上無有過蕺山者，其所首創的微密幽深剛刻嚴毅的證人之學也隨著蕺山之道德涅槃而成爲空谷絕響。」〔註18〕可以這麼說，蕺山所創造的，是理學中「內聖」心性之學最無以尙之的巔峰，而他最後的「殉道」，不但爲他的人生劃下了句點，更直接用他的生命與滾燙的熱血赤誠，爲其學術作出了最激烈的捍衛動作，這未嘗不是所謂「理學殿軍」在生命寫照上的一種面向，活生生而又血淋淋。國破家亡，崇禎皇帝的自盡給了他相當大的刺激甚至是罪惡感，在他自誓殉死之前也曾如此悠悠說道：

> 語曰：「君臣之義，無所逃於天地之間。」夷、齊之所以猶得採薇於首陽者，以其尙有地可逃也。今逃何地乎？君臣之義本以情決，捨情而言義，非義也。父子之親固不可解於心，君臣之義亦不可解於心，故曰：「求仁而得仁，又何怨？」今謂可以不死而死，可以有待而死，而蚤死頗傷於近名，則隨地出脫，終成一貪生畏死之徒而已。
> 〔註19〕

繞來繞去，總是不離儒家的基本價值觀，〔註20〕從「君臣之義，無所逃於天

〔註18〕 李振綱：《證人之境──劉宗周哲學的宗旨》，第五章〈蕺山哲學的定性與定位〉，頁168。
〔註19〕 《劉宗周全集》第六冊，附錄二，《蕺山劉子年譜》下卷，頁168。
〔註20〕 雖然「君臣之義，無所逃於天地之間」一語源出於《莊子·人間世》，是莊子假借仲尼之口所言，但到後來卻成了封建制度下，臣子向國君輸誠的一種慣用語，是一種遭扭曲的教條型「君君、臣臣、父父、子子」思想的翻版，也表現了後世儒者向現實政治的靠攏與掛勾，而與道家思想漸行漸遠了。甚至到了後來黃梨洲在〈原君〉一文中還批判道：「而小儒規規焉，以君臣之義無所逃於天地之間，至桀紂之暴，猶謂湯武不當誅之，而妄傳伯夷、叔齊無稽之事，使兆人萬姓崩潰之血肉，曾不異夫腐鼠！」如此一來，這種刻意要擁護封建體制的儒家思想「殘骸」，反成爲中國近代民主思想發展的一個阻礙。

地之間」的政治性說辭，到「求仁而得仁，又何怨」的道義性批判，蕺山所圖的，是爲人臣子的盡義盡情，避免被人說是「貪生畏死之徒」。可見這生與死之間的抉擇，竟成了對道義的抉擇，與儒家傳統孟子所謂「捨身取義」的基調完全一致，如果飽讀詩書，以儒家的衛道者自命的蕺山，不能用他最底限的生命來捍衛這種價值觀，那麼即便有再多的學術專有名詞，再辨析深入精準的思想架構，也只是有如鏡花水月般的不切實際。一向強調踐履工夫更甚於本體思維的蕺山，最後選擇用生命來實踐自己的理念，完成其對儒家所謂「道」的執著堅持，李振綱先生認爲蕺山的「殉道」就文化價值的意義上說是一種「道德涅槃」，「它以不惜毀滅自我感性存在的方式實現了心靈境界的昇華和內在人格的永恆」〔註21〕，其言庶乎近之！也許「殉道」適所以成就了爲人臣子的「殉國」本分，但對蕺山而言，「殉道」是初衷，其價值絕對遠在「殉國」之上，而正由於「殉道」，相對鞏固了他「宋明理學殿軍」的絕對高度。試想，同一個時代，有哪一位理學家有如此魄力，能以生命爲交換條件，就只爲了贏得這「殿軍」的最終冠冕呢？

除了蕺山本人對理學生死以之的執著之外，在新時代潮流的趨勢之下，學風的轉變造成典範的轉移，「內聖」理學也有逐漸被「外王」實學取而代之的趨向，我們也習慣用他的兩位大弟子——黃宗羲與陳確作代表。當然，在理學部分，梨洲一方面亦步亦趨地發展著他的「師說」，看似仍然持守傳統的心學陣營，但在心性之學的進一步開發與最終成就上，就看不出能夠超越乃師的新成績了；但在另外一方面，他卻能掌握住時代脈動，在論述中巧妙地暗度陳倉，將「經世之學」的合法性移植在「心性之學」的發展脈絡。其中最著名的例子，就屬他在《明儒學案》的一段前提敘述：

> 盈天地間皆心也，人與天地萬物爲一體，故窮天地萬物之理，即在吾心之中。後之學者，錯會前賢之意，以爲此理懸空於天地萬物之間，吾從而窮之，不幾於義外乎？此處一差，則萬殊不能歸一。夫茍工夫著到，不離此心，則萬殊總爲一致。學術之不同，正以見道體之無盡也。〔註22〕

人與天地萬物爲一體，且皆歸之於一「心」，這就是所謂的一本之學，而「一

〔註21〕李振綱：《證人之境——劉宗周哲學的宗旨》，第五章〈蕺山哲學的定性與定位〉，頁163。
〔註22〕黃宗羲：《明儒學案》上冊，〈序〉，頁7。

本」又能開出「萬殊」來。「學術之不同，正以見道體之無盡也」，道體就是心體，卻能開出客觀世界種種不同的學問來。即如前述，「合一觀」在心、性、理、氣範疇的進階發展，讓客觀價值面受到了肯定，延續這種思維，客觀面更可以「萬殊」，甚至於「無盡」。當我們看到梨洲在經學、史學、政治學等諸「實學」部門卓有建樹，甚而成一家之言時，相對排擠了「理學獨尊」的固有學術格局，寓表著「外王」已經不只是「內聖」的後續發展，二者不僅可以齊頭並進，「外王」領域既獨立受到重視，更有多元的發展空間。所謂的「一本萬殊」，表現的正是梨洲學術的多面向發展，尤其是在經世「實學」的部分，即便在梨洲的刻意縮合之下，「經世之學」或許能在「心學」的根基上找到理論基礎，但畢竟一個偏在「內聖」，一個側重「外王」，主觀與客觀的領域各有所取，若單就比例原則，不考量其各自內容如何的話，梨洲已經是五五波，跟「理學殿軍」的高峰是漸行漸遠了。

　　若再下及蕺山的另一弟子乾初，明顯可以看出，他對傳統理學的興趣不大，有的不過是質疑與批判。就如同他自己在寫給劉汋的信中曾這麼說道：

> 弟於先生，無言不悅，惟誠意、已發、未發之說雖極精純，然弟意欲且存而不論。蓋大學斷是偽書，而中庸所言尚多出入。亦猶陽明之說格致，合知行，可爲切實不誣，然遂欲以發明大學之教則不可。此又弟一寸血誠所必欲瀝之先聖先師者也。〔註23〕

談的雖然主要是有關《大學》的辯偽問題，但擴大來說，對於蕺山學術那些「極精純」的「內聖」部分，甚至整個宋明理學一貫的傳統價值，尤其是依附在《大學》、《中庸》上的義理架構，已經是興趣缺缺，欲辯之去之而後快了。當然，乾初有他自己的思考方向，更有他諸多源自於蕺山的思想啓發，但明顯可見的，蕺山之學到此，已經是後繼乏人。一方面，乾初對精微的心性之學因缺乏相應的瞭解而做出了誤判；另一方面，時代風尚的導引及需求，讓他轉睛在實際層面而開出了更多的「外王」實學。可以這麼說，由蕺山到梨洲再到乾初，是一個「心性之學」逐漸式微的過程，無論就內容或就比例來說，蕺山的「宋明理學殿軍」一變而爲梨洲的「經世思想家」，再變而爲乾初的「理學的批判與革命者」，思想的傳承掩蓋不了時代風潮的大勢所趨，大體上「理學」的盛世已然過去，雖不至於壽終正寢，但畢竟也是「強弩之末」了。

〔註23〕《陳確集》下冊，別集卷五，〈與劉伯繩書〉，頁 471。

　　言而總之，蕺山之所以成為「宋明理學殿軍」，除了具有「哲學史」意味的「堂廡特大」、「集大成」，甚至藉由「合一觀」漫天蓋地地一統一切對立的思想主軸外，「思想史」面向上的歷史性意義，相信絕對是一個不容忽視的核心焦點。所謂「殿軍」，說穿了就是「殿後的冠軍」之省稱，〔註24〕也就是即便是總其成的「冠軍」，它也到了「走不下去」的「難以為繼」階段，再往下是「實學」，接著又是「考據學」，在在都排擠著長期以來內聖「心性之學」一脈獨大的局面。而這個中繼的接縫點，正表現在蕺山和他的兩個弟子——梨洲與乾初思想面貌之間的一種微妙轉向。若是套用余英時先生的觀察，〔註25〕在「宋明理學」傳統中一直維持著「尊德性」和「道問學」這兩個傳統價值取向，雖然二者互有消長，但基本上「道問學」是為「尊德性」做服務的，而這也正是為何「智識主義」在儒家思想系統中一直無法施展開來的最大原因所在。然而「內聖」之學若不讓位，「外王」就不可能真正獨立發展，宋明理學在蕺山這一階段「尊德性」已經開發到一個極致，時代學風的轉向，讓「道問學」這一脈不再依附於「尊德性」的最高價值之下，「實學」也罷，「考據學」也好，當它獨立地出現在明末清初的歷史舞臺，就知道「理學」階段性的任務已經達成，該是到了功成身退的時候。長期以來，「心性之學」是所有學問的核心價值，比例之高，更是無出其右；此後，「外王實學」嶄露頭角，甚至乘虛而入，不能說從此「理學」乏人問津，但畢竟學問的重頭戲已經拱手讓給了接續而來的「實學」與「考據學」。而這一切的所有變化，關鍵就在蕺山身上，所謂「宋明理學殿軍」，反映的正是如此錯綜複雜的「思想史」演進過程。

〔註24〕　本文口試委員劉錦賢教授則把「殿軍」解釋為「護衛宋明理學的最後一支軍隊」，亦相當值得參考，充分展現了後人解釋「宋明理學殿軍」的多樣開放性。

〔註25〕　詳參余英時：〈從宋明儒學的發展論清代思想史——宋明儒學中智識主義的傳統〉、〈清代思想史的一個新解釋〉、〈略論清代儒學的新動向——「論戴震與章學誠」自序〉等文，收錄於氏著：《歷史與思想》，頁87～165。

重要參考資料

一、古典文獻（按時代先後排列）

1. 王守仁：《王陽明全集》，上海：上海古籍出版社，2006。
2. 劉宗周：《劉子全書及遺編》，京都：中文出版社，1981。
3. 劉宗周：《劉宗周全集》，臺北：中央研究院中國文哲研究所籌備處，1997。
4. 劉宗周：《劉宗周全集》，杭州：浙江古籍出版社，2007。
5. 陳確：《陳確集》，北京：中華書局，2009。
6. 黃宗羲：《明儒學案》，北京：中華書局，2008。
7. 黃宗羲：《黃宗羲全集》，杭州：浙江古籍出版社，2005。

二、近代學者研究專書（依作者姓氏筆畫排列）

1. 于化民：《明中晚期理學的對峙與合流》，臺北：文津出版社，1993。
2. 王汎森：《晚明清初思想十論》，上海：復旦大學出版社，2004。
3. 王國良：《明清時期儒學核心價值的轉換》，合肥：安徽大學出版社，2005。
4. 古清美：《明代理學論文集》，臺北：大安出版社，1990。
5. 牟宗三：《從陸象山到劉蕺山》，臺北：臺灣學生書局，2000。
6. 牟宗三：《中國哲學十九講》，臺北：臺灣學生書局，2002。
7. 任文利：《心學的形上學問題探本》，鄭州：中州古籍出版社，2006。
8. 何俊、尹曉寧：《劉宗周與蕺山學派》，北京：中國人民大學出版社，2009。
9. 李振綱：《證人之境——劉宗周哲學的宗旨》，北京：人民出版社，2000。
10. 李書增、岑青、孫玉杰、任金鑒：《中國明代哲學》，鄭州：河南人民出版社，2002。

11. 余英時：《歷史與思想》，臺北：聯經出版事業公司，2001。

12. 林師聰舜：《明清之際儒家思想的變遷與發展》，臺北：臺灣學生書局，1990。

13. 林慶彰、蔣秋華主編：《明代經學國際研討會論文集》，臺北：中央研究院中國文哲研究所，2002。

14. 東方朔：《劉蕺山哲學研究》，上海：上海人民出版社，1997。

15. 東方朔：《劉宗周評傳》，南京：南京大學出版社，2002。

16. 東方朔、杜維明：《杜維明學術專題訪談錄》，上海：復旦大學出版社，2001。

17. 吳光：《儒道論述》，臺北：東大圖書股份有限公司，1994。

18. 吳震：《陽明後學研究》，上海：上海人民出版社，2003。

19. 季芳桐：《泰州學派新論》，成都：巴蜀書社，2005。

20. 侯外廬、邱漢生、張豈之：《宋明理學史》，北京：人民出版社，1997。

21. 姚才剛：《終極信仰與多元價值的融通——劉述先新儒學思想研究》，成都：巴蜀書社，2003。

22. 胡治洪：《全球語境中的儒家論說杜維明新儒學思想研究》，北京：三聯書店，2004。

23. 胡元玲：《劉宗周慎獨之學闡微》，臺北：臺灣學生書局，2009。

24. 張學智：《明代哲學史》，北京：北京大學出版社，2003。

25. 張灝：《幽暗意識與民主傳統》，北京：新星出版社，2006。

26. 陶清：《明遺民九大家哲學思想研究》，臺北：洪葉文化事業有限公司，1997。

27. 陳來：《宋明理學》，上海：華東師範大學出版社，2004。

28. 陳來：《有無之境王陽明哲學的精神》，北京：北京大學出版社，2006。

29. 陳福濱：《晚明理學思想通論》，臺北：環球書局，1983。

30. 陳立驤：《宋明儒學新論》，高雄：高雄復文圖書出版社，2005。

31. 魚宏亮：《知識與救世：明清之際經世之學研究》，北京：北京大學出版社，2008。

32. 黃敏浩：《劉宗周及其慎獨哲學》，臺北：臺灣學生書局，2001。

33. 勞思光：《新編中國哲學史》，臺北：三民書局股份有限公司，2001。

34. 程志華：《困境與轉型——黃宗羲哲學文本的一種解讀》，北京：人民出版社，2005。

35. 詹海雲：《清初學術論文集》，臺北：文津出版社，1992。

36. 楊國榮：《王學通論——從王陽明到熊十力》，上海：華東師範大學出版

社，2003。

37. 楊國榮：《心學之思——王陽明哲學的闡釋》，上海：華東師範大學出版社，2009。

38. 葛榮晉：《中國實學文化導論》，北京：中共中央黨校出版社，2003。

39. 蒙培元：《中國心性論》，臺北：臺灣學生書局，1996。

40. 蔣年豐：《文本與實踐（一）儒家思想的當代詮釋》，臺北：桂冠圖書股份有限公司，2000。

41. 鄧志峰：《王學與晚明的師道復興運動》，北京：社會科學文獻出版社，2004。

42. 鄭宗義：《明清儒學轉型探析從劉蕺山到戴東原》，香港：香港中文大學出版社，2009。

43. 劉述先：《黃宗羲心學的定位》，杭州：浙江古籍出版社，2006。

44. 談遠平：《論陽明哲學之圓融統觀》，臺北：文史哲出版社，1993。

45. 錢穆：《中國學術思想史論叢（七）》，臺北：東大圖書股份有限公司，1993。

46. 錢明：《陽明學的形成與發展》，南京：江蘇古籍出版社，2002。

47. 鮑世斌：《明代王學研究》，成都：巴蜀書社，2004。

48. 鍾彩鈞主編：《劉蕺山學術思想論集》，臺北：中央研究院中國文哲研究所籌備處，1998。

三、相關學位論文（依作者姓氏筆畫排列）。

1. 王涵青：《劉蕺山對王學的反思與批判之研究》，臺北：輔仁大學哲學研究所碩士論文，2003。

2. 李慧琪：《劉蕺山的氣論研究》，桃園：國立中央大學中國文學研究所博士論文，2010。

3. 吳幸姬：《劉蕺山的氣論思想——從本體宇宙論之進路談起》，嘉義：國立中正大學中國文學研究所博士論文，2001。

4. 孫中曾：《劉宗周的道德世界——從經世、道德命題到道德內省的實踐歷程》，新竹：國立清華大學歷史研究所碩士論文，1991。

5. 袁光儀：《晚明之儒家道德哲學與世俗道德範例研究——劉蕺山《人譜》與《了凡四訓》、《菜根譚》之比較》，臺北：國立臺灣師範大學國文研究所碩士論文，1997。

6. 陳立驤：《劉蕺山哲學思想研究》，臺南：國立成功大學中國文學研究所博士論文，2003。

7. 陳美玲：《劉蕺山道德抉擇論研究》，臺北：輔仁大學哲學研究所博士論文，2004。

8. 莊淮芬：《王陽明與劉蕺山工夫論之比較》，臺北：國立臺灣師範大學國文研究所碩士論文，1993。

9. 曾錦坤：《劉蕺山思想研究》，臺北：國立臺灣師範大學國文研究所碩士論文，1983。

10. 曾文瑩：《劉蕺山心性學研究》，桃園：國立中央大學中國文學研究所碩士論文，1996。

11. 廖俊裕：《道德實踐與歷史性——關於蕺山學的討論》，嘉義：國立中正大學中國文學研究所博士論文，2003。

四、相關單篇論文（依作者姓氏筆畫排列）

1. 王汎森：〈「心即理」說的動搖與明末清初學風之轉變〉，《中央研究院歷史語言研究所集刊》，第六十五本，第二分，1994。

2. 王汎森：〈清初思想中形上玄遠之學的沒落〉，《中央研究院歷史語言研究所集刊》，第六十九本，第三分，1998。

3. 王家儉：〈晚明的實學思潮〉，《漢學研究》，第 7 卷，第 2 期，1989。

4. 古清美：〈劉蕺山對周濂溪誠體思想的闡發及其慎獨之學〉，《幼獅學誌》，第十九卷，第二期，1986。

5. 古清美：〈劉蕺山對陽明致良知說之繼承與發展〉，《台大中文學報》，創刊號，1985。

6. 古清美：〈蕺山學的儒釋之辨〉，《佛學研究中心學報》，第二期，1997。

7. 李明輝：〈劉蕺山對朱子理氣論的批判〉，《漢學研究》，第 19 卷，第 2 期，2001。

8. 李振綱：〈道德理性本體的重建——蕺山哲學論綱〉，《哲學研究》，1999，第 1 期。

9. 李振綱：〈論蕺山之學的定性與定位〉，《中國哲學》，1999，第 5 期。

10. 李振綱、李超英：〈劉宗周「本體與工夫」的語境分析〉，《中國哲學》，2006，第 11 期。

11. 林師聰舜：〈劉蕺山與黃梨洲——從「理學殿軍」到「經世思想家」〉，《晚明思潮與社會變動》，弘化文化事業股份有限公司，1987。

12. 林安梧：〈明清之際 ：從「主體性」、「意向性」到「歷史性」的一個過程——以陽明、蕺山與船山為例的探討〉，《中國哲學》，2006，第 7 期。

13. 林安梧：〈論劉蕺山哲學中「善之意向性」——以〈答董標心意十問〉為核心的疏解與展開〉，《國立編譯館館刊》，第十九卷，第一期，1990。

14. 林月惠：〈劉蕺山對《大學》〈誠意〉章的詮釋〉，《中央研究院中國文哲研究集刊》，第十九期，2001。

15. 林月惠：〈從宋明理學的「性情論」考察劉蕺山對《中庸》「喜怒哀樂」的詮釋〉，《中央研究院中國文哲研究集刊》，第二十五期，2004。

16. 林月惠：〈劉蕺山論「喜怒哀樂」──兼論其在身心修養之意義〉，《法鼓人文學報》，創刊號，2004。

17. 陳寒鳴：〈劉宗周與晚明儒學〉，《中國哲學》，2000，第 9 期。

18. 陳立驤：〈劉蕺山義理性格之衡定──從「兩型四系說」中兩型的區分標準談起〉，《高苑學報》，第八卷，2002。

19. 陳美玲：〈劉蕺山論《中庸》首章──蕺山哲學的慎獨論〉，《哲學與文化》，二十九卷，第十期，2002。

20. 張永儁：〈劉蕺山心學之特質及其歷史意義〉，《哲學與文化》，二十七卷，第十一期，2000。

21. 張永儁：〈明末大儒劉宗周之人生價值觀──從「敬身以孝」以釋之〉，《哲學與文化》，十八卷，第二、三期，1991。

22. 張學智：〈論劉宗周的「意」〉，《哲學與文化》，廿一卷，第三期，1994。

23. 張瑞濤、方同義：〈劉宗周歷史哲學意識探微〉，《香港中文大學中國文化研究所學報》，第四十四期，2004。

24. 郭齊勇：〈論熊十力與唐君毅在劉蕺山「意」與「誠意」觀上的討論與分歧〉，「熊十力與中國傳統文化國際學術研討會」，武漢大學，2001。

25. 許珠武：〈海峽兩岸劉蕺山思想研究綜述〉，《中央研究院中國文哲研究所中國文哲研究通訊》，第十一卷，第四期，2001。

26. 曾錦坤：〈從劉蕺山的慎獨之學看明末學風的轉變──學風轉變型態之一的介紹〉，《晚明思潮與社會變動》，弘化文化事業股份有限公司，1987。

27. 黃敏浩：〈劉宗周「四句」的詮釋〉，《中央研究院中國文哲研究所中國文哲研究通訊》，第八卷，第三期，1998。

28. 傅小凡：〈論劉宗周的自我觀〉，《廈門大學學報（哲學社會科學版）》，2000，第 2 期。

29. 楊師儒賓：〈檢證氣學──理學史脈絡下的觀點〉，《漢學研究》，第 25 卷，第 1 期，2007。

30. 楊師儒賓：〈兩種氣學，兩種儒學〉，《臺灣東亞文明研究學刊》，第 3 卷，第 2 期，2006。

31. 楊國榮：〈劉宗周思想的歷史地位〉，《中國哲學史》，1996，第 4 期。

32. 楊國榮：〈從王陽明到劉宗周──志知之辯的歷史演進〉，《孔孟月刊》，第二十九卷，第十一期，1991。

33. 楊國榮：〈晚明王學演變的一個環節──論劉宗周對「意」的考察〉，《浙江學刊》，1998，第 4 期。

34. 廖俊裕：〈儒學的生死學——以晚明儒學為文本〉，《成大宗教與文化學報》，第四期，2004。

35. 戴璉璋：〈儒家慎獨說的解讀〉，《中央研究院中國文哲研究集刊》，第二十三期，2003。